U0902859

亲历者说

中国抗战编年纪事

1943

全国政协文史和学习委员会　编

人民出版社

新四军第 1 师第 2 旅部队在进行反“清乡”战斗动员。

新四军第 4 师师长彭雪枫（前排中）及骑兵团领导与战斗英雄合影。

中国军队决心守住鄂西战略要地。

中国军队誓师大会，领呼口号者为孙连仲。

中国军队在鄂西会战中的高射机枪。

中国军队在豫西会战中使用的优良的武器装备。

游击队配合八路军主力部队展开灵活有效的游击战。

“好男要当兵”，根据地青年踊跃参加八路军。

在战斗中成长壮大的八路军骑兵部队。

抗日根据地普遍建立了各类群众武装组织。图为河北完县（今顺平县）神南乡女子大刀队。

民兵埋设地雷。

军民鱼水情，被誉为“子弟兵母亲”的戎冠秀精心照顾八路军伤员。

儿童团在查路条。

“没有吃，没有穿，自有敌人送上前”。八路军穿上了缴获的日军大衣。

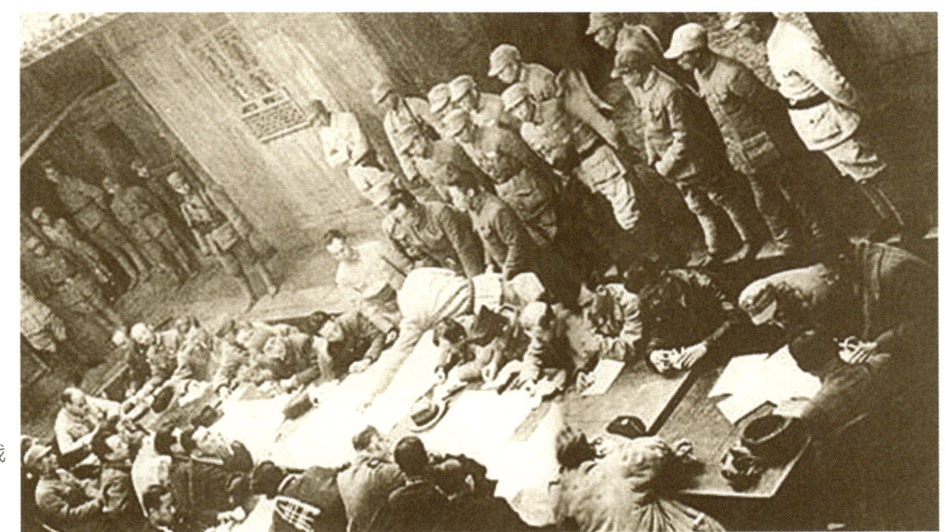

常德保卫战前的军事会议。

常德保卫战中年轻的中国士兵。

常德保卫战中国军队的机枪阵地。

中美空军混合团第三大队中美飞行员在广西桂林李家镇机场合影。

1943 年 6 月 30 日，在中国西南某美军机场，美军中尉和中国战友一起向袭击机场的日军飞机射击。

1943 年 4 月 12 日，一群美国空军官兵在和一群中国孤儿玩骑大马的游戏。

1943 年 11 月 22 日至 26 日，美国、中国、英国三国政府首脑在埃及首都开罗举行了盟国会议，史称“开罗会议”。

蒋介石在参加开罗会议回国途中停机印度，视察了中国驻印军兰姆伽营地。

1943 年 12 月 16 日，在印度兰姆伽训练营，一个美军上等兵教官在指导一个中国上校使用布伦式机枪。

1943 年 10 月，中国驻印军从缅北向日军发动大反攻。图为中国驻印军第三榴弹炮营第九连向日军阵地开火。

中国驻印军在修筑通向中国的公路。

抗联领导人周保中（左四）、李兆麟（右三）和苏联远东方面军参谋部军官合影。

日军在中国占领区到处抓劳工

目　录

八路军山东清河反“合围”

荆江洞庭阻敌战

鄂西战役

晋察冀军区北岳反“扫荡”

开辟敌后游击区

隐蔽战线的地下斗争

劳工血泪

其　他

概　述

1943年，中国敌后战场的形势有了明显的转折。群众性游击战争在这一年中蓬勃发展，不仅在规模和范围上表现出普遍性和广泛性，而且在战术手段上表现出多样性和灵活性，对粉碎敌人之“扫荡”“蚕食”、恢复和发展抗日根据地起了重要的作用。

华北敌后抗日根据地的军民，经过1941年和1942年的艰苦斗争，粉碎了敌人残酷的“扫荡”和“蚕食”，接连战胜了敌人的5次“治安强化运动”，使日本侵略者日益陷入了困境。从1942年冬，冀南、冀中、冀东等抗日根据地开始恢复，至1943年，整个华北敌后抗日根据地均进入了恢复和再发展的新阶段。

同时，华中敌后抗战依然处于严重的局面。1月，中共中央华中局在《关于坚持敌后艰苦斗争的指示》中，号召咬紧牙关，坚持敌后两年最艰苦的斗争，要求做好反“扫荡”，反“清乡”和反“蚕食”的准备。3月中旬，新四军军部对苏中反“清乡”斗争发出了指示，经过3个月的艰苦斗争毙伤日伪军和镇压“清乡”人员2400余人，争取伪军、伪行政人员反正和自首1700余人，破坏竹篱累计300余公里，拆毁碉堡200余处，拔除据点49处，挫败了日伪军的“清乡”，保卫了苏中根据地。在苏中反“清乡”的同时，苏南、浙东和华南抗日根据地军民也展开反

“扫荡”斗争。根据地军民采取游击战和政治攻势相结合、公开斗争与隐蔽斗争相结合的方针，经过艰苦斗争，粉碎了日伪军的“清乡”“扫荡”，坚持了抗日根据地。在中共中央的领导和华北人民的全力支援下，八路军全年共作战 24800 多次，歼灭大量日伪军，攻克据点 740 多处，粉碎了日伪军的大规模“扫荡”，打破了敌人的“蚕食”政策，使山区各根据地获得了发展，平原的抗日根据地得到了恢复。

1943 年春，世界反法西斯战争的形势发生了根本变化。

在欧洲战场上，苏联红军取得了斯大林格勒战役的胜利，开始了战略反攻，而德军则由战略进攻转入战略防御。

在太平洋战场，美军在中途岛和珊瑚海的海战中打垮了日本海军主力，并在 1943 年 2 月攻占了瓜达尔卡纳尔岛，使日军受到沉重打击。此后，美军在太平洋战场上转入反攻，日军逐步转入战略防御。

中国远征军第二次出战就发生在 1943 年。自缅甸撤至印度境内的远征军，陆续向兰姆伽集中，接受美国的装备和训练，同时成立了以史迪威为总指挥的中国驻印军总指挥部，陆续补充力量，先后成立了新一军和新六军。1943 年 4 月成立了中国远征军司令长官司令部，下辖第十一、第十二两个集团军和直属第八军，并得到美械装备。1943 年春，中美工兵部队就入缅修筑中印公路，10 月，中国驻印军开始向日军实行反攻，赢得了胡康河谷战斗、孟拱河谷战斗以及密支那、八莫战斗的巨大胜利，打通了中印公路，解除了日军对中国战场西侧的威胁，打破了日军对英国援华物资的封锁，也牵制了大量的日军兵力，从而减轻了盟军在太平洋战场上的压力。

日军在中国人民持久抗战的有力打击下，受到很大消耗与削弱。为改变日本在战场上的不利局面，阻止美军反攻，1943 年 2 月 27 日，日军大本营制订了 1943 年度《对华作战指导计划》，并发布了《大陆命第 757 号命令》，规定中国派遣军的首要任务是，确保其占领区，首先力争蒙疆地方，山西省北部、河北省，山东省、江苏省北部以及上海、南京，杭州间地区迅速安定；同时，特别强调要确保重要资源开发地区、中心城市和主要交通线的安全。在作战指导上，要求把日军分为守备部队和机动部队，并以伪军接替部分日军担任守备，以便抽出日军用于太平洋战场和在中国占领区内执行机动作战任务；同时，加强航空兵作战，摧毁中、美空军基地。此外，还决定以由国内调来的一个旅团和在华的部分混成旅为基础，扩编成5个师团，以接替准备调走的5个师团的防务。这样，日本中国派遣军所辖兵力仍有24个师团、12个混成旅团和13个航空兵中队，共60余万人。

在这一年中，经历了在湖北境内发生的鄂西会战，日军以湖北战时的省会（恩施）为攻略目标，企图在正面威胁重庆，日军集中6个师团的兵力，调动百余架飞机，于5月5日首先由华容等地南向洞庭湖北岸进攻，再以主力自宜昌、枝江南渡长江西向长阳，又一路沿长江南岸进攻我江防石牌要塞。中国军队迎敌于湖泊沼泽和崇山峻岭之中，凭险拼夺，迂回反击，战斗至6月17日，终于驱敌返回原地，鄂西会战结束。

常德会战是在这一年11月1日至12月26日进行的又一个重大战役，日军使用兵力达10万以上，中国第六战区组织部队节节抵抗，并以第七十四军第七十五师坚守常德，全体官兵抱“与城共存亡，宁战死不投降”之决心，与日军往复冲杀。第九战区的三个军开赴沅水两岸，援救常德。中、美空军以恩施、芷江、衡阳等地为基地，集中各种轰炸机及驱逐机一百余架，先后出动一千八百余次。此次会战，中国军队忠勇奋战，日军被迫在巨大伤亡的情况下撤退。

滇西抗战是1942年5月至1945年1月进行的，中国赴缅远征军战败，日军于1942年5月进入滇西，被中国军队拦阻于怒江西岸隔江对峙达两年，这两年的时间里中国军队不时地组织部队渡过怒江袭击日军，昆明行营组织龙（陵）潞（西）游击队等抗日武装，深入敌后打击敌人。

在日本法西斯逐渐丧失战略上的主动地位、盟军节节推进的时候，1943年11月22日至26日，中、美、英三国首脑蒋介石、罗斯福、丘吉尔在埃及首都开罗举行会议，商讨如何协调对日作战的共同军事问题和战后如何处置日本等政治问题。会议结束后发表的《开罗宣言》中明确宣告：在战争结束后，日本必须将东北三省、台湾和澎湖列岛归还给中国。《开罗宣言》表达了同盟国打击并惩罚侵略者、维护国际正义的共同政治意愿。

缅北反攻的谋划与出兵

反攻缅甸：从谋划到出兵

王楚英*

一、反攻缅甸作战计划形成的曲折经过

1942年4月中旬，缅甸战局急剧逆转之际，史迪威曾于16日派格鲁伯准将赴重庆见蒋介石，面呈“以收复缅甸为目标的作战计划”。由于经缅北通往中国的陆空供应线很可能被日军切断，他建议在印度组建中国的两个野战军，各辖三个师，另建三个炮兵团和战车、工兵、通信兵、汽车兵、空降兵等部队。为此须向印度调运10万名中国士兵。

蒋介石原则上同意收复缅甸作战计划，但拒绝由美国军官充任中国军队指挥官和参谋长的建议。坚持应由中美英三国军队由印度和海上同时反攻，同时要求美国增加对中国的空运量，并增拨作战飞机。

英国只有亚历山大主张“尽快收复缅甸”，韦维尔和布鲁克都对收复缅甸持消极态度，更不希望过多的中国军队涌进印度和缅甸。他们希望中美军队在别的地方尽快打败日本，以便英国可以不费力地直接从日军手中收回缅甸。因此，史迪威关于反攻缅甸的作战计划，也就历时年余，费尽周折，几

---

* 作者时任同盟国中国战区参谋长史迪威的联络参谋兼警卫队长。

经变更，且大打折扣，等到开罗会议（1943 年 11 月 22 至 26 日，中、美、英三国于开罗举行会议）前后才付诸实施。

1. 卡萨布兰卡会议与收复缅甸计划

1943 年 1 月 14 日至 23 日，罗、丘在卡萨布兰卡举行会议（以下简称“卡会”）。当时隆美尔统率之德军在非洲大败，盟军在突尼斯登陆在即，攻略西西里势在必行。与此同时，苏联在列宁格勒和斯大林格勒对德军的反攻已取得巨大胜利，第二次世界大战正处于历史性的转折点。由于战胜德意已大有希望，英美双方遂将东亚之对日作战列入重要议程，而反攻缅甸乃列为对日作战的主题之一。美国海军上将金在会上发言，指出中国战区应受重视，他说:“在欧洲战场上，苏联因地理位置与兵源雄厚，受到吾人之重视；在太平洋战场上，中国具有同一因素，吾人岂可不予以同样之重视。吾人基本政策在以必要之武器，交与人力充沛之中苏，使其为盟邦共同作战。”马歇尔也说道:“吾人重视打通滇缅路，并非全为提高中国士气打击日本海上运输力量着想。吾人目的在配合欧亚非各地作战……若收复缅甸之案不立实施，则美国或将有被迫退出欧洲之日。”美国参谋长联席会议列举 1943 年的军事行动，其中就是打通中国的交通线，以便获得向日本本土发动最后攻势所需的基地，所以他们坚决主张采取打破封锁中国的军事行动。因而在会上达成了收复全缅的“安纳吉姆”作战计划的决定。

（1）备攻日期以 1943 年 11 月 15 日为目标。

（2）反攻日期待 1943 年夏决定（应在 7 月以前）。

（3）如英海军舰只与登陆艇有缺，美国允许设法拨补。

罗、丘当即予以批准。除联名电蒋外，另派美国空军总司令安诺德上将、英国元帅迪尔、英国首席代表、美空军补给司令朔莫维尔中将赴渝向蒋通报“卡会”情况。他们途经印度时，曾与韦维尔、史迪威面商。旋于 2 月 4 日抵重庆向蒋面交罗斯福的信件。蒋于 6 日批准“安纳吉姆”计划，并请罗斯福给中国战区独立的空军以加强陈纳德航空队，中印空运量增到每月 1 万吨，到本年 11 月保持第一线 500 架作战飞机。

2 月 9 日，宋子文、何应钦、安诺德、史迪威、朔莫维尔、韦维尔、迪尔等集会于加尔各答，商讨实施“安纳吉姆”计划之具体步骤，期望于 1944 年 1 月攻克仰光。当决定：（1）驻印军经胡康河谷夺取孟拱、密支那、八莫。（2）滇西十一个师渡怒江，分取龙陵、腾冲后攻夺腊戍、八莫、密支那，与驻印军会师。（3）英军三师攻缅北，主力攻若开，并在仰光登陆，然后会师曼德勒。（4）公路油管随驻印军向前修筑。（5）组建中英联合突击兵团，用于缅北敌后作战，由英军六旅、华军三旅组成。嗣因英军第十五军在若开遭到惨败，使“安纳吉姆”计划不能顺利实现。

2.“三叉戟会议”与“茶碟计划”

1943 年 5 月，罗斯福、丘吉尔在华盛顿举行会议，代号为“三叉戟会议”，讨论欧亚战略问题。韦维尔、史迪威、陈纳德应召参加，宋子文应邀出席。会上对“安纳吉姆”计划进行讨论。中国坚持实行以收复全缅为目标的“安纳吉姆”计划，英国则持反对态度，主张采用“绕过缅甸，进攻苏门答腊，最终收复新加坡的‘长炮’计划”。马歇尔、金上将、史迪威极力反对英国的主张。最后罗斯福的主张被会议所接受，不过没有对“仰光登陆、南北缅水陆两路同时夹击”做出部署。这就在实际上缩小了“安纳吉姆”计划的作战目标和范围，大大削减了英国在反攻缅甸战役中承担的义务，进一步加重了中国的负担，使反攻缅甸的作战任务主要由中国驻印军和远征军担当，英军却只担任助攻；作战目标主要是收复缅北和打通由列多经胡康河谷、密支那、八莫连接滇缅路的中印公路；同时扩大并加强中印空运，积极支持陈纳德的空军作战计划，使中印空运量从 7 月份首次达 7000 吨，以其中 4700 吨拨给陈纳德，只给 Y 部队（美国负责在云南装备训练中国第一批三十个师的代号）和其他方面拨 2000 吨，余 300 吨也留给空军；9 月份则增到 1 万吨。这就是代号为“茶碟计划”的基本内容。“三叉戟会议”的结果，显然加强了蒋介石和陈纳德的地位，并使马歇尔、史迪威想利用援华租借物资去挟制蒋介石的打算遭到罗斯福的反对而落空，从而加深了蒋介石、陈纳德同马歇尔、史汀生、史迪威之间的矛盾，以致龃龉常生，反攻缅甸的作战也受到影响。

3. 魁北克会议和缅战方案

1943 年 8 月，美英首脑在魁北克举行会议，收复缅甸的作战计划，再次被列入议程进行商讨。英国仍坚持其在“三叉戟会议”上已被否决的“长炮”计划，继续反对“南北水陆夹击”反攻缅甸的作战计划。美国则强调“安纳吉姆”计划必须付诸实施。经过反复磋商和“交换”终于决定：反攻缅甸之日期定为 1944 年 2 月，以夺取密支那、阿恰布和兰里岛为目标；至于南缅的两栖攻击行动，须视北缅的战事进展及准备程度而定。成立东南亚盟军统帅部指挥之，由蒙巴顿和史迪威任正副统帅。同时决定：（1）对德战胜后十二个月内必须打败日本；（2）美国向中太平洋马绍尔、吉尔伯特群岛积极作战。会议结束时宋子文被请去听取通报。

10 月 2 日，蒙巴顿、朔莫维尔经印飞渝，向蒋介石面呈丘吉尔致蒋密函及会议决议案。19 日蒋介石、何应钦、商震、刘斐、林蔚、朱世明、蒙巴顿、史迪威、朔莫维尔于黄山开会。当议定：（1） 1944 年 1 月 15 日开始进攻。（2）作战部队、进攻路线概如前案所定，夺取目标为密支那和腊戍，英军将派温格特的远程突击队进入缅北敌后，并由中国选派突击队组成中英联合突击兵团，参加作战。（3）中印空运量维持每月 1 万吨。（4）南缅作战及水陆夹击正在准备。蒙巴顿、朔莫维尔、史迪威分别在会上通报：由惠勒将军指挥、皮克准将实地负责，在阿萨姆增建 4 至 7 处机场及由加尔各答向列多铺设油管，改善铁路、水运工程和列多基地工程及筑路工程；兰姆伽之训练年内可以完成，昆明的训练尚应扩展。进攻开始后，筑路和油管工程将同时跟踪前进，直达昆明。在黄山会议上，对收复缅北作战，中、美、英均持积极态度，且都有具体准备，三方都愿密切合作，并达成了相应的协议。蒙巴顿认为这是联军攻日的胜利前奏，是值得纪念的历史性会议。不过，对南缅水陆夹攻之实施，英方尚在游移之中。

4. 开罗会议对反攻缅甸作战计划之定夺

1943 年 11 月，中、英、美三国举行开罗会议。《开罗宣言》中规定，三国必战至日本无条件投降为止，东北、台湾、澎湖列岛归还中国。在反攻缅甸方面，会议决定并经罗斯福保证“在北缅作战的同时，英国在南缅实施水陆夹击，及保持中印空运量每月 1 万吨”。但是，不久在德黑兰会议上，美国为使英国全力投入欧洲作战，竟屈从英国的要求，取消了上项决定和保证。罗斯福于 12 月 5 日由德黑兰回到开罗后电告蒋介石：“经与斯大林元帅会商后，我们将于明年晚春在欧洲有一大战，故不能获得足够的登陆舰艇对孟加拉湾实行两栖作战……望阁下仍照原计划进行作战，或将其展期至明年 11 月。中印空运则在努力之中。”反攻缅甸作战计划，经过长时间反复磋商，至此才算最后确定。根据这个计划，英国终于免去了在南缅实施水陆夹击的任务，而把反攻侵缅日军的重担，基本上都落在中国军队的肩上了。

二、反攻缅甸的作战准备

1. 中国驻印军与兰姆伽训练中心

早在 1942 年 6 月 29 日，蒋介石正式批准史迪威关于在印度训练 10 万中国军队、在滇西装备训练 30 个师以及反攻缅甸的计划。史在印时曾向韦维尔商讨在印度训练中国军队与反攻缅甸的问题，并希望借用阿萨姆省的英帕尔、科希马、隆丁、瑙冈中之一处为基地。韦初拒绝，嗣经马歇尔交涉，方同意将位于加尔各答西北二百英里处比哈尔省兰溪市内原意大利俘虏营——兰姆伽军营划归中国军队使用，并负责提供军需给养。孙立人的新编第三十八师及长官部遂于 6 月 28 日入营，新编第二十二师于 8 月中旬入营。这两个师约 9000 人。蒋令军政部为“X 部队（兰姆伽训练中心驻印军称为 X 部队）”提供兵员，为“Y 部队”选调部队，决定从 9 月起每天向印度空运官兵 400 人至 500 人。史于 10 月 12 日电告马歇尔用租借物资装备训练第二批三十个师，将在桂林集训称为“Z 部队”（桂林训练中心第二批三十个师称为 Z 部队）。马于 19 日复电照准。

8 月，军事委员会下令撤销“中国远征军第一路司令长官司令部”，成立“中国驻印军总指挥部”，任命史为总指挥，罗卓英为副总指挥，柏特诺为参谋长，温鸣剑为副参谋长。营以上单位分别派驻美军联络官，负责同级中国部队的作战训练及运输补给事宜，直接听命于美军的上级联络官。这就形成了史迪威直接控制指挥中国驻印军的“监军”体制，使中国官兵的民族自尊心受到伤害，抵触情绪既普遍而且严重。而郑洞国、孙立人、廖耀湘则大义凛然，既不顾个人得失，更不理睬史迪威的专横和威逼，及时制止了史迪威及其部属搞的一些有损我国利益的做法，维护了国家主权和民族尊严，不仅赢得我军官兵的衷心爱戴，且为美国许多正直有识的朋友所赞赏，最后连史迪威也对他们刮目相看，倍加尊重。如温鸣剑、傅宗良事件和用美国军官取代中国军官事件等等。驻印军的武器装备由美军提供，给养、服装、医药则由英军代办，统经美军供应处向我军供给，实行“补给到连、供应到人”的追送补给体制，根本革除了国民党军队陈腐落后的补给制度，使军队面貌为之一新，这也是我驻印军官兵后来对史迪威产生好感的原因之一。另一方面史迪威那种“士兵化”的举止和注重实效、雷厉风行的作风，以及美军中的民主传统，也使驻印军官兵深受感染，逐渐形成了“自觉守纪、遵守时间、讲求效率、实行民主、忠职守、爱荣誉、爱国家、爱战友、不怕死、求胜利”的风气。

驻印军各师由三个步兵团、榴弹炮营、工兵营、通信营、辎重营、教导营、特务连、搜索连、卫生队、军械连、野战医院、侦察队各一和两个山炮营组成，并设炮兵指挥组统率三个炮兵营。全师约 15000 人，各种车辆 300 辆，骡马千余匹，十公分五榴弹炮 12 门，七公分五山炮 24 门，十公分五迫击炮 36 门，三公分七战防炮 36 门，八公分二迫击炮 36 门，六公分迫击炮 162 门，重机枪 108 挺，轻机枪 360 挺，火焰喷射器 85 具，火箭发射筒 108 具，冲锋枪、卡宾枪各约 400 支，电话可架到连及独立排，且均配备无线电话报机，通信能力、机动性能、火力与士气均大为增强。炮火为日军一个师团的一半，但官兵体质、战斗技能，都明显提高。

兰姆伽训练中心由麦凯布主持，阿姆斯任总教官。鲍威尔、阿诺德、费尔德、梅里尔、伯金、杜恩、琼斯，史迪威的儿子“小乔”、女婿伊斯特布鲁克及威廉斯等都调来工作。设步兵、炮兵、工兵、通信、汽车、战车、卫生、兽医、驮载等学校，轮训驻印军各级干部，使其熟悉美军的战术和武器装备之使用。每期六至八周，全由美军任教，中国军官担任管理。训练方法采取“讲解”（口述、图解、模型、电影）、“示范”、“实习”、“考核”的步骤，重在实习。另设战术学校，训练内容以美国利文沃恩参谋大学战时课程为基础，专门训练国内第一批三十个师的将校级军官，也有少数各军事学校、高级机关的有关将领，时间为六周。驻印军士兵的训练，则由在上述各科学校接受过美军训练的中国军官担任，也采取美军新的教练方法，收效甚快。

2. 远征军的组建与昆明训练中心

1943 年“卡会”及加尔各答中美英高级幕僚会议后，4 月，远征军长官部在云南楚雄成立，陈诚任长官，萧毅肃任参谋长，辖宋希濂的第十一集团军和霍揆彰的第二十集团军，计有第二军、第六军、第八军、第五十三军、第五十四军、第七十一军。军事委员会驻滇干部训练团（美方称昆明训练中心，代号 Y 部队）也在 4 月 1 日开学。由蒋介石任团长，龙云代团长，陈诚任副团长，杜聿明、宋希濂、关麟征轮流任教育长，后由第十一集团军副总司令梁华盛专任，潘佑强任副教育长，陈明仁、李道恭、赵家骧、罗又伦分任步兵、炮兵、作战人员（美方称参谋指挥学校）、战车班主任，还设有工兵、通信、军医、后勤、外语、情报班等。教官及训练实施由美军担任。美军设立昆明训练中心专司其事，由杜恩主持，阿姆斯上校（旋升准将）负责训练计划，包瑞德上校负责行政，曾士奎任联络官，伯金主持炮兵训练。并按兵科和业务分设有关学校，负责施教。驻滇干训团各级组织负责受训学员的行政管理和生活供应。学员来自远征军，第一、五、九各集团军及昆明行营直属部队。训练时间为六周左右，炮兵学校为八至十周。每期召训步兵 450 人，炮兵 300 人，其他兵科和专业军官各 100 人至 150 人。训练方式与内容都与兰姆伽训练中心相同。另设将校班对赴印受训的将校级军官进行赴印前的准备教育，介绍印度、缅甸和英美军概况及外交礼节。

远征军和第五集团军（杜聿明）于1943年10月开始接受美械装备。由于当时空运量有限，美械装备迟迟不能运到，以致第一集团军（卢汉）和第九集团军只能供给部分美械，如：七公分五山炮、六〇炮、火箭发射筒、冲锋枪等。远征军及第五集团军的编制装备也较驻印军稍逊。

远征军及第五集团军（辖第五军的第四十五师、第九十六师、第二〇〇师及直属的第四十八师和伞兵总队）开始改换美械装备时，美军向长官部、总司令部、军、师分别派驻联络组，协助训练、作战、陆空联络、补给运输事宜。当时美械装备的部队编制大概如下：军辖三师（个别的军是两师）及十公分五榴弹炮营一个（12门），师辖三团及七公分五山炮一营（12门）、三公分七战防炮一连，团辖三营及八公分二迫击炮一连（6门），营辖步兵三连、机枪一连（8挺）、火箭筒一排，连有步兵三排、六〇炮一排（2门，另有火焰喷射器3具），全连官兵170余人，机枪9挺，冲锋枪18支。电话及无线电话报机配备到连。师以上的运输部队均配有汽车，团以下的运输仍为兽力和人力。全师约13000人，但不足额。

3. 列多基地及列多公路的建设

史迪威在1942年7月18日和29日，两次提出反攻缅甸的计划中，都选定英帕尔为进攻缅甸的前进基地。但他在10月27日第三次同韦维尔会谈时，却被韦维尔拒绝，只同意中国驻印军以列多为前进基地，沿胡康河谷进攻密支那和八莫。11月3日，蒋介石坚持在缅甸必须实行南北水陆夹击的原则下，同意史、韦10月27日的协议。12月2日，史迪威电告马歇尔，当派安鲁逊准将和皮克准将率航空工程团和机械工兵团六千余人，由美来印，于1943年2月到达廷苏基亚空军基地，并调来中国驻印军工兵第十团和第十二团到列多。另雇用近10万印度民工，由美军供应司令惠勒少将指挥，进行列多基地和列多通往新平洋公路的建设。同时改进并铺设加尔各答到列多的输油管，以及沿列多至新平洋新建公路线上的油管，并增建、扩建阿萨姆省的机场5至7处，另对铁路设备和布拉马普特拉河上的火车、汽车轮渡与码头进行改造。史迪威十分关注上项工程的质量和进度，经常亲临督促检查。3 月，新编第三十八师移驻列多、卡图地区，继续进行森林战训练；同时派第一一四团进入野人山区，在卡拉卡至大加卡一线占领阵地，掩护筑路。盘踞缅北的日军第十八师团，以第一一四联队的一部占据新平洋、南亚腊一带，经常来犯，屡被击退。筑路与油管工程同时并进，到 5 月间雨季来临前，先头部队已进至缅印边界距列多 43 英里处。雨季开始后，工程进度大受影响。但在印度及滇西的中国军队，都在紧张地准备投入反攻缅甸的作战，因此官兵斗志十分旺盛。

4. 克钦别动队和远程突击队的建立

1942 年冬，史迪威在印度招募到约千名缅甸克钦族人，派美国情报局的艾夫列上校指挥，给予侦察、爆破、窃听、跳伞、障碍超越、渡河、夜袭、捕俘等项特种训练后，分批空投到缅北深山野林之中，在缅北铁路沿线和伊洛瓦底江沿岸，展开侦察敌情、破坏交通、袭击小股日军和哨所、营救失事飞行员等活动。这支部队全靠空投支援，又能获得当地克钦人的支持，故能长期在敌后活动，发挥了很好的作用，通称为“克钦别动队”。

“三叉戟会议”后，马歇尔虽没有给史迪威派去一至三个美国的野战师，却给他调来一支志愿突击队，有 3000 多人，代号为“加拉哈德”支队，又称“抢劫者”支队，正式番号是“美国陆军第五三〇七团”，代号 G 字军。于 1943 年夏末来印，在占西接受英国人的训练，并交由英国远程突击队司令温格特少将指挥。这使史迪威深感不服。马歇尔极力给予劝慰，并同意美国军人不参加英国人《天佑吾王》的合唱，不过应起立致敬。史迪威为求早日从温格特手中接过对“加拉哈德”突击队的指挥权，就违心地怂恿蒋介石尽快选派“中国远程突击队”赴印度接受英国人的训练，以便尽快建成“中英联合突击兵团”。在魁北克会议上对此再次做出决定。并规定：史迪威受英国的第四集团军总司令斯利姆指挥，而“中英联合突击兵团”则受史迪威指挥，美国的“加拉哈德”支队又由温格特指挥。但史迪威已是统率缅甸战区和东南亚战区的“东南亚盟军副统帅”，英国人就喜爱这种互相矛盾而错杂的指挥关系。对此，史迪威一直是极力反对的。然而，由于他一心想要英国人参加反攻缅甸作战，所以，当1942年4月6日蒋介石宣告由亚历山大统一指挥中英联军时，他在得知自己受斯利姆指挥的决定后说的第一句话是:“只要英国人肯参加反攻缅甸，我就乐于听斯利姆的指挥。”

不久，为了筹建“中英联合突击兵团”，我被调到印度占西“英国皇家远程突击学校”接受英国人的训练，随后就同梅里尔一道工作。当时梅里尔受命统率美国的“加拉哈德”支队。“中国远程突击队”，由于蒋介石同韦维尔芥蒂日深，仍对英国人缺乏信任，一直拖到开罗会议后，他才下令在昆明组建。这支由军官百余人、军士200人组成的“中国远程突击队”的基干队，到印度受训后，又因史迪威去职和缅战已取得决定性胜利，而中途作罢。

三、揭开中国驻印军反攻缅甸序幕

1. 进攻目标与作战路线之选定

前已述及，史迪威在1942年7月18日和29日所策定的反攻缅甸计划中，是以印度东部重镇英帕尔为前进基地，中美英联合兵团（英军三师、美军一师、华军两师），将由霍马林、锡当、加里瓦渡江，进攻曼德勒，与远征军会师后成扇形展开，取道南下，与由仰光登陆及由阿恰布东进之英军相聚，光复全缅，并挥师东进，攻占泰国和印度支那，达于沿海。这条由英帕尔进攻曼德勒的作战路线，既占地形、交通的有利条件，又便于后方补给、空中支援，可以充分发挥盟军的火力和机动性的优势，且可一举切断敌军的交通线，易收分割包围、各个歼灭敌军之效。但英国“无意在近期收复缅甸，却热衷于进攻苏门答腊，反攻马来亚、新加坡的作战”，并且“将尽一切办法阻挠中国军队在缅甸作战”。但在美国的压力影响下，韦维尔才决定让史迪威带着中国驻印军去攀越那被称为“死亡之路”的野人山，而进入被英国人看做“无法通过的谷地”胡康河谷；并且只以夺取密支那、八莫为作战目标。把反攻缅甸的作战局限于缅北一隅；且把美国坚持要修建的中印公路和输油管道，限制在列多、新平洋、胡康河谷、孟拱、密支那、八莫、南坎、畹町一线，以防中国军队深入缅甸。

韦维尔给中国驻印军规定的这条作战路线，沿途全是崇山峻岭，重崖叠嶂，原始森林蔽日，蛇兽蚂蟥遍地，河流纵横，崎岖无径，雨季来临，即泛滥成灾，使敌易守而我难攻。我军不但运输补给困难，部队运动也必须披荆斩棘，开路前行，更无法展开大兵团作战，而且不能发挥我空军、坦克、大炮的威力，造成日军“一人守隘，千人难过”的局面。我军经常处于临绝地以攻天险的困境，招致较多的伤亡。特别是日军利用茂密的森林埋伏狙击手，专门狙击我军指挥官，使我军干部伤亡剧增。我新二十二师在五个月作战中，竟牺牲了57名连长，因而延缓了我军歼灭日军、打通中印公路的进程；同时也使得日军能够调集兵力，突击印度的英帕尔和科希马，给了英军第十四集团军以沉重的打击。终因我驻印军在缅北发动猛烈进攻，全歼了敌第十八师团，并及时派兵增援英帕尔，才使英军转危为安。但是整个印度和伦敦，却已饱受虚惊。当时史迪威曾愤慨地指出：“英国人屡次拒绝中国的援助，这次在英帕尔又险遭惨败，完全是自取其咎。”

2. 全面进攻前的敌我态势

当盟军积极地准备收复缅甸之际，日军也不断地向缅甸增兵，加强缅甸的防务，并企图进犯印度，摧毁中印空运基地和反攻缅甸的作战基地。1943年3月27日，敌设立缅甸方面军，由河边正三任司令官。接着将第十五师团、第三十一师团、第二师团、第五十四师团、第四十九师团、第五十三师团和独立第二十四旅团相继调到缅甸，使缅甸的日军猛增到约11个师团，近30万人。1944年春，缅甸方面军辖第十五军、第二十八军、第三十三军及第五飞行师团，其部署如下：

（1）第十五军司令官牟田口廉也中将，辖第十五师团、第三十一师团、第三十三师团，另附“印度国民军第一师”约9000人（大多是投降的印度士兵），位于曼德勒西北地区，专任乌号作战，遂行对印度英帕尔之进攻。

（2）第二十八军司令官樱井省三，辖第二师团、第五十四师团、第五十五师团，位于缅甸西南及沿海地区，专任哈号作战，遂行对阿恰布之进攻。

（3）第三十三军司令官本多政材，辖第十八师团（位于密支那、孟拱、孟关、新平洋地区，专对驻印军）、第五十六师团（位于滇西怒江西岸，专对远征军）、第五十三师团、第四十九师团、独立第二十四旅团，担任阻击中国驻印军于缅北、阻击远征军于滇西之持久作战。

魁北克会议后，东南亚盟军统帅部成立，蒙巴顿任统帅，史迪威副之，魏德迈任参谋长，英国的陆海空三军分别由吉德法、萨莫维尔、皮尔斯指挥。韦维尔任印度总督，奥金莱克任印度总司令专门训练军队，不指挥作战。斯利姆任第十四集团军司令，率斯库纳斯的第四军守英帕尔地区，该军辖第十七、二十、二十三师三个师。以克里斯蒂森的第十五军守吉大港和孟都、布迪当。该军辖第五、七、二十六、八十一师四个师。斯托普福德的第三十三军辖第二、十九、三十六师和东非十一师四个师及第十七旅，位于隆丁及其以西地区，保持机动。

开罗会议后，我远征军已完成美械装备和作战训练，正集结在云龙、保山地区，准备进攻。

3. 胡康河谷之战

为掩护筑路并准备反攻缅北，我驻印军新三十八师第一一二团在南亚腊、纳特科击溃敌第十八师团的搜索大队和第五十五联队的警戒部队后，于1943年10月29日，攻占宁边、新平洋、拉家苏各要点，打开了胡康河谷的北面大门。但是敌第五十五联队的一个大队，仍在于邦凭险固守，我屡攻未克。11月初，敌第十八师团长田中新一急调第五十六联队兼程赴援，向我反扑，均予击退，遂成对峙。田中新一企图再行增援反扑，被敌军司令官制止。12月孙立人率第一一四团来援，激战七昼夜，全歼于邦守敌400余人，毙敌联队长藤井大佐以下数百人，俘30余人及大批军用品，创于邦大捷，使敌司令官大为惊愕。1944年元旦，中印公路通车至新平洋，新三十八师全部及新二十二师第六十五团同时到达。史迪威的指挥部和前方基地也推进至此。史迪威、孙立人亲赴于邦阵地，向官兵祝捷并颁勋授奖。遂令新三十八师在左进攻太白家，第六十五团居右进攻打洛。第六十五团沿大奈河南岸利用森林掩蔽，开路前进，出敌不意，迂回到百贼河敌后，将敌包围。经过激战，于 1 月 25 日全歼敌冈田大队 700 余人，大队长冈田中佐跳河自杀，敌遗尸 617 具，被俘 20 余人，缴获速射炮 2 门，迫击炮 4 门，重机枪 8 挺，机枪、步枪 500 余支，旋即占领打洛。26 日史迪威亲临视察。2 月 1 日新三十八师占领太白家。至此，我已完全肃清大龙河及大奈河沿岸的敌军，揭开了全面反攻缅甸的胜利序幕。

卡萨布兰卡会议与收复缅甸计划

杜建时*

1943 年 1 月，罗斯福与丘吉尔会于摩洛哥之卡萨布兰卡，商谈世界战争的形势，并磋商反攻缅甸问题，而未邀蒋介石参加。罗、丘谈及 1943 年内盟军在欧洲从地中海之西西里进攻巴尔干半岛可望成功，南太平洋战争也将得手，英、美两国可以调动一部分海空军到孟加拉湾，从仰光登陆收复缅甸，打通滇缅路。协定 1943 年 11 月可以全面反攻缅甸。

会后，罗斯福派美国空军补给司令索摩维尔（Somervell）来渝。将卡萨布兰卡会谈情况通报蒋介石，并通知蒋介石，2 月间将在印度加尔各答市召开中、美、英三国高级幕僚会议，商讨反攻缅甸的具体计划。蒋表示同意。

2 月，中、美、英三国高级幕僚集会于加尔各答。中国方面出席的有宋子文、何应钦、朱世明，我以随员身份参加。美国出席的有史迪威、索摩维尔。英国出席的有魏菲尔。因中国屡次受英国之欺骗，故何应钦强调反攻缅甸海空军之重要性，必须有足够的海空军参战，必须从南北缅实行海陆夹

---

* 作者时任国民政府军事委员会委员长侍从室中将参谋、国民政府中将参军，主要负责对外工作，作为高级幕僚和随员参加卡萨布兰卡会议和开罗会议。

攻，才能取得胜利。与会之美、英代表均表示同意。何应钦继续说，各位代表既同意南北缅同时反攻，中国将以 10 个师自滇西向密支那进攻，两个师由印度向雷多前进，可会师于曼德勒。魏菲尔、史迪威也在会上说明英、美拟使用之兵力及其战略上的行动。何应钦回渝后将加尔各答会议内容报告蒋介石。蒋很满意，遂即着手调动第二军、第七十一军向滇西集结，准备 11 月参战。

谁料 1943 年春，由于欧洲战况发展，英国拟提前从北法开辟第二战场。如此，欧洲则需要补给大量军用物资。美国同时供给欧亚双方，有捉襟见肘之感。英国重视欧洲，遂有取消全面反攻缅甸之议。美国军部考虑，如完全取消反攻缅甸计划，对太平洋战局十分不利，影响盟军全盘计划。如按卡萨布兰卡协议，全面反攻缅甸，势必缩减供应北法登陆所需物资。两全之计，唯有缩小缅甸作战范围，只从北缅进攻，放弃南缅作战，遂由英、美参谋长联席会议（Combined Chiefs of Staff，简称为 C. C.S.，是同盟国有力之决策机构，专事拟定作战方略、物资分配等重大问题，经罗、丘共同批准施行）拟订单独进攻北缅计划，并决定此计划暂不通知中国。宋子文在华盛顿得此消息，急电蒋介石。蒋阅后大怒，大骂英国“反复无常”、“欺人太甚”，骂丘吉尔是“狡猾的狐狸”，并召侍从室主任林蔚来，拟电复宋子文，让宋向罗斯福力争维持卡萨布兰卡和加尔各答决议案。

宋子文接蒋电后，即到白宫见罗斯福。宋对罗谈话的大意是：听说卡萨布兰卡及加尔各答决议又有变更，何以事前不与中国商量，事后又不通知中国？在加尔各答会议上，英国魏菲尔曾嘱告各方，按照加尔各答决议，为共同反攻缅甸做好准备。中国履践决议，已在滇西集中比较优良部队，做进攻准备。如果英、美放弃进攻南缅，中国也不愿单独进攻北缅。罗斯福见宋子文态度强硬，企图转圜。罗斯福谈话之大意：随形势的变化，战略也将有所变更。对缅作战，势在必行，在方法上可能有些改动。英国在印度洋都是些旧兵舰，在仰光登陆损失大而成效小，如发动南缅作战，美国海军必须尽量协助，我将说服丘吉尔与中、美一致行动。

蒋介石得宋子文电，见语意含糊，即告何应钦，在滇西集结部队不必急于实行，似有等等再说之意。

一天，我邀美国驻重庆首席武官荻拔斯和驻中国美军司令部参谋长布朗在国防研究院便餐，谈起反攻缅甸问题。我说，C 甲 C. S，决议放弃进攻南缅，为什么不通知中国？荻拔斯说，史迪威参加了那个会议，传说不通知中国是史迪威的建议。史迪威认为中国正按照加尔各答决定向滇西集结部队，唯恐此决议传到中国，中国将停止行动，不利于北缅作战。我转问布朗是否也听到此种传说？布朗微笑而不答。我将荻拔斯的谈话与布朗的表态告诉了蒋介石，蒋想了一下说："嗯！很像，一点国际道德都没有。"

魁北克会议

1943 年 8 月，英、美首脑在加拿大的魁北克举行会议。罗斯福、丘吉尔及其高级幕僚均出席。在此会议中，对日作战是一主题，而未邀中国参加，仅在会后邀宋子文到加拿大，告以会中之决定。宋子文因未能参加会议提出抗议，略谓：商量有关中国问题而中国不能参加，仅在会后通知，常常引起误会与误解。今后同盟国有关合作的会议，中国应平等参加。英、美则敷衍搪塞，置若罔闻。

魁北克会议后，罗斯福、丘吉尔联名致电蒋介石说，魁北克决定派英国海军中将蒙巴顿（Louis Muntbatten）为东南亚盟军总司令，直接受英、美参谋长联席会议指挥。还说，蒙巴顿即将赴重庆面陈魁北克会议精神。

1943 年 10 月，蒙巴顿、索摩维尔来重庆。蒋介石在其黄山别墅召集蒙巴顿、索摩维尔、史迪威开会。中国方面参加的有何应钦、商震、刘斐、朱世明等人。在会上，蒙巴顿传达了魁北克会议要点。他说，魁北克会议商定全面反攻缅甸改以攻克北缅为主，以中国驻印军和云南的远征军为主，以英、印军为辅。至于海军在南缅登陆作战，暂时还不能实行。为了配合北缅作战，拟用温盖待氏游击队方法，在南缅进行游击战。由英、美、印三方选对热带森林作战有经验的士兵 2 万人，分为若干游击队。装备以轻武器及交通器材，破坏南缅交通要点，并进攻日之后方部队，以策应北缅作战。索摩维尔说，今后中、印空运量，每月可达1万吨，在云南集结的部队可得适当的补给。蒋介石在会上仍然表示，反攻缅甸，英、美必须以足够之海空军控制孟加拉湾，进行水陆夹攻，不然，只以中国军队作为主力进攻北缅，恐再蹈前车覆辙。游击队必须熟悉游击区的地理风情，英、印军人人地生疏，恐难发挥良好效果。蒙巴顿为了缓解蒋的情绪，允尽快筹划进攻南缅。

会后蒋介石对何应钦说，英国对控制孟加拉湾不做准备，他们不打算打通滇缅路，游击队可能又是一个骗局，我们不能再上当，云南部队要谨慎从事，没有英美合作，我们绝不再单独进攻。魁北克会议想以游击队为诱饵驱使中国军队进攻北缅，又告失败。

开罗会议

为讨论同盟国的协同作战问题，罗斯福邀蒋介石、丘吉尔、斯大林举行一次联席会议。斯大林因苏联没有同日本宣战，为麻痹日本对苏联的警惕而回避与蒋介石在一起开会。因此，罗斯福先邀蒋介石、丘吉尔集会于开罗，然后再邀丘吉尔、斯大林集会于德黑兰，分别进行讨论。

蒋介石接到罗斯福邀请后，即让史迪威、商震等拟具在开罗会议上的提案。在反攻缅甸问题的提案中，主要是要求美国装备、训练国民党军和要求英国大力支持反攻缅甸。史迪威、商震等所拟提案又经蒋介石、宋美龄、王宠惠等讨论修改。

蒋介石偕宋美龄、周至柔于11月21日上午抵开罗。另外，商震、王宠惠、林蔚、朱世明、董显光和我等先一日到达。开罗会议在美纳饭店举行。

第一次大会罗斯福、丘吉尔、蒋介石及三国高级幕僚均出席。关于反攻缅甸的问题，是以英国蒙巴顿提出的议案进行讨论，而未用中国提出的议案。蒙巴顿的缅甸作战议案，完全从英国立场出发，只让中国出兵而未照顾中国的利益。其方案主要内容，以英、印第一方面军进出英坊，前进目标是更的宛河西岸，如进攻得手则从北缅孟拱前进，希图与中国驻印之第一军会师于密支那。以第几方面军进出吉大港，其前进目标只限于布提当。蒙巴顿议案之主要目的是为确保印度安全而非反攻缅甸，且给予中国远征军之任务甚繁，要远征军从龙陵、畹町向腊戍、长萨进攻。而腊戍、曼德勒是敌主力所在地，如中国远征军向腊戍、一粉萨进攻，吸引敌人主力，则在更的宛河以西之英军。不致遭受强大阻力。

蒙巴顿议案只限于北缅作战，未提及海上控制孟加拉湾，从南北缅水陆同时夹攻的计划。此与打通滇缅通路之中国目的相去甚远。

针对蒙巴顿的计划，蒋介石提出反攻缅甸必须海军陆军同时作战，海军切断敌人海上联络线，陆军才能取得胜利。陆军作战必须待海军在海上作战收有成效时方能开始。蒋介石说这番话，其意在英国不从海上登陆，中国陆军则不出动。

丘吉尔说，英国拟抽调海军使用于孟加拉湾，预计 1944 年 5 月可以集中，至于登陆问题，因登陆艇不敷分配，须看北法登陆情况而定。

随后，罗斯福说美国可以拨用登陆艇，并做出保证，南缅海军可与北缅陆军同时作战。

蒋介石、丘吉尔双边会谈时，曾谈及反攻北缅问题。中方要求英国第二方面军从吉大港越过更的宛河进攻曼德勒，英方以战线太长，后方联络线将被截断为词，拒不接受。

英美参谋长联席会议（C.C. S.）有策划和决定各个战场作战计划与分配作战物资之权。中国方面要求参加 C. C. S.，亦为英方所拒绝。

开罗会议在反攻缅甸问题上，未通过中方任何一项意见。所得的收获，仅罗斯福口头上做出的南缅海军可与北缅陆军同时作战之保证而已。

开罗会议结束后，蒋介石于 11 月 27 日离埃返渝。罗斯福、丘吉尔赴德黑兰与斯大林集会。

在德黑兰会议上最重要的决定是，苏联预计可于 1945 年夏战胜德国。战胜后，苏联同意经过准备即对日本宣战。此一决定，对于中国影响甚大。

罗斯福、丘吉尔及其高级参谋从德黑兰又回到开罗，进行第二次开罗会议（未邀蒋介石参加）。英国认为苏联参加对日作战，中国战区则失去其重要性。为在欧洲先于苏联抢得胜利果实，必须早日集中登陆艇供南北法登陆使用。因此，从南缅登陆计划必须取消。美国则不赞成取消从南缅登陆作战的计划，它认为如取消南缅登陆作战，蒋介石将不会令其部队进攻北缅，这样日军在缅甸的部队则将转用于太平洋，对美国在太平洋上尼米兹、麦克阿瑟的攻势不利。由于英国的坚决反对，最后美国放弃了它的主张。

会后，罗斯福致电蒋介石，大意说在德黑兰与斯大林会商，1944 年春季将对德进行决战，英、美联军将在南法登陆，需要大量登陆艇，无法将登陆艇分配于孟加拉湾，在南缅登陆计划须推迟一年后施行。至此，蒋介石在开罗会议中仅得到罗斯福南北缅水陆同时夹攻之保证。

1943 年春罗斯福决定:（1）成立美国空军第十四航空队，配属于中国战区，派陈纳德为少将司令，直接受中国战区统帅指挥。（2）第十四航空队第一线飞机应保持 500 架。（3）中印航运吨位，每月应增至 1 万吨，其中拨出一定吨位专供第十四航空队使用。

陈纳德新命发表后，史迪威很不高兴。他为牵制蒋介石和陈纳德，乃向其参谋总长马歇尔建议，为协调第十与第十四航空队的作战行动，第十、十四航空队均应归美国空军司令部管辖（史迪威兼空军司令）。史迪威是马歇尔旧部属，史的来华，就是马歇尔的推荐、为了使史迪威在中国战区保持其统治地位，马歇尔竟背着罗斯福批准史迪威建议，剥夺了陈纳德独立指挥权。罗斯福决定的保持第一线 500 架飞机，始终没有补齐，中印航运吨位每月只有三四千吨。其运入中国之战备物资又大部分补给集结在云南之远征军，补给第十四航空队的只有六七百吨，补给国民党军国内部队则为数极少，因而陈纳德束手无策，蒋介石对史迪威则恨之入骨。

1943 年夏，罗斯福、丘吉尔相会于华盛顿，讨论地中海、缅甸作战与美国空军在中国战区的使用问题，中国亦被邀请。蒋介石派宋子文赴华盛顿代蒋出席，并派我随同前往，称之为三叉会议（Trident Conference）。罗斯福为商谈空军在中国战区之使用问题。乃召陈纳德、史迪威参与其会。

会上讨论空军问题时，陈纳德说罗斯福前决定的中印航运每月保持 1 万吨，但至今每月仅三四千吨，运入的物资又大部供给远征军，分给第十四航空队的仅六七百吨，实难完成任务。罗斯福问史迪威何以不将中印运输量提高到 1 万吨，史迪威说，印度阿萨姆飞机场能量太小，虽有飞机也不能按计划起运。罗斯福又问，何以不行扩建，史称：“正在扩建中。”事实上，扩建工程施工量很小，进行得很慢。

陈纳德在会上表示，第十四航空队可担任协同中国第一线部队作战，破坏日本后方交通线，并且可以担任轰炸西太平洋及日本海上运输、攻击日本本土等任务，但必须有充分之补给。6、7、8 三个月每月须补给 5000 吨，9 月以后每月需 7000 吨，始能完成上述任务。如在后半年得到充分的补给，就可以在 1943 年年终取得中国战区及西太平洋空军之全面优势。罗斯福对于陈纳德的计划表示赞赏。

史迪威则认为，陈纳德之计划如果施行，日本受到轰炸，必追寻美国空军在衡阳、桂林等地的基地，如向其进攻，中国军队不能防守，必招致惨败。史迪威如此倡议是希望罗斯福注重陆军，不要过于重视空军。罗斯福在会上对史迪威的意见进行了批评，说史“不能从大局着眼”。

宋子文在会上发言说，中国战区急需优势之空军力量，以防止日军再行入侵。为了支持第十四航空队按计划实施，希望保证中印航运 7、8、9 三个月的全部吨位并为第十四航空队运输汽油和武器。至于史迪威所说日军追寻基地一事，中国军队有力量予以阻击。

会后，罗斯福单独召见宋子文，询问蒋介石何以重视陈纳德而轻视史迪威。宋子文说，史迪威不接受蒋的意见，独断专行，为了反攻缅甸，动用了国民党军大量有力部队，其主要目的又是为英国保护印度，而对于中国国内之战事则置之不理。陈纳德能统筹全局，用兵于重要地区。在敌人入侵浙、赣、湘战场时，空军协同作战，不但阻止敌人进攻，而且助长了战士的士气。因此蒋介石依靠第十四航空队而重视陈纳德。宋子文又说，第十四航空队根据罗斯福总统指示，是一支独立作战单位，应直接隶属于中国战区统帅，但经马歇尔决定，第十与第十四航空队均由美国军司令史迪威管辖，这样，就束缚了陈纳德在中国战区的作战行动。蒋介石对此甚为焦虑。

罗斯福考虑了陈、史、宋的意见后决定，陈纳德之空军作战计划应立即施行，中印航运吨位应该满足陈纳德之要求，尽量拨给。

会后，宋子文回重庆向蒋介石报告情况。宋说，在三叉会议上罗斯福压抑了史迪威，支持了陈纳德。陈纳德得到罗斯福的鼓励，今后将在中国战区发挥其空军威力。蒋听后面有喜色。频频点头说："罗斯福总统当得起盟国的带头人。"

陈纳德自三叉会议归来后，就计划进攻日军后方水陆交通线，并将其指挥所推进至衡阳。1943 年 8、9 月间，日军进攻洞庭湖南部之沅江、常德等处，陈纳德指挥其空军协同国民党军第一线部队作战，并袭击日军后方联络线，敌军被迫撤退。从此蒋介石重视陈纳德之心益增，蒋与其高级幕僚何应钦等在其黄山别墅汇报时，曾有向罗斯福建议提升陈纳德为中国战区空军参谋长兼空军司令之议，用以抵消史迪威之权力。后因顾及马歇尔从中阻挠而罢论。

参加印缅抗战亲历记

祝尔康[*]

在兰姆伽

兰姆伽是个风景区，有小火车站，离河不远，还有个电影院，营房很多，环境不错，交通方便，铁路附近都驻满了军队，大多数是住帐篷。以后，部队大大扩充，新三十八师和新三十师扩充为新一军，孙立人当军长；新二十二师与第十四师、第五十师扩充为新六军，廖耀湘任军长、舒适存为副军长，新二十二师师长由李涛担任。新成立 3 个榴弹炮团：炮二十团为 150 毫米口径；炮四团、炮五团均为 105 毫米口径，每团火炮 36 门。另有一个重迫击炮团，口径是 4.2 英寸。还有两个汽车兵团，一个坦克营。这些特种兵直属总部，作战时配属各师，人员统统由昆明运至兰姆伽。中国驻印军按美军编制，全部补齐，武器、弹药、被服、装具等均由美英供给。作战时，一切后勤补给，均由美方负责担任。

驻印军每个军辖三个师、一个特务营、一个通信营、两个辎重营及后方医院等；每个师辖三个团、一个特务连、一个搜索连、一个山炮营、一个辎

---

* 作者时任中国远征军(后为驻印军)新编第二十二师第六十四团连长，后晋升为营长、副团长。

重营、一个工兵营、一个骑兵连、一个卫生队；每个团辖三个步兵营、一个平射炮连（火炮 8 门，口径为 37 毫米）、一个迫击炮连（火炮 8 门，口径是 81 毫米，用骡马驮载）、两个输送连（一个是扁担连、一个是骡马连）、一个卫生队、一个特务排（一色的汤姆逊冲锋枪）、一个通信排（有线电话）、一个传令班；每个营辖三个连（步兵）、一个机枪连（有 8 挺重机枪，用骡马驮）；每个步兵连辖三个排，每排三个班，另有一个小炮班（2 门六〇小迫击炮）、一挺战防枪、一个火箭筒、一具火焰喷射器、一部背包式无线电步话机；每个平炮连有 10 部中型吉普卡车，团部、营部均配有指挥车和小吉普车。武器、装备比较新式，遗憾的是：步枪都是 1921 年出厂的，均系老爷货，是第一次世界大战的剩余军火，卖不掉的，现在让我们来销掉。

新的编制、人员大大增多，武器都是成倍增加，火力非常强大。在训练期间，士兵伙食很好，牛肉罐头吃得不爱吃；穿的都是咔叽及呢制服、皮鞋、胶鞋，还有毛袜，钢盔是两层的，每人还发一条呢毯。校官还有校官给养，每天供给牛奶、面包、罐头及香烟等。官兵生活，比之国内，相差天远！身在国外，思想集中，私心杂念较少，官兵一心一意搞训练，大家训练的劲头十足，自己动手开辟操场，作基本教练，搞射击比赛，作野外训练，都是我们自己负责，美国人只帮助准备一些器材，做些后勤工作。在作战方面，中国人的战术战略确比他们高明得多，特别是廖耀湘军长在法国学到一套步兵小动作，教起来士兵很容易领会。此时着重森林战术，设陷阱、搞埋伏，练树上射击及隐蔽、搜索……对射击训练很重视，打固定靶及时隐时现的活动靶，各连自己设置场地。

部队经常做远距离野营，练习强行军、急行军，也常做步炮联合演习——做到精确协同；陆空联合演习——做到摆设布板及目标指示；有时步兵配合战车演习——做到相互掩护前进。行军自带干粮 3 天，在芒果树林子里，撑起帐篷野营，感到别有风味，树叶黑而密，十分幽凉。汽油很方便，驾驶训练也极顺利，所以在很短的时间内，我便学会了开小吉普车，精神十分愉快！大家练兵就练兵，打仗就打仗，没有一个逃兵，两三个月后，都是身强力壮，像小老虎一样。

印度的天气比较热，四季同我国的夏天一样。一般人民，每天都在井边洗几次澡，一桶桶凉水往头上泼，男女都一样。我们看到的印度人，穿鞋子的很少，仅只一块长条布，披在身上，像和尚穿袈裟一样。当地印度人民的生活苦不堪言，一天难找到一个卢比，买不到一斤米，那里小孩子的肚皮，总是胀得高高的，不知他们吃些什么？每次走出营房散散步，路旁便有大人或小孩，在你脚边跪下来，摸摸你的脚背，口称："龙步！巴克西司！"意思是：老爷！请你给点小费！我们也很同情他们，有时也顺便给几个派司（分），他就叩头作揖。这种情形，如果给英国人看到，便要挨顿饱打，意思是要他们不要向中国人乞讨，丢了主人的脸。此时英国统治印度，已有一百多年，把印度人的血吸光了，搞得人穷财尽，民不聊生！

我们在训练中，着重搞了几样军事比赛。如：骑马跳障碍、跳壕沟；士兵全副武装过独木桥、跳越战壕、爬城墙、过铁丝网，最后扔手榴弹，再刺枪。这一连串的动作，要一气呵成，非身强力壮不能成功，其目的在于适应实地作战。这些动作也是战场上不可缺少的，优胜者得奖。官长也有军事游戏，我和周中峰两人，当一人跑步，他左脚、我右脚放进一个麻袋里，看谁协调得好，谁就跑得快，至今我还保留着一件胜利纪念品。除外，也经常练习战防炮、火箭筒、战防枪打活动靶，利用火焰喷射器烧 30 公尺处的钢板，表演水陆两用坦克过河，陆空联合演习，榴弹炮、山炮、迫击炮实弹射击，无线电联络及汽车驾驶，越野比赛等。训练是紧张的，要求每个士兵，达到能单独作战，班、排能独立做远距离战斗。严格要求，紧张训练，愉快地生活，精神十分旺盛。师部还有政工队、话剧团、京剧团，每周演出一至两场，话剧内容，都是关于抗战方面的，京剧演得很出色，友军也来看。在印度，"二二剧团"曾名震一时，许多人送锦旗，送横幅。以后在深山野林中，也同样锣鼓喧天，闹得猴子不敢拢边，野兽四处奔逃。

练丛林战

兰姆伽毕竟是平原地区，不便于森林战的训练。1943 年部队整个移至阿萨姆邦的顶头列多森林中，进行丛林战训练。那儿全是原始森林，因帐篷不够，我们就砍掉树枝、柴草，清出一块较大的场地来，自己造营房。我营有计划地在公路旁修建 5 座大草房，既宽敞，又明亮。营房周围大树留着，形成一堵天然围墙，既阴凉，又防空，对公路只开一扇大门。树料、毛竹，随处都有，就地取材，就地盖房。全部采用毛竹结构，屋架、屋梁，均用毛竹。毛竹片铺床，做洗脸架；用棕榈叶做瓦，用柴枝编墙，用木料做枪架，做窗、门，两三天全部完成。崭新的营房，排列整齐，每连一幢，整齐美观，为全军做出了榜样。我们营部有个排长叫秦得胜，在家当过木匠，给营部修造了一个美观适用的亭子，全是木结构，中间放张桌子，摆几条凳子，既好办公，也好吃饭。他给美国联络官也造了两间房子，还有厨房、汽车间，住下来确实很舒服。全营没有地方洗澡，我们又在附近河里，辟了游泳池，并设置一排竹架，便于洗衣服、洗澡，一切都是自己动手在原始森林里开出来的。

为了增长见识，廖军长率领兄弟团的官长来参观我们自建的营房，我们也去参观他们的营房，取长补短。有一次，我们去友军新三十八师营房参观，只见营房大门上写着“燕南营”三个字，初看不懂，问人家才知道：该师曾在缅甸燕南阳地方，解过英军的围，故而有“燕南”之称。还在他们那里吃了一顿饭，算是友好往来。

到达列多，营以上各部，都派有一个美国联络官，一部电台，3 个美国兵，他们专门负责补给，也联系战斗的进展，还派一个翻译官随部队行动。我营没有派翻译官，由我直接与他们打交道。所以时间一长，就结成了生死相依的朋友，同吃、同住、同娱乐（打桥牌），不用翻译官，反而觉得更亲近，从而得到他们的尊敬。美联络官都是受过教育的，有些还是西点军校毕业的。我们想清出一块较大的坪作操场，拿两瓶威士忌给美军，他们就很高兴用开山机，几下就把大树推倒连根拔出，来回几次，就是一块很好的操坪。住下新盖的营房，有了像样的环境，安下了心，便专心忙着搞训练。

在深山野林中，搜索特别困难，便于敌人打埋伏。有些柴草密的地方，距离 10 米以外就看不清楚，所以常常中埋伏。一响枪就要死人，因为在森林里作战，不到面前，是看不到敌人的。射击也是特别困难，步枪、机枪打不出去，全被树枝、柴草挡住，目标不易发现，所以炮火也不能发挥威力，只有迫击炮用起来较便当。那时的六〇炮很起作用，只要有点林空，就好射击，冲锋枪也好使。在森林里要多多练习爬树、攀藤附葛、听响声、看鸟兽动静、看柴草歪斜、看道路痕迹，有足迹便有人走过，仔细听，仔细观察，才能掌握敌情。特别是从森林里忽然走到一个开阔地，要特别注意搜索，往往在这种场合，容易遭到突然袭击。不能沿现成道路前进，否则会遇到埋伏。有一次，我差一点送了命，大胆走在前哨一道，忽然机枪一响，还好动作快，一下子跳进一个坑里，子弹就落在面前！我们就以这些可能发生的情况，设置假想敌，来训练士兵，要他们熟练地达到随机应变，随时处理各种情况，以利战时胸有成竹。有一次在森林里筑起碉堡，用迫击炮实弹射击，由于射界没有扫清，炮弹刚出口，碰到树枝就炸了，很是危险。

森林作战，与平地是两样的，森林里只能小部队行动，大部队是摆不开的。所以我们就训练一个班或一个排，往森林里面搜索，因为视线看不远，往往在森林里遭遇敌人，被敌狙击射手（枪法最准）打倒。我们有一个排长叫李勇，就是被日军一颗子弹打死的。部队在国内，根本没有训练过森林战斗，在印度也只好边训练边摸索，有些还是在后来战斗中学会的，可以说是边打边学。

住在森林里，就苦于没有蔬菜吃，新鲜东西，也难吃到，一天到晚，尽是罐头。在山沟里能找到一点苦菜吃，便算福气！有时士兵也能在附近溪沟里，搞点鱼吃，那更是难能可贵了。夜晚也常常在山沟里敲起锣鼓唱京戏，剧团一上演，看的人可多，友军也要来看，连美国兵也喜欢看，就是没有一个印度老百姓。

这时一面训练，一面还忙于向前修公路，做出击的准备。路线直向缅北密支那，公路修得极简单，用开山机铲平路面，两边用机器修条水沟就成功。路面不铺沙，桥梁也是用木头钉起来就算数，不大牢实，只能勉强通汽车，到雨季便难走，坦克不易通过。

反攻缅北

当面之敌，仍是日军田中新一的第十八师团，他们知道我们要反攻缅北，在通往密支那的道路上，构筑坚固阵地，阻止我军前进，采取防御态势。靠印度这边没有路，进入缅甸界，便有一条荒僻的牛车道，恐怕还是日本人为了军用，修整起来的。沿途森林多，平地少，不适宜大兵团作战。

1943 年秋季，部队开始进行反攻。当时我军的部署是：以新六军沿孟康河谷向八莫之线攻击前进；新一军作远距离迂回，向密支那攻击前进，沿途边打边肃清，配合英军一个混成旅，美军一个加强营，还有少数印缅军。我方占绝对优势，不论是兵力、火力，我们都要胜过敌军多少倍。时值雨季已过，秋高气爽，最适于作战。

部队过了钦底温江上游之后，就开始同日军接触。敌人非常狡猾，把哨兵放在树上，将身子绑牢，隐蔽得很好，不容易被我们发现。他在树上既看得远，又打得准，有时人被打死，还不知子弹是从哪里打来的！他们的防御阵地，像挖地窖一样，掘下一丈多深，用扶梯上下，躲在里面，飞机炸不倒，坦克压不垮，有了情况就爬出来，用机枪扫射，工事都是利用大树根或竹子丛，在底下掏空，像老鼠洞一样，牢靠得很。我们制服他的办法是：有水灌水，无水就截他后路。在纳兴及新背洋由第六十五团攻击，日军在这些地方，无坚固阵地，不同我们打硬仗，打打就撤走。可是他们却边退边埋伏，我们经常受到袭击，前进受阻。敌人还常常选择狙击射手（枪法最好的），在道路旁边草丛里，掘个散兵坑，人蹲在里面专门射击走近的带队的班长或排长，几乎是百发百中。在丁高沙坎，就打死我们一个姓李的排长；在马科附近，打死我们一个搜索兵，还把尸体烧掉。第二天拂晓，我们攻击前进，打死 3 个敌人，也算是一点小报复。当天下午，我营第二连连长雷嘉祥，在一个小池塘里洗澡（路旁边），忽然一架敌机低飞扫射，身中 3 弹，送医院抢救无效死亡！还有一辆小吉普车停在路上，也被飞机扫射起火烧掉。事后才知是自己的飞机，由于地面来不及摆布板，驾驶员没想到我军进展这么快，以致造成误炸。第二天飞行部队给我们送来许多慰劳品，表示道歉。

为了要找日军的主力打，我军派出一个营或一个团，作远距离迂回，到敌人后方去，截他的补给线，打他的侧背。日军在孟关和丁卡沙坎构筑工事，准备对我作坚强防御，并配备战防炮。我团以一个营，配属坦克 2 辆、山炮 2 门、迫击炮 4 门，作正面攻击；我率一个营则由左翼迂回到敌后，截击丁卡沙坎之敌，激战约一小时。我营以重迫击炮轰击敌碉堡，炮火打得很准，有一炮命中，把盖材、枕木打得满天飞，毙敌数十名，缴获战防炮两门、轻重机枪数挺，第一次杀了敌人的威风。因为孟关有琥珀矿，还产各色宝石，故而日军不肯放弃。我方一辆坦克被敌炸毁，翻在路旁，人员无损伤。

此时缅甸战场的制空权已全部掌握在我方手中，日军的补给线完全暴露在我空军的威胁之下，所有日军运输车辆均被击毁，只能用骡马绕森林小道，运送粮弹，进行补给。他们在夏都寨附近狭谷大路上，构筑有极其坚固的阵地，准备死守。道路从大树中间通过，左前方是一块大开阔地，周围都是树林，右边有条小河沟，左翼靠山脚还有一条荒僻的大车道，敌人卡住两条道路，我军只能沿大道接近。敌将主力配在大道上，靠山边则配备一个加强排，附重机枪一挺，构筑碉堡，深挖壕沟，作坚强防守；正面则配置一个营，工事构筑之坚固，是我从未见过的。他们把大树根底下掏空，大榕树的根，既多又粗，比任何盖材都牢固，用扶梯上下，不管你飞机炸，大炮轰，坦克冲，一点也无关痛痒。你不到面前，敌不打枪，你一停止轰击，敌人就爬出来，用机枪扫射。这样反复多次冲锋，敌阵毫不为动，造成我军很大伤亡，一连攻了十多天，还是相持不下。而这一敌据点，又非打通不可。于是，我军以一个团作正面攻击，飞机、坦克及各种火炮，都参加了战斗，还是不奏效。

为此，军长廖耀湘重新部署，派我营从我右翼远距离绕到日军后方去，截断敌之退路，并给我营配属重迫击炮 2 门、八一迫击炮 4 门，轻装前进。在途中休息时，营部美国上尉联络官麦克尼尔问我：“今天到哪里去？”我说：“到敌后去截路！”他说：“我今天头有点不舒服！”我知道他的意思——怕死，就告诉他：“你到后面伙房里去休息好了！”我们绕到敌后山脚大车路边，没有发现日军左翼有个加强排，便一直截到日军的炮兵阵地，即进行猛攻猛打，杀伤他一部分，敌溃退了。我立即占领该阵地，一面加修工事，一面加强向四围搜索，终于发现敌人左翼的这个加强排还没有动。于是绕到该敌后面约 200 米处（中间被小丘及森林遮住，敌我看不见）占领阵地，并站稳了脚跟。这时我的决心是：到大路还有一段距离，而且是开阔地，不能隐蔽前进，先吃掉敌人这个排再说，团参谋长李涛也同意（电话请示）。敌人见势也着了慌，但是无力反扑。第二天天刚亮，敌人向我开炮，打得很准，炮弹一出口就到，距离不远，躲避也来不及，打伤营部两人，联络官脸也吓青了。我判断敌人一定要顽抗，总想垂死挣扎，不消灭他，他死不罢休！特别是下雨天，一到夜间，敌人便三三两两在指挥所附近，又打枪、又投弹，进行扰乱，借以探听我军的虚实。我亲眼看到日军赶紧给这个加强排送粮弹，就命令第一连抓紧把当面敌情弄清楚。他们汇报说：“敌阵地距我很近，工事做得非常坚固，枪口都是指向前面的，我们在他后面打起来更有效。”我想：只要拔掉敌人这个据点，就等于打断了他的左手，使其左翼空虚，则正面不攻自垮。我又想：我们从敌人后边打进去，正好打到他的痛处，而且我有一个营的兵力，吃他一个加强排。主意拿定了，即以第一连配重机枪 2 挺，4.2 英寸重迫击炮 2 门，于拂晓前运动，尽可能接近敌阵地，实行拂晓攻击，以 5 个班从正面攻击，以 1 个班埋伏于敌退却路旁边，战斗打响后，不放过一个逃跑的敌人；第二连继续向大道方向搜索警戒，防止敌人增援；第三连为预备队。我步兵主力，于拂晓前，从森林中运动到接近敌人约 70 米至 90 米处，停止监视，重迫击炮在离敌阵地约 200 米处直接瞄准（在丛林中敌人看不见我们）。等到天刚亮，重迫击炮即猛烈地向敌阵地发射了 100 炮，结果几乎发发炮弹都打得很准；小炮 6 门，也集中齐轰，把敌人阵地打个稀巴烂，碉堡被打垮了，战壕也淹了。这时我冲锋号声骤起，我一连发起冲锋，轻、重机枪狂叫，手榴弹像雨点般扔向敌阵，守敌无一幸存。敌重机枪组想逃，也被我伏击兵截击，一个也没有逃脱。只有个别学会几句中国话的敌人，在天还不大亮看不清人影时逃跑。我士兵问："谁！"答："自己人！"我们的人没有受骗，给他们就是一梭子。天亮后，清查战果，摆在阵地上的日军死尸56具，内有官长2名，2把指挥刀，2个图囊，1挺重机枪，3挺轻机枪，3个掷弹筒，2支手枪，1部电话机，其他都是三八式步枪。这次战斗打得干净利落，是一个小小的歼灭战，前后不过半个小时便结束战斗，我们毫无损伤。

在很短的时间内，大道上的日军主力，全部溃败，被我歼灭一部分。我乘胜追击，不让敌人有喘气的余地。在追击中，我们不走大路，而是率本营再次绕道截击拉瓦之敌。行至中途，因出师日久，粮弹需要补充，车辆接济不上，发电报告知我部所在位置（照地图坐标），飞机马上来投送。我们在附近一小块空地上摆上一块对空联络布板，便及时收到了飞机空投的补给品，部队继续前进。我们以袭击的姿态接近敌人，到达拉瓦，恰好截到日军的野炮阵地。一开始，我们就来一个猛虎下山，以一个连在重机枪掩护下，一举冲到敌人面前。敌炮兵战斗力不强，短兵相接，炮火便无用武之地，在我勇士们的冲杀下都做了刀下鬼。这一仗速战速决，歼敌一个炮兵连，缴获三八式野炮4门，轻机枪6挺，骡马10余匹，毙敌30余名，我伤亡甚微。这时，我营人不歇脚，马不停蹄，继续往卡马因挺进，团部跟在后面。离卡马因不远，有河流阻住，工兵砍下一棵大树，横卧河上，架起一座天然桥梁，我们迅速跑步过了独木桥。过桥后，我准备攻击卡马因，令第二连在山炮及轻重机枪火力掩护下，大胆地向日军阵地跑步前进，冲锋枪一面扫射，一面冲锋，很快就拿下了卡马因。这是一小山头，里面有英国人盖的小洋房，大概是作为收集物资的哨卡。我跑得气也透不过来，遇到3个日本兵，举手向我们投降。放下武器后，见我无杀他们的迹象，便大胆地伸手向我讨"他罢古"（纸烟），我给他们一人一支，抓送师部。

这时，师部也来到卡马因，将各团缴获的武器与俘虏集在一起。我看到兄弟团比我们战绩好，战利品也比较多。全师总共缴获大炮20多门，轻、重机枪很多，俘虏约100余名。我们在卡马因附近休息了约半个月，部队自己动手盖起简易的营房，也很舒适，可惜买不到一点东西，只看到少数几个缅民，讲话又不懂，得不到半点帮助。

我军同日军打了多次恶仗之后，敌人只剩下一些残余部队，已失去了决战能力。根据残余日军兵力分散的特点，我们决心将敌人截成一段一段地来打，多处同时作战，使敌人首尾不能相顾，防不胜防。从卡马因到孟拱，沿途只见日军丢下许多门火炮，有的炮口指向前方，有的炮口指向后方，足见其逃跑时的慌张程度。我们的战略战术是：遍地开花，弄得鬼子招架不了。在路旁房子里，见躺的日军死尸也不少，大都是负伤缺医，带不走的。在孟拱与本军第十四师官长会了一次餐，算是胜利会师。在休整期间，自己盖起比较像样的营房，也是用毛竹片铺床，既软和又凉爽。部队伤亡极少，我已晋升为中校副团长，廖军长还特别关照：凡是爬过野人山的，每人升一级，老兵差不多都当上了排长。休息期间，我们还请来一班缅甸唱戏的，唱了一台戏，特别邀请驻在我们附近的一个英国混成旅的旅长，来参加我们的联欢。这个中将旅长（名字忘了）很高兴，因为打仗全靠我们中国军队，他们不过是助助威而已，所以他们也乐意同我们友好。

我们在驻地附近，参观了一个英军攻克的阵地。这个日本阵地，周围不过 200 多米，是一个小土包，也有大树，敌人在这里筑起坚固工事，用一个排防守。因为这里是一个公路与铁路的交叉点，地位重要，敌人死守不退，英军攻了好几天，据说飞机投了数十吨炸弹，炮兵打了几百发炮弹，坦克也冲了十余次。当我们走上这个小土丘，只见树枝全部打光，土也翻了个身，日本兵是消灭了，但也看到 30 多个十字架，竖在阵地旁边。每个十字架上，一顶钢盔，一条名牌链（牌上书明：姓名、年龄、籍贯及所属部队番号）。

在缅甸我们只见到美军一个特种营，他们专门在深山野林里钻，不大同敌人交锋，说是在搞森林战试验。也看到美军在使用空中列车，运载军队作长途远征，一节节的滑翔机，用轻而薄的三合板做成，单翼，有操纵杆，能掌握方向，用运输机牵引，一次能拉许多节，到达目的地，一节一节松钩自己滑翔降落，人员、飞机毫无损失。配属在我们部队里的电台，全是美军，人倒是蛮和气，也很重感情，有礼貌。联络官与我们一道生活，他们专搞补给，作战不要他们管，搞熟了，一道照相，赠送纪念品，相互照顾，增加友谊，在他们面前，我们可算是佼佼者。

快到冬季，部队沿火车路通过和平车站，跨越苛克威丛岭到达伊洛瓦底江边，奉命渡江，向瑞古攻击，配合第六十五团进攻八莫。江面很宽，幸亏对岸敌人不多，我以山炮及重机枪掩护，于拂晓时用橡皮船强行渡江。橡皮船是头天下午用飞机送来的，先渡一个班，响了几枪，没有多大抵抗，接着第一营全部渡过去，此处名瑞古卡利。这里有个庙宇，在此稍作休息，飞机又投送一些粮弹，用降落伞投在沙滩上，补充齐足。当天晚上，即率第一营，含枚疾走，静悄悄地向瑞古接近。道路都是沿江边，中途遇到一家华侨，烧茶给我们喝，因任务要紧，稍许问了一下情况，便继续前进。天亮前已进入村子边沿，继续往村里搜索，部队已布置好，等待天明攻击。天亮后，基本上没有打硬仗，便全部占领了瑞古，并与第六十五团先头部队会师。部队向村庄外围搜索的时候，日军打伤了我们两个人。恰好瑞古有一块约 100 平方米的草坪，电报发出，下午即派来一架小飞机，将伤兵运往后方医院。

我们团就在瑞古驻下来休整，村北有一座大庙，村南有个医院。庙修得很讲究，很干净，团部就驻在里面。村内有两三家华侨，见到我们非常亲热，请我们吃饭。我们把祖国的情况，一一告诉他们。华侨非常高兴！要我们常去他们家玩。第二天全村老百姓都回来了，全都缺粮，可能是被日军抢去了。老百姓同中国军队关系都很好，相互尊敬。不久，我们向八莫以东前进，到达一处比较大的平坦开阔地附近，停止待命。至此，日军田中新一第十八师团，已绝大部分被歼。此时，新六军接到奉调回国参加国内抗战的命令，于是将阵地交由英美军队接防，继续歼灭残敌。我们各单位则就近觅一平地作机场，就地起飞。我是乘小飞机飞往后方留守处，通知平射炮连，做好乘飞机回国准备。

1944 年 10 月上旬，按照新六军新二十二师的统一号令，我们团由八莫东边约 30 公里处，乘飞机起飞回国。所有人员、武器、装备、骡马及小型车辆，统统装上运输机，送到云南沾益机场降落，大约 3 小时。随后，部队即在云南曲靖整训，准备投入新的抗日战斗。至此，历时 3 年的印缅抗战生活遂告结束。

胡康河谷的反攻战

丁涤勋*

新编第三十八师的第一一四团和第一一二团在 1942 年 2 月从兰姆伽移防到列多以北的卡图。这时敌人已侵入野人山区。为了消灭入侵之敌，掩护修建中印公路，师司令部移驻卡图，第一一四团和第一一二团陆续进入野人山区。第一一二团担任由打洛至塔家普一线长约五十英里的防御。新编第三十八师是缅北战场的主攻师，日本的所谓精锐部队第十八师团以及第二师团均先后被我军歼灭和击败，克复缅北全部失土，掩护中、美工兵部队修筑中印公路，为抗日战争打通了一条国际陆地运输线。我当时是第一一二团重机关枪第一连连附，现以我所在的第一一二团为主，将胡康河谷的战斗情况，分几个重点回忆整理出来。

1943 年 10 月，驻野人山上的第一一二团，由防守转为进攻。根据盟军总司令部命令，为了在缅北前线建立空军补给基地，第一一二团两个营和直属部队的大部准备 10 月初出发。我接到命令，在反攻之前，由我与李纯明两人率一个加强班和做向导的三四名当地“山头人”，深入敌后新平洋地区侦察敌情和修筑机场的适宜地形，来回约一个月。10 月 1 日完成任务返防，

---

* 作者时任新编第一军第三十八师第一一二团第一营重机枪第一连连长。

详细向团部汇报了侦察情况。

10 月 2 日，部队从塔家普出发，向新平洋推进，掩护工兵部队修建飞机场，作为反攻基地。

为了确保新平洋基地的安全，部队必须向东南推进到大龙河和温江的右岸一线，建立沿河据点。我团进驻新平洋后，只留一个连担任警戒任务，主力向临干萨坎以东以南的于旁、加滚、卡道和大龙河与塔卡内河的交汇点前进。出发时以第二营为前卫，第五连为尖兵连。当部队进入只隔于旁约六百米的高地时，发现高地前有大片林空，东西长约 600 多米，宽约 100 多米，部队马上停下来，掩护尖兵连继续搜索前进。当尖兵越过林空进入森林之后，误入敌人一个加强排的埋伏圈，两军立即展开激烈的肉搏战，中尉排长刘治阵亡，连长江晓垣身先士卒反复冲杀，负伤不退，光荣尽职。这场恶战仅仅一个多小时，敌人被全部歼灭；我第五连官兵除几位负重伤幸存者外，全部壮烈牺牲。

战后，我增援部队夺取了阵地，控制了两个林空，推进了二百多米，距敌主阵地仅五十余米，形成敌我对峙的局面。当时，我正在塔家普休息，得到团部紧急电报，十月底即赶回前线，投入战斗，负责守卫大龙河和塔卡内河两河交汇点的防守任务。

敌人的主阵地选择在于旁林空以北森林中的东西两侧，约有两个连的兵力。它的炮兵阵地摆在大龙河的南岸，通往太白家的中途，炮火夜以继日地向我阵地轰击。白天敌人在炮火掩护下猛攻，夜间在炮火掩护下向我骚扰，连续五十余日。敌人的进犯一次又一次地被我军击溃。机关枪第一连连长吴瑾在第二次战斗中阵亡。

于旁位于大龙河的右岸，是孟拱到新平洋必经的渡口，是敌我必争之地，而于旁后面的高地更为重要。

一天傍晚，约有一个营的敌兵，利用夜幕包围了高地我军阵地，接着向我阵地发动猛烈的攻击。这里是我们团指挥所，只有一个特务排的兵力，在敌众我寡的情况下，阵地被敌突破，形成混战。团长陈鸣人率部趁机突围，几经拼搏才冲出重围，第二日脱险回到临干萨坎。一个美国中校联络官，躲在掩体内不敢出来，结果被俘。

这次战斗，我阵亡十多人，高地被敌占领，李克已营的第二连、机一连的一部、迫击炮连的一个排，被困在长约二百米、宽约一百多米的范围内，后来这里因这次战斗被称为“李家寨”。

当时我被升为连长，奉团长令将大龙河和塔卡内河交汇点的防守任务移交给第一一四团，要我率这个加强连共 200 多人，增援“李家寨”。这是一个艰巨的任务，200 多人要在敌人 50 公尺的空隙中钻入“李家寨”是不容易的。在临干萨坎出发时，我向全连官兵交代两点：一是决定在夜零点后通过敌人的包围圈。如被敌人发现，迅速就地卧倒，敌人射击我们，不准开枪还击。如失掉联系，不许乱走，就地停下来。二是零点以后阔叶林和芭蕉林露水增大，水滴成声，且有节奏，我们的脚要踏着水滴声一步一步地轻巧前进，不能乱步，使敌人听不出我们的脚步声。零点以后，我走在部队最先头，领着全连进入敌包围圈的空隙，士兵们小心谨慎顺着水滴声越过了空隙封锁线，顺利地进入“李家寨”。这样，“李家寨”就增添了生力军。

李克已营长和全体官兵死守阵地，英勇抵抗，屡挫顽敌。在粮食、弹药、饮水等特别困难的情况下，坚持阵地 50 余日，为部队的反攻，赢得了充分的时间。

人多智多，这句话一点不假，在艰难的日子里，士兵们积极地出主意，想办法，解决了喝水问题。此时水就是生命，人不喝水，饭不煮熟怎么行？士兵们在阵地内外，把树藤砍断成斜形，在藤的断面中心钻一小孔，倒置在盛器内，水就一滴一滴地滴下来。一根树藤，每日可滴下二斤至三斤清水，解决了煮饭用的水。补给虽有空投，但弹药储备有限。官兵们从战争的实践中摸索出节约弹药的战法：白天敌人的步兵在炮火掩护下向我反攻，士兵们沉着地躲在掩体内，连警戒兵也一枪不发，让敌人接近，等到敌人接近我 30 米、20 米时，各种自动火器齐发，痛痛快快地把敌人歼灭在阵地前。因为原始森林里树多，各种火器在 50 米以外射击，不能发挥火力作用，只能消耗自己的弹药。每天夜晚八点以后，敌人开始夜袭，我们也采取了对策：在阵地前 30 米内外设陷阱，把手榴弹置于矮树上或树的旁边、树藤里，有距离地一层一层地设置妥当。树藤就是自然的障碍物，就是爆炸物的导火线，只要敌人一动就骤然爆发。警戒兵站在战壕的掩体中，凭着两只耳朵敏锐地判断来犯之敌，必要时以手榴弹消灭他们。敌人夜袭时又一个惯例是距我阵地 50 米以外就开枪射击，对我们来说敌人的枪声正好起了向我们报警的作用。待敌前进到我阵地前 30 米时，零星的手榴弹炸了，再往前进时，多数手榴弹被触动都爆炸了。我们就是以手榴弹击溃了敌人 50 多天的夜间袭击。

我们不向敌人进行夜袭，但是白天在敌阵地前和我阵地两侧设埋伏，每天拂晓前派出伏兵，下午 7 点左右撤回。我们的伏兵在阻止敌人接近我阵地，掩护陷阱、手榴弹和各种障碍物的设置，起了良好的作用。

在我阵地的北端，有一棵很大的榕树，树围十多米，树枝并成辐射状向四周伸展。它高大雄伟，在丛林中俨若一座突出群林的小丘，覆盖地面的半径超过 25 米。由于它长在两个林空之间，人在树上对两个林空的毫毛细物也看得清清楚楚。我们在这株树上和周围，布置了一个加强排，树上构筑了重机枪和轻机枪的掩体，无论白天和黑夜都可待在树上。其余兵员和火力设在地下，封锁敌方。被这棵大榕树控制的两个林空，有一个在我阵地内，长约 30 多米，宽约 20 多米，作为我军空投场地。我们需要的粮食和弹药全靠空投，因此大榕树成了敌人的眼中钉，曾多次以重兵攻击，却屡败于我守军手下，死伤惨重。

抗战时期印缅战场上的一支中国坦克部队

孙志明*

抗日战争中，我军坦克部队扬威印缅战场，为击败日军立下汗马功劳。今谨记述其始末于下。

从湖南出发

1943 年 9 月末，陆军辎重兵汽车第一团的 15 辆酒精车，载着机械化学校驾驶兵教育团第三营的官兵，由营长王先沂率领，从湖南洪江寨头村出发，驶向昆明。行前教育长徐庭瑶（中国坦克部队的创始人）在校本部对面的公路上，举行盛大的欢送会。军乐声、口号声、鞭炮声，伴随着学校附属"精是中学"师生的歌声，响彻了深山老林。这是一支素质较好的队伍，学兵们是从湖南、广西、贵州、四川等地招考录取入伍的，年龄在 17 岁至 19 岁之间。

车到贵阳，战时气氛骤增。川黔、湘黔、滇黔、黔桂四条公路汇集，军

* 作者时任战车第一营第二连排长。

运频繁，部队在此休息两天后，换乘征集来的民用商车，在云贵高原上盘旋前进。

10 月上旬，车抵昆明，驻机场附近。我们的任务是飞过去、打回来。整日就地待命，使人心烦。当上级命令做出国前体检时，全营顿时雀跃起来，虽有一二个体检未过关的士兵需要留下来，他们却一再要求随营出发。

11 月初，全营渴望很久的日子终于到来了。3 月 4 日下午 4 时，分两批乘运输机，飞行 4 个多小时抵达汀江机场，下机后连夜转往列多。

翌日起来，更换服装，又进行一次检查，身体健康的统统编组乘火车驶往印度中部的兰姆伽。

兰姆伽改编

到兰姆伽后，王先沂率部向基地报到，次日进行改编。军官全部调往基地战车训练班；士兵编入战车（坦克）第一、二两营。12 月中旬，战车第一营组建完毕。所缺部分军官从战车训练班（班主任蔡宋濂）调入。我为被调者之一，分在战车第 1 营。

战车第 1 营的人员编制是 999 名，其中军官 90 名。战车第 1 营的武器装备有：M3 轻型 15 吨坦克 53 辆，每辆装备 37 毫米平射炮 1 门、高射机枪 1 挺、机枪 2 挺。高射机枪排、搜索排、通讯排都配备有各种机枪。此外，还有冲锋枪、步枪、装甲车、各种车辆及收话机、接收机。这是当时一支高度机械化的部队，是印缅战场对敌作战的主要攻击力量。

战车第 1 营的训练方法是：

实弹射击、坦克及各种车辆（包括装甲车）的驾驶和各种地形的通过。位于热带 40℃气温下的闭门驾驶、夜间闭灯驾驶，每日常达 10 小时以上。无午休，无假日。一天训练完毕后，还要进行车辆例行保养和现场讲评。这是一种耐力、智力与意志的锻炼，也是身体素质的考验。无怪乎，在昆明和列多两地登机之前，都要严格进行体检。

列多集结

1943年冬，我军先头部队，开始和日军接触，10月29日占新平洋，12月18日攻克于邦。此时兰姆伽基地担负有战斗任务的诸兵种部队，逐渐向列多集结。战车第1营首先到南亚最大港口——加尔各答接收装备，尔后再分两路北上：一路用火车载运坦克及装甲车到列多站下车；另一路驾驶各种汽车沿公路而去。在公路行驶的车队，往往可见到阵阵猴群嬉戏于两侧的树梢，有的倒悬，有的跳跃，欢腾作乐。在加尔各答和途经的城市中常常碰到三两头花牛，踯躅街头。

进入列多，气温稍稍下降，但战时景象历历在目。这里有中国军队、美国军队、英国军队、喀钦部队，在街上，头戴白色钢盔的美国M.P（宪兵）；身着卡其制服、佩戴袖章的中国宪兵；典型绅士风度的英国军官以及印度警察，各自处理军中酗酒和其他违警事件。

战车第1营穿过列多市区，驻扎在市区以东数英里外一个路口进去不远的无人区，积极进行战前准备，路外有一处空坪，被辟为小型临时机场，不时有侦察机、通讯机起降。

进入野人山

2月，乍暖还寒，战车第一营离开列多，越过印缅边界，进入野人山（那加山）的茫茫林海之中。直到农历正月初三，才知道大年已过。如果在国内，早两天起就已是爆竹声声，而现在我们却悄悄地过了春节，同行的坦克，也静静地掩蔽于林中深处。

车行一月，不及百里，海拔3千米以上的鬼门关迎面而来，筑路部队披荆斩棘，当天开辟的新路，坦克随即开了过去。遇到沼泽地带，就以枕木架起一条高50公分，宽3米多的单行道让坦克通过；若是垂直陡坡，后面车辆则刹车，以钢丝绳拴住前车徐徐下驶，一路上险象环生，绝大多数都能安然而过，偶尔有一两辆坦克不慎坠入深邃的空谷里。

2月底，缅甸前线我军对正面蒙关（孟缓）之敌，只作佯攻，而战车第一营从左侧孙布拉蚌与新平洋之间的亘古森林里钻进去，遇回瓦拉邦（瓦拉）敌军司令部。

3月1日，全营在林海中，靠指北针判定方位，无路可寻时，则由开路机开路，坦克一段一段地前进，入夜仍在森林之中。

3月2日，开路机继续开路，坦克随着前进。黄昏，进入林中的一块草地，草比人高。坦克由纵列组成一个弧圈，辆辆车头向外，形成一个四方都可出击的活动堡垒。停车前，车上无线电传来通知："就地待命，不准吸烟、不准开灯、不准做饭。"我们又啃了一天干粮。

印缅战场的制空权，早已操在盟军手中。3月3日上午9时许，草地上空出现一架轻型飞机盘旋不去，通讯排迅速与其联络并铺开布板信号。飞机飞得很低，白朗上校（美国人，中国驻印军战车指挥部指挥官）探出头来向大家致意，又扔一个布袋，拾者把它送交营部。半小时后，营长下达命令："瓦拉邦已在我们右前方不远，第三连为尖兵，第一连居中，第二连担任后卫，立即出发"。10时整，全营出草地、穿树林、过河谷，加速前进。

鏖战瓦拉邦

3月3日中午，尖兵连逐渐靠近瓦拉邦公路，敌兵发现坦克，竟乱作一团，慌忙向瓦拉邦河西岸撤退，筑起临时工事，凭借河岸，妄图阻止我军前进。经过观察，瓦拉邦河上有座木桥，尚属坚固，西逃的敌人还未来得及破坏。下午4时，战车第三连连长孙明学（机械化学战车兵科1期毕业）身先士卒，率领17辆坦克在第1连战车炮火掩护下，突破河床封锁线，从木桥冲上对岸。日军疯狂抵抗，在西岸有数辆坦克倾覆，失去作战能力。天色刚晚，日军为了保住十八师团司令部阵地，进行反扑。第1连奉命增援西岸，又是17辆坦克压向敌阵，火力大增。战斗至晚上9时，打退日军的反扑，占领了敌阵地。敌指挥官仓皇逃遁，连关防（公章）、太阳旗（军旗）、指挥刀都未来得及带走。与此同时，第2连在瓦拉邦河东岸，切断了通向蒙关、新平洋的交通线，缴获汽车数辆及不少辎重，丢下的饭锅、饭盒里的饭，还是热的，余敌向丛林中乱窜。

这一仗，吹响了缅甸战场胜利反攻的序曲，士气大振。营长赵振宇（黄埔 6 期毕业）晋升战车指挥部副指挥官，遗缺由副营长赵志华（黄埔 10 期毕业）升任。4 月，我军前锋已过丁根山卡，向孟拱进击。日军针对坦克部队，采用了磁性手雷（又名磁性地雷，扁平形，内嵌有 4 块强力磁块），组成敢死队，身负车雷，赤膊上阵，伏于我坦克必由之路，遇上坦克即投掷出去，紧紧吸在装甲车底板上，旋即爆炸，坦克被毁，人员伤之，导致整个部队停滞不前。后来有人建议：在坦克上安装铁丝网，网上再敷一层厚厚的黄泥，车尾堆着砂袋。出击时果然奏效。手雷遇上黄泥及砂袋，磁性不起作用，纷纷滚下爆炸，投掷日兵躲避不及，反被炸死。我坦克部队扫除进军路上的阻力后，与其他部队一起，直插南三河。

强度南三河

异国仲春，酷似江南，但为战火所笼罩。4 月 11 日上午 10 时，日本主力退至南三河南岸，北岸仍有少量兵力进行骚扰。营长赵志华受命率领全营向前推进。这时前方已经打响，炮弹在头顶呼啸而过，谁也没有理睬这些。营长命令：“战车第二连为尖兵连，二连三班为尖兵排，二连三排 16 号车为尖兵车，到达步兵指挥所取得联系后，继续前进”。我作为 16 号车车长迅速跃入车内，向驾驶手龙宋权（长沙人）、射手覃怀宣（广西人）以及副驾驶手交代情况后，作为锥之尖，开动坦克，扭开无线电，戴上耳机，加大油门，率先向南三河驰骋而去。坦克到达步兵指挥所后，一下子全部熄灭，严阵以待。

步兵连指挥所临时掩蔽部上支着树干，堆着泥土。我和战车二连连长詹海蟾（机械化学校交通兵科二期毕业）钻了进去，步兵连长向我俩说：“前面不远就是步兵线，从电话里传来消息，你们即将到来，我命令前沿阵地，已用一块黄色胶布，铺在地上，作为标记，出了胶布，就是战场。从步兵线向前500米的左边，有一栋楼房是敌人的火力点，挡住了我们的路，再往前，进入隘路，隘路前面是南三河”。

出了掩蔽部，詹连长一声令下，坦克再度轰鸣前进。

我仍然在第一辆坦克上，从车内潜望镜望去，一眼就看到大块黄色胶布，它无言地宣告：战场到了。

坦克继续前进，两分钟后，左侧出现一栋楼房，几辆坦克摇转炮塔对准楼房开炮，瞬间摧毁殆尽。坦克到达隘路，戛然而止。

我在隘路中仔细观察情况并以无线电话报告詹连长：“大老板（坦克连长的代号）！大老板！我是16号老牛（坦克的代号）！我是16号老牛！前面是河床，可涉水而过，但对岸只有一条路，路上可能有雷，我想用炮弹把它摧毁。”“16号老牛！ 16号老牛！我是大老板！我是大老板！你的话我听到了，同意你的意见，马上执行。”我拨转了车内通话控制器，向射手下达射击命令。顿时，炮弹在对岸唯一的路上开花，引爆了地雷，发出几声巨响，硝烟和尘土冲上天空，我们乘机向前疾驶。

走出隘路口后，进入河床，在卵石上奔驰冲向敌阵。不料我16号坦克被日军炮火击中，驾驶手龙宗权阵亡，其余人受伤。13号坦克继续冲上来，也被击中。但后续坦克源源而上，还是勇猛地冲向彼岸，压住了日军坦克炮的火力点并占领了南岸。步兵随即跟进。傍晚，南三河被我军收复，步兵指挥所也移向南岸。

战车第一营从1944年3月3日鏖战瓦拉邦至5月中旬，连续大小战斗20余次，人员伤亡达40余人，大部分转移到列多后方医院治疗，我住院10多天后归队，任命为战车第2连第2排排长，率5辆坦克。

沙地亚整训

5月，缅甸进入雨季，全营从前方临时机场空运回到列多，改乘火车转往中印边境沙地亚（萨地亚）以北15英里、布拉特普拉河边整训，河对岸即为祖国西藏察隅地区。战车第二营，作为预备队也驻扎在沙地亚以南的迪一鲁卡（迪布鲁加尔）。所有帐篷都分布在河滩冲积层的平原上，气候炎热。我们就在这种环境下锻炼意志，熟悉技术，往往挥汗如雨，饮食不进，目的是提高热带作战能力。

在整训时期，间常下午举行连际球类比赛，有时进行中美篮球友谊赛，围观者皆战车第一营的官兵。湘籍战士利用业余时间，还自编自演了一场花鼓戏。

缅甸的雨季即将过去，印度沙地亚的中国坦克兵整训结束。是年 8 月，仍循列多再度进军。24 米宽的国际公路，笔直向前延伸，车过鬼门关时，已变成通衢坦途，开沟机在公路两旁疏通渠道，刮路机不停地你来我往把马路刮平。

几个月以前，坦克加油，需要三四个全劳动力，才能把一桶 200 公升的汽油，使劲地杠上坦克。现在，输油管已伴着公路，并肩向前沿途山间的高压泵房夜以继日的运转，加快流量，一次可供 8 辆车同时加油。为了防止裸露的油管遭到破坏，巡逻兵日夜不停地沿线检查。

车过孟拱，离战场不远。次日奉命编入预备队，尾随步兵之后。

“第二条战线”

我坦克部队与日军在瓦拉邦、丁根山卡、南三河的几个回合，使日军已饱尝了溃败的苦头。可是“第二条战线”——生物战线，却令人头痛，加之雨季来临，气候炎热，蚊虫成群，疾病流行……使之防不胜防。

生物战线上，不管是深山密林中的虎豹，还是茫茫草原里的巨蟒，坦克兵们可以用枪杆子来对付他们，战而胜之。可是疟蚊、旱蚂蟥、蚂蚁，在空间与地面，随时向你袭击，实在难于应付。

第一是防蚊。白天，开饭前每人发给两颗“阿司匹林”药片吞食，用以防虐，还是一个很倒胃口的事，而且对肝脏有一定的不良影响。入夜，防蚊是头等大事，哨兵站岗时，像阿拉伯妇女一样，戴上面罩，严重影响了视线。哨兵的两只手，每隔半小时要擦防蚊油一次，这种油，气味难闻，若不小心把它涂在手上，表面会出现裂纹，当然也会损伤皮肤。

其次是防止旱蚂蟥。它对人体的入侵当徒步行走时，必须把裤脚扎紧（步兵则把绑腿扎紧），套在皮靴里，或者把脚放在长筒帆布鞋里，再锁紧带子。

三是防止蚂蚁的围攻。缅甸北部丛林里的蚂蚁，比我们在国内所见到的要大两三倍，头大如豆，呈褐色，一般由蚁王率先，众蚁随行。有一次坦克兵露营时，未注意林中草地尽皆蚁穴，刚驻下不久，就遭到蚂蚁的狂攻。人人腿部、手上、脸上到处都是蚂蚁。虽然一面拍打、一面脚踩，蚁群仍源源而上。后来，只得把坦克从草地上退出来，在蚁穴周围淋上汽油。放火“歼灭”，这样才安然地过了一夜。

乘胜追击

密支那为缅北重镇，由铁路通往曼德勒和仰光，公路四通八达，在密支那郊外鏖战两月，公路上弹坑一个接着一个，坦克兵们加大油门冲着过去，有几处太深，只能绕坑而走。前线步兵在野炮和空军支援下，奋勇杀敌。8月5日我前线指挥官还没有把坦克用上，日军就招架不住，向八莫撤退。在市内缅人寺伊洛瓦底江畔，丢下了200余具尸体。

坦克部队得知下达追击任务后，个个要求肩负此项任务。本部连搜索排，一马当先，把更换下来的M3坦克的炮塔部分卸下来，减轻重量，并在四周安装上机枪，成为没有盖子的装甲车，与美军混合编组后，向八莫、南坎追击。其余战车连，紧跟搜索排之后，11月24日与友军一起，攻克八莫。1945年1月15日，再克南坎时，我们甩灭火机，把还在燃烧的房子的火扑灭，当晚安营在火后的芭蕉树边。

我军进入南坎后，日军节节败退。一方面缅甸东北部战场，受到中国驻印军的穷追猛打；另一方面在国内滇西战场，又遇到中国远征军的坚强反击。可是日军仍不死心，企图在芒市（路西）畹町、芒友、腊戍等地作殊死顽抗极力阻挡中印公路的通车。我坦克部队6月下旬进驻芒友。新1军主力部队向腊戍方面搜索前进，遇到阻力时，重炮群使用“地毯战术”（像织地毯一样），每市、畹町相继克复，中印公路已无敌踪，全线通车。3 月 8 日克腊戍，日军向曼德勒方向溃退。

战车第一营驻军芒友，是作为南下我军主力的预备队，曾一度移防腊戍，数日后即折返。1945 年春节，国内演剧 5 队，赶来芒友附近作慰问演出，上演了《母鸡下鸡蛋》《李大妈》等短剧。一年多未看过祖国亲人的演出，此时倍感亲切。

中印公路通车后，美国车队、英国车队，更多的是中国车队，满载军火物资，穿过原始森林，进入密支那盆地，跨过横断山脉，驱车惠通桥上，与第十四航空队一起，陆运、空运齐头并进，补给汇集昆明，奠定了国内胜利基础。

滇西二月战役与敌后游击

滇西军民抗战概况

尹明德*

预备第二师在腾冲与日军迭次战役

1942 年 9 月战役后，预备第二师除放弃腾南外，仍控制腾冲西北四、五两区根据地，并不时向敌扰击，故敌军于 1943 年 2 月再次发动大规模的扫荡战，目的在于摧毁腾北之游击根据地。

这一次战役，敌军发动之兵力较 1942 年 9 月雄厚，采取大包围战术，除一路由腾城向哨坡、海口并绕出腾东越过龙江东岸向北搜索前进外，并以一路由龙陵、镇安所沿怒江西岸向北运动，拟截断预备第二师后路。又以缅甸密支那之敌军一部，经由昔董、古永直扑阿幸街以牵制固东之后，一部沿密支那、罗孔至片马通道东进，采取四面包围态势。2 月 12 日，各路敌军已推进至目的地，即向固东、灰窑桥、向阳桥进攻。当时预备第二师之兵力单薄，因来犯之敌兵力过大，为避免被包围危险，遂于 15 日拂晓将前线部队分别向马面关及明光两地撤退。16 日马面关战斗开始。进至明光之部队，亦遭受由匝陈、古永、罗孔三面来犯之敌夹击。在马面关之预备第二师与敌

* 作者时任云贵监察室行署助理。

激战数日，因后路蛮云街、小横沟一带已被敌截断，21日晨向西冲击，与明光之部队会合，击破围攻之敌军，并向姊妹山转进。同时怒江东岸守备部队渡江增援袭击敌人，将双虹桥大塘子各处敌军击溃逃窜。2月20日，大盈江流域莲山发生战事，腾北之敌军前往增援，随即全部撤退，预备第二师跟踪追击。3月4日，又恢复战前之根据地。预备第二师在腾北游击以来，深得民众支援。故敌人对民众极端痛恨，此次敌人撤退时，腾北村镇大部被焚毁，壮丁多被杀害。

莲山自卫支队抗战情形

莲山县昔马、太平街、蛮允各地，大都为汉人居住，民间枪支甚多，民气亦强悍。1942年11月曾组织莲山独立自卫支队，以腾冲明增慧为司令，以昔马寸时金、太平街刘金生、蛮允许本和分任大队长，就各地原有枪支壮丁编组训练。1943年2月20日，缅境昔马拱之敌分四路向昔马进犯，寸时金大队凭借巨石关有利地形，与敌激战二日，敌颇有伤亡；乃增援再度围攻昔马，五日未下；明增慧率领援军内外夹击，敌不支，溃去。于是敌乃决计再行调用腾北之兵力，除以一部返回密支那及龙陵者外，其余悉数由盏西、盈江分道南下。3月21日，太平街失守。12日，由八莫进犯之敌到达蛮允，与许本和部激战二日，亦因众寡悬殊，蛮允遂为敌所占。15日，昔马亦沦陷。于是我在大盈江及槟榔江之三角地带的军事根据地，遂为敌人所占据。

第三十六师先后在腾北的战役

腾冲沦陷后，预备第二师进入腾北，随时对敌游击。敌感到威胁，故屡次集结重兵，企图扫荡该师，迫其退出腾北。该师与敌苦战经年，地势熟悉，复得力于民众之大力支持，一致奋起抗战，迭次战役，对敌均有有力之打击，始终固守高黎贡山西面之腾北防地。

1943年5月，第三十六师入腾冲接防，预备第二师调永平整训。5月8

日，敌人乘该两师交接防务之际，集结兵力进攻。13日突破固东江苴，旋进陷瓦甸、界头，并进至马面关，展开战斗。第三十六师战斗力较强，该师乘敌猛进之际，实行反包围战术，并运用外线作战，将向阳桥、灰窑桥、固东街各地克复。进攻腾北之敌，反遭进击，乃仓皇撤退，所遗战地尸体，亦未及掩埋。

经此次战役后，反攻腾、龙呼声日有所闻。敌以我第三十六师据守腾北，如芒刺背，深感威胁。9月中旬，敌乃由密支那、龙陵各地增调重兵，大举包围，一路由密支那经罗孔、拖角、片马扰其北，一路由昔董经古永、伦马攻其西，一路由龙陵溯怒江而上进攻大塘子、蛮云街、小横沟断其后。各路敌军均于9月底分头出动。而腾冲之敌，则于9月29日至10月6日分向马站街、大锡举、向阳桥等地进攻，配合各路敌军全力围攻，企图一举歼灭第三十六师。该师与敌经数日之激战，15日，明光、滇滩、固东、瓦甸、界头、桥头等重要市镇全部失陷，而高黎贡山东北交通孔道又为敌军截断。该师乃将主力突围，在姊妹山附近化整为零，潜伏深山，粮食给养全由民众设法接济，敌军尽力搜索，未获踪迹。后由熟悉路径之民众做向导，经僻静地区，昼伏夜行，由马面关之南严家山小路越过高黎贡山，复经大塘子之北渡过怒江，该师主力乃得安全转移，所受损失不大。自此以后至1944年5月反攻时，腾冲全境及怒江西岸高黎贡山各要隘，均为敌军所控制。

预备第二师及第三十六师先后在腾冲抗战十有八月，深得各乡镇民众尽力支持，故能迭摧强敌。因此，敌军极为仇视腾冲四、五两区民众，每于预备第二师及第三十六师转移撤退之际，将村落焚为灰烬，壮丁惨遭枪杀，粮秣牲畜尽为掳掠。其在大盈、槟榔、龙川诸江流域指挥游击队作战者，或房屋为敌烧毁，或财产被敌抄没，损失亦巨。敌军此种惨无人道之暴行，益激发群众爱国之热忱，无不誓言必尽歼敌而后已。

1943年滇西敌后游击战回顾

马仲义[*]

重返怒江西岸

1943年1月，游击支队朱嘉锡司令和常绍群副司令先后率部队从打黑渡过怒江，准备重组部队，开展敌后游击战争，叫我暂时休息，听候命令。从昆明来的政工队员看看部队无多大希望，前途有限，遂各自回昆。司令部过江后约两个星期，敌情发生新的变化，朱派专人送来情报，要我立刻过江返部。我乃于1月18日率部出发，当晚宿营酒房。次日渡过打黑渡，爬上七林坡后，遇到两个农民，询问周围情况。答曰：各条路口都由朱嘉锡派人把守着。当晚，我部驻在平戛匡家寨，并派通讯兵去司令部联系。朱嘉锡却命我部移驻平头寨。我给新任分队长赵刚（腾冲人）作了守卫部署后，便驻到离司令部约200米处。凌晨1时，突然听到日军三八式机枪声，警戒班跑来报告敌人来了，守卫分队长也来请示。我一面命令两个分队准备向后转

* 作者时任国民政府军事委员会昆明行营龙潞区游击支队警卫队队长、第一大队副大队长兼第一中队（即原警卫队）队长等职。

移，抢占有利阵地；一面带着警卫员去司令部报告，恰遇常绍群。我说：“副座，敌人冲过来了。”他好像没看清我是谁，便说：“放屁！回去睡觉，条条路都有警戒，敌人从天上掉下来吗？”此时，司令部已被叛徒蒋三元领来的日伪军包围。敌人冲进了院子，朱、常才慌忙披着外衣往后转移。幸亏敌人没有拉网尾追。黎明时，我部安全退到蒋家祠堂。原司令部驻地被敌人占领，弹药全部被焚毁。我守卫分队被敌人包围扫射，1 人阵亡，其余人把枪丢掉，拆开后房逃出，只班长萧楷背回 1 支花号枪。

当天部队撤到小平河后，司令部决定当晚围攻平头寨，抢回丢失的物资。决定我队为主攻，联络暗号为学狗叫，问二答三。深夜 1 时，我带领 12 人，携机枪 1 挺、步枪 12 支，以 3 人为一组，实行独立作战，分 4 路进攻。当我冲进原司令部驻地，准备用手榴弹和地雷消灭敌人时，才知狡猾的敌人把我部的弹药烧光后，已撤回象达去了。

随后，朱嘉锡对现有兵力进行了整编，共组建 3 个大队：第一大队调副官主任刘叔良任大队长，我为副大队长兼第一中队（即原警卫队）队长，原施甸自卫队为第二中队，第三中队队长张国栋，重机枪队队长张仁聪（后因该队班长暗杀刘叔良被枪决）；第二大队大队长为王振武，仅有他带来的 20 余人枪，系空架子；第三大队大队长是原情报队的姚昭添，辖 3 个中队，系原远征军流散人员，官兵 100 多人。张建秋任支队政治部主任，方南天任第一大队指导员。

袭击勐戛

1943 年 5 月中旬，为掌握敌情，捉拿大汉奸吕英，司令部决定攻打潞西设治局衙门所在地勐戛。勐戛是芒市日军的一个外围据点，长驻日军一个分队。全镇主要由维持会长及大汉奸吕英主持一切。吕英的家属住在街上。朱、常率领我第一大队和第二大队向勐戛进发，我大队为主攻，第二大队作预备队。是夜 2 时，进入敌据点附近，做好包围准备。我将攻击部队分成 5 个组，每组 5 人，我为第一组，负责捉拿吕英；其他组分兵把关，特别要控制日军小队的行动，掩护第一组擒获吕英。若把吕英活捉，我们就可从他口中知晓日军的整个兵力配备和其他情况。我带领第一组深入衙门附近侦察，一无所见；摸进衙门内，屋子也是空的；便马上包围吕英私宅，亦扑了空。迫不得已，我把吕英分别为 8 岁和 10 岁的两个儿子带回作人质。吕的大儿子于 1944 年在象达玩枪走火被打死，二儿子以后被送到昆明进学校读书。我们这样做后，吕英在敌营为我们提供了不少情报。

三台山夜袭战

为了补充弹药和粮秣，司令部决定袭击敌运输汽车。1943 年 6 月初，朱、常率我大队第一中队，从平达寨出发，经两天行军于 6 日到达三台山附近。深夜 2 时，指挥大家在一条公路坡上，用大量鹿砦和稻草，堵塞通道，以阻止敌人车辆前进。至凌晨 3 时，从畹町开来 1 辆日军汽车，行抵我设之障碍物时，被鹿砦拦阻，我枪弹趁机齐发，当场击毙敌驾驶员 1 人，活捉押运员 2 人，缴获三八式步枪 2 支、子弹 100 余发、拉八手枪 1 支，炸毁汽车 1 辆。俘虏被押送司令部，后解送大理第十一集团军总部处理。

在龙陵外围游动扩军

1943 年 6 月 8 日夜，支队全体人员从三台山、芒市坝中间渡过龙川江，越过敌人封锁线，于黎明后到达一个寨子。白天派情报员出去侦察敌情，大家休息睡觉，夜间继续前进。第三天我们到达距龙陵县城约 7.5 公里的一个村子宿营。部队吃晚饭后，除警戒外都抓紧时间休息。黎明时分，突遭一股敌人的进攻，枪声大作。当敌冲到距我驻地 100 余米时，我们指挥部队按原计划迅速撤退，敌人不敢尾追。太阳升起时，我们队有个青年军官，被敌人冷枪击中牺牲，其余安全撤回。我们在龙陵周围各县间东游西转，宣传抗日，唤起民众，结果各地带枪参加游击支队的青年达数十人，壮大了我们的队伍。7 月初，顺利完成了任务，回到司令部驻地。

小平河阻击战

部队打圈回到平戛后，重整军容。不久，据报芒市之敌即将出动到平戛“扫荡”我部。朱嘉锡立即派出精干部队在葫芦口一带伏击敌人。狡猾的日军行抵该地附近时却畏缩不前，先用火力猛烈射击，进行火力侦察，未听到我军还击枪声，始用尖兵逐步搜索前进，迫使我伏击部队在葫芦口站不住脚，只好撤至潞西小平河一带待命。

随后朱嘉锡改变原计划，决定在小平河附近堵击敌人。果然，芒市之敌向小平河猛扑过来，与我进行战斗；另一股敌则从芒市之勐旺出击，迂回我军侧背，致使我军腹背受敌，不得不向木城坡、万马河、平安山一带撤退。但我潞西民众自卫大队（即潞西青年抗日救亡团）未能撤出，与敌人奋战数小时后，才摆脱了敌人。在突围中，大队长杨焕南被俘，敌人逼他带路追击我军，行抵悬崖时，他纵身跳下，敌人又补了他一枪，壮烈殉国。敌人撤退时，把小平河的民房全烧毁了。

朱嘉锡回昆明活动

鉴于游击支队系团级编制，目前部队已超编，队员生活极为艰苦，军械、军装严重不足，龙陵、潞西民众负担更重。因此，朱嘉锡决定回昆明活动，请准解决扩编、军械、给养等问题。他临走时，把龙、潞两属地和部队全权交常绍群负责掌握，并要常在两属地大烟产区按月征收烟浆。又派人去潞西征派骡子 10 匹，设法购买四平头鹿茸 2 架。骡子准备送给第七十一军的军、师长，鹿茸送宋希濂、龙云，大烟贩卖后购买枪弹。

组织龙潞区经委

自我部加强抗日宣传，加强情报工作和数次伏击敌人取胜，特别是潞西青年抗日救亡团参加我部后，游击支队在当地的作用和影响越来越大。潞西的投敌土司已在暗中归顺我们，龙陵各乡、镇、保长和绅士对我军比以前要好得多。我们向龙陵的一些区、乡长和潞西的芒市、遮放、勐板各土司提出由龙陵、潞西两县控制区组织经济委员会，供应我军的粮秣和必需的经费，以减轻群众的负担，得到潞西各土司的支持。芒市土司方克光派来李济宽、黄世铭为代表，遮放土司多英培派来相春焯、刘盛景为代表，勐戛土司蒋家俊派来晏必祥为代表，小平河派镇长明正荣为代表，龙陵由绅士杨秉衡为代表，先后到平戛司令部开会，具体讨论经济委员会的组成问题。代表们一致赞成并通过决议：（1）龙陵只有平安镇是游击支队控制区，敌人不时出击“扫荡”，民众负担加重，对这些负担应免去。（2）对游击支队的粮秣供应，潞西三司共同负责，官兵到哪司由哪司供应；官兵零用钱和菜金规定三司平均负担，按月实报实给。（3）规定每个队员每月发零用钱半开银币2元，菜金1元5角，班长同；分队长每人每月发零用钱3元，菜金与队员同；中队长每人每月发零用钱4元，菜金2元；大队长月发零用钱5元，菜金3元；大队部办公费3元；支队司令月发零用钱6元，菜金4元；支队部办公费5元。（4）宣传、情报、招待费，实报实给。

新四军苏北苏中反“清乡”

刘老庄战斗

陈　毅*

今春（注：1943年）3月16日，淮海区敌寇分兵11路，计敌兵千余人，包围我进驻梁岔之部队，企图以铁壁合围全部歼灭我军。我军闻讯，灵活转移，跳出包围，敌跟踪追击，复于17日续行第二次合击计划，双方遭遇于涟水老张集朱杜庄一带，激战半日，我军复于黄昏后突围，转移至刘皮镇刘老庄等地。18日晨，敌三度合击，我军先头部队安全突围，而后卫陷入重围中。我军乃就田野间之交通沟进行拒抗。第一阶段，我军进行突围，屡次与敌肉搏，均无效，乃决心固守待援。第二阶段，敌见我转攻为守，欺我废弱，以大队骑兵向我猛冲，为我军击退，其冲至防御工事前沿之敌，下马肉搏，均为我刃毙。第三阶段，敌悉知我仍不易与，乃选择较远距离，重新配备火力，以机枪大炮集中放射，对我进行火力毁灭。是时，敌寇知我军已突围无望，乃妄想降服我军，无耻的伪军乃开始其招我投降的火线喊话。我军将士坚不为动，乃从容地将机枪步枪拆毁，并将文件杂物付火，将忠骸掩埋后，乃集中未伤者之廿余名进行最后之突围。战至下午5时，终全部殉国。此我3师7旅19团2营第4连全部，连长白思才、副连长石学富、政指李

* 作者时任新四军代军长。本文原载1943年7月5日《解放日报》。

云鹏、文教孙尊明、排长尉庆忠、蒋员连、刘登甫等以下计 82 人，无一投降者，无一生还者。呜呼壮矣。敌寇虽歼灭我军 1 连，其损失亦相近。此役敌寇所获者，无一可用之武器和什物。

伪方传出消息，敌军对于我军壮烈殉国之牺牲精神，深致敬佩。当地人民于战后 3 日内，即将忠骸举行公葬，题为新四军抗战八十二烈士之墓，谒者无不低徊流涕。烈士们殉国牺牲之忠勇精神，固可以垂式范而励来兹。

打坝封河反“扫荡”

——五汛港地区民兵抗日斗争故事

刘公楼*

在中国人民革命军事博物馆里，陈列着五汛港地区（现属滨海县）人民在抗日战争期间打坝封河、牵制和打击日伪军的布景箱。当时，我是原阜东县五汛区泥螺乡党支部书记，后来当五乡民兵联防队长。当年的斗争情景，如今仍历历在目。

我们五汛港地区是根据地的边缘地区，前面是敌人的据点，后面是我们部队的兵工厂、被服厂。敌人要袭击根据地，首先就得从我们这儿经过。当时，上级指示我们要组织群众、发动群众，运用多种多样的手段，和敌人进行武装斗争。

我们开始和敌人斗争的主要方法，是拆桥破路，坚壁清野。把要道口的桥拆了，把大路挖断了，把粮食藏起来，叫敌人走没有路，吃没有粮，抢没有东西，进不了根据地，即使进来了，什么也捞不到。有一次，敌人的马队从东坎下来，走到我们西面，大河上的桥拆掉了，找渡船，找不到，再看看河对面的道路，挖得尽是坑坑洼洼，气得胡乱打了一阵枪，就回去了。

---

* 作者时任阜东县五汛区泥螺乡党支部书记。

但是，敌人并没有甘心，特地造了许多汽油划子，想从水上来袭击根据地。上级指示我们打坝封河，叫敌人陆上行不通，水上也进不来。1942 年冬天，我们五汛区就开展了轰轰烈烈的打坝封河活动。经过七天七夜的奋战，在从射阳河通往根据地内地的民便河上，打起了四道坝。在通往射阳河的其他河口上，也打起了许多坝，有坝上可以行人的明坝，还有闷在水里的暗坝。

这些一道道河坝，成为敌人克服不了的障碍，不但大量牵制着敌人，而且为我们民兵提供了更多的消灭敌人的机会。有一次，敌人的汽油划子匆匆地进入民便河，行不多远，就遇上了砖坝。我们民兵埋伏在民便河两面，趁敌人拥挤一团的混乱时候，一齐开火，打死了一个正在指手画脚的日军军官，还打死了一个日军机枪手。就这样，今天打死一两个敌人，明天从敌人手里夺过一两支枪，我们联防队不久就有了上百条枪。

在 1943 年春天的反“扫荡”战斗中，这些河坝发挥了更大的作用。3 月 31 日，敌人从合德、陈洋、通洋港、邵家尖等据点，出动了 300 多人，乘两只大汽船，还强拉了 40 多只民船，气势汹汹，直向五汛港进发，妄想消灭我们民兵联防队，洗劫我们根据地。

我们事先已经得到了敌人“扫荡”的情报，各方面都作了准备。敌人一来，我们立即投入战斗。区联防主任和我，带领五个民兵，分成三个战斗小组，对首先突入五汛港街的敌人进行阻击。我们东一枪，西一枪，敌人不知我们的虚实，不敢恋战，没有立足，就往回窜。

各地民兵听到枪响，都迅速地进入了阵地。从民便河进来的敌人，被拦在砖坝面前，遭到民兵的两面夹攻。敌人企图顽抗，但又攻无目标，战无阵地，只好败退。进入大团港的敌人，也受到暗坝的阻拦，被我们猛烈射击以后，纷纷弃船逃命。

打到下午，附近的许多群众也自动拿起土枪、长矛、大刀、木棍，参加追击战斗。有个爬到屋上担任瞭望的伪军，一看人山人海地涌来，不禁喊道：“不得了，土八路上来了……”他的话还没说完，就被民兵一枪打中，滚下屋去。

这时，日本侵略军用一挺机枪向我们扫射，掩护大队人马撤退。突然，敌人机枪不响了，原来是出了故障。“敌人机枪坏了，大家冲呀！”敌人在一片慌乱之中，只顾自己逃命，谁也顾不上谁了。陆地上日本侵略军上了船，就把船撑离了岸；岸上的伪军，拼命往船上挤，乱得一塌糊涂。有个日军小队长从船舱里钻出来，刚站在船头拿起望远镜张望，就被我们一枪打倒。

我们民兵和群众猛打猛追，顺利地追到了射阳河北岸。我们伏在大堤上，集中火力对河心船上的敌人射击。敌人眼看从水上逃不了，就爬上河南岸，企图从陆上逃。但是，埋伏在南岸的县独立大队，又给这批晕头转向的敌人一阵迎头痛击，直打得这些家伙像落水狗似的，夹着尾巴窜回了据点。

江海怒潮

洪　澈*

一

1943 年 4 月，苏中 4 分区军民正忙着春耕，日军大规模的“清乡”开始了。轻装的步兵、自行车队、汽艇多路出动，不分大路小路，河道田间，往返穿插，合击包围。一时我们整个分区，到处枪炮不绝，烟尘滚滚……

“清乡”，是敌人运用军事、政治、经济、文化相结合的所谓“总体战”。其实质是企图由梅花式的点线占领，进一步达到全部伪化我游击区的目的。早在两年前——1941 年，便在我苏南根据地进行过“清乡”。那时敌人气焰万丈，汪精卫在南京亲自主持成立了所谓“清乡委员会”，日寇驻华派遣军总司令畑俊六也亲自出头策划。可是，它们清来清去，到底也没有把江南新四军清光。据说，畑俊六这次发下誓，一定要把我们撵到黄海边，统统消灭，创立一个“大东亚圣战的华中确保区”。看来这位“总司令”确有这番雄心大志似的，这次他一出兵，就是 15000 人，从西北向东南猛压，一时形势十分紧张。这几天我们日夜行军作战。敌人是齐头并进，多路合围；我们

* 作者时任苏中第 4 分区区委委员。

是分散行动，机动游击，碰上了就坚决打，打了再迅速甩开：甩开这一路的头，追上那一路的尾，从敌人一个又一个合围圈里打出来又打进去。大家人不离枪，脚不停，眼不眨，只有到夜半以后才得少许休息，吃一点东西，睡一刻觉。

23 日夜间，我们转移到海中区一个村，找到了区委书记陈清同志。

他是一位坚持过江西三年游击战争的老红军，因为长期做群众工作，不免常讲群众运动如何如何。他讲话快，又是满口江西音，“群众运动”这话，从他口里出来，猛一听就变成“腾腾腾腾”了，所以有人送他个绰号：“腾腾腾书记。”现在，陈清同志的打扮完全像当地的老农，戴一顶绒线织的瓜皮帽，拿一根旱烟管。他沉静地抽着烟，听我们讲着敌情。当他听说敌人要赶我们下黄海时，笑笑，很有风趣地说：“不晓得谁赶谁下海呢？这个海没底没岸。”

听得懂，他说的这个“海”，正是毛主席讲的“陷敌于灭顶之灾”的群众性的游击运动。不久以前，地委书记吉洛同志，也曾经拿主席这句话教育过我们。吉洛同志说：反“清乡”是长期反复和高度复杂的综合斗争，必须充分发动群众，全民武装起来；实现党员军事化，农村兵营化，使敌人坐立不安，草木皆兵，变成过街的老鼠，人人喊打，处处喊打，才能陷敌于灭顶之灾的汪洋大海。

在此，我们开了一个区委会，陈清同志又讲了三年游击战争的故事，反复向大家说明必须依靠群众的道理。他说：现在的形势，不同江西打游击的时代，也不同两年前，部队经过精兵简政、训练，群众经过减租减息运动，党的各项政策都深入人心，这一切，都是反“清乡”胜利的重要保证。

根据上级党的指示，确定了反“清乡”斗争的部署。号召所有的军队、干部，同群众同生死共患难。又按照目前被分割的局面，把全区划分为四个小作战区，由区委分头掌握。区游击连以班为单位划开，政府人员全部分散下去。我们县的主力也重新作了部署：副政委鲍志椿带领团的一部分主力，暂时跳到外线，抓紧整训，相机投入战斗；5、7 两个连以排为单位分散下放到几个重点区；又从全团挑选了十几名最有斗争经验的老战士，组成一个行动大队，由团参谋长黄辉和县公安局长赵一德同志率领，配戴上一色短枪，深入敌占区活动；我和团长王澄同志、行署主任顾尔钥同志带着第2连，到各区进行游击活动。

这个部署，就好像春天插杨柳、撒种子一样，使得整个地区，到处都有了骨干武装。我们带着少数的武装，今天这儿跳，明天那儿跳，像深水游鱼一般，活跃在群众的汪洋大海中。敌人合围合不到，梳篦梳不着，见人就杀，见房就点火，这就更加激起了群众的愤恨。

这一天，王澄他们和我带着县、团的领导机关，来到了海东区耕南乡。这个乡的民兵对敌斗争极为出色，军区首长提出的“各乡每月至少消灭一个敌人”的号召，在这里早已超额完成了。这个乡，在对敌斗争中有许多出名的人物。党支部书记陈思义同志，就是其中的一个。我们听说过，群众送给他一个外号，叫做“方头猫倪”。见到他以后，我和王澄同志望着他那生得头颅四方、眼睛发光的外貌，彼此会心地笑了。这个外号妙在不仅形似而且非常神似。原来海门土语“猫猊”是一种野生的大猫，善于夜晚出动，群众用“猫猊”这话，来形容陈思义惯于昼伏夜动地展开对敌斗争。他向我们说：“我们除掉三个伪乡长了，至今还没有第四个敢来当替死鬼！”

王澄同志问他：“听说每月消灭一个敌人的计划，你们超额完成了，到底超过了多少？说说看。”

陈思义数着指头，计算了一番，说：“确实的数字记不准啦，大概50多个。”接下去绘声绘色地讲着捉“黄脚股狼”（伪军），打伪乡区人员的故事。

正说着，门外走来了民兵大队长。这人也有个外号，叫“火烧鬼”。什么是火烧鬼呢？就是不怕敌人烧杀，坚决和敌人斗争到底的硬骨头。鬼子包围了耕南乡，扬言叫他带民兵来自首，否则就烧他的房子。他说：“怕杀怕烧不算民兵，让他们来烧吧！烧了旧的，打走鬼子盖新的！”后来敌人把他家房子烧了，他给敌人带去个信说：“放火的强盗，你们还有什么本事？”这样的“火烧鬼”一时出现了不少，有个乡的民兵指导员朱大玉，听说鬼子要来烧房子，他干脆自己点了把火，把自家的房子烧了，还给敌人带信说：“不用你们烧，我自己烧了！”

我打量着这个民兵大队长，传说中他像是个黑旋风李逵式的人物，谁知他一点不粗，二十来岁，挺精明强干的，讲话一口海门土音。说起斗争情况，他蛮有风趣地说：

“王团长，洪政委，往后我们完不成消灭敌人的任务啦！”

王团长问：“为什么？”

他说：“黄脚股狼不肯来这里白相（游逛的意思）了！”

王团长笑问：“你们武器够不够？”

他说：“够，够！鬼子有三八式，我们有的是‘三八式拳头’，还有‘五号盒子枪’！”说着刷地从裤腿上拔出一柄亮光光的匕首，说那五十多个敌人，大多数是被他们用这种“三八式拳头”和“五号盒子枪”消灭的。

我和王团长又详细地问了些情况，鼓励他们说：耕南乡的民兵组织很好，斗争坚决，照这样斗争下去，一定可以把敌人斗垮。王澄团长想了解一下他们的经验，问他们二人：

“你们战术灵活，有些什么办法？说说看。”

“办法多着呢！”陈思义同志又数着指头说：“麻雀战、背娘舅、老鹰捉小鸡、钓鱼、赶鱼进网……一下说不全！”

见我们不大懂这些战术名词，笑哈哈地说：“这些名字，都是民兵自己取的，上不了兵书。”他接下去解释说：“‘背娘舅’，就是埋伏在大路旁，等敌人大队过后，专找零星掉队的，抓住一个，用绳子一套，背起就跑；‘钓鱼’，就是割断敌人的电话线，引诱电话兵出来查线，出来就捉住他；‘赶鱼进网’、‘老鹰捉小鸡’，唉，意思差不多，这些名，上不了书！”他又重复了一句。王澄同志说：“谁说上不了书！你们的这些神机妙算，将来一定会写到书上！”

二

斗争仅仅只开了个头，更激烈、更残酷、更复杂的争夺战，还在后头。据说，敌人的“清乡”是分为三个步骤的。第一步是“军事清乡”，叫做

“安民时期”；第二步是“政治清乡”，叫做“训民时期”；第三步是经济文化齐来，叫做“新民时期”。

经过一个多月的时间，敌人用“梳篦”“剔抉”等战术，向四乡扫过几遍后，密密麻麻安了些据点，自以为军事计划已经实现，从6月份开始了“政治清乡”。每天出动大批的特工人员，利用伪组织，一个村一个村编保甲，清查户口，挂门牌，发“良民证”。他们的口号是“保甲编成，清乡完成”。于是，反保甲制度，又成了一场最尖锐的斗争。

这时，启西区的局面不好，需要主力支援。我们得到消息后，连夜率领二连赶去。路经庙桥镇附近，月光下，只见每家每户都紧闭大门，门上全挂着个牌牌。王澄同志说：“看看门牌上，到底是什么名堂！”

我应了一声，两个人向一个大门走去。借着月光，瞅了又瞅，只见一块木牌上写着：户主姓名、年龄、男几口、女几口……

“这鬼办法，又能整住我们不成！”王澄同志愤愤地说。

也许话音和脚步惊动了院里人，大门轻轻开了，一个老人探出头，瞅了半天，认出了我们是新四军，既不让进家去，也不说句亲近的话，只是叹了口气，说：“没办法，出几块钱挂上这门牌，再不要跑反了！”说完慢慢地把大门掩上了。

看到这种情形，我们心里沉甸甸的。更严重的问题是，面对这种局势，区委的部分领导干部中产生了比较严重的消极退缩思想。他们不在困难的区域领导群众斗争，全部退缩到号称“打不破的铁皮乡（正诗乡）”去了。针对这种情形，县委在正诗乡召开了区委扩大会议，严肃地批判了消极退守思想，调整了干部，指派团总支书记陶采神同志下放到区任区委书记。会上提出了这样的问题：正诗乡所以能成为“打不破的铁皮乡”，并不是真有一层“铁皮”，而是这里的党和群众团结一心，不畏敌，不气馁，英勇斗争的结果。敌人的据点——圩角镇就近在咫尺，“清乡”特工也三番五次来，天天叫嚷着编保甲，可是，正由于正诗乡党政军民勇于斗争，使敌人编不成保甲，挂不上门牌。会议中，新任的区委书记陶采神同志说：“正诗乡能够成为‘打不破的铁皮乡’，别的乡为什么不可以呢？问题是在创造条件，一句话：发动群众，坚持斗争！”

摆在眼前的事实，活生生的榜样，教育了大家，使一些一度失去前进方向的同志，头脑清醒过来。

会后，我们立即又分头出动，到处介绍正诗乡的斗争经验，并根据地委指示，把斗争的主要矛头指向伪区以上的保甲工作人员。行动队争先出动，深入到敌人据点附近，先后把北新镇、麒麟镇等地的伪保甲指导员、保甲训练班全部搞掉。启西区在陶采神同志领导下，仅仅经过十天的工作，7 月 3 日一声号令，全区在一夜之间，把所有的门牌剥下，焚烧得一块不留。

这时，跳到“清乡区”以外的我军，也在各地积极配合行动，7 月初，发动了 80 万群众参加的一个规模空前的破击战，把由南坎到天生港敌人设置的 200 余里长的竹篱笆，在同一个晚上，烧得精光。我军主力一部，还积极地向通西、通中、南通地区挺进作战……

敌人的“政治清乡”遭此重大挫败以后，并不甘心，又采取“强化”编保甲。办法是，集中五六百兵力，包围住一个保，编成以后，再编另一个保。当时的海中区，是敌人称为“红祸最重、受毒最深”的区，因此，“强化”编保甲的头一个目标，便是海中区。县委得到情报后，连夜进行部署，我们和“腾腾腾书记”陈清同志，先后赶到了海中区同仁乡。

第二天，敌人果然出动了。一大早，就以突然袭击，包围了同仁乡的一个埭。伪乡长徐沛在他的“皇军”保护下，带着一群乡丁，鸣锣呼叫，叫全埭的人去开会。埭里的民兵和青年人，早已按计划转移了，等留下的百十个老人妇女和孩子，稀稀稀拉拉走进会场时，已经是日上三竿。伪乡长一看来的这些人，鼻子都气歪了，恶狠狠地骂道：“你们这里是寡妇埭？男人都死光啦？”

一位老人，慢吞吞地答道：“这几年，青年人死是死了些，还说不上死光！”

“那么人呢？都到哪去啦？”伪乡长问。

“老百姓各人有各人的生计”，老人说，“大家又不知今天开会，出门去啦！下次‘皇军’要来，早通知一声就好啦！”

伪乡长干鼓肚皮，说不出话来。便挨个去问妇女们，家里几口人，叫什么，多大岁数。妇女们都按事先编排好的，报名道姓。有真的，也有假的。甚至连死了多年的人的姓名，也报了出来。伪乡长突然从人群里拉出一个孩子，喝道：“你说，姓什么？家里几口人？”

大家一看，不由得捏了把汗。这孩子是村干部黄志高的儿子，还不满十岁，他要吐了实话，那可糟啦！谁知，这孩子十分机灵，面不改色，不加思考，开口就说：

“我叫陈小毛，家有四口人，爸爸是做小生意的，上青龙港去啦！”

“呸！胡说！”伪乡长吼叫着：“不讲实话，枪毙了你！”

“我是叫陈小毛，谁给你胡说哩！”孩子眼皮也不扑闪地说：“你不信，等我爸爸回来问！”

伪乡长找不出破绽，放开孩子，又去问一些妇女和老人。老人们有的装聋作哑，有的打迷阵；妇女们有的说东，有的道西，闹腾到天快黑，民兵和区队在村外乒乒乓乓打了阵枪，人群中不知谁喊了一声：“新四军来了！”大伙便一哄而散。伪乡长和“皇军”，也就夹起尾巴溜走了。

晚上，我们回到埭上，又是一番景象，人们拿着伪乡长发给的门牌，吆喝着：“烧！快烧勾魂牌！”孩子们到处唱着：

门牌是亡人牌，户口簿是阎王簿，
册子上了名，将来跑不成，
保甲编成功，壮丁抽个空，
哪个写我名，等死不如拼，
谁要编保甲，人人都可杀。

过了几天，敌人又来了。群众得到情况，早已跑光了。一个老人很有趣地对我们说：“铁将军把门，灶王爷看家，鬼子编保甲，请他编菩萨！”说得大家哈哈直笑。

保甲编不了，敌人扬言烧房子，并把600多敌伪军分散开，安上13个临时据点。我们研究了斗争形势，认为一股劲硬斗群众损失大，又施出一计，组织了几个上年岁的人，去找伪乡长说：“你们不能只给老百姓苦吃，门牌都是新四军撕的。你们有枪来编保甲，他们有枪来撕门牌，这叫老百姓有啥办法？”

斗争继续下去。有明争，有暗斗，搞得敌人焦头烂额。他们虽然放火烧了些房屋，抓了些人去，可是，28 天过去了，敌人在海中区没编起一个真正的保甲。伪乡长徐沛的脚踝骨也被民兵打断了，这条走狗躺在据点里，天天挨鬼子的骂。

敌人在“政治清乡”的同时，还有所谓“经济清乡”和“文化清乡”。但他们的“军事清乡”“政治清乡”没有实效，也就乱了步子。在经济、文化的战线上，我们更是“道高一尺、魔高一丈”。

我们 4 分区，盛产粮、棉、鱼、盐。敌人为了掠夺这些物资，一方面公开的下乡来抢，另一方面又实行经济封锁，广设税卡，加捐加税。我们就发动广大的群众，反掠夺，抗捐税。当时，我们的海东区二窎镇，曾经是一个热闹的集镇，又是个水陆码头。为了对付敌人来收税和设据点，和群众商量后，把全部的房屋拆掉，并在离镇几里以外的十字路口，开辟了一个临时市集。有一天，我们来到这个新开的市场，只见民兵在四面放哨，商贩就地出摊，买的买，卖的卖，熙熙攘攘，生意十分兴隆。海货、文具、花布、皮鞋等日用百货，应有尽有。敌人一出动，远处的“情况标”——长竹竿上扎个草把——就一竿竿倒下来。赶集的看到这标杆一倒，便快快地收拾起挑子，按规定的路线转移了。等敌人到来，这儿已经又变成了一个空场。这个市场，群众起了个名字，叫做“朝天镇”。

王澄同志看到这种情景，赞不绝口地说：“好好好，没有深山密林，没有湖泊港湾，可是有人的山，人的海，我们总有办法，这个‘朝天镇’是一大新创造！”海东区区委书记梅永熙同志向我们说：“我们不光有‘朝天镇’，还有‘游击课堂’哩！”我们问他：“什么叫做‘游击课堂’？”他解释说：为了对付敌人的“文化清乡”，不读敌人发的课本，许多学校也都把课堂搬到野外来了。他说着指指远处一个农妇：“喏！那就是我们‘游击课堂’的老师！”

我顺他指的方向看去，只见那妇女穿一件茄花色土布衣裤，头发拢在帽子里，一手提一只篮子，拿一根竹竿，一手拉着个八九岁的女孩，正向我们走来。走近了，等她向我们打招呼，才认出：她是去年冬季实行“精兵简政”时，从分区机关下来的一位女同志。她挎着的篮里，有课本，有作业本。

“今天还上课？”我问了一句：“据点里的敌人出动了。”

“他们出动他们的，我们上我们的课！”她笑着，自豪地回答。然后，很熟练地把竹竿插在地上，又往竿梢上挂了一块红布，远看来，像是一面小红旗。她告诉我们说：她的学生看见这个标志，会从四面八方跑来的。

果然，不多一会儿，30多个男孩子女娃娃，跳跳蹦蹦，从四面八方奔来了。又是笑，又是唱，使这个空旷旷的田野，顿时热闹起来。女教员让孩子们围成一个圈坐下来，掏出课本温课，响起一片读书声。

看到这番情景，我们感到莫大的鼓舞，越发觉得敌人的“清乡”实在不能把我们怎么着。

三

斗争的浪头一个比一个高。我们胜利地度过了三个月。

8月初，地委在如东县苴镇召开了会议，总结了三个月后“清乡”斗争的经验，提出了新的任务。于是，全区展开了轰轰烈烈“捉黄狗”（伪军）“打鬼子运动”。黄仓镇日军的一个小队正集合，曹长被打死了。许多据点受到了袭击，闹得汉奸头子张北生躲在南通城里悲哀地说：“我是落泪清乡啊！”

在这种局面下，我们就有可能改变反“清乡”初期以镇压为主的政策。民主政府颁布了“自新条例”“记红黑点条例”，广泛深入地开展对伪军和伪政权工作人员的政治攻势。许多据点里的伪军纷纷动摇，主动地和我们拉关系，找出路。海中区区长蒋拔同志，对我说了这样一个故事：有一天，一个叫张泽清的同志在富安镇收公粮，正过秤，来了个伪军中队长。张泽清同志对他说："这是给四老爷（指新四军）收的公粮，你客气点！"那伪军中队长忙说："是，是，我知道老兄给四老爷办事，特来拜托保护的……"另外，我们还听说这样一件事：民主政府颁布"自新条例"以后，一天，一个叫陈廷刚的伪"清乡"人员，向我们的行动队自首来了；他刚办理好自新手续，伪情报主任突然出现了；他两个人你吓唬我，我吓唬你，末了知道走的同一条路，相互说："咱们走在同一座桥上，谁也别挤谁，一块走吧！"

为了进一步发动群众，组织反"清乡"的力量，围困敌伪据点，8 月 15 日中秋节之夜，全县来了一次总动员，一声号令下，各乡的民兵全出动了，有拿枪的，有拿刀的，也有拿钩镰、锄头的，有男也有女，有老也有小，人们呼叫着"打倒东洋鬼子！""打倒汉奸！"的口号，从四面八方拥向伪军盘踞的海复镇、富安镇、曹家镇、二窎镇、中央镇、日新河、聚阳镇……这声势，那气魄，正像一个老汉对我们说的："不得了，不得了，简直像跌翻了罐里的赤豆，遍地滚啊！"

逼近敌人据点时，民兵们打枪扔手榴弹，没枪没弹的燃放鞭炮，有的还把鞭炮放在煤油箱里点燃，那响声就好像机关枪。没有鞭炮的敲锣、打铜盆，人山人海，包围着据点呼叫："德国败，日本快，不投降，见阎王！"这呼声，似乎能把天吼垮，地震塌；这呼声和江河的怒潮汇成了一片！

这个总动员、大示威，把全区群众性的对敌斗争，推向了一个新的高潮。伪军、伪"清乡"人员变成了过街的老鼠，跑到哪里，哪里喊打。一些小据点被围困得没米、没柴、没蔬菜，最后不得不自动撤退。从几个大据点里传出消息：鬼子兵夜晚抱头大哭，还说一个据点里有两个鬼子绝望自杀了。九一八之夜，我们又一次来了个全县动员，破公路，砍电线，围据点，最后把敌人各据点间的联系切断，使他们点不成线，线连不起点。我们则从被分割封锁的局面中，又彼此联结起来。此后，敌人又搞所谓"强化清乡""高度清乡"的新花样（又称"流血清乡"），也不能挽救其既成的败局了。

度过艰苦困难的年头，到了第二年——1944 年 6 月，我军即开始了全面的反据点斗争，在苏中区党委和军区号令之下，不到一个月，被攻克、围掉、逼走的大小据点约56个。7月间，分区陶勇司令员倡议：全分区部队，展开一个多打胜仗，多缴枪的竞赛，并定出缴敌新式机枪（九六式）一打的指标。不出两个月，鬼子的九六式新式机枪12挺，便给我们装备上了。这时，我们不但恢复了反“清乡”前的局面，而且还有了扩大。在这个胜利的基础上，迎来了对日全面大反攻的胜利！

在苏中反“清乡”斗争的日子里

尹之本*

我出身于泰兴县古溪区尹家垛村一户普通农民家庭。大革命时期，三泰地区共产党创始人沈毅曾在我家设立联络点。继父亲和大哥参加革命后，我从小就参加了乡儿童团和青年团。1940 年新四军东进后，我为部队当过向导，抬过担架。1941 年 10 月，18 岁的我参加了如西县（今如皋县）芦港区游击队。

手刃维持会长

1943 年初，汪伪政府与日寇发起对我苏中地区的“清乡”活动后，根据上级指示，为集中力量打击敌人，我所在的芦港区游击队和其他几个游击队合并在一起，上升为如西县独立团。

当时，搬经据点的有一个姓程的维持会长，此人原本是街上的一个混混，独身一人，早日里就是个跑东家走西家骗吃骗喝的货。日本人来后，他投身日伪成为汉奸，催粮要草，欺压民众，无恶不作，民愤极大。除掉他的

* 作者时任中共如西县独立团第 2 营第 2 连指导员。

任务分到我这个排长手中时，因其居无定所，我们几次化装侦察都扑了个空。研究来研究去，我们决定借用卖青菜的办法混进据点去，将他的藏身地点弄清。

之所以这么做，是因为当时时值6月，天气炎热，菜蔬奇缺，日伪军几十口人住在堡垒里，需求量很大。根据计划，那天早上我和排里的一个老陈同志扮作叔侄俩，由我挑着一担青菜来到搬经的大街上。

时值清晨，青菜又是刚从田里挖出来的，来之前又经河水洗濯过。担子刚放下，鲜嫩碧绿的模样立刻引来了几个早起买菜的居民。正在与围上来的几个老头老太讨价还价时，一个穿着黄狗皮军装，腆着大肚子的伪军司务长领着两个炊事兵走过来了，他挥手将这几个老头老太往两旁一赶，从筐里抓起一把青菜，先闻后看，然后将手一挥，旁若无人地说，这菜皇军爱吃，我们统统包了。

在人们背后的唾骂声中，我们跟着他来到敌营房，那个司务长便问我们是哪里人，做什么营生？我们知道这是在盘查我们是不是良民。老陈便装作害怕的样子，告诉他我们是叔侄俩，就住在搬经北边的夏家垈。他见我们是当地口音，又是一副老实巴交的样子，这才放下心来，对我们说，这里吃饭的人多，有菜可天天送过来。此时，我往厨房里卸菜，老陈在外面边抽旱烟边与这个司务长拉起家常。说着说着，他像突然想起什么似的随意问道，说我们庄有一个程会长的远房亲戚，几次到这儿来都未见到他，难道又高升了。“高升？”司务长淫邪地笑了笑，说，“这小子是狗改不了吃屎，除了进如皋城去嫖，这里哪能待得住。”“那他在这儿就没有个家？”老陈又追问道。“家？”司务长笑着说：“他一人吃饱，全家不饿，整天在我们这里混哩！”话音刚落，从厨房走出来的一个炊事兵朝他说：“你老人家还不知道，听说这小子最近又搭上了一个叫翠花的女人，说不定今晚还要去那里快活呢！”

菜过了秤，接过了钱，我们见苦苦寻觅的事情也有了下落，说了几句客气话后便离开了。出了营房，两个人便又装作逛街的模样，来到路西旁的一个卖香烟的小摊子，这是我部队在这儿设的地下联络站。对上暗号后，听说了我们的来意，摊主随即告诉我们，这个翠花是个暗娼，就住在离这儿不远街西头路南面的一处院子里。

装作逛街，我们又到街西边查看了一番，将来去线路全摸清。这天，吃过晚饭后，看天全黑下来了，我便带着两个短枪队队员赶来这里。由于白天已踩过点，将匕首插进门缝，轻轻一拨门栓，院子的大门就开了。三个人悄无声息走到里面，见只有东边的一间屋还亮着灯。蹑手蹑脚地走到窗前一听，屋里正传来一男一女两个人的阵阵淫笑声。我回转身来，走到这间屋的门前，又用匕首将门闩拨开，三个人闯进去一看，真是臊死人了！明晃晃的灯光下，两个赤身裸体的身子正叠在一起，白花花的一片格外刺眼，原来这两个狗男女正在办好事。见到走在前头的我，那个程会长吓得“啊”的一声惊叫，眼瞪得有铜铃大，手下意识地伸向枕头下，看样子是想掏枪。此情此景，哪容得他动手，我一个箭步便扑上前去，当时也不知哪来这么大的劲，就势一跃，竟一下子就骑坐在这个人身上，左手猛地摁住他的头，右手将匕首一下子插进他的脖颈，像杀猪一样，来回一转，就将他解决了。当时，鲜血喷了我一头一脸，再回头看那女的，早已吓得晕了过去。

任务完成，我们从原路返回，及至回到住宿地，见人们都外出执行任务了。第二天早晨一碰头，才知昨夜整个如西县是集体行动，算我们在内，共除掉了 8 个作恶多端的伪维持会长。

除奸活动，有力地打击了敌人的嚣张气焰，人民群众个个拍手称快。由于除奸有功，事后我从排长被提拔为 2 营 2 连的指导员。

进碉堡杀日寇

时间不长，为支持 4 分区的反“清乡”斗争，根据苏中军区的指示，我所在的 3 分区成立了计有 60 人的短枪队。当时，作为连队领导，我带了一个 7 人小组赶往 4 分区。

我们这支武工队（后 2 人有病回去了），由一名联络员带路。由于行进在敌人的统治区里，为了不暴露目标，只能夜行晓宿。白天，我们睡在玉米田里，饿了用生玉米充饥，渴了到近旁的小河沟里喝点水。夜里，为怕遇到巡逻的敌人，只好走小路，穿沟头。经过三天三夜，这才来到4分区指挥部。

梁灵光司令员十分热情，接过我递上的介绍信后，让一位参谋人员安排我们休息。多日奔波，今天在这里总算吃上了一顿饱饭。

根据安排，我们要去的地方是海门县三余镇，任务是要以游击战配合那里的地下党组织，杀敌肃奸。

第二天早晨，在当地一名交通员的带领下，10点多钟我们赶到了这里。根据事先的介绍，这里的乡长是两面人，明里为敌伪做事，暗下里却是我地下党联络站站长。

一行6人，来到这里的伪乡政府时，里面正在开会。等了一会，问守门的，说还不知何时散会。我见时光不早，这么多人待在这里也不是办法，况且我们又都是泰兴、如西县一带的人，口音与这里不同，一旦说话露了馅，有可能会惹来麻烦。想到这里，与带我们前来的交通员一商量，我便赶到会议室，因尚未与这个联络站站长见面，别说不认识，连年龄几何，多大岁数，个子高矮，胖子瘦子都不知道。门被推开后，我往里一看，浓浓烟雾中，屋子里坐有七八个人。按照不成文的习俗，桌子上方朝南向坐的那个人必是主人。我估摸这也是我要找的对象，于是我便对着那个胖子模样的人喊道：“陈乡长，你真是皇帝不急太监急，我总算将猪子送来了，一共有4头，一头2000元（伪币）哩！”这番话，是事先规定的接头暗号。当时我想，如果这个人不是，但陈乡长必在这群人之中。话刚说完，只见那胖子初时一愣，旋即才像想起什么来似的，张口就骂：“妈妈的，叫你早点来，你这小子死到现在才到，真是个饭桶。”接着将手向外一挥，吼了起来：“滚到外面去，等我开完会再说。”

半个小时后，会散了，见人群纷纷往外走，一个随员跑来喊我们，说陈乡长让到会议室去。一进屋，陈乡长就忙地赶上前来，紧抓住我的双手，连声说该死该死，让你们受委屈了。接着便向我解释，得知你们要来，为安全起见，在鬼子催要粮草时，我就假说此地猪源紧张，要让人到如皋、泰兴一带去买。只有这样，你们几个外乡人来这里才不会让人怀疑。听他这么一说，我才明白了他故意骂我的原因，同时也才明白了地下工作的艰辛。

接着，他便向我们介绍了现时三余镇日伪军驻守的情况，说东边的六甲和西边的四甲虽说都驻有鬼子，但六甲仅有 8 个鬼子，四甲也只有 18 个鬼子。而更为巧的是，今日三余镇上的鬼子和伪军，在早晨就下乡“扫荡”了，堡垒里只剩下看家的 5 个人。同时又告诉我，今日下午他要送两头猪和两担菜、一担鱼进去。面对如此杀敌的好机会，我便简单地作了战斗动员，将 5 个人进行了分工。

草草吃了一点东西算作午饭后，我们一行 6 人便往据点赶去。当时，身穿杭绸大褂的陈乡长走在前面，我扮作推小车的车夫，上面绑着的两只猪子哼哼直叫；另 4 个同志扮成鱼担子、菜担子的挑夫跟在后面。

正是午休时刻，陈乡长和鬼子又都相熟，从大门经过时，两个持枪的哨兵查都未查，挥挥手便让我们进去了。来到院子一看，这里共有 3 个鬼子，两个穿白褂子的炊事兵正在拣菜洗菜，一个小队长模样的军官坐在屋子廊阴下一张方桌前喝茶，桌上还摆着一个圆鼓形的紫砂壶。

将猪子从车上解下，又和另外 4 个人相帮将菜担、鱼担送进厨房，瞅着炊事兵未跟进来的机会，我发出了动手前的暗号，用右手在自己的脖颈下比试了一下。

5 个人鱼贯向外走去。走在中间的我见陈乡长正陪着那个日军小队长模样的人在喝茶，便装作打招呼般来到小队长背后，乘他举杯喝茶之际，拔出刀猛一下就从其后背捅进去，由于位置未拿捏准，刀口刺偏了，这个小鬼子痛得像疯狗般一下站起来，嘴里“哇哇”直叫，返身就向我扑来。在此危急关头，我身后的一位同志眼疾手快，从腰间拔出枪一下子就将他击毙了。

前行到大门口的两个同志听到枪声，知我们已动手，乘两个哨兵向这里探头观望时，迅捷地扑上去，一人一个，用匕首将他们解决了。

院子里剩下的两个炊事兵，惊愕片刻，这才醒过神来，吼叫着向另两个同志扑去。由于刚才失了手，我气正没法出，见此情景，顺手就操起停放在墙角的一挺轻机枪，手扣扳机，“嗒嗒”一个连射，一下又将这两个日本兵解决了。

5个鬼子全消灭了。虽说动了枪，但前后不到一袋烟的功夫，这几下枪声又如同燃放的零散鞭炮一样，故也未引起外面的人注意。

这次战斗，我们除杀了这5个日本鬼子外，又顺手拿了2挺轻机枪和一大批子弹。一个掷弹筒因拿不动，出门后便被我们扔进河里。后来，机枪虽作为战利品上交到司令部，但因掷弹筒未能带回来，故军分区对我们既未表扬也未批评，算是功过相抵吧！

参加高明庄伏击战

在三余镇活动了一段时间，因人生地不熟，尤其是一张口说话，外乡口音就露出来。是年冬天，我们被调回如西。当时，3分区的司令部设在高明庄。这里，位于如（皋）黄（桥）大路东南侧，距泰兴县分界乡、如皋县城各有近50里路。整个庄子东西有2里长，南北为两条河，庄中间有一条仅供牛车通过的大路，两侧零零星星有二三百家住户。

这天夜里9点多钟，我们如西独立团移营到高明庄北部的张楼、冯东。当时，高明庄内的司令部内，驻有三地委书记韦一平，分区司令员陈玉生，政委叶飞及一些警卫机要人员。再南面的水洞口是新四军老一、二团的驻扎地。

我们在庄中的大操场上休息时，作战命令就下达了。原来，据内线报告，如皋城的敌人明天就要来进犯高明庄，调我们来，就是要配合老二团在这里设伏，以游击战消灭敌人。

为组织这次战斗，军分区早已作了准备。我们也进行了轻装，棉被、大衣全交给后勤保管；为便于夜间联络和作战，每人除发了一条新毛巾外，又各补60发子弹，4枚木柄手榴弹。下半夜时，按照作战计划，我们来到了高明庄南面，全部悄无声息地埋伏在这里的河坎上。

天色微明，一群一群的老百姓在庄上党组织的安排下，牵着牛，拉着羊，抱着小孩沿大道向西北方向撤退。时间不长，庄东头走来了一支扛着太阳旗的日本兵。前头的两个日本兵在枪声中被击倒后，埋伏在庄北边的老二团和南面的我们，一齐向扑进村来的鬼子开了火。急风暴雨般的枪声中，敌人像麦把子一样往下直倒。冲上一批，被打掉一批。眼看着两次冲锋未能突进庄，恼羞成怒的敌人稍作停息，便从后面调来了掷弹筒。这种榴弹炮威力很大，落地一炸就是一大片。为避免损失，我方迅速后撤。敌便在这时冲进庄来。进庄后，他们先是挨门挨户搜查，见未找到一个老百姓，又没有发现新四军的影子，便点火烧起房子来。一时间，整个庄子到处是浓烟滚滚，到后来竟映红了半边天。

眼看着老百姓的房子被烧，战士们的眼都被气红了。虽说距离较远，但我们却瞅准目标，对那些在庄中到处奔走点火的敌兵，见一个打一个。由于群枪齐发，未被击中的敌人也就躲到屋子和院墙后面，齐向我们开枪。

双方你来我往，就这样从早晨一直打到下午。太阳快落山时，敌人的枪声突然一下子停了下来。我们正感到奇怪时，片刻间，只见乱哄哄的敌人在几十挺机枪的集中掩护下，成一路纵队式边向大路南北两边扫射，边向西突围。到嘴的猎物怎能轻易放掉，我部正准备扑上去时，分区肖参谋长派人送来紧急命令，让我亲率所在的 4 连 2 排赶到西面的小蒋家岱，阻击从搬经方向赶来接应的敌人。

半小时的急行军，我率领全排 43 个人急急赶到这里的庄东头，察看地形后，便与许排长商量，决定将人员分成四个组，我带两个组以河坎作战壕，正面进行阻击。他带两个组埋伏在敌来路的南河沟里。双方约定，一旦我们这边开枪阻击，他们便从背后偷袭，将敌人围在中间打。目的只有一个，想方设法拖住这股敌人，等主力部队赶来一齐将这股敌人包“饺子”。

我刚将部队布置好，只听“叭空”一声，突如其来的，一枚子弹就将我的军帽打翻了，下意识间，我一下子卧倒在地。顺手一摸，泉涌的鲜血正顺着面颊往下流，抬头向前面一望，乖乖隆地咚，一大队日伪军乘我们不注意间，已赶到眼前。

顾不上包扎，情急中我先开了枪，紧接着战士们全开了火。战斗开始了，由于我先行占据了有利地形，敌前后两次冲锋都被我打退了。后来，敌便集中了机枪、掷弹筒向这儿猛轰滥打，子弹和弹片像蝗虫一样飞来。见对方的火力太猛，为避免无谓的牺牲，我心生一计，便让两个战士将4顶军帽放到掩体前面的四个坟头上，乘他们再一次集中火力向这儿射击时，便带着四名战士撤了下来，从南面绕过小河沟，匍匐迂回到向我主阵地进攻的敌人侧边，群枪齐发，一下就打死了4个日本兵。

枪声吸引了日军，他们掉头又向我们这边开了火。我随即又带这四个战士再次后撤，从东面转到北边。这里，3个日本兵正伏在河坎子上向我坟头上的军帽射击。我和两个战士爬行到他们背后，三个人一人一个，拖住他们的两只脚猛往下一拉，顺手又给了一刀，一下又将3个日本兵解决了。

半个小时后，我们的大部队赶到，敌见增援不成，自己又有被消灭的危险，只好又从原路退了回去。

这一战，我以43人的微弱兵力阻挡了二三百日伪军的数次进攻，打死鬼子7人，打伤1人，缴获机枪2挺，掷弹筒1个。整个战役，我无一阵亡，仅有一名受轻伤。这在如西县独立团历史上，也算是一次成功的战例吧！

一年后的秋天，为了继续做好支持4分区的工作，我又有了一次率一个排打入海安敌据点的机会，3分区专员朱克靖与我见面后，听过我的介绍，认为我虽年轻胆大，作战勇敢，但既没从政的经历，又没有经过商，身入虎穴不适宜，这才又让我回到原部队。

（何锡龄整理）

南通地区反“清乡”斗争

顾复生*

1937 年日军进攻上海后很快占据了杭州、南京，但上海及其周围地区都被共产党领导的新四军与地方抗日武装紧紧包围，特别是活动于沪宁铁路两侧的新四军六师十八旅犹如一把利剑插在他的脊背上，而在长江北岸通、崇、启、海各县活动的新四军一师三旅又紧紧扼住了上海的咽喉——吴淞口。日军对以上两部队造成的威胁深感不安，一心想把这眼中钉、肉中刺拔掉。1939 年日军首先对崇明县境进行大清剿、大扫荡，迫使在该地区坚持抗日的第三旅撤离，1940 年 4 月在青浦县境举行大清剿、大烧杀，迫使在该地区坚持抗日的第三支队撤离。同年 7 月，日军又在苏、常、太地区进行清乡，迫使十八旅撤离。至此，日军特别注意到扼住他喉咙的通、崇、启、海地区的新四军一师三旅，急于把这个地区夺到手里，一方面可以保证上海的安全，另一方面可以作为进攻我苏北抗日民主根据地的桥头堡。

---

* 作者时任中共通海工作委员会书记兼南通清乡公署绥靖团政委（秘密身份）。

针锋相对

1943年1月，日军大肆宣扬要在南通地区进行“清乡”，调集一批摩托化快速部队准备突然进击，另外在清乡地区的西郊和北部沿运河围以竹篱和建立碉堡，并封锁沿河大小水闸。为了保证竹篱和碉堡不被破坏，他们强迫沿线农民日夜巡逻和守护碉堡，如发现偷渡，就鸣锣报警，日军则动用摩托化快速部队前来围歼。

我们在接受过去“清乡”教训的基础上，也充分做好反清乡的思想和组织准备，广泛地进行动员，并决定以精干的小型武装配合当地民兵在清乡区内进行反清乡斗争，主力部队则在清乡区的外围打击敌人，进攻据点。

敌人的“清乡”计划是集中兵力和调集摩托化部队，首先进行军事大扫荡，紧接着就建立伪政权，编保甲，清查户口，并用联保切结的办法企图禁止我党的地下活动，因此在日军集结兵力的同时，汪伪很快建立了南通清乡行政公署，以便建立和领导清乡地区的伪政权工作。蒋介石为了进一步密切“蒋汪联合”，派姜颂平担任南通清乡行政公署的副主任（行政公署主任是张伯生，但行署一切工作都是由姜颂平负责的）。

将计就计

姜颂平于2月就任后，就和长期潜伏在海门茅镇的陆某共同策划，通过陆某以老朋友的姿态劝说海通自卫团团长汤景延同志率部投敌，并说如果能在清乡开始前“起义”（按即投敌），他将大有前途，一定会得到重用，还要汤拉其他部队一起去，为清乡立一大功。

这事经汤汇报组织研究后，决定将计就计，进行打入工作。由汤通过陆的关系与姜颂平联系，事先提出“起义”后允许在原通海地区活动的条件，并假意告知崇明警卫团有共同合作的可能。姜当时很高兴，对汤大加赏识。日寇在旁边也喜形于色地说：“等你‘起义’之日，就是我们清乡开始之时。”

为迷惑敌人，保证打入工作的顺利进展，汤景延同志特制了一身汉奸衣着：一团龙花的长袍子和黑缎马褂，一顶礼帽和一双皮鞋，貌似一个汉奸。敌人信以为真，提出要汤部在3月底前“起义”，把崇明警卫团也带过去，还要求把崇明警卫团的负责人茅琛也抓起来，三天两头来催促汤即日“起义”，对汤提出的部队仍在原地区活动的要求也同意了。党组织对汤部打入敌区也约法三章：

（1）通海自卫团和崇明警卫团一起去做打入工作，两个部队合并为一个团共700人，700支枪，由汤景延同志任团长，崇明警卫团的沈仲焕同志为副团长，苏农为参谋长（因敌伪编制无参谋长而改称团副），由我担任政委；

（2）回来时人枪要保持原数，只能多，不能少；

（3）部队投敌后，要控制这个地区的水陆交通要道——通启运河和通启公路，以便利我们反清乡的活动，并做好情报工作。

公开投敌

3月中旬我到达通海，担任中共通海工作委员会书记兼汤景延团的政委。中共通海工作委员会由我、王克刚、曾子平三人组成，秘密机构设于小海镇海门中学附近，日常工作由王克刚同志负责，工作委员会每月开会一次。海门以东一片党的工作由曾子平负责，海门以西一片党的工作由王克刚负责，我主要负责部队工作。原通海行政公署撤销，原行政公署秘书陆飞鹫调任汤团团部秘书，其余同志由新四军六师来的仍回六师工作。我化名为胡曰夫，公开身份是汤景延团长的心腹，专管钞票，不穿军装，不编入建制。这时部队已整编好，通海自卫团编为第一营，并抽出20人编为警卫团部的特务连，崇明警卫团编为第二营，并抽出二十条短枪编成一个江防队，由原崇明警卫团参谋长茅琛担任江防队长，在汤团掩护下于沿江一带活动。另外同汤景延同志的门生周显才组成一个新的联队，竹行镇上陈常纪的游击队编为第三营。整编后实际上共有8个连归汤团建制，参加打入敌区工作，共有人枪各 700。

为了迷惑和骗取敌人的信任，我们还在姜灶港布置了一次假打战，向群众宣布和向敌人报告说:“崇明警卫团茅琛因反对‘部队起义’率少数亲信逃跑，追击未获。”假打战时，把一个关押的坏分子枪毙在战场上，制造假象，敌人信以为真。

为了使敌人更加相信，汤景延同志在天景镇大摆祝寿酒宴，一时车水马龙，贺客盈门，并公开接收了几十个门生。寿堂内红烛高烧，寿帐高悬，特务姜颂平也派人前来祝寿。在为期 3 天的寿宴中，八个连的部队由副团长沈仲彝、参谋长苏农统一指挥，集结在天景镇周围。这次假投降、真打入情况是经过了周密认真的动员，所以基本上大家都是知道的，没有影响到部队情绪，其中有二十多人坚决不愿意这样干，就动员他们回归主力部队。

汤团打入敌区后，部队的政治情况是这样的:团部及特务连第一营都有共产党的组织，第二营则缺少党的组织，我以半公开的身份经常深入部队了解战士的思想情况，大家基本上也了解他的真实姓名。这一场打入敌区的工作确实非常冒险，全团 700 人中间只要有一个人出问题就非常危险。

在祝寿的最后一天，全团部队整齐地集中在天景镇小学的操场上，并在操场中心搭起了一个高台，汤景延团长身穿长袍马褂立于台上宣布“起义”，姜颂平也派代表前来参加，并讲些欢迎大家的话。汤团长在会上假意表示拥护清乡和参加清乡活动，但始终对共产党、新四军是无所表白，会场四周贴的标语也同样不提新四军、共产党的话。在这天宣布公开“投敌”后，部队军装仍旧，每人只换了一个臂章，就是把新四军的臂章改为有“绥靖”两个字的臂章，番号改称南通清乡公署绥靖团。

当时围观的群众很多，听到汤团长宣布“投敌”后，大家吃了一惊，窃窃私议，异口同声地痛骂汤景延无耻、汉奸，是没有良心的。大会经过一个小时就结束了，部队回到营地的时候就表现出两种情况，一种是褪了臂章在苦笑，一种是看到“绥靖”臂章在唉声叹气。经过我们的说服教育，大家才平静下来，他们提出意见说:“希望政委常到部队里来走走，我们只要看见政委，在这里就安心了。”

部队公开“投敌”后的第二天，汤团长由参谋长苏农同志率领特务连护送去茅镇团本部，团长的家属、孩子坐了一部小汽车，他自己还是长袍马褂骑马前进，家具、行李另外由板车载运随部队一起走。快到海门的途中，汪伪海门县特工站站长率领海门县各界代表 100 多人前来欢迎，各界代表还赠送给团长 1000 元伪币。在到达海门的时候，日本宪兵队及汪伪海门特工站的全体人员在团本部门口热烈欢迎。

部队由沈副团长及一、二营长率领，分别到预先指定的地方去驻防，沈副团长和二营一起活动，以便于控制二营部队，部队驻防的地点是通启运河的三余镇及通启公路上的小海镇、天补镇、川港镇、姜灶港镇等地方。

敌我斗争

汤团团本部移驻茅镇（海门县所在地）后，所处的位置东临日本宪兵队，团本部的对门就是汪伪海门县的特工站，西边是我团参谋处，团部与敌宪兵队仅一墙之隔。我们带来一架电台不能在团部架设天线，只得把这架电台留在江边上一个贩布商人家里（布商是薛惠民同志乔装的），机要员随政委在团本部。那时日本宪兵队里的一个老宪兵经常有心无意地到我们团部来玩，原来那个拉拢汤团投敌的陆某夫妻俩也经常到团部里来，还有个和陆有联系的特务也经常来团部玩玩吃吃，这说明敌特方面时刻有人在活动。我们设在西边的参谋处原先设定是我们内部人来人往联系的地方，结果到参谋处去的人也相当复杂。我们团部里的工作人员全部是共产党员，其他人员是以汤团长亲戚的名义住在团部的，还有几位女同志，有的是因病休养，白天在团部吃饭，晚上回医院住，这些人的掩护方式是从早到晚不停地打麻将。

参谋处还设了鸦片烟枪招待来人，因此个别同志经不起腐化堕落生活方式的腐蚀，警惕性不高的情况也是有的。住在医院里的三位女同志，因为这个医院院长是天主教的海门县主教，又是国民党特务，所以对他是颇具戒心的。

在我团部的一间卧室外面有一块空场，是日本宪兵队拷打被捕者行刑的地方，经常听到凄惨的喊叫声，从窗缝里也可看到日寇施用酷刑的残忍现场。一次一个被捕来的农民模样的人被鬼子用很粗的木棍打得遍体鳞伤，但他始终不开口，鬼子又用狼犬来咬，被打的人还是不开口，等日寇进去休息时，这人就忍痛越墙逃跑，但由于伤重跑不快，又被鬼子抓回来活活打死了。在拷打这人时，旁边还坐了四个被捕的人，此情此景令人触目惊心。还有一次日本宪兵队来了一个女特务，晚饭后她在团部门口散步，看到从团部走出来的三位女同志向医院去了，她就对站在门外的汤团长大女儿说，这三人中间有一个她认识，并说她是第四地委妇女部长。汤团长大女儿说：“我们没有这个人，你认错了。”女特务又说：“我认识她，她名字叫胡范。”汤的大女儿强调说：“没有这人，刚才你指的那个人是我爸爸的阿姨。”女特务回宪兵队以后，汤的大女儿就回来汇报了刚才遇到的情况，当时我们听了都很紧张，为了防患于未然，调来汽车把这位女同志送走了，但后来也没发生什么事。

由于电台远离团本部，发报不便，而且又很不安全，于是我们决议把电台送回司令部，又在川港镇设立了一个交通站，以便与司令部保持联系。

“清乡”与反“清乡”斗争

4 月 1 日汤团正式宣布“投敌”后，敌人开始清乡。日军摩托化部队四出乱奔乱跑，搜索我们的部队，伪顽不分的特务组织也大肆搜索逮捕我区乡干部及民兵，斗争非常残酷。只要哪里有枪声，日军摩托化快速部队就从四面八方包抄而来。我们的区乡干部及民兵一旦被敌人抓着，就惨遭刺刀戳死。我们抓到敌人当然也是以牙还牙，用刀把他捅死。当时清乡区里有“包饺子”“裹馄饨”之说，就是把敌人杀了以后用麻袋装起来，中间压以石头沉入河底，这就是“包饺子”；把敌人抓到以后用绳子捆起来，背心上绑上石头，然后放在河里，这叫“裹馄饨”。以上这两种对待敌人的方法干净、利索，也是沉尸灭迹，因为敌人只要在哪里发现他们自己人的尸体，就会把哪个地方烧光、抢光。敌人的基层组织被打得不敢公开活动，我们的民兵和坚持斗争的干部以及小型武装也不在村上宿营，总是露宿田野，待到 5 月青纱帐起，我们的活动就更方便了。

这种尖锐残酷的斗争完全是短兵相接，极为艰苦，双方伤亡人数也不少，譬如我们的小型武装同敌人接触了，敌人就施展四面包围，企图把我歼灭，另外敌人还利用神枪手射杀我指挥员。边区人民和清乡区的人民一样，坚决响应反清乡斗争，采取不同方式，如被敌人强迫巡守竹篱、碉堡的农民和我们约好暗号，附近有敌人时就把巡逻用的竹杠敲得很紧，竹杠敲得缓慢时就表示附近没有敌人。还有，我们的船只虽然被敌人封锁了，但边区人民会主动设法从二三里外抬来，渡完后再由他们送还原地。

验　枪

5 月上旬，清乡公署命令汤团集中验枪。验枪是敌人历来收编武器的老办法，把部队集中在他们的势力范围内，然后他就喊口令：枪放下！向右转！齐步走！这样就可把整营、整团的武器缴去。如今他们又要以验枪之名企图收缴汤团的武器。汤团长到姜颂平那里说："你们这个验枪的命令实际上是缴枪的手段和方法，你们假使这样做，我就不负责了。"姜闻言即再三向汤团长说明："保证不缴你们的枪械，但是有一个要求，验枪时子弹不准上膛。"他以安慰的口气说："你刚从新四军里打开缺口，我们还希望通过你做大的买卖呢！"

验枪那天，部队集中到茅镇，由副团长和参谋长指挥，姜颂平派来了 12 名军官，他们很认真地逐条枪仔细检验，在验枪中间发现一个战士的枪里子弹上了膛，汤团长气冲冲地斥责了这个战士，来验检的军官却竭力劝解。原来我们决定，这些军官来的时候由汤团长、胡曰夫、陆秘书 3 人出来接待，后来发现来的军官中有一位叫董仁明的，是青浦人，因此我没有参加接待（按胡系青浦县人）。上午验枪完毕，他们满意地说："汤团长合作是诚心诚意的，做事也实事求是。"部队验枪完毕就返防原驻地了。

5 月下旬，汪精卫的特务头子兼江苏省伪省长李士群打电报给姜颂平，说要嘉奖汤团长，并要他陪同来苏州。汤团长和姜颂平奉电到达后，专门买了一块手表送给李士群，李亲自接见并设宴欢迎汤团长。酒宴间，李士群宣布委汤团长以少将军衔，犒赏了5000元伪币，并鼓励汤团长好好工作，并说汤是大有前途的人。汤也趁机搭讪：“我也不会辜负你对我的希望……”姜颂平经李士群赏识后受宠若惊，得意非凡，认为自己功劳很大而沾沾自喜。

集　训

6月上旬，姜颂平通知汤团集结到南通城里去集训。当时，我们考虑到敌人又在施什么诡计了，为此汤团长又去和姜颂平打交道，对姜说：“我刚刚对新四军的两个团有苗头，正在设法联系，你又调我去集训了”姜便道：“集训是你们自己去办，不过，我还得派人去讲讲三民主义课。”

在一个月的集训中，敌人对我们的人事问题很注意。有一天，姜颂平对汤团长说：“共产党有书记，你们部队里也有书记，这个书记是干什么的呢？”汤回说：“我部队没有书记。”姜说：“第一营营部就有一个书记。”汤说：“这是文书，根据你们编制的。”姜沉思了一下说：“我有空再找他来谈谈。”这件事不免又使我们紧张起来。原来这个营的书记梁浩群原是通海自卫团的保卫干事，投敌后他名义上是一营营部的书记，实际上是一营党的支部书记。汤在辞别姜的时候曾说：“这人是上海人，回去了，等他回来再叫他到你这儿来。”汤景延同志回团部后和我们商量，就把梁浩群同志撤退，党支部书记由一营营长陈统光兼任（陈系原通海自卫团教导员）。

团部移驻金沙镇

一个月的集训期满后，姜颂平要求我团向西移动，靠近南通城。汤团长一面同意向西移动，一面把团本部移到金沙镇，以便就近指挥。当时布防情况是一营营部驻石港镇，二营由副团长率领驻刘桥镇，七连驻金鱼镇。这时日寇的摩托化部队已调走，清乡地区内的各地伪政权已在各大市镇建立，但除较大市镇外，其余地区完全在我民兵和小型武装的控制下，部队可以一个排一个排地活动。那时汤团团本部在金沙镇，离日本宪兵队老坝驻地较远，但和伪南通特工站毗连着，仅一个小门之隔，相互可以随便出入。这个敌特工站也有一个排的武装，轻机枪一挺，步枪 20 支，还有一个高大的碉堡，在碉堡上面可以看见我团本部的一切活动。金沙镇的河南另驻有一个伪军团部，但互不往来。团部移驻金沙镇以后，与敌伪特工站的关系搞得还好，那个站长经常到团部来吃吃喝喝，但日军不来，有事以电话联系。

在二季度清乡时，日军的摩托化部队还没调走，他们的行动只要伪军供给情报，不要伪军配合扫荡，自摩托化部队调走后，日军兵力单薄，只能以少数兵力配合伪军扫荡了。当然，汤团部队也不例外，每当我们和日军出去扫荡时就事先布置好，到达目的地前先以三八枪对天报警，示意前面是我们的部队，后面有日本兵。但日军非常狡猾，不许我们先开枪，并责备我们胆小。我们就问日本兵："新四军跑了跑了的，我们要不要打？"他说："要打的。"实际上日本兵在那时已无可奈何。

"清乡"区西部的民兵为了进一步反击敌人的扫荡，要求我们补给枪支，汤团就抽调出数 10 条步枪、两整发子弹给他们。送枪的方法是将步枪、10 条子弹袋用麻一扎，以送坏枪去竹行镇修理为名，用团长的汽车由我送到观音山预先约好的地方，交给等候在那里的民兵领去。有一次汤团长在姜颂平那里获悉：当天晚上，姜颂平将派部队到观音山前面的一个农庄去捉拿南通县敌工站的同志，因为姜颂平事先得到了情报，知道我敌工站的同志在那里活动。汤团长急忙赶回团部后，经研究用一般速度去送信通知已来不及，于是由我坐小汽车赶到观音山会见敌工站站长，秘密地把敌人今晚要来的消息告诉了张站长。敌工站转移了，姜颂平派出的队伍扑了空。

中共通海工作委员会的工作

中共通海工作委员会自成立后规定每月举行会议一次，会议地点在王克刚同志的家里，外地前来参加会议的都乔装改扮，各人的社会关系也伪装得天衣无缝。在工委会工作的人员有王克刚同志的爱人，还有以海门中学学生身份出面的青年支书（当时的海门中学顾校长是地下党员），其公开身份是布贩，王克刚的弟弟，另一个军属老太太扮作王克刚同志的岳母。当我去王克刚家时，周围邻居都知道他是茅镇酱园的小开，是王克刚要好的朋友。曾子平去王克刚家时，都知道他是跑单帮的，认为他与小开有关系。所以去的时候，两人差不多是先后到的，走的时候，也是一阵走的。开会是晚间，每一次的会议内容是传达上级指示，交换部队与地方的工作情况及下一步的工作意见。由于平时布置得精细，几个月来没有出过问题。当时曾子平的工作地点是海门以东的三厂镇。至于汤团整个武装打入敌区的行动是由苏中区党委第四地委具体领导和具体部署的，当时的负责人有姬鹏飞、陶勇、钟民、陈伟达等。

8月下旬以后，敌人的清乡气焰逐渐下降，我们的部队可以整营、整团地活动。这时，地委钟民同志率主力南通警卫团进入清乡地区，到金沙镇附近来巡视工作。我去汇报了汤团打入敌区的情况，经共同研究分析，认为部队打入敌区已五个月了，基本上是好的，能坚持遵守军纪，不扰害人民。但个别同志已暴露出被腐蚀的现象，生活上已有些问题，每月收入不够支出，因借钱不还竟和人吵架，个别同志与苏北相识的一个妇女谈情说爱。还有一个伪区长把他捕来的一个农民寄押在我们一营部，对这个农民被伪区长活活打死竟熟视无睹，也不向团部汇报，平日伪区长的假心假意却被视为诚实可靠。个别战士帮助跑单帮的偷漏税收……这些虽是个别现象，但这些苗头如不及时制止，任其泛滥是很危险的。钟民同志听了汇报后，表示回去再讨论处理意见，同时指示要加强教育，以防止这种不良倾向的发展。

脱离敌区　班师凯旋

9月上旬，地委通知我回去参加会议，经讨论一致同意结束汤团打入工作，把部队迅速拉回，因为再拖延下去，部队有被腐蚀的危险。当时陶勇同志指出：“日寇清乡已半年，把我们的部队拉回来，为日寇在南通清乡失败作一初步小结。为保证部队的胜利回来，我们决定到时派主力部队掩护你们撤退。请胡曰夫同志回去先告诉两个团长做好思想准备，等主力部队到了以后再布置具体行动计划。”

10 月 3 日，由地委陈伟达同志率领南通警卫团到达金沙附近，决定坚决执行下列各条：

（1）十月四日的午夜十二时为汤团所属部队起义时间。当夜部队一律要准时到指定地点宿营。

（2）由南通警卫团派一个连去石港一营营部。另派一个连到金沙团部，掩护石港、金沙的部队撤退。

（3）汤团首先要把家属撤退，必须做好战斗准备。

（4）汤团要在金沙镇上尽可能活捉一两个鬼子和敌南通特工站站长。石港部队在撤离时要把伪区长逮捕，各部在撤离前必须把防御工事毁除。

团部在接奉撤退命令后，当天（10 月 4 日）正式下达了秘密命令，各部队都积极准备，部队同志听到这个消息都很高兴。班师前的当天下午，驻在刘桥镇的副团长把他的家属以回家探亲为名送到了团部，我以征询收税人的名义，从南通警卫团调出了 20 名短枪队员到团部。晚上，团部设宴请客，日本宪兵队屡邀不至，敌特工站站长已应邀而来。在 8 点钟的时候，驻防金鱼镇的七连连长周显才率少数轻装战士来团部，邀请团长和师母一起去金鱼镇吃喜酒，说他要讨小老婆。汤团长听了就大发雷霆说：“清乡这样紧张，还要讨小老婆！”怒冲冲地要用手枪枪毙他，我和敌特工站站长一再劝解，团长仍怒气未消，不让其家属去金鱼镇，后来又经敌特工站站长的耐心劝解和我的安排，才算让他的家属和副团长的家属一道去金鱼镇吃喜酒。临行时，团长狠狠地向周显才连长说：“晚上要是出了问题，我枪毙你！”说完他就陪敌特工站站长进内屋去吃鸦片烟了。大概是 9 点钟光景，日军来电话说：“外面狗咬得厉害，要注意。”汤团长要派队去宪兵队加强防卫，日军拒绝不要。是夜 10 点钟左右，日军又来电话说情况很紧张，汤团长趁势向敌特工站站长说：“你们防守这个碉堡有没有把握？”他回说：“把握不大！”汤团长就命我率领短枪队去碉堡增防，我们来到碉堡向特工站的人说明因据日本宪兵队的电话，今晚情况紧张，特来碉堡增防，同时站长也下令叫碉堡里的人把枪交给我们防守。

上级规定的时间（夜12时）一到，汤团长就把鸦片烟盘和灯一摔，虎起脸发了脾气，敌特工站站长见状不知所措地说:“汤团长，不要发生误会!”汤团长大喝一声说:“谁跟你发生误会？老子是新四军，今天就要抓你。”这时敌站长正伸手摸取身上的枪，“砰”的一声，他应声栽倒在地，原来在旁的汤团长警卫员见其欲摸枪顽抗，早就一枪毙了他。这时碉堡上下团部内外的武装一起发动，汤团在南通警卫团的掩护下胜利撤出敌区，到达指定的宿营地。翌日，汤团整部回到如皋县的苴镇。

这次打入工作基本上完成了党交给的任务，部队也增加了人和枪，完成了打入时党规定的“回来时人枪要保持原数”的使命，维护了通海区人民的利益，避免了一场严重的烧、杀、抢浩劫，同时也锻炼了部队，欺骗了敌人。这主要是由于党的正确领导和全军指战员同心同德的一致努力。但是这次打入工作做得还不够理想，潜在的危险性很大，还有团的领导思想上还不够解放，未能大胆地放手大干一场。

八路军山东清河反“合围”

粉碎敌人的“蚕食” 保卫抗日根据地

景晓村*

清河区是清河人民在共产党领导下创建的一个平原抗日根据地，是当时山东的六个战略区之一。

1938 年 5 月，中共清河特委成立后，在原来已经发动起来的游击战争的基础上，领导鲁东地区人民开展更深入的斗争，逐渐创建了清河区抗日根据地，1944 年初与冀鲁边区合并为渤海区。清河区位于山东省的东北部，东起昌邑，西抵济南，南靠胶济铁路，北跨黄河，东北濒临渤海湾，因中贯小清河而得名。全区除原来的长山、邹平南部很小的一块山区以外，均为一望无际的大平原。境内共有十四个县，人口 350 万，全区建立了区党委、行署、军区、地委、专署、军分区及县、区、乡、村的各级党、政、军、群组织，有一万六千余名党员，一万余名抗日武装力量，成为山东巩固的平原抗日根据地。

1943 年，是日伪军对清河区平原抗日根据地进行“扫荡”“蚕食”最严重的一年，也是全区军民反“扫荡”“蚕食”斗争最紧张的一年。敌人反复“扫荡”“蚕食”进攻，妄图消灭我军主力，侵占抗日根据地。全区军民在

* 作者时任中共山东清河区委书记、清河军区政委。

党的领导下，进行了艰苦卓绝的斗争，克服了重重困难，战胜了敌人，保卫了根据地。特别是取得了辉煌胜利的夏季反“蚕食”战役，这是保卫清河区抗日根据地关键性的一个战役。继这一战役之后，又于11月粉碎了敌人2万余人持续二十一天的大“扫荡”，迎来了清河区平原抗日游击战争的新形势。

1943年前清河区的反“蚕食”斗争

从1941年开始清河区平原游击战争即进入了紧张激烈的时期，敌人对我根据地频繁“扫荡”，反复“蚕食”。到1942年下半年，小清河南的几块根据地——邹长边区、长桓边区、临淄及益、寿、临、广四县边区，已经全部变为游击区。小清河沿岸敌人设置了封锁线，每一华里设置一个碉堡，妄图切断小清河南北的联系，封锁小清河北根据地。

敌人在其新蚕食的地区内，军事上实行“扫荡清剿”，修公路、设据点，先后在这些地区安设日军据点104处，伪军据点247处，岗楼400余处，平均每8个村庄一个岗楼，八至十里一个据点。公路与封锁沟构成纵横交错的格子网，圈堵、阻截我坚持斗争的部队工作人员，妄图将我部队消灭，以巩固其在小清河南的统治。在政治上则组织伪政权“新民会”，搞保甲连坐，清查户口，发“良民证”。搞自首政策，实行法西斯统治，破坏抗日群众组织，切断我党我军与人民群众的关系。在经济上，敌人为实行以战养战的政策，极尽其搜刮之能事，对粮食搞计口授粮，配给制度，每户存粮不得超过50斤，违者处死；横征暴敛，敲骨吸髓，搞所谓“三献”（献金、献铜、献铁）“两征”（征购、征实），贩卖毒品，滥发伪币，搜刮民财。临淄县被敌人占领后，日伪向居民摊派名目有几十种，10个月内负担每两银达7200元伪币（折粮2400斤），搞得民不聊生，十室九空。在文化上，主要进行奴化教育，欺骗宣传，不断“肃正思想”。开展“大东亚新国民运动”，宣扬“尊孔”复古的封建思想，大搞迷信，麻醉人民。在日伪军和伪政府中设“宣抚班”，进行欺骗宣传。

敌人还大搞特务活动，组织武装特务“三角部队”、“拉鸡队”等，专门破坏我坚持斗争的地方武装和武工队，捕捉杀害我工作人员，破坏党的组织，勾引我内部不坚定的分子叛变投敌，利用叛徒进行破坏。如长桓县公安局张裕安及其弟张裕良带领 20 余名武装叛变投敌后，对我破坏，造成了严重损失，我两任县委书记——马同贵、李本荣被其杀害。我四边县委书记丁亦民等 30 多名干部在临淄县南下庄开会，由于叛徒告密，遭敌袭击，丁亦民等 30 多名同志全部牺牲。

敌人除蚕食我小清河南的老根据地以外，还在我小清河北根据地周围边沿地区进行破坏渗透，建立伪组织、伪政权，派遣武装特务抢掠杀人，镇压边沿村庄的抗日群众。如盘踞在广饶、博兴小清河南地区的伪军李青山、周胜芳部，经常派遣特务队到小清河北岸沿河一线的村庄，搞破坏活动。盘踞在黄河南北两侧的敌伪，也经常向我广、博、蒲北部边沿侵扰。敌伪的企图，就是在“蚕食”我小清河南根据地后，进一步包围和蚕食我小清河北根据地。

面对这一严酷的形势，我们根据中央提出的“敌进我进”的方针，开展了反蚕食斗争。首先对小清河南被敌蚕食的地方，增派干部加强这些地区的领导，继续坚持斗争。当时从区党委机关和军区部队抽出一批军政骨干，加强了这些地区的领导。如抽调李荆和、陈瑛、陈景三、王乐兰、赵治安到益、寿、临、广四县边区；韩洪甫、张维滋到南邹长；马同贵到长桓；李铁锋、孙成才到临淄；相炜、程丽村到清东地区。清东地委书记改任寿光县委书记，加强县的领导。

第二，转变工作方针，贯彻游击战争为核心，政治攻势为主的方针。部队活动均以小部队分散活动，主要任务是配合地方工作，领导群众对敌斗争。组织上实行党的一元化领导，把干部和部队组成武工队，既能打仗又能做地方工作。农村基层组织转入秘密活动。村政权对敌人使用两面政策，既为抗日服务，又可对付敌人。对敌控制的村长也积极争取其做两面派，扩大我们的活动区。武工队隐蔽活动，昼伏夜出，利用敌人的“灯下黑”，在敌人据点内建立我们的秘密联络机关。对各种活动尽力避免暴露，麻痹敌人，积蓄力量，等待时机。

第三，在对敌斗争方面把开展敌伪工作放在首位。对伪军伪组织，以政治攻势为主，辅以军事打击。利用各种手段宣传反法西斯战争的胜利形势，宣传抗战必胜，日本必败；宣传我党我军的政策，警告伪军伪组织人员不要忘记自己是中国人，弃暗投明，回头是岸。一时不能脱离敌人的，可以“身在曹营心在汉”，不助敌为虐，立功赎罪，给自己留后路。对伪军伪组织的头面人物，采取军事打击与政治分化相结合的政策。对罪恶昭彰的死硬汉奸，彻底揭露，坚决打击；对愿与我建立联系的，积极争取，给予立功赎罪的机会，着其提供情报，做对抗战有利的工作。敌伪工作在清河区做出了显著的成绩，沾化县伪警备队起义，伪灭共建国第八团起义，好几个县都有成股的伪军起义。对敌人控制的伪自卫团、联防队等，有计划地进行争取工作，派人打进去掌握，使他们变为两面派，为我工作，对敌人进行合法斗争，保护群众利益。

第四，对待叛徒、特务，实行镇压与宽大相结合的政策。对我危害严重的予以严厉打击。例如长桓县叛变投敌的张裕安、张裕良被我游击队歼灭，除了大害。对罪行不大，愿为抗日效力的给以自新之路；对罪行严重，但有特殊立功表现的，将功赎罪，宽大处理。

第五，在被“蚕食”区，我们坚持抗日民族统一战线政策。积极对当地有名望的上层人士、社会贤达，开展统一战线工作，团结一切可以团结的力量，共同对敌。对伪军、伪组织人员的家属，坚持做教育争取的工作，并通过他们做争取、瓦解伪军、伪组织的工作。

第六，除了采用上述政策策略坚持在被“蚕食”地区的斗争以外，并大力组织开展黄河以北蒲台、沾化、利津、滨县、青城等敌占区的工作。当时曾组织了几个武工队深入上述地区。工作的策略方法，特别对敌伪的斗争、上层统战工作，大体与被“蚕食”地区的办法相同。由于敌伪在其占领区掠夺严重，广大群众，包括一些上层人士与敌伪矛盾极深。不仅基本群众，甚至一些上层人士，见到我们八路军的武工队去了，都热情接待，为我们保密。不少人经过我们工作和动员，秘密到我们根据地内参观学习。他们从生动现实的对比中，受到深刻的抗日救国的教育，扩大了我党我军的影响。时间不久即在这些地区建立沾利滨边区、蒲利滨边区、青城等几块游击区，壮大了武装力量，建立了政权，开展了武装斗争，牵制了敌人的力量，对保卫我中心根据地起了重要作用。

第七，积极开展边沿地区的斗争，加强县区武装，保卫边沿地区，打击敌特武装的侵扰。积极发动群众武装，组织民兵、自卫团，增强群众自卫能力。工作人员深入边沿区的敌占区一方开展工作，争取为敌控制的乡村政权做两面派，召集两面派的村长和上层人士到我根据地开展座谈，向他们宣传抗战的形势和我们的政策，用大量事实，揭露敌伪的罪行，对他们应付敌人给予谅解，并教以对敌斗争的方法。另外在敌占区建立秘密工作，监视敌人的行动，搜集敌人活动情报，帮助我县区武装打击侵扰我边区的敌人。有些边沿地区工作做到了可以到有敌人据点的村庄里去，大扫荡时，这些村庄成了我们安置伤病员和年老体弱干部的隐蔽所。

第八，积极开展对敌的经济斗争，粉碎敌人的经济封锁和对我根据地物资的抢掠。敌人用掠夺和封锁的两手政策，破坏和围困我们的根据地。首先，用军事手段进行扫荡和边境袭击，抢掠我根据地的人力、物力、财力。其次，用经济手段抢掠，大量印发伪法币，套购我根据地的物资，给根据地制造饥荒，扼杀我抗日力量；同时又进行封锁，凡属我根据地军需民用，根据地内自己不能生产的物资，作战器材、医疗器械、纸张、印刷器材、药品、办公用品及某些生活用品等则禁止进入根据地。为了打破敌人的经济封锁和蚕食政策，我们的对策是：对敌人的军事抢掠，用发动群众空室清野的办法对付；对敌人用伪法币套购我根据地物资，则采取在根据地内实行单一的人民货币——北海币（当时民主抗日政府设立了北海银行），禁止法币流通的办法对付它。对敌人的物资封锁政策，我根据地一面积极发展生产，所需物资尽量做到自给，不依靠或少依靠外来货物；另一方面则有计划地组织对敌区的贸易，交换和采购我根据地军民所需的短缺物资。这样就打破了敌人的经济掠夺和封锁。

第九，加强城市和铁路线的点线工作。派出了一部分干部，深入济南、潍坊、周村、张店、益都、北镇等市镇及胶济铁路沿线，秘密发展组织，开展统战工作，争取伪军、伪组织，搜集情报。这些工作，既是贯彻“敌进我进”方针，配合当时反扫荡反蚕食的斗争，又是长期隐蔽、积蓄力量的工作。这些工作到抗日战争反攻阶段发挥了作用，有的争取了伪军起义，有的提供了情报配合作战，有的组织起铁路武装，有的配合了城市接收工作。

通过上述一系列的工作和斗争，小清河南的根据地虽被蚕食，但我们的斗争未停止，这些地区仍然是我军的游击区。它鼓舞了人们的抗日斗争，威胁了敌人的后方，拖住了敌人的后腿，保卫了小清河北的根据地。

1943 年夏季反“蚕食”战役的胜利

敌人对小清河北根据地的存在，既恨又怕。敌人深知这块根据地是我清河区党、政、军、民领导中心所在地，深知这块根据地对我坚持清河游击战争的作用和地位，深知小清河北根据地的存在，是其完全控制小清河南地区的重大障碍。因此，敌人在形式上蚕食了我小清河南根据地之后，即窥视我小清河北根据地。1943 年，敌我展开了更激烈的斗争。

首先在 1 月和 4 月，敌人连续两次进行万人以上兵力的合围、扫荡，企图先消灭我主力，扫除“蚕食”的障碍。由于我军机动灵活，敌人的诡计落空。我军除个别军分区的部队稍有损失外，军区主力保存完好。敌人一计不成，又生一计，五月即集中日伪军一万五千余人，胁迫民夫四万余人，分南北两线向我小清河北广、博、蒲根据地进犯，妄图以“蚕食”我小清河南根据地的故伎，重点“蚕食”我小清河北根据地。南线以小清河构成的封锁线为出发地向北进犯，修公路、安据点，逐步深入；北线以黄河构成的封锁线为出发地向南展开，步步为营，向前推进。

4 月 24 日，我军即接到山东军区“保卫麦收与反蚕食战役的命令”，要求各地在夏收前十日内将主力与地方武装面向敌区部署，准备青纱帐起来后，相机拔除敌人某些薄弱据点。我军作了相应的准备，并抓紧侦察敌情。

据我军侦察了解，敌人这次蚕食虽来势凶猛，但配备兵力多是伪军，一万多人的兵力中，日军只有 1500 人左右，不足总兵力的十分之一，显然主要靠伪军作战。而这些伪军是四面八方凑来的，内部不统一，有很大的地方性，日伪之间、伪军内部各派之间互有矛盾。例如侵占北隋、牛庄之敌，是广饶县伪军李青山部，侵占王文的是博兴县伪军周胜芳部，而进入广北碑寺口、斜里巴的是伪军灭共建国军第八团王道部，这股敌人是从益都调来的，很不乐意到小清河北来为敌人卖命，官兵时刻想回益都去。但盘踞在三里庄的成建基部是广饶县另一股伪军，他与李青山为争夺广饶县的地盘有矛盾。我军指挥机关分析上述敌情和估量我们自己的力量后，确认必须打退敌人的“蚕食”，而且能够打退敌人的“蚕食”。

我军的作战方针是各个击破，选择几个据点打攻坚战、打歼灭战，把敌人的蚕食计划打破。具体部署是当大批敌人尚未进入我们的根据地纵深之前，即遵照山东军区 4 月 24 日的作战命令，把敌人深入我边沿区一个老据点——成建基的三里庄据点打掉。这个据点有比较坚固的工事，我军集中优势兵力将敌包围，然后强攻，炸开围墙后，突击部队冲入据点，与敌人展开白刃战，后续部队迅速跟进，打破第二道防线，攻克敌据点，毙伤俘敌 400 余人，伪团长成建基被击伤，副团长被击毙，残敌向利津城溃逃，占据附近史家口、高劳、商等村的敌伪全部撤逃。攻克三里庄的战斗胜利，给敌人以沉重打击，大大鼓舞了我军和根据地群众反蚕食斗争的信心。但敌对我蚕食进攻并未停止。6 月 8 日，南北的敌人同时出动，将我广、博、蒲根据地全部侵占，安设据点 20 余处。与此同时，清东、清西、黄河以北的敌人也纷纷出动，进行扫荡和清剿。此时我领导机关和主力部队转移至垦区，继续观察敌情，作反蚕食的准备。6 月底，青纱帐起，又遇日军调防，原日军独立第六混战旅团外调，独立第七混战旅团接替，新来敌人情况不熟。我军抓住这一有利时机，一面派小部队深入敌人纵深，配合地方武装、民兵埋地雷、打伏击、袭扰敌人，一面集中精锐主力相机拔除敌人据点。我们第二仗选择打击侵入北隋、牛庄的伪军李青山部。据我们了解李青山与其营长燕守才有矛盾，我们不打燕守才，专打李青山的亲信部队崔桂祥营。我军集中两个营与地方武装一千余人，于6月24日，将北隋包围。在我猛烈攻击下，敌人妄图向车里溃逃，我军追击中全歼逃敌。北隋据点平毁，守敌700余人被我全歼，俘敌400余人，毙伤200余人。北隋被我打下后，附近王家营、车里的敌人也被迫撤逃。

7月12日，我军第三仗攻打南线进入斜里巴之敌。守军为灭共建国军第八团的两个营，经我一夜攻击，敌遭重创，退至另一据点固守。这股敌人虽未被全歼，但对其震动很大，害怕我军继续攻打。但在日军监视下，不敢逃撤，遂派人秘密与我军联系，要求我军帮助其撤回小清河南寿光、益都原来驻地。我军为争取这股伪军，答应其要求。为了瞒过日军，我军布置一场假仗，把王道部队送走。

从此，王道对我军感激不尽。我军派进了工作人员，经过一年多工作，1944年夏天王道率2000余人起义，被改编为八路军山东军区独立第一旅。

第四仗就是打博兴王文之敌。这里守敌是博兴伪军周胜芳部的一个团，团长刘子刚修了比较好的工事，而伪军司令周胜芳则躲在另一据点。这时，我军如同时打两据点，势必兵力分散，打成消耗战。于是，根据毛主席“伤其十指不如断其一指”的战术原则，集中优势兵力，并发挥坑道作战和炸药爆破的威力，提出“活捉刘子刚，吓跑周胜芳”的口号，经过我军三次强攻，将守敌全部歼灭，伪军团长刘子刚被活捉，伪司令周胜芳果然逃回了小清河南的老巢。

二十天内，我军四战四捷，斗志倍增，进行短期休整后，乘胜向敌伪反攻。深入敌后的各小部队亦纷纷向敌人出击，捷报频传。各地敌伪恐慌动摇，纷纷撤逃。我军平毁了在小清河沿线的碉堡封锁线，不仅保住了小清河北根据地，而且小清河南根据地也大部收复。这次反蚕食战役，从5月中旬开始至8月底结束，取得了全面胜利，大小战斗40余次，攻克及迫敌撤退据点133处，歼灭伪军三个团，击溃六个团，毙伤日军46名，伪军1300余名，俘虏伪军1700余人，缴获马步枪2623支，机枪32挺，各种炮24门，各种弹药五万余发，击毁汽车5辆，破坏公路550华里。这次反蚕食大捷使我清河平原根据地始终保持了一块较大的基本区，这是清河平原游击战争中的一个重大胜利。山东军区首长罗荣桓、黎玉、肖华传令嘉奖。

反“蚕食”战役胜利对清河区来说意义重大。首先，我军阵地大大改善。战役的胜利不仅打破了敌人企图“蚕食”小清河北和垦区根据地计划，并且恢复了小清河南根据地。胜利也震动了敌人。全区不少地方的敌伪据点都有收缩或被我外线部队攻克。各分区、各县的阵地都有所改善，有利于游击战的坚持和政治攻势的开展。

第二，这次战役是清河区敌我斗争的转折点。这次战役胜利之后，敌人再没有组织起这样大规模的“蚕食”进攻，这反映了敌我力量的消长变化。

第三，这次战役的胜利鼓舞和加强了全区军民把清河平原游击战争坚持到底的决心和信心。在敌人“蚕食”小清河南北根据地的当初，少数同志中曾产生一些疑问：小清河北根据地被敌人“蚕食”了怎么办？清河区的平原游击战争能否长期坚持下去？反“蚕食”战役胜利以后，这些疑问也自然消除了。同时。反“蚕食”战役的胜利，使大家对小清河北和垦区根据地的重要地位有了更深刻的认识。小清河南根据地被“蚕食”以后，有的同志认为是我们丢了一个金碗，得了一个砂碗，认为小清河北与垦区是一个砂碗。显然这是一种表面的认识，是对小清河北及垦区的重要地位认识不足。小清河北及垦区虽然土地贫瘠，人口稀少，物产不丰富。但它地域广大，敌人立足困难，在长期游击战争敌强我弱的形势下，这是不可避免的。但我们可以依靠这样的地区，坚持斗争，积蓄力量，争取最后胜利。如果没有这样一个广大的地区，我军不能展开和运动自如，要打败敌人“扫荡”和“蚕食”会遇到更大的困难。

这次战役的胜利，原因是多方面的。首先是区党委、军区根据上级指示，正确分析敌情，确定了正确的作战方针。第二是军区的主力部队——直属团和特务营的干部战士奋勇作战，发扬一不怕苦、二不怕死的革命精神，战役持续两个半月，不怕疲劳，连续作战，保证了战役的胜利。第三是内外线部队的配合。友邻兄弟地区的配合。第四是根据地人民群众积极支援、参战。民兵埋地雷、破坏公路，打麻雀战，切断敌人交通，增加敌人困难，配合主力作战；广大群众抬担架、送器材、挖坑道，给了作战部队以有力的支援，保证了战役战斗的顺利进行。所以，反“蚕食”战役的胜利是一场人民战争的胜利。

粉碎二十一天大扫荡　巩固夏季反“蚕食”战役胜利成果

夏季反“蚕食”战役结束后，9 月 10 日山东军区向清河军区发出指示：“战役性的反蚕食斗争应暂告一段落，要分散配合地方工作，巩固胜利，以隐蔽斗争为主。加强政治攻势，准备反扫荡”。这时，敌人为了收缩兵力投入太平洋战争，要尽快“肃清”其后方，尽管其夏季“蚕食”进攻被我粉碎，但敌人不甘心失败，必然趁冬季进行报复性的大扫荡。因此，夏季反“蚕食”战役结束后，我们未敢稍有松懈，从领导机关到地方基层，从部队到群众，展开紧张的反“扫荡”战备工作。上下进行思想动员，修整抗日沟，掩藏粮食和重要物资，疏散老弱、伤病人员。地方武装和民兵在积极开展边沿区斗争的同时，准备地雷等反“扫荡”作战物资。正如我们所料，敌人在鲁中区“扫荡”九天以后，调转兵力扑向清河区。山东日军十二旅团长喜多指挥第七混成旅团和三十二、五十九师团、九旅团、四旅团的各一部分部队和各地伪军，共 26000 余兵力，配以汽车 900 余辆、飞机 10 余架、坦克 10 余辆、军舰 2 艘、汽艇 10 艘。敌人封锁了垦区渤海海岸，从海、陆、空三面向广北的北隋、牛庄一带清河区领导机关和主力部队进犯。我根据地军民沉着冷静，严阵以待。11 月 18 日晨，当敌人涌来时，军区机关及直属团一个营向后转移，并派出一部分部队以抗日沟为掩体，顽强阻击敌人，迟滞敌人前进。下午 4 时左右，敌人骑兵追我军至辛镇一带，我军与敌展开激战，毙伤敌骑兵 30 余人，击落敌机 1 架。入夜，我军分散突出合围圈，军区领导同志分别带部分部队和机关人员插向敌后，发动民兵，开展地雷战、麻雀战，积极打击敌人。直属团团长郑大林率部转移到朱家屋子一带，趁夜从敌人的身边冲出合围圈。敌人在广北扑空后继续向垦区进犯，但在我地雷战的袭扰下，一天一夜只行军六七十里路，赶到八大组我驻垦区的后方机关所在地时，我军及后方机关已转移到荆林丛中。敌人找不到我领导机关和主力部队，即实行“驻屯清剿”“三光政策”，烧杀抢掠，轮奸妇女，用刀劈枪杀、“点天灯”、活剥人皮等灭绝人性的法西斯手段，残杀我群众 1500 余人。11 月 28 日，我垦区独立团第四连在虎滩与敌人骑兵遭遇，激战竟日，毙伤敌百余；该团六连在望参一带与敌激战，毙敌 200 余（我连也有较大牺牲）。我民兵、地方武装在群众掩护下，凭借荆林草丛对敌人展开地雷战、推磨战，打得敌人晕头转向，疲惫不堪，无饭吃、无水喝，狼狈异常。敌人向利津抢运物资的汽车被我炸毁九辆、炸死鬼子十余人。我们得到日军前线指挥部的一份通报称：“共军后方机关已全部转移，敌区物资贫困。时有小股游击队袭扰，皇军动辄触发地雷……”与此同时，我转至外线的主力和武工队，在广、博、蒲、沾化等地积极出击，捷报频传。敌人在我军内外夹击下，于 12 月 8 日全部撤退。二十一天反扫荡胜利结束。在这次反扫荡中，我军对敌作战 230 次，毙伤敌伪 600 余人，击落敌机 3 架，炸毁敌汽车 35 辆、火车一列，攻克与迫撤据点 10 处（见山东军区战史）。

这次大“扫荡”，是敌人夏季“蚕食”进攻的继续，是对我反“蚕食”战役胜利的报复，也是抗日战争中敌人对清河区规模最大、最残酷的一次“扫荡”。对我清河抗日根据地的军民来说，夏季反“蚕食”战役的胜利，是粉碎敌人冬季大“扫荡”的基础和条件，冬季反“扫荡”的胜利，进一步巩固了夏季反“蚕食”战役的胜利成果。通过夏季反“蚕食”和冬季反“扫荡”，我根据地的军民经受了锻炼和考验，增强了斗志，丰富了经验，提高了信心，为争取更大的胜利准备了条件。由于反“蚕食”反“扫荡”的胜利，清河区抗日根据地度过了斗争最激烈、最艰苦的 1943 年，我党我军进一步掌握了战争的主动权，形势更加对我有利。1944 年初，根据中共中央山东分局和山东军区的命令，冀鲁边区、清河区合并为渤海区，力量更加增强，我军即开始局部反攻。国际国内整个反法西斯战争和抗日战争的胜利，形势急转直下，到 1945 年下半年，如同各抗日根据地一样，我军即转入全面反攻。9 月，解放了除铁路线以外的全部地区，取得了抗日战争的最后胜利！

清河区反“扫荡”见闻

王　赣*

1943 年是清河区平原抗日游击战争最艰苦的一年，抗日军民全年都处在反“扫荡”、反“蚕食”的激烈斗争中。当时日本侵略军正推行五次“强化治安运动”，在清河区境内驻有日伪军 20000 余人，我清河军区主力加地方武装共计 8000 人左右，在总兵力上与敌相比是劣势，再加上这时清河全境的国民党各顽军司令都已先后投敌，尚未公开投敌的也同日伪勾结，不断向我进犯，给河区抗日军民增加了更多的困难。

这时清河军区的清中、清东、清西三个军分区在小清河南的根据地，已被“蚕食”百分之八十以上，其他地区也变为游击根据地或游击区。清河军区境内共有敌人据点和岗楼 360 多处（最严重的地区每八华里就有一个据点或楼）、敌公路网两千多华里、敌封锁沟一千五百多华里。只有垦区的荆条洼，成为清河区唯一的后方，各后方机关单位都自己修了地屋子，住在这片荒洼里。

日本侵略军幻想用“扫荡”“蚕食”完全消灭我们。在 1943 年一年中，敌人从胶济、津浦两线调集机动兵力进行频繁的“扫荡”和“蚕食”，计千

---

*　作者时为中共清河区党委所属群众报社工作人员。

人以上的6次，3000人以上的9次，万人以上的2次，两万人以上的2次，共19次，出动兵力75000人，时间共计6个多月。特别是春冬两次两万人以上的大“扫荡”，都是以合击垦区、消灭抗日军民、抢夺粮食物资为作战目标的，但结果均以敌人惨败，我们胜利而告终。

当时我在清河区党委所属《群众报》社工作，就住在垦利荒洼里，对春冬两次日军大“扫荡”有些亲身感受。特以垦区为重点，略述1943年清河区反“扫荡”中的见闻。

与敌人捉迷藏

1943年春，清河区党、政、军、民的后方机关、兵工厂、被服厂、野战医院、学校等，分驻在垦利县以八大组（永安镇）为中心的一些村子里。《群众报》社的经理部和书店住在八大组，我随印刷部住在八大组北的茅丝坨，编辑部还在博兴、广北一带随清河区党委机关活动。

这年4月中旬，传来情报：敌伪20000余人，将要在广北、博兴、垦利采取拉网式“围剿”，妄图消灭我清河子弟兵团。

在紧张准备反“扫荡”中，我们除将印刷器材和报刊文件等埋藏之外，还有一项重要任务是藏粮。领来的口粮和自己生产的粮食要藏，还要帮助驻地群众把粮藏好。因为来“扫荡”的敌人，找到粮食是要完全抢光的。

垦区的土地适宜种豆，豆叶很多。当地群众就地取材，发明了用豆叶藏粮的好办法：在收割后的庄稼地里，在荆条荒草丛中，挖出各式各样的土坑，在坑底垫上厚厚的一层豆叶，四周又用豆叶制成草墙，把粮食放进去以后，再用豆叶封好压实，上面厚厚地筑上一层土，然后加以伪装。根据周围地形地貌，有的栽上荆条、荒草，有的埋上豆茬、高粱茬，有的栽上麦苗与大田接垄，使敌人无法找到。用这种藏粮法埋一年之久，仍能使粮食不变质。我们在帮助群众藏粮中也学会了这个办法。

针对敌人急于找到藏粮处的心理，又故意在埋地雷时留下鲜土和脚印，撒上些粮食粒，让敌人误认为藏粮去掘，地雷开花送敌人上天。

这年4月22日，敌伪20000余人开始大“扫荡”，5000余日伪军长途奔袭八大组。不但合围扑空，而且挨了不少地雷炸和冷枪打。由于我们将各村的水井都已毁坏，日伪军连人带马都喝不上水，无法久住。到28日，敌人只好狼狈撤退，结束了这次大“扫荡”。

敌人到了八大组时，报社印刷部的同志们分组反“扫荡”，向荆条洼的深处转移。曾经一天一夜未喝上水，都渴坏了。这时我们才感到，一天吃不上饭还熬得住，一天喝不上水就受不了。

幸好下半夜在沿海一条河汊子旁边发现了一个土丘，掘开一看是个藏冰窖（当地的积水比海水更咸更苦，含卤也更多，喝了就中毒。能结成冰的水就是可喝的甜水），同志们用干粮袋装满碎冰架在火上烤，用缸子接了化开的水喝，风趣地给它起名叫“自动化”。大家喝足了水也带足了冰，又将冰窖伪装起来，免得被敌人发现。因为实在弄不清冰窖的主人是谁，我们就写了个条子包了些钱一起埋进冰窖，算是损物赔偿。

又在荆条洼里转了几天，听说大“扫荡”的敌人已经撤退，我们就返回茅丝坨，人和埋藏的东西一点也没有损失。大家用欢庆胜利的心情立即恢复正常的工作，到“五一”节，《群众报》和书刊就照常出版了。

敌疲我打　主动歼敌

清河区抗日军民的战斗力并未因敌人频繁“扫荡”而削弱，而是越战越强了。1943年夏季，军区主力和地方武装在清中、清东、清西发起保卫麦收反“蚕食”战役，奋战三个月，拔除三里庄、北隋、王文等百余据点，歼灭敌伪3000余人，巩固了小清河以北、黄河以南的抗日根据地，收复了小清河南去年被“蚕食”的地区。特别是6月24日，军区主力在这一天一举攻下了敌人安在广北的一个硬钉子——北隋据点，将守伪700余人全部歼灭。计生俘伪军480余人，毙伤伪军230余人，大长了抗日军民的斗志。

7 月 4 日，垦区独立团和新组建的垦利县独立营，在垦区八里庄附近设伏诱敌，将陈家庄据点敌伪百余人全歼，并将盐窝据点来增援的敌伪百余人击溃，为纪念抗战六周年拿出了一份出色的献礼。

7 月 7 日，清河区党、政、军、民万余人，在八大组召开了纪念抗战六周年暨追悼阵亡烈士大会，并为在八大组东面新建的清河区烈士碑举行揭幕典礼。

清河军区司令员杨国夫、副政委刘其人、参谋长袁也烈、清河区党委书记兼部队政委景晓村、清河区行署主任李人凤等军政首长在讲话中激励到会的抗日军民，一定要牢记抗战六年的丰硕成果是用烈士鲜血和抗日军民的努力换来的（在烈士碑上题名的仅以马耀南司令为首的营以上干部就有 17 人），我们要踏着烈士的血迹奋勇前进，夺取抗战胜利。当前的紧急任务就是做好一切准备，粉碎日寇的再次大“扫荡”。

会后，耀南剧团演出了新编排的《文天祥》话剧等精彩节目，报社出版了《纪念抗战六周年暨追悼阵亡烈士特辑》。

跳出包围圈

不出首长们所料，日本侵略军在秋后就策划对垦区进行规模空前的大“扫荡”。敌人依仗其“海陆空优势”，纠集了日伪军两万五千余人，出动机械化快速部队，配备了飞机十余架、军舰数艘、坦克十余辆、战略骑兵两千余人、汽车千余辆，沿胶济、津浦两线，采用长途奔袭、分进合击的办法，妄图在广北、垦利、沾化一带一举消灭我军清河区主力和机关。敌前方指挥部设在所谓“华北重镇”利津城，敌酋冈村宁次坐镇济南指挥，敌酋喜多到了利津城。敌人通过长期特务活动，连我们各后方单位分别住在垦利洼什么地点，都在军用地图上标出来了。敌人满以为这样可以置我清河区抗日军民于死地。

1943 年 11 月 18 日拂晓前，远途奔袭的敌人骑兵、步兵 20000 余人，分进合击广北地区，妄图将我清河军区机关和主力消灭在北隋、牛家庄一带。杨国夫司令员果断地指挥部队和机关英勇冲击，在敌人合围前全部跳出了包围圈。在杨司令等军区首长率部到达广北辛镇时，天已大亮，但正有大雾，能见度很低，敌人飞机10余架低空盘旋，盲目轰炸扫射。我军用步枪、轻机枪对空射击，眼看着几架敌机冒了烟。后来查明，在这次反“扫荡”中共击落敌机3架。敌人骑兵和步兵听到枪声随后赶来，我军凭借村落中的土房土墙英勇抗击，一直坚持到天黑，敌人未能冲进辛镇村。

天黑以后，我军离开辛镇。杨国夫司令、景晓村政委、袁也烈参谋长等率领大部主力向西面敌人后方转移，直属团郑大林团长带主力一部向北突围到了朱家屋子一带，军区政治部徐斌洲主任带领军区机关一部和直属团一个营到了八大组。这时军区刘其人副政委正在这一带布置后方机关的反“扫荡”。首长们分析判断：敌人在广北合围扑空后，必定向八大组猛扑过来。徐主任与郑团长会合后，搞清了西面敌人只顾分进合击八大组，尚未合围的具体情况，率部擦着敌人身边猛插出去，向广北敌后转移了。刘副政委率领军区教导营和民兵，在摆好地雷阵以后，掩护各后方机关向东北荆条洼深处疏散隐蔽。垦利县独立营分散活动，张伯令营长带领两个连分散在黄河两岸，配合群众反“扫荡”，王林政委带一个连插向敌占区继续掌握敌情。

敌人数万人马拉开百里战线合围八大组，结果还是扑了个空。首先进入八大组的是日军骑兵，陷进了地雷阵，被炸得人仰马翻，血肉横飞，连骑兵大队长也被炸死了。当日军大队人马赶到八大组时，抗日军民早已完全撤离了。

英雄的垦区军民

恼羞成怒的敌人，将八大组东面的两座烈士碑砸烂了泄愤，又在八大组、民丰、宁海、双河、朱家屋子等村安了临时据点，搞惨无人道的“驻屯清剿”。日军铁蹄踏遍了垦利县的大小村庄。敌人的种种暴行令人发指！他们强迫被抓住的老百姓弯腰站在已有薄冰的黄河水里搭人桥，让他们穿着带铁钉的皮鞋踏着过河，许多老百姓惨死在河里。把抓来的妇女脱光衣服，捆在椅子上强行轮奸，把儿童抓来浇上汽油点人灯，甚至把儿童的皮剥下来挂到电线杆上示众。

英雄的垦区抗日军民没有被敌人的暴行所吓倒，在对敌斗争中宁死不屈。垦利县 1 区有位贾大娘，母子二人不幸被敌人抓住，敌人把她们拉到埋人坑边，用刺刀逼她们说出八路军的去向和埋藏军装、武器的地方，她和 15 岁的儿子只字未提，视死如归。日军还抓住一个埋地雷的民兵，强逼他把地雷挖出来。这个民兵装着积极去挖，地雷露出后招呼日军去看，他猛一拉雷管和 6 个敌人同归于尽。

干部战士与敌人血战到底壮烈牺牲的事例就更多了：14 岁的小烈士马荣，原是长山县礼参店子人，在《群众报》社当过排字员，又调到野战医院当护士。在大“扫荡”中，为了掩护重伤员，在日军搜索队靠近时，拉了集束手榴弹弦，与六七个日军同归于尽。报社印刷部校对员刘波，在敌人搜索时不幸被俘装哑巴，受尽毒打一句话不说，被日军残杀在荆条洼里。垦利县 2 区区委书记许俊之、妇女干部王秋兰和县青救会长王志颜，在组织群众转移时与敌遭遇，他们据守村头顶住敌人，用自己的壮烈牺牲换得了群众的安全转移。垦区独立团 2 营 4 连和 6 连，分别在小麻湾和北张村与敌人骑兵遭遇，在给敌人以极大杀伤后，指战员多数光荣殉国。冀鲁边区教导六旅的教导营，突围时与敌遭遇，为掩护清河区军民转移，将敌人火力吸引到自己身边，在与敌人拼搏中教导员史东同志壮烈牺牲。

在这次敌人大“扫荡”中，也有的人成了叛徒、民族败类，最后落一个可耻的下场。有的甚至在“扫荡”中发挥完为敌人效劳的作用以后，敌人在撤退前反将其杀掉。《群众报》社印刷部缮写员王省堂便是其中之一。

由于王省堂投敌，领着敌人到处挖埋藏的东西并指认报社职工，《群众报》社在这次大“扫荡”中受损失较大，被俘人员较多。特别是印刷部石印室长杨振东，被王省堂指认后，敌人用铁丝穿了他的锁骨，逼他领着去挖印刷机器。杨振东是位好党员、好干部，没有领着挖出机器，被打得死去活来。后来被押送到日本下炭井，抗战后遣俘才带着一身伤病回到临淄，病死在故乡。

杨振东和王省堂都是临淄人，都在报社工作过，经过1943年冬季大“扫荡”的考验，结局截然不同：杨振东同志留下的是垦区和故乡人民的怀念，而民族败类王省堂留下的则是千古骂名。

以敌惨败而告终

“驻屯清剿”的敌人找不到我主力的影子，就急忙抢粮。找不到粮食，就拿几尺长的钢锥在野地里瞎戳，见了伪装藏粮的地方戳得更起劲，地雷开了花，连人带钢锥崩上了天。

日军白天四处搜索抢粮，临时据点里只有少数敌兵留守。我们的游击小组就悄悄地白天进村，干掉守兵，夺回被抢去的粮食物资，拿走日军的食品，填死水井，搬走用具，使敌人吃不上饭，喝不上水。有人亲眼看见，有的日军渴极了喝自己的尿。晚间回村的日军刚睡下，埋伏在村外的游击小组又绕到村头打冷枪，引得敌人鸣枪放炮闹个通宵。这样就使敌人昼夜不安，终日疲于奔命。

敌人费尽九牛二虎之力抢到的粮食和物资，都用汽车装了运往利津城。我们的许多爆破小组就在沿路埋地雷炸汽车，在这次反“扫荡”中，共炸毁敌汽车30多辆。

日本海军在这次大“扫荡”中更无济于事。在荒洼浅海里，向前走40里水还没不了人。军舰无法靠岸，放下来的一些舰艇靠近岸边也会搁浅，只能在远处打枪打炮“助威”。被迫到海边的我方人员就全身泡在海水里隐蔽，趁黑夜转移，冲出包围圈。

早已跳出包围圈转到敌身后的我军主力部队，在当地武工队的配合下，从广饶、博兴、蒲台、沾化等县积极进行外线出击，打据点、摸岗楼，有力地牵制了敌人对我根据地的“扫荡”。在内外夹击下，敌人的日子越来越不好过，到这次大“扫荡”的第二十一天，敌人只好狼狈撤退。这就是有名的

“二十一天大扫荡”（1943 年 11 月 18 日至 12 月 8 日），此后敌人就再也没有力量对清河区抗日军民进行 2 万人以上的大“扫荡”了。

据 1943 年清河区的我军报刊统计，全年战斗约计 1000 余次，平均每天打 3 次仗，共毙伤俘日伪军 11200 余人。敌人的历次“扫荡”“蚕食”均以惨败而告终，而清河区人民子弟兵却在残酷斗争中不断发展壮大，到 1944 年夏季就转入了主动进攻敌人的局部反攻阶段。

二十一天反“扫荡”

王　林[*]

1943 年 11 月 18 日至 12 月 8 日，在山东垦利县境内，我抗日军民英勇地进行了一次为时二十一天的反“扫荡”斗争。当时，我任中共垦利县委书记。根据地的广大军民在中国共产党的领导下，用鲜血写下了无数可歌可泣的英雄事迹，使人永记不忘。

可靠后方

垦利县又名垦区，地处黄河入海口处，东临渤海，南连广饶，北通沾化县义和庄、套儿河口。可从内陆到八路军胶东军区，海路到八路军冀鲁边军区，是南北联络的枢纽。境内地势平坦，纵横百余里的荆条林连接海滨，成为我开展抗日游击战争的天然屏障。清河区党、政、军的后方机关、兵工厂、被服厂、野战医院、学校、报社、书店等，分驻在以八大组（即永安镇）为中心的村子内。这个地方，土地肥沃，盛产粮棉，从抗日战争开始，一直是清河军区的大后方。1942 年到 1943 年间，整个清河平原根据地被日

---

*　作者时任中共垦利县委书记兼独立营政委。

伪分割、“蚕食”后，垦利县及其紧紧相连的广北和沾化县东部地区，就成了我清河军民坚持抗日游击战争的政治、经济中心和唯一的后方。因此，敌伪把这一地区视为眼中钉、肉中刺。为攻占垦利地区，敌人在利津城驻扎了全日式装备的伪绥靖军二十七团和鬼子的一个中队。并在黄河东岸设下了张许、崔家庄和宋家庄三个据点，在黄河西岸设了盐窝、陈家庄两个据点。每个据点都驻有伪警备队一个中队和鬼子一个小队，并在敌占区与我根据地的交界处挖了一条深十米、宽三四米的封锁沟。敌人除在占领区实行“强化治安”加紧统治外，还经常出动小股部队袭击根据地。并从海上派遣政治土匪，进行骚扰。每逢春秋两季，敌人就进行较大规模的“扫荡”。敌我之间“扫荡”和反“扫荡”的斗争是相当激烈的。

为了严惩敌人，清河军区所属主力一部与地方武装配合，于 1943 年春，在八里庄全歼了陈家庄据点里的敌人，沉重打击了敌人的嚣张气焰。从此，小股日伪军再不敢进犯。即便大规模“扫荡”，也很少侵入垦区腹心地带。1943 年夏初，日本侵略军又纠集五千余人，用长途奔袭、拉网合围的战术向“八大组”疯狂进攻，结果也是惨败而归。抗日军民都高兴地称这里为可靠的后方。但是，敌人是不甘心失败的，他们虎视眈眈，时时梦想把这块肥肉一口吞掉。

严阵以待

1943 年初冬，寒风瑟瑟，黄河已结上了一层薄冰。一望无际的荆条林，像紫红色的绒毯覆盖着大地。一片片半干枯的高粱坷在寒风中沙沙作响，这是根据地的群众为掩护游击队活动特意留下来的。

根据敌人几年来扫荡的规律和有关情报，敌人对根据地的冬季大规模“扫荡”就要开始了。县委在秋收结束后就作了部署，发动群众做好反“扫荡”的准备。打下的粮食，大部转移到村外埋藏起来。在一次次反“扫荡”的斗争中，广大群众积累了丰富的藏粮经验。大家在收割后的庄稼地里，在荆林草丛中，挖出大大小小各种形状的土坑，在下面垫上厚厚的豆叶，四壁用豆叶贴成一层草墙，放上粮食后，再用豆叶封严压实，上面埋上半米多深的土。有的还在上面播种上小麦，青青的麦苗同大田连行接垄，敌人根本没法找到。较大的坑一下就能囤积上万斤粮食，就是埋上一年之久也仍能完好无损。遍布田野和各村之间的“抗日沟”，也重新进行了修整。县、区的干部深入群众，进行反“扫荡”的思想教育，和群众一起制订疏散和坚持斗争的方案。县独立营、区中队和民兵，一面积极地在边沿地区加强对敌斗争，一面准备地雷和其他反“扫荡”的作战物资。当时，清河军区机关和一个团的兵力在广北的北隋、牛家庄附近活动。“八大组”一带的后方机关，也进行了坚壁清野，埋藏了许多物资和机器。军民百倍警惕，严阵以待，随时准备迎击敌人更激烈、更残酷的“扫荡”。

跳出圈外

11 月 18 日拂晓前，广北方向突然响起了隆隆的炮声。日本侵略军的舰艇封锁了垦区的渤海沿岸，十几架敌机在上空呼啸盘旋，并向广北地区俯冲射击，投弹轰炸。这时，我和军区刘其人副政委正在荆林中指挥战斗。他对我说:“估计敌人已合击了我在广北活动的军区机关和部队，我们必须密切注视利津城和沾化一带敌人的动向，立即命令八大组一带的后方机关分散转移，组织部队和民兵在敌人可能走的路上埋设地雷，阻滞敌人的行动。”于是，我们策马向八大组驰去。

当夕阳西下时，清河军区政治部徐斌洲主任带领军区机关一部分和直属团一个营，从广北突围到了“八大组”。徐主任向我们介绍了日本侵略者合围我军的情况及我军突围的经过，传达了上级的指示:这次敌人纠集骑兵、步兵两万余人，出动机械化快速部队，沿胶济、津浦两线，采用远途奔袭、分进合击的方法，首先向我广北地区奔袭而来，妄图把我军区机关和主力消灭在北隋、牛家庄一带。我军区机关和主力遭敌合围后，经过一番激战，全部跳出了敌人的包围圈。军区杨国夫司令员率领大部向西面敌人后方转移；直属团郑大林团长带领小部向北突围，到了黄河西岸的朱家屋子一带。敌人在广北发现合击捕空后，绝不会善罢甘休，必定向“八大组”猛扑过来。军区指示，为了保存自己，打击敌人，在敌人兵力、装备占绝对优势的情况下，我们应避其锋芒，迅速转移，保存力量，待机打击敌人，粉碎敌人的“扫荡”。根据上级指示，研究决定，由我带领一个连立即与郑团长联系，搞清西面的敌情。同时，徐主任也继续带领部队向西转移。设在“八大组”的各后方机关，由军区教导团掩护，向东北荆林深处疏散隐蔽。

我带领部队沿黄河北岸向西急进。日近黄昏，只见从民丰向东南几十里，敌人燃起了一溜火堆，犹如一条蜿蜒的火龙，在“八大组”和广北间形成了一道严密的封锁线。敌人的枪炮向四处盲轰乱射着。枪炮声中，马啸车鸣，一片嘈杂。显然，敌人已开始向我“八大组”方向逼近。深夜，我在朱家屋子西面一个小村里找到了郑大林团长。我们刚想交谈情况，在村外警戒的战士气喘吁吁地跑来报告：“村北发现敌人！”我和郑团长提枪赶到村头，惨淡的星光下，只见黑压压的一片日军正从北面向村子扑来，刺刀在半空中闪着寒光，踏踏的马蹄声和日军刀鞘碰击弹盒的声音都能听到了。情况十分危急，必须立即离开这里。我们略一合计，急忙分手，分头向西、北两个方向转移。一会儿，后边的村子里“咣咣”的砸门声，“汪汪”的狗叫声和“咯咯”的鸡叫声，伴着日本兵“哇哇”的嚎叫，响成一片，打破了冬夜的沉寂。

夜，漆黑一片。我带领部队在高粱坷和草丛中穿行。天将晓，我们与徐主任率领的部队和独立营张伯令营长率领的部队会合了。敌人没有追来，在村子里抢劫一阵后，就径直向“八大组”方向扑去了。根据这个情况可以判定，敌人不是有意在这里阻击我们，可能是到“八大组”合击我们。但他们却想不到，他们新的包围圈还没完成，我们已经擦着他们的鼻子尖跳了出来。

第二天把敌情进一步搞清后，夜晚，徐主任带领部队向广北敌后转移了。我带一个连插向敌占区继续掌握敌情，并在封锁沟两边活动，破坏敌人的交通线。张营长带两个连，化整为零，分散在黄河两岸，配合群众进行反“扫荡”斗争。

怒火熊熊

敌人在广北扑空，自南向北拉开百里阵线，向“八大组”层层推进。但他们既怕踩到地雷，又怕掉选陷坑。北隋、牛家庄相距“八大组”六七十里的路程，就使他们花了近一天一夜的时间。第二天，敌人的骑兵首先赶到“八大组”，立即陷入了我们设置的地雷阵。瞬时间，地雷开花，鬼子人仰马翻，骑兵大队长也血肉横飞，呜呼哀哉了。当敌人的大批人马合围到“八大组”时，“八大组”空空落落，我军已经完全撤离了。

敌人连续扑空，恼羞成怒。在“八大组”、民丰、宁海、双河镇、朱家屋子等重要村镇设立临时据点，开始了惨无人道的“驻屯清剿”。他们见人就杀，见物就抢，强奸妇女，焚烧房屋，兽蹄踏遍了大小村庄。其手段之残忍，骇人听闻。

初冬的黄河水冰冷刺骨，敌人把老百姓抓去，逼迫弯腰站在水里，搭成人桥，让他们穿着带铁钉的皮鞋踏着过河，许多老百姓惨死在河里。日本兵像野兽一样，把抓来的妇女脱光衣服，捆在椅子上，强行轮奸。他们还毫无人性地把儿童们抓起来，绑起双手，头上裹上棉絮，浇上汽油“点人灯”。孩子们惨叫着、挣扎着，向四处狂奔乱跑，而周围是端着刺刀的日本兵，孩子们撞到刺刀上，一个个倒在血泊里，日本兵们却狰狞地狂笑着，以此寻欢作乐。有的甚至把儿童们的皮剥下来，挂在电线杆上示众。在敌人的屠刀下，还有百余名群众被赶到海边，无路可走，淹死在大海里……

日军想用肉腥暴行，来慑服我根据地的人民群众。但英雄的垦区人民是杀不尽吓不倒的，愤怒和复仇的怒火在每个人的心头燃烧。垦一区有一位姓贾的大娘和她 15 岁的儿子被日军抓住后，日军把明晃晃的刺刀搁在她脖子上，恶狠狠地问道：“八路的哪里去了？八路的军装、武器哪里的埋着？”贾大娘心不惊，肉不跳，随口答道：“俺是到这里来要饭的，什么也不知道。”日本兵把她娘俩推进一个土坑，威胁说：“你的再不说，统统的活埋的干活！”贾大娘把儿子紧紧揽在怀里依然坚定地说道：“莫说活埋了，就是凌刀割了，也还是不知道。”这时，日本兵就向坑里填起土来，贾大娘视死如归，泰然自若……日军还抓住一个埋地雷的民兵，强逼他挖出埋好的地雷。这个民兵一边在四周挖着，一边想着对付敌人的办法，待地雷露出后，招呼日本兵到跟前去看。日本兵蹑手蹑脚走到跟前，他一抽雷管，地雷爆炸，六个日本兵丧了狗命，英雄的民兵也壮烈牺牲。

坚持斗争

在县委的领导下，县、区武装和民兵，分成许多游击小组，按照毛主席“敌进我退，敌驻我扰，敌疲我打，敌退我追”的战略战术，组织群众，带领群众，同敌人进行了英勇地斗争。

反“扫荡”开始的头几天，最主要的任务就是掩护群众转移隐蔽。但在这平原地带，能供隐蔽利用的地形地物，除了滨海地区的荆条林和荒野里的一些沙坑土丘外，再就是田野里的高粱坷和“抗日沟”了。因此，哪里没有敌人就转移到哪里，敌人来了就走，群众很难转移到一个固定安全地点。所以，跟敌人遭遇也就成了经常的事。有一次，垦 2 区委书记许俊芝、妇女干部小王和县青年救国会会长王志颜等同志，在组织群众转移的时候同敌人遭遇了。他们据守在村头的一间屋子里，顶住敌人，掩护群众从“抗日沟”向高粱坷里疏散。群众安全转移了，他们却被敌人团团围住，最后弹药用尽，壮烈牺牲。这些干部的名字和事迹，一直在群众中传颂着。

抢粮，是敌人这次“扫荡”的目的之一。因此，反抢粮也就成了我们反“扫荡”的重要内容。由于我们早就坚壁清野，把粮食巧妙地藏了起来，任凭敌人东搜西寻，仍然一无所获。于是日军就欺骗群众说，“皇军”有什么“透地镜”，拿“透地镜”朝地上一照，哪里埋着粮食就知道。如不早把粮食献出来，照出来村村都要斩尽杀绝。分散在群众中的县、区和村干部们，及时揭露敌人的阴谋，宣传教育群众，敌人的鬼花招很快就被粉碎了。但敌人不甘心，他们东一群，西一伙，一字儿排开，手持几尺长的钢锥，像瞎子探路一样，在野地里戳戳点点，四处搜索。有的在荒地里掩埋不好的粮食，被敌人挖走了。“绝不能让鬼子用我们的血汗去解救他们在侵略战争中的粮荒！”县委再一次发出了反抢粮的号召，各村民兵群众立即行动起来。夜间，他们摸到藏粮的地点，根据四周的地形环境，分别栽上高粱、荆条坷，按上鞋印、牛蹄印，进一步进行伪装。在没有粮食的地方，却埋上地雷，翻出新土，撒上粮粒，造成藏粮的假象。第二天，日本兵围上来一捅，地雷触发，“轰”的一声，日本兵的尸体和炸弯了的钢锥一起抛上半空。

敌人在村子里抢不到粮食，又妄想到荆林中搜捕我后方机关人员，寻找我工厂的机器物资。但在这浩渺的荆林之中，敌人的大部队却无法向纵深展开。他们刚钻进二三里，就像蒙了眼的瞎驴，迷了向。东撞一头，西撞一头，有时转上大半天，却又走了出来。尽管日军的飞机不停地在天空盘旋，骑兵也在马背搭上高凳，但看到的只是一片荆林草丛。敌人抓来老百姓带路，其中有不少就是我们化装成便衣的战士和民兵。他们故意领着敌人打磨磨、转圈圈，不是往无人隐蔽的地方带，就是向荆高草密的地方引。有时，趁敌人不注意，向一边一溜，便没了踪影。正在贼头贼脑四处搜索的日本兵，猝然间没了向导，立时慌作一团，陷入草木皆兵的境地。有的迷路的日本兵被我悄悄绕到背后干掉了。

敌人白天四处搜索抢粮，直到晚上才回到设有临时据点的村子里。白天临时据点里只有少数敌兵留守，疏于防范。我们的游击小组摸着这个规律，对敌人施展了“推磨战术”。白天，他们悄悄摸进村子，干掉守兵，夺回敌人抢来的粮食、衣物，拿去日本兵用的食品，填死水井，搬走用具，使日本兵吃不上，喝不上。有人亲眼看见过，有的鬼子渴极了，不得不喝自己的尿解渴。晚上，日本兵回到村子刚刚睡下，埋伏在村外草丛里的战士和民兵，又绕到村头放冷枪，引得日本兵通宵不停地鸣枪放炮。在我袭扰打击下，敌人天天疲于奔命，夜夜惶恐不安。

日军一面驻剿，一面用汽车把费了九牛二虎之力才抢掠的部分物资运往利津城。他们在封锁沟上搭起临时桥梁，在田野里压出一条公路，从“八大组”直通往利津城。我们组成若干个爆破小组，埋设地雷，炸敌汽车，掐断了敌人的交通线。我部侦察班长王强带领的爆破小组特别活跃，他们不仅在敌封锁沟口和路上埋上了地雷，还把地雷很隐蔽地挂在桥上。不几天我们一连炸毁了敌人八九辆汽车，炸死了十多名日本兵，更加振奋了群众的情绪，沉重打击了敌人的嚣张气焰。我们曾经拣到日军前线指挥部的一份通报，内称："……共军后方机关已全部转移，敌区物资穷困；时有小股游击队袭扰，皇军动辄触发地雷……"

在这期间，我军区主力部队和武工队也在广饶、博兴、蒲台、沾化等县，积极向外线敌人出击，有力地牵制了敌人对我根据地的"扫荡"。在我内外夹击下，敌人的日子越来越不好过，渐渐露出了撤退的迹象。12 月 8 日，即敌人"扫荡"的第二十一天，日军犹如丧家之犬，夹着尾巴从我根据地全部撤走了。隐蔽在荆林草丛中的后方机关人员，风餐露宿，克服了难以想象的困苦，度过了艰难的二十一天，又重新回到了"八大组"。兵工厂、被服厂马上恢复了生产，一批批弹药、物资，源源不断地送往前线。医院、报社等机关立即展开了工作。经过这场残酷斗争的考验，广大军民意志更加坚强，英雄的垦区抗日根据地，以新的战斗姿态，巍然屹立在广阔的渤海平原上。

荆江洞庭阻敌战

长江荆江段敌我要点争夺战

邱正民*

第二十九集团军（总司令王缵绪）于1942年3月奉蒋介石命令调归第六战区司令长官陈诚指挥，于8月接替江湖防务。

一、各军部署

1. 四十四军（军长王泽浚）军部及直属部队驻津市

（1）一四九师（师长赵璧光）担任右自洞庭湖之君山沿长江之黄公庙亘塔市驿、调弦口、华容县之线的江湖防务，并于各要点构筑坚固工事，派四四六团团长萧德宣率该团进驻朱河，维持驻沔阳之一二八师王劲哉补给线及协同作战，搜索新堤方面伪军活动情况，与江北各游击纵队取得联系。师部位于南县。

（2）一五〇师（师长许国璋）右与调弦口之一四九师部队邻接，至石首、藕池口、杨林、横堤市、公安之线江防，左与一六一师邻接，在各要点

---

* 作者时任第二十九集团军作战科长。

加强工事，并与新厂、老新口、郝穴游击纵队联络，收集各方面情报，师部驻官垱。

2. 六十七军（军长佘念慈）军部及直属部队驻澧县

（1）一六一师（师长何葆恒）担任布河、太平口、宛市、新江口、百里洲之线防务，各要点及第二线阵地工事，务必加强。师部驻沙道观。

（2）一六二师（师长孙黼）担任右自高山庙要塞阵地，至洋溪、宜都红花套之线防务，并控制机动部队。师部驻茶元寺。

二、敌　情

敌自1943年2月中旬向一二八师王劲哉部及各游击纵队进攻后，准备再次向我发动进犯，企图占领长江荆江段南岸各要点，便利其航运补给。敌十三师团炮兵联队、工兵联队等集结于沙市地区。敌四十师团配属六十八师团之一部及炮兵、工兵联队集结于监利以西地区。

二十九集团军总司令王缵绪曾在1942年向战区长官部建议：现担任江湖防线过长，兵力分散，已蹈古兵法所说“敌聚而行，我散而守，以聚攻散，其败必然”的覆辙，拟将松滋以西防务交出，以资策应。结果没答复。到战斗中期，迫于形势，松滋以西防务，始由高卓东部接替，但败局已定，无可挽回。

三、战斗概况

1. 华容方面之战斗

敌四十师团之二三五联队于3月8日夜从黄公庙对面偷渡，我守备黄公庙之四四六团一个营的守备部队发现后秘密地将轻重火器分点集结，待敌渡到江中心，一齐猛烈射击，将敌击退。9日8时，敌以飞机6架轮番轰炸扫射，对岸敌炮兵射击，将火点集中于阵地工事，一时尘土飞扬，烟雾弥天，我工事被摧毁，敌乘势渡江，我伤亡亦大。岳州方面，渡过君山之敌混成第十七旅团之一部（第八十八大队），从我右侧进攻，另一部向我右翼后迂回，我有被包围的危险，被迫撤退至七女峰占领阵地。同日，敌二三五联队之一部，向我守备塔市驿部队进攻，敌从正面渡河部队被我阻击，但敌由我右翼秘密偷渡登陆后，向我侧翼进攻。我因伤亡较大，不得不向七女峰退却。敌乘势向墨山铺进攻，四四六团团长萧德宣指挥官兵，凭工事坚守。激战到 10 日，敌改变方式，以主力向华容前进，以有力一部向墨山铺攻击。敌用山炮击毁我工事，入夜，萧团长因伤亡较大，孤军作战，粮弹两缺，不宜久守，遂于 11 日夜乘隙突围。到七女峰阵地后，将全团部队，组成 6 个加强连，以一个营长指挥两个连经常向墨山铺守备之敌偷袭，不使敌有喘息机会，并乘机袭击岳阳至墨山铺敌之补给线。萧团长亲率一个营配合一四九师主力进攻华容。据缴获的敌守备墨山铺之第三中队长白川洁大尉的日记记载:“为了应付敌人连续攻击，孤军奋战已两月有余。横井大队于 4 月 5 日送新兵补充到达墨山铺，由于受到西北侧高山七女峰阵地优势敌人的抵抗和出击，未能突破，陷于苦战。及至 10 日，河野部队的一部兵力赶到墨山铺，同独立山炮兵第二联队一起向七女峰进攻，才解除了困难”云云。萧团因孤军作战，补给困难，奉命于 4 月 11 日夜有计划地乘夜撤到南县附近一四九师师部。萧团长由于指挥灵活，予敌以沉重打击，使敌亦赞叹不已。

配属敌四十师团指挥的六十八师团之六十一大队配属炮兵工兵，于 3 月 8 日夜向我调弦口方面偷渡，被我四四七团之一部击退。但敌采用分数股渡河法，于调弦口下游渡河的一部分敌人，向我右侧翼包围。在敌野炮的轰击下，我阵地被毁，被迫退到焦山河市北侧高地的既设阵地。此时，四四七团团长袁明皆率部正与分进合击之敌六十一大队激烈战斗中。敌以野炮向我阵地射击，我阵地多处被毁，敌乘势以步兵冲锋，连续四次，均被我击退。入暮，敌约一个中队，乘隙插入我后方，适与我增援之第三营遭遇，战斗激烈。接到师长命令，敌二三五联队主力，正由墨山铺向华容突进，已与我四四五团之一营激战中，四四七团应乘夜转向华容东南之既设阵地抗击敌人。因此，四四七团当夜退到华容附近阵地，部署就绪。9日午前8时，四四五团之一营被敌击破，正向四四七团阵地退却。我一方面掩护收容，一方面调整部署。10时许，两股敌人已经会合，向我猛攻。我凭据坚固工事，与敌激战。我野战工事，虽已多处被敌炮击毁，我官兵仍然英勇抵抗。入暮后，我将伤亡者后送，战线缩短。10日8时许，敌机6架轰炸，敌又发动进攻，其六十一大队之一个中队，在敌飞机轰炸及炮兵掩护下突破我左翼阵地，进入华容城。我逐段掩护，向华容西北阵地退却。敌占华容后，没有向我追击，即就地调整。我一四九师喘息方定，二十九集团军总司令王缵绪严饬一四九师师长赵璧光将部队立即整顿，乘敌立足未稳之际，夺回华容，牺牲再大亦在所不惜。于是，一四九师除七女峰萧团在该地区坚决向敌袭击外，其余编成四个营，由师长直接指挥，于3月16日起向敌反攻。此时，敌一面构筑工事，一面与我进行白刃战。我连续进攻9次之多，敌只固守，而不出击。3月底，敌据点已经确立而巩固，我在敌工事之下进攻，伤亡亦大，敌又可抽出兵力，向我反击。至4月初，我一四九师始停止攻击。

2. 石首、藕池口、横堤市方面之战斗

敌二三四联队主力于3月8日由调弦口继续渡江后，其前锋向石首前进。经我一五〇师守备万庾之一个营阻击，激战经日，我退守石首高基庙。同时敌一股由藕池口以东之江心大沙洲附近隐蔽登陆，与我四四八团之一个连战斗后，两敌会合向我夹击，我退到江波渡。战斗到11日，江波渡陷于敌手。

敌第三步兵旅团之一部（第六联队）于3月8日夜企图在横堤市渡江，经我一五〇师之四五〇团猛烈射击，将其击退。9日晨，敌向我陡湖堤、横堤市、藕池口等要点，先集中山炮野炮等炮火轰击，继而以飞机6架轮番轰炸扫射，将我藕池口等要点工事夷为平地。敌复以燃烧弹投向市内民房，一时烟雾弥漫，火光冲天。烟雾与尘土飞扬之际，敌乘势登陆，经我官兵猛烈射击予敌杀伤。但敌兵乘飞机扫射轰炸时登陆，同时敌机又向我增援部队及撤退之居民扫射。此时一五〇师师长许国璋亲临前线指挥部队，严令部队掩护居民撤退，并令对空射击组以浓密火力向敌机射击，又令卫生队的担架先

抢救负重伤的居民。许师长在敌机轰炸下，毫不顾及个人的生命危险，沉着而冷静地督饬部队占领预备阵地。我横堤市、陡湖堤、雾气咀等阵地已被敌突破，我守藕池口阵地的官兵绝大部分均牺牲于阵地上，或葬身于火海中。居民们见部队官兵这样不顾性命地杀敌，许师长又这样安详而镇定地指挥，老百姓们也排除了惶恐的情绪，有秩序地撤退。此时，由江波渡向藕池口迂回之敌，已逼近藕池口。而敌第三步兵旅团主力已突破周家场、雾气咀阵地，正向我守备高河场之四五〇团增援部队激烈战斗中。许师长在前线目睹这种战况，深感再鏖战下去，于我更不利，遂决定于 3 月 10 日夜间撤到第二线阵地，加以整顿之后，再按照总部指示进行反攻。11 日，许师长查看了部队情况，决定编成两个团，于 3 月 14 日以四四九团向雾气咀进攻，敌以第三步兵旅团主力迎战，我无进展。以后我轮番向藕池口之敌攻击，敌在其工兵部队援助之下，加固藕池口一带阵地。战斗至 4 月初，敌又有增援部队到达，开始转守为攻，向我出击。

3. 布河、太平口、弥陀寺之战斗

敌十三师团之六十五联队配属山炮兵第三大队、工兵第十三联队等部队，并组成南渡江队及北渡江队，于 3 月 8 日凌晨分成多组企图偷渡。我守备部队猛烈射击，敌知我防守严密，乃于 10 时左右用山炮与野炮多门进行了半小时的歼灭射击，我沿岸工事毁于敌炮弹之下。同时由敌工兵十三联队之折叠舟、轻操舟等多艘渡河工具装载敌步兵轻、重火器向我岸作密集射击，进行正面的强渡，但我官兵仍利用倒塌工事，向敌射击。这时敌飞机 6 架向我前沿阵地及增援部队进行低飞扫射轰炸，以阻我部队之增援，便于敌渡河部队登陆。由于我前沿阵地官兵伤亡过大，敌于我右翼邻接部队处登陆一部，向我包围。而敌之北渡江部队又在我太平口左翼约 2 公里处登陆，向我席卷。3 月 9 日 8 时，我一六一师师长何葆恒令四八二团部队向敌进行反包围，在太平口南附近与敌激战。而我右翼之敌由四八一团预备队迎击。战斗至 9 日晚，敌占我布河、太平口、东岳观，一部与我弥陀寺部队激战中。我据守弥陀寺部队仍依托残破工事与敌作激烈争夺，为了避免被敌包围，我

军于深夜撤出弥陀寺。3月10日，何师长将部队整理后，于11日午前2时，以两个团的主力向占据弥陀寺之敌进行攻击。激战终日，敌反复增援阻击我之进攻。入暮，我撤回沙道观、米积台阵地。一六一师师长何葆恒认为敌正连夜集中力量构筑阵地及修道路，我应乘敌喘息未定，向其轮番攻击，使敌不得有片刻安静机会。除以一部扼守要点外，两个团轮番进攻。敌六十五联队长樱井不得不纠集步炮兵千余人向我米积台、河清岗、沙道观攻击。敌主攻点指向沙道观，战斗十分激烈。战斗到25日，敌伤亡较大，不得不退回弥陀寺固守。我一六一师稍事休整后，仍派部队不断向弥陀寺进攻。直至4月初，调整部署，乃停止进攻。

4. 百里洲战斗

敌第三十九步兵旅团以两个大队于2月23日凌晨由董市东之张榨坊附近偷渡，被我一六一师四八三团守备部队发觉，将敌击退。午前8时，敌董市附近之炮兵向我百里洲前沿阵地轰击，将我工事击毁。敌步兵在敌机3架的轰炸掩护下，分股登陆与我激战两昼夜，我主力虽退据松滋河南岸，但在我火力支援下保住了百里洲偏南六处前进据点，与敌相持。我不断派队向敌袭击，在这种情况下，敌亦不堪其扰，3月下旬缩短防线，退回董市。我守备部队之副团长冯河图，乘势组织部队，向敌猛攻，出敌不意，缴获敌武器装备50余件。

二十九集团军的四十四军与六十七军从2月下旬起与敌激战近50天，部队伤亡极大，急需休整，遂于3月中旬将松滋至红花套江防交与友军高卓东部接替，一六二师调至澧县，准备反攻华容。据确切情报，敌亦陆续增援，巩固其已占长江荆江段各要点，如再进攻，徒增伤亡。战区命令停止，并令七十三军的汪之斌部扼守虎渡河各要点，集团军将各师撤下，在津市澧县地区休整。总司令王缵绪要求将六十七军番号撤销，军直属部队编入四十四军，而将一四九师改为后调师，所有士兵编入一五〇师及一六一师。四十四军编为甲种军，辖一五〇师、一六一师、一六二师，而一四九师（后调师）归总部直辖。

藕池口作战

姚行中*

一、袭击藕池口

日本侵略军占领长江北岸沙市、宜昌以后，以兵力一部在长江南岸占领藕池口（石首县境）作为桥头堡阵地。1943年初春，担任守备公安、松滋两县长江两岸江防的新二十三师接第六战区司令长官陈诚电令，遂抽调部队，拔除藕池口敌人桥头堡阵地。

藕池口驻有日军一个大队，藕池口四周有城墙，是高约4丈的砖石结构，城外还围有铁丝网。

新编二十三师接到命令后，召开作战会议，部署作战任务。藕池口筑有城墙，我们部队没有攻城炮，不能击垮城墙，只能用奇袭方法夺取。

我们师有两个团兵力投入战斗，以六十八团为攻击部队，以六十七团为预备队。我在六十八团第二营任营长，我营为左翼营，向藕池口西门守敌袭击；第一营为右翼营，向东门袭击，预定凌晨3时同时开始袭击，夺取城门后，再扩大战果。为避免敌人发觉，利用黑夜前进，严禁声响和吸烟。我派

---

* 作者时任新编第二十三师第六十八团第二营营长。

第六连为袭击连（连长周子青，行伍出身，作战经验丰富）。该连先头排距敌人四五百公尺，就都匍匐前进。由于敌兵未发觉我军行动，先头排接近敌哨兵，突然用刺刀将两个哨兵刺死，迅速进入敌守备小分队营房。敌尚在酣睡中。由于敌人有 50 余人，先头排用手榴弹投向敌房屋中，同时用步枪、轻机枪向敌射击。城内日军闻听枪声后，迅速进入阵地，并派出部队向第六连猛扑。这时我率第四连亦进入城门口。团的右翼袭击营，因行动稍缓，在我营攻占西城门后，尚未开始攻击。东门敌人闻到枪声发觉我军袭击，迅速用障碍封锁城门，致使右翼第一营未能完成袭取东门任务。不久天已渐明，我四、六连进展更为困难。敌以密集火力向我第一线部队射击，敌机 3 架飞来在我团上空轮番轰炸、扫射。我第四、六连进入城门附近民房内，利用窗户和凿枪眼向敌射击，敌我相距几十公尺成胶着状态。日军每次几十人或百余人，向我第一线冲锋，都遭我步枪、轻机枪、手榴弹杀伤甚众，战况渐次沉寂。午后，日军从长江北岸地区陆续增援千余人。黄昏后，敌再次组织部队向我第四、六连猛扑，均未得逞。入夜后，我营奉命撤出，先将伤亡官兵运出，两连各选出一班利用夜暗向日军佯攻，打乱敌人向我攻击部署，我第四、六连安然撤出城外。

次日，师部召开连长以上战地会议。奉第六战区司令长官陈诚电令，对藕池口之敌仍须驱逐。由于军、师都无大口径炮能击毁城墙，决定我团第一、三营为攻击部队，我营为团预备队，每营组织敢死队携带云梯爬城，利用夜暗实行强攻。但入夜后，敌人射出曳光弹和各种灯光，照得城墙附近如同白昼。我第一、三营利用黑暗间隙刚爬上云梯，就被日军射杀。一连两夜，均未奏效，遂奉上令停止攻击。我营奉命在藕池口城外构筑阵地，阻止敌人外犯。我师其余部队撤至虎渡河南岸防守。

二、监视、滞止敌人

我营在藕池口外的防守阵地正面近 10 华里，这样的宽广面不是一个营兵力所能胜任的。我以四、五连各附重机枪一挺防守藕池口，重点封锁东西两城门敌进出，以第六连防守藕池口以西、以北长江江防。我告诫各连官兵："我们背后是虎渡河（河幅约百米），背水为阵，置之死地而后生，我们必须利用地形，构筑隐蔽地堡，固守阵地。"这样与藕池口之敌相对阵约两个月，日军龟缩城内。至 3 月下旬，日军向藕池口增援六七千人，附有炮兵、骑兵等部队。我防守长江前线哨兵近日已发现敌军部队密集前来，藕池口伪维持会会长亦前来向前线连报告："这次日军来六七千人，一定会向国军进犯，如果谎言欺骗愿受罚。"

3 月底某日下午 5 时许，日军约 400 余人在炮兵掩护下，向我四、五连阵地进攻，激战四五个小时，敌毫无进展。至夜晚 10 时前后，敌人一部利用夜暗进至我五连一排地堡附近，排长任彪率兵两班与敌肉搏，将敌杀退，任排长负重伤。其他各连、排无大激烈战斗。我为激励军心和视察阵地战斗情况，带传令兵 5 人前往各连巡视。到第四连阵地时，一个十六七岁的传令兵徐明生不幸中弹阵亡，我令两个传令兵将他背回掩埋。我回到营部与官长们商量，天明后敌飞机和炮兵必定向营部驻地轰炸、炮击，营部必须在天亮前变换地址，营部即向西移动四五百米。午夜接师长电话：令六十七团于拂晓前接替你营阵地，你营退至虎渡河南岸归回六十八团，担任虎渡河南岸守备。

天明后，敌炮兵连续向我四、五连阵地炮击，步、骑兵在炮兵掩护下，向我阵地猛扑，同时飞机数架低空轰炸、扫射。至 9 时许我与各连联络中断。一百余日本兵密集向营部扑来，我以两挺重机枪向敌猛烈扫射，只见 200 公尺前面的小河边敌人遗尸累累。

六十七团接防部队，只有几只小船装载渡河，第一、二营部队尚未展开作战，即遭到数倍优势敌人围击；第三营正在渡河中遭飞机扫射，该营营长邓戟文中弹身亡。全团与日军激战一日。第一营营长项德胜与日军拼刺刀，杀死日军只身归来，第二营唐营长被俘。全团官兵在与日军激烈拼搏中，英勇牺牲。上午，我与师、团电话联络亦中断。

由于日军飞机和部队发现六十七团正在渡河前来，倾数倍兵力向该团猛扑，我营正面仅有少数日军，我于黄昏后率各连撤出阵地，向西归回我团，防守虎渡河南岸阵地。此役六十七团遭受巨大损失。

战斗在洞庭湖西岸

林文波*

千里行军接江防

1943年4月上旬，我们第二十九集团军由河南内乡出发，经宝康县等地到三斗坪。过长江后，经曹家厂、羊毛滩等地，又徒步七八百里的月余行军，才到达桃源地区。全程一千七八百华里。总部驻临澧，第四十四军驻津市，第一四九师（会战后改为候补师）驻南县，第一五〇师驻安乡县属官垱，第六十七军及第一六一师驻澧县，第一六二师驻桃源县属宜窝潭附近整训。

6月中旬，总部转下第六战区长官部命令，指定我侦察常德地形，提出守备意见，绘图呈报。我经一周侦察，见原来工兵营构筑之半永久性工事，适合守备要求。为了扫清射界，必须拆除常德城东北附近区内民房数万间。常德守备兵力需一个军，以一个师（欠一个团）守备城区和对岸的乾缘寺。以两个师附一个团在外围河洑地区，机动作战，阻止敌人渡过沅江，接近常德城，这样可以确保常德。绘图呈报六战区后，派余程万师守常德。

* 作者时任第四十四军第一六二师参谋长。

8 月，第一六二师奉调到湖北松滋、枝江两县，接替第八军荣誉师师长汪波所守的长江南岸江防任务。师部驻茶园寺，第四八六团在枝江，第四八五团在松滋，第四八四团为预备队。接防月余，王缵绪前来前线视察，并将幸春廷团长以走私罪撤职关押，派蒲昌年接任，并令我师严加戒备。

阻塞战工程

六战区长官部判断敌军可能由松滋、枝江地区向南进犯，为了阻敌进攻，实行阻塞战，扼制敌人行动。在枝江、松滋、澧县的通道路线，包括道路在内的左右十里，由北向南，构筑纵深百余华里的阻塞工程，每隔 200 公尺，挖 10 公尺长、4 公尺宽、2.5 公尺深的壕，平时通过架上梯形小桥，不用时就搬走。在松滋、枝江、澧县、石门等地区，发动民工挖掘，派工兵监督，已成上述三县部分地区纵深六七十华里。因为据战区内的一些部队意见，认为现代战争，这样的工事，只能暂时迟缓敌人行动，不能有效阻敌进攻。同时对自己部队行动，也有阻碍，而且工程浩大，劳民伤财，得不偿失。因此，六战区长官部为了贯彻阻塞战的工程构筑，派蔡高参率同工兵参谋到澧县召开第二十九集团军的炮、工会议，召集各军、师的参谋长、副师长开会。目的是继续完成工程。当时，我也认为不能有效阻敌，限于上级部署，只好服从，命令下属遵办。

反攻华容

第一六二师调石子山整训，后调常德石板滩。后敌人一部，由调弦口渡江，占领华容县城。第一六二师奉命经陬市、梅田湖到华容以南约二十华里地区布防，堵敌南犯。部队经过集镇，老百姓均自发放鞭炮，热情洋溢，鼓舞官兵努力杀敌。师长和我立即下马，一面行进，一面举手答礼。我内心非常感动，心想如不能打败敌人，真是对不起老百姓。到梅田湖渡河时，船民自动帮忙将骡马驮子（弹药）卸下，分别用船渡过。其中有一匹驮马，乱蹦乱跳，负载泅渡到河中，船民急了，怕骡马淹死，弹药沉没，赶快划船去追，将驮子扶着过河。人民抗战情绪之高令官兵深受感动。

一周后，奉命反攻华容。华容东靠望山湖，其余三面环水，南门系一条独路，被敌封锁，禁止通行。堤的两边都是湖，无法接近。北门防守严密。因时限紧急，不仅大部队不能展开，就是小部队行动也困难。于是，令第四八四团派小部队绕道北门，向敌夜袭，到拂晓前，攻击未奏效，天明后撤退。

我部奉命移驻安乡，以梅田湖为第一线，在官垱构阻塞工事。后移驻临澧陈二铺整训。

常桃鏖战

枝江高山庙江防要塞仅有炮一门，归当地守备部队长指挥，每次部队长视察时，都去试炮，因此，早已暴露了目标和弱点。到 1943 年夏秋间，江北敌军渡江进犯，以重炮数门击毁要塞，旋即炮轰江防部队，进行扫雷，掩护渡江。江防部队被击退后，敌军一部西向长阳、宜都，压迫友军后撤，占领沿线阵地，阻止友军反攻，掩护其主力右侧，使主力由茶园寺、石门、临澧进攻常德。在进攻中，先用压重炮将我枝江、松滋、澧县附近的阻塞工程摧毁，后面用掘土机填平，构成临时公路。我构筑的阻塞战工程并未发生作用，敌军进攻速度并未减低。

会战前，本集团军奉命固守临澧县属之羊毛滩（五公山以南），常德县属之大湖山、太阳山阻击敌人。第四十四军之第一四九师守羊毛滩，第一五〇师守大湖山，第一六二师守太阳山、凤凰山地区。第一六一师为预备队，驻桃源地区待命。余程万师归本集团军指挥，守备常德。时敌军一部，由陬市接近常德东门，由于事前余师未扫清东面射界，使敌军易于接近，难于抵抗。敌军另一部，向我第一四九师羊毛滩地区攻击，该师不支后撤。敌军立即转向大湖山攻击第一五〇师。激战半日，师长许国璋亲临第一线指挥，阵地被突破后，许国璋殉国，部队向西撤走。敌军乘机派另一部主力向常德进攻，经过激烈争夺，常德沦陷。原因是由于汉寿、滨湖未设防，敌攻击余师侧后，以致常德失守。在常德激战时，余程万师与我部没有电讯联系，战斗情况我部不了解，余师作战情况也不明。

常德沦陷后，第四十四军之第一四九师、第一五〇师向常德之敌攻击，第七十四军已到桃源地区增援。这时据谍报，敌军还在常德，车运频繁，来是空车，去时是盖覆着的重车。我判断敌军是运送伤亡人员和抢劫的物资，是准备逃跑的征候。急电总部建议，立即电长官部。复电称："分电各军，准备追击。"一日后，敌军果然退却。敌军之所以迅速退却，是由于孤军深入，补给线太长。同时，另部友军对敌左翼威胁很大，不得不撤。我第一六二师奉命去石板滩、太阳山山路附近，攻击敌掩护部队，激战一日夜，我军伤亡很大。敌军炮二门射击超过了我师部队后，步兵随即攻到我师部门口，师长同我镇定不移，派第四八四团向右迂回侧击，敌军受到威胁，被迫撤走，我师乘势追击，约一周时间，追击到长江边为止。

追击途中，所有民间牲畜，均被敌军杀光吃光，遍地丢弃头、蹄、肠、肚，家具被破坏，木器水车当柴烧，粮食仓库被焚烧。敌军的"三光政策"造成人民损失是很大的。

1944 年 2 月，南岳会议后，第二十九集团军番号撤销。王缵绪调任第九战区副司令长官，第六十七军军长佘念慈因盗卖军粮免职。原集团所辖的两个军，第六十七军的番号调走，将两军缩编为一个军即第四十四军，少将军长王泽濬、少将副军长孙黻。下辖三个师：第一五〇师少将师长赵璧光、少将副师长杨自立；第一六一师少将师长熊执中、上校参谋长曹济寰；第一六二师少将师长何葆恒、上校参谋长林文波。第一四九师调为后调师，少将师长陈春霖（原第九战区司令部副参谋长），在沅陵整补。改编后，第一六二师在宁乡附近新华铺整训。其余第一五〇、第一六一两师，调浏阳整训。军部驻浏阳。

在洞庭湖歼击日军汽艇

郭坤森*

1943 年春，日军侵入华容、南县后，在南县厂窖，进行了惨绝人寰的大屠杀。在一个小小的厂窖地区，竟一次屠杀我同胞近 3 万人。

那时我们第四十六军全军官兵在衡阳闻悉厂窖惨案，无不咬牙切齿，悲痛万分，都决心为遇难的同胞报仇雪恨。1943 年 4 月，我军奉命开赴湘西参战，全体官兵个个磨刀擦枪，恨不得一下子就奔赴前线。当时我在新十九师第五十五团第二营第六连任代理连长（连长调训）。我连是前哨连，4 月 20 日，经过几天的紧急行军，经湘潭、长沙、宁乡、益阳、沅江等地，于 4 月 29 日到达沅江和汉寿交界处——白露桥。当时我军军部驻在益阳，我师驻汉寿，第五十六团驻南县鸟咀，第五十五团驻汉寿鸭子港，营部驻汉寿下窖。我连于 29 日傍晚接到作战命令，即奔赴前线汉寿丁家口。

丁家口是沅水进入汉寿县的门户，前面是西洞庭湖湖汊，后面是渍水垸田，仅有一条堤段可以布防，日军的汽艇时常来丁家口一带骚扰，甚至鸣枪放炮，以致附近群众东躲西藏，无法安身。

我连配备有马克沁重机枪 2 挺，捷克式轻机枪 9 挺，中正式步枪 72 支，

---

* 作者时任第四十六军新编第十九师第五十五团第二营第六连代理连长。

快慢机手枪 25 支，手榴弹 200 枚。我连官兵隐蔽在那条曲直垸堤的后面，严阵以待。夜晚 9 时，远远传来敌人的汽艇声，接着发现敌汽艇的灯光由远而近。这时战士们都凝视着来犯的敌艇，准备战斗。当敌人的 12 艘汽艇进入我射击圈时，我一声令下，机枪、步枪同时射击，接着投掷手榴弹，形成了强烈的火力网。经过一个多小时的激烈战斗，敌人的 12 艘汽艇全部被击毁炸沉，汽艇上近百名敌人也被消灭。次日凌晨，营长杨英带领第 5 连从 15 公里以外的下窖赶到，协助我连清扫战场，收缴机枪 3 挺，步枪约 70 支，手榴弹和掷弹筒 200 余枚。自那以后，敌人的汽艇，就不敢随便向丁家口一带侵犯了。

在洞庭湖区的三次战斗

李晋忻[*]

血战流花口

常德会战进入紧张阶段时，第九战区为策应常德守军作战，命令驻守沅江的第九十九军第九十二师派部队进入敌后，断敌补给，阻敌增援。第二七四团邹鹏奇团长带该团两个营为一个支队，我带了不足两营兵力的一个加强营为另一个支队，统归邹鹏奇指挥，任务是经鸭子港、流花口，进出牛鼻滩之线。

我支队于轻取鸭子港后，接到邹鹏奇手令，大意是得悉流花口有敌仓库，守敌仅一个中队，着我支队攻歼守敌。当夜支队渡河向流花口搜索前进。天亮时发现敌机，为避免无代价地牺牲，部队分散隐蔽，趁机休息。我却因敌情不明而焦虑："流花口地形如何？不知道。敌人只一个中队吗？未必。从鸭子港逃走的两百余敌人也在流花口的可能性不能排除。"我把自己的想法书面向邹团长报告，请示如何行动并请他的部队靠拢来，以免我支队孤军作战。邹团长攻击精神异常旺盛，未把敌人放在眼里，回示是："纵然

---

* 作者时任第九十九军第九十二师第二七四团独立营营长。

敌人有一个大队，我军有两个支队仍占优势，情况不明也无妨，到流花口再说。”又另批示云：“你迅速行动，我就来。”入夜，我支队向流花口前进，沿途严密搜索，进至离流花口约两里处停止，等待邹团长。第二天天亮前，邹团长和两位营长到来，带有俘获的一个敌探。这敌探是岳阳人，关于流花口的情况就是从他口中得到的。经过研究，认为敌探所供是两天前的情况，并不可靠，必须认真侦察。白天，部队休息，我们几个指挥官出动侦察，从望远镜看到流花口是一条小街，只有几十家房舍，堤上多是茅棚，堤斜面有几处瓦屋，没有炊烟，也看不到行人，静静地几乎是一条死街。地形是复杂的，又设有障碍，易守难攻。为了解情况，用了一个多小时才找到两位老太婆，我向她俩说明要打日本鬼子，向她俩了解情况，并保证不要她们带路。于是，她俩找来一位原住流花口的中年渔民。他说，半个多月前，流花口的老百姓就逃光了，他一直不敢回去，但常窥察情况。汽船来时，就有敌人装卸东西，大约堤坡上的三处瓦屋都是仓库，至于敌人究竟有多少不知道，只见到常有敌船经过。他提供的情况虽很简单，对我军的行动却有很大的帮助，首先是解除了担心攻击会伤及同胞的顾虑，其次是证实了有敌人仓库。

研究作战方案时，有位营长提议部队暂时隐蔽，待敌船到达，敌人装卸时发起攻击。我则认为经过鸭子港战斗，敌人已经知道我们的行动和意图，敌运输船只不会盲目行动，很难说天天有船来，所以等待不够妥当。而且从鸭子港逃出的敌人很有可能窜来流花口，我军应以小部队作威力搜索，迫使敌暴露兵力和部署情况，然后再决定攻击方案。邹团长同意我的意见，并把任务交给我。我随即召集干部会议，说明意图，指派三个排长各率所部三路攻击，我和各连长现场观察。邹团长和两位营长也来观战。下午四时，三个排同时发起攻击，立即遭到敌人炽烈火力的阻击，南北街口和三处瓦屋各有重机枪射击，街上自南至北竟有二十余挺轻机枪射击，但未见炮击。从火力来看，敌兵力绝不止一个中队，从未使用炮兵看，又不像是一个大队，很可能是凑合在一起的几百步兵。情况大致了解后，便将攻击部队撤回。我们团的营、连长十多个人立即研究攻击方案。大家一致认为，攻下流花口对常德会战极有价值，但敌占有利地形，火力配备周密，攻击部队会有重大伤亡。

于是有人主张围而不打，断敌前后方联络，这样可以免于过大牺牲，也算完成任务。不少人都赞成这个方案。我则认为，敌前后方联络并不只这一条，断此一路不足以致敌死命，意义不大；如果把流花口攻下，则会对犯常德敌军造成精神上的威胁，才真正有利于会战，牺牲大一些是值得的，为民族争生存而流血，是我们的职责和志向。这一意见得到绝大多数人的支持，邹团长当即批准。几经斟酌，订出了攻击计划，要点是集中两个支队的十门迫击炮，由炮兵连长统一指挥，掩护步兵攻击；我支队的攻击目标是街北口及相邻的两个仓库；邹团以一个营攻击街南口及相邻的一个仓库；任何一处得手即投入预备队扩大战果；次日凌晨在邹团长亲自指挥下开始攻击。

次日凌晨五时半，我炮兵开始射击，数分钟后，步兵发起攻击，在敌人火力网里突进。这个仗是不容易打的，尽管有炮兵掩护，进展仍然十分缓慢，每进一步，都要付出若干人的生命。七时半，敌机三架低飞扫射，我军攻势受挫。在进攻中，我发现街北口的敌火力比仓库方面弱，于是断然把攻击仓库的兵力转用过来，向街北口重点突破。9时稍过，攻占街北口。可是进街口后，敌人的抵抗更凶猛，双方呈胶着状态。幸而敌一仓库起火，火光冲天，爆炸声震耳欲聋，对敌人形成精神上的压力。我乘此机会再发起攻击，但仅前进20余公尺，就伤亡30余人，再无法前进。午后，街内也有几处起火，但敌人依然顽抗。逐屋争夺直至日落，只攻占了20余间房子。邹团部队仍在堤上与敌相持，未能占领南街口。夜幕来临，战斗暂趋沉寂。我认为这样打法，即使能攻占全街，难免会伤亡三四百人，必须改变计划。于是找到邹团长，建议调整部署，放弃攻占街南口的计划，把兵力转用于街北段，给敌人留出一条逃生之路，使敌不再死守，然后我以绝对优势，从街北口向南席卷，逼使守敌向南逃窜。这样，虽不能全歼守敌，但可以大大减少我军伤亡，有利于而后的战斗。邹团长考虑很久，采纳了我的建议，夜里重新部署就绪。次日晨6时，我军以雷霆之势由北向南压迫敌人，逐屋搏斗，战况至为惨烈。九时未到，已攻下大半条街，敌人放弃了最后一个仓库，纵火烧房。残敌龟缩在街南部，烧房焚尸，旋即狼狈逃窜。此役敌人伤亡近200人，我军伤亡几乎两倍于敌，一条流花口街被全部削平，其状之惨，令人悚然。

歼敌围堤湖，进军汉寿城

支队攻克流花口后，即在附近休整，并向上级电呈战斗要报，连续收到师、军、战区的嘉慰电，咸称此役对常德会战做出重大贡献，并令毋庸再趋牛鼻滩，应相机收复汉寿。

由于两次胜利，虽然伤亡惨重，但士气却十分高昂，宣布上级嘉奖电后，欢声雷动。休息一天，即向汉寿前进。沿途无敌踪，也看不到人民群众，过三圣宫后，发现围堤湖中有敌汽船五艘，汽艇 20 余只。我考虑，如果仍遵令向汉寿前进，定会受到这部敌军的侧背袭击，万一汉寿敌军再回头夹击，支队就会腹背受敌，有被歼危险，决心先消灭这股敌人。支队正在占领阵地，被敌人发现，敌艇蜂拥扑来。来得太好了！我军在堤上，敌艇在水面，形势对我十分有利，一阵猛烈的炮火过后，击沉敌艇 8 只，敌汽船 1 艘起火。但敌人极其顽强，仍不断扑来，直到 20 余只敌艇全部沉没，汽船才狼狈逃去。可是邹团长到来后，却对我责难，理由是未奉命令擅自行动。我不接受训斥，因为捕捉战机歼灭敌人，是我作为支队长的本分。我以 20 余人伤亡为代价击沉 20 余只敌艇歼敌近两百，虽不算功，但绝无过。我就这样当面顶撞了他，他虽盛怒，但也无可奈何，只是命令他的一个营立即向汉寿前进。这显然是不用我攻汉寿，作为给我的惩罚。我于是就在附近宿营，并将详细情况写成报告，派专人送回师部，使师长有所了解，免得“立功受惩”。第二天，我向汉寿前进。7 时稍过，敌机来袭，邹团那个营被 5 架敌机轮番扫射前后达 40 分钟之久。当我赶上时，他们正在重新集结，一个营的兵员伤亡过半，遍堤死尸，惨不忍睹。

进击汉寿的任务，又重新落在我的肩上。鉴于敌机的猖獗，我将支队分散前进。为了能早发现敌情，便于集结兵力，我令搜索排早出发一个小时，万万没想到沿途平静，既未遇敌军，也无敌机骚扰。进抵汉寿时，见到的却是一座空城。邹团长要向上级报“攻克汉寿”，其意是为被敌机射击伤亡的那个营报功，好作交代。我不同意，理由是应使上级明了敌情，以免判断错误，贻误大局；坚持以“未遇抵抗进入汉寿”具报。鉴于事实和作战纪律，他不得不如实具报。

两天以后，师来电，大意谓任务已完成，侵常德敌军已有溃退模样，着星夜返防补充，另有任务。我理解上级意图，敌人大军撤退，哪容我们这样一个部队堵死退路，小部队孤军作战，只有被歼而已，回防是正确的。

回防后，师长召见，当面慰勉，特别是对围堤湖战斗表示满意，认为能当机立断，处置正确，指挥恰当，战果丰硕；但也指出我的缺点，认为尽管来不及请示，也应向团长报告，当面顶撞更不对。我也深悔自己缺乏修养，随即登门向团长认错，这件不愉快的事也就过去了。

侵常德敌军溃退的几天中，我们在防地整补待命，接着又接受了“向安乡方面尾追残敌”的新任务。

苦战仙桃嘴，收复安乡县

敌人进兵快，退兵也快。我军向安乡前进中，只见到敌丢弃的物资、伤马和成堆焚烧的伤兵尸体，未追及敌人。途中接师转来军的指示，略谓敌已大部退走，安乡仅有残敌一个大队，命令我们迅速歼灭该敌，收复安乡。部队进抵仙桃嘴南岸时已是傍晚，邹团长决定分两路攻安乡，命令我支队星夜渡河，沿河东大堤北进；邹团不渡河，即沿河西大堤北进。仙桃嘴在安乡城南十余里，地形对我很不利，我支队渡河是背水作战，如果战斗失利，一定是全军覆没！特别是敌情不明，北岸固然无敌军，垸子里如何呢？只有天晓得！渡船只有一条，一次只能渡二十余人，要把我支队近千人渡过去，实在费时间，如果半渡时遭敌攻击，该会是什么惨状？何况是夜里渡河！这样作战，我感到毫无把握。但军人是服从为第一，我接受了任务，只请求团炮兵相机支援我。邹说：“可以。你大胆渡河就是。”又加上一句，“战机不可坐失！”这就是严重警告了。军令如山，我把心一横，立即通知各连队：（一）立即开饭，准备渡河；（二）不分官兵，人人须身带两日份口粮（即炒米）；（三）连长、独立排长立即前来开会。

在干部会上，我把任务说明，着重指出这是背水一战，不胜即亡，人人须有思想准备，由于敌情地形都未能侦察，兼之又是夜间行动，必须以“先求稳当，次求变化”的原则部署兵力；为对付敌人陆空攻击，构筑工事特别重要；任何人在任何情况下不得后退一步。我的指导思想是先求立于不败之地，然后根据情况研究攻击。我征求大家的意见，谁也不做声，心情显得十分沉重。于是我当面下达命令：（一）着副营长为渡河指挥官，确保渡河安全：全支队渡完后，将船放回南岸，派人看守，不准任何人返渡南岸。（二）一律轻装，辎重行李暂留南岸，由各炊事班守护。（三）尖兵连着排长一员带第一船士兵渡河，之后立即向安乡方向搜索敌情，侦察地形，随时报告；该连力争进至距渡河点两三千米处，选择有利地形占领阵地，以确保主力渡河安全。（四）其余各连按原行军次序依次渡河，渡河后等候命令。（五）我在尖兵连尾渡河。

散会后，我即至尖兵连督促渡河。每次渡 30 人，令人焦急，但有什么办法呢！当我渡河时，前方有了枪声。接着有信号弹升空，这是搜索排的报警信号。我过河后快步前进，不到 3 里，已追上尖兵连，该连正在构筑工事。那里有一条和大堤直交的横堤，向东延伸，交点有几间小茅屋。据报告，前去不到 500 米远，也有相似地形和茅屋，有敌驻守。本来我认为尖兵连的阵地距渡河点太近，很不利，情况既如此，也只好定下来。我粗粗看了地形，了解到横堤向东延伸四五百米处已被挖断，河水已灌进坑子里。我令该连筑纵深配备的工事，横堤只着该连占领 50 米。然后我即返回渡河点，途中仔细看了地形，原来从渡河点到尖兵连之间还有两条横堤可以利用。我把一个连部署在尖兵连右翼横堤上，一个连部署在尖兵连直后，营指挥所也在那里，炮兵在第二横堤占领阵地。为了掩护侧背安全，派一个连从渡河点向东北在大堤上构筑工事，其余部队部署在营指挥所至渡河点之间。这样，第一线有三个连，右侧有一个连，预备队有两个连，纵深完全可以对付敌军的猛攻；缺点是部队密集，可能造成大的伤亡，但地形如此，别无他法，唯多筑掩体而已。

支队渡河甫毕，副营长就带来邹团长“立即攻击前进”的命令。我不能在未站稳脚前盲目行动，又不敢违抗命令，实在为难。还是副营长想出妙计，以“营长到各连督修工事，一时尚未找到”回复邹团长，延宕了一个多小时。

天亮后，我和第一线三个连长一同侦察敌方情况，副营长带人测几处积水的深度。我们发现敌占主堤的茅屋上公然插着太阳旗，横堤上有兵卒活动。敌阵地右后侧水中有两块台地，是两个独立院落，树木荫蔽，有无敌人不得而知。虽是严冬，芦苇尚密，水深一公尺上下。为了摸清敌方火力配备，决定先用小部队发起一次攻击，以便观察敌情。我派一个排突进，立即遭到敌机枪和掷弹筒的猛烈阻击，从火力看，敌在大堤和横堤上共有机枪掩体几个，估计兵力不少于一个中队，两个台地独立家屋各有机枪掩体两个，可能是个小队。我刚将攻击排撤回阵地，敌机就临空了。敌人在飞机掩护下向我阵地猛冲，一上午时间，进犯六次之多，均被我军击退。下午，无敌机来袭，而敌守军则隔一段时间便猛烈射击一阵，但再未发起攻击，显然是只求压制我军不前进而已，并无积极企图。

此时我的思想集中在如何先夺取敌占两台地上，如果夺得两台地，就能从侧背射击敌主阵地，再以优势兵力猛攻敌正面，必能取胜。可是时值严冬，水深齐腰，这个困难使我一直未能下决心。通信班长在我背后已站很久，窥知我有困难，离去不久，带来一个多次立功的军士，两人表示愿为我分忧。我把想法向他们说明，着重提到水的问题。他们一个说：“这仗必胜。”一个说：“水是冷，但总比受伤流血好过。”在他俩的热情感染下，我下了决心，另加派一个军士，由他三人执行侦察任务，并交代他们只带刺刀，不携枪和手榴弹，日落即出发，利用芦苇隐蔽，把两台地的地形和水深侦察清楚，直接向我报告。

两个半小时后，他们回来了，一切很顺利，从水中可直抵台地，而且愈近台地水就愈浅。我立即将任务交给一个连，命令该连于下半夜行动，极端秘密地接近台地，进至台地侧背，拂晓发起攻击。由于全连要在冷水中行动，保持旺盛的士气就十分重要，所以我到该连进行鼓动，送他们出发，祝他们胜利。

拂晓前，战斗开始，这个连只用半小时就攻下两台地，全歼守敌 33 名，缴获机枪 4 挺。原来敌人视积水为天险，阵地全在台地南沿，侧背均无戒备，我攻击部队从侧背发起攻击，故一举全歼守敌。由于是刺刀、手榴弹的短兵搏斗，我部重伤排长1员，伤亡士兵48名，损失重于敌方，这是由于水冷影响了官兵体力所致。攻克台地后，我立即用四门炮轰击敌阵地，以一个连发起猛攻，我率另一个连支援。经过一小时二十分钟的激战，敌不支，放火烧房后，撤退到另一横堤，与该处守敌会合。我军因兵员伤亡严重，未再攻击。经过两天的战斗，我对敌情有了进一步估计：我支队正面之敌，是掩护主力退却的部队，兵力是两个中队。如果两天前安乡只有敌一个大队，决不会用两个中队掩护；而且一个大队不会用两天还撤不完。因此安乡敌军应在一个联队以上。我严令所属加固工事，严阵以待，防敌突袭。两天的战斗，支队只前进500米，毙伤敌百余而已，我军则伤亡超过二百。这两天如果西岸的邹团也同样猛攻，不但我支队可以减少伤亡，战果也会大得多，遗憾的是他们正面无敌人，又不肯向前推进。就在此时，邹团长又命令我发起攻击。我以"伤亡惨重，自愧力不从心，请求星夜派部接替，或增加两连兵力给我"。报告未获批准。我的干部一致主张就地坚守，等待敌人退却然后行动。我们估计：如果安乡敌已大部退走，掩护部队自必撤退，明天的战斗就不会剧烈；反之，如果安乡仍有敌大部队，则其掩护部队必抵抗以死相拒，明天的战斗就会更惨烈。我决定待机行动。

夜，在沉寂中度过。

第三天上午，我只用小部队出击，一则探敌虚实，二则敷衍邹团长的命令，每次使用一个班。两次攻击，都被压回。九时起，敌炮弹和掷弹筒发射的榴弹，急雨般地向我阵地倾泻而来，我军三线阵地的兵员，都有重大伤亡。我的指挥所是个机枪掩体，也被击中，电话机、地图均被炸得粉碎，幸而我正在步兵线上，得免于炸死。我们在散兵坑里避敌轰击，直到日落。

第四天拂晓，敌人放火，这是撤退的信号，支队立即以火力送瘟神，并随敌尾追击，进入安乡。仙桃嘴之战是抗战八年中我经历的最艰苦的战斗，兵员损失超过400，大于敌人2倍。这次在湖区对敌截击和追击三次战斗，总共歼敌400多，我支队伤亡近600人。战区嘉奖，群众代表两次慰劳了我们。

鄂西战役

鄂西会战

宋瑞珂*

日军侵占宜昌后，北面受我汉水上游之截击，南面亦受我沔（阳）监（利）地区之牵制，尤其经我反攻宜昌之役，使敌深感长江不足以为固。乃于1943年2月间，先行扫荡我沔监地区，以图减少尔后渡江之困难。旋即于3月间渡江进犯，经我反击，将敌击退于华容、石首、藕池口、弥陀寺亘宜昌、天宝山、盐池庙、转斗湾之线，成犬牙交错形势，我即停止攻击。

4月下旬，敌企图击破我鄂西野战军，打通长江上游航线，掠取我洞庭谷仓，并摧破我重庆门户计，乃抽集其精锐部队7个师团，总兵力约十万人，分别集中于华容、藕池口、弥陀寺、宜昌附近地区。同时，于汉口、当阳集结飞机百余架，由其十三军军长横山勇指挥，向我疯狂进犯。

此时，我第六战区司令长官陈诚已于3月间调往云南任远征军总司令（其六战区司令长官职务由孙连仲代理）。陈在滇获悉日军西犯，乃于5月又飞回恩施指挥作战：以王缵绪军第二十九集团军固守安乡亘公安之线既设阵地，以王敬玖第十集团军固守公安亘枝江之线既设阵地，以吴奇伟江防军固守宜都亘石牌要塞之阵地，以周碞二十六集团军之七十五军和冯治安

* 作者时任第十集团军六十六军副军长。

三十三集团七十七军、五十九军固守三游洞（西陵峡东门）亘转斗湾间既设阵地，令各部队以坚强之抵抗予敌以不断之消耗，将敌诱于渔洋关亘石牌要塞间，然后转移攻势，压迫敌人于大江西岸而聚歼之。

5月5日，果然不出我方所料，日军主力由华容、藕池口向我洞庭湖北岸进攻。我第七十三军依照预定计划，逐次打击敌人。至7日晚，敌进抵南县、安乡附近，我军在各该处与敌血战一昼夜，只以地形不良，防守困难，向后转移。8日南县、安乡沦于敌手。9日，我于三仙湖、红庙予敌以相当打击后，逐次向洞庭湖南岸撤退。至此，敌求我主力而击破之企图乃完全扑空。其向津市进犯之敌，迭次对我进行试探性之攻击，我军屹然未动。旋敌以第四十师团及第三十四师团各一部留置洞庭湖北岸，其第三师团主力及独立第十七旅团西移，迄12日，集结于津市东北地区，其独立第十七旅团向大堰垱、新安攻击，被我阻止。第六师团向暖水街攻击。同时弥陀寺敌十三师团一部3000余人，亦向斑竹垱、新江口攻击。13日一时许，敌第三师团主力复由洋溪、枝江间强渡长江，我防守公安之第八十七军四面受敌，势将陷于孤立，乃放弃公安匿移，逸出敌之包围圈。对洋溪、枝江间渡江之敌第十三师团，被我九十四军主力及八十六军之六十七师阻击于茶元寺附近。迄15日，敌我在大堰垱、暖水街、刘家场、茶元寺亘枝江西侧之线激战。

5月16、17两日，敌先后以第五十八师团约5000人增援，继续向西猛扑，我第十集团军连日与日军激战，双方伤亡均重。敌又不断增援猛攻，我被迫继续向西转进。此时，澧县以北之敌第三师团向西北方向移动，宜昌西岸及古老背附近之敌，亦逐渐增加，似有向我江防军攻击之企图。我乃以第七十九、第七十四军使用于石门以北地区。第十集团军在清江以南地区对敌展开持久战，江防军则确保石牌要塞。迄21日晨，茶元寺方面之敌第十三师团攻陷王家畈后，以约3000人北向，与枝江之敌第五十八师团之一部，夹击我八十六军之六十七师，是晚由聂家河、庙滩各附近强渡洋溪河（即汉阳河），同时敌第三十九师团主力在宜都北红花套附近强渡，经我第八十六军第十三师猛击阻止。22日，我第八十七军一部在渔洋关附近，与敌第十三师团竟日激战。卒以众寡悬殊，渔洋关失守，我乃退守川心店、龙潭坪之线。时敌第三十九师团由强烈炮火及飞机掩护下，继由红花套附近增援 4000 余人渡江，向我第十三师之大小宋山及长岭岗阵地进攻，经予以重创。迄晚，第八十六军守枇杷树、磨市、鄢家沱、仙人桥之线，翌日与敌在该线激战后，转移于马鞍山（长阳南）、板桥铺之线，左翼仍在乌龟山屹然未动。24 日，敌集中第三十九师团和第三师团主力，向长阳附近猛攻，激战至午后，阵地被敌突破。我第八十六军右翼即调整态势，扼守长阳西北，清江北岸亘凤凰山之线。此时第三十二军之第一三九师一部已抵津洋口、都镇湾间，适敌由聂家河西犯，由渔洋关方面向清江南岸之敌会合后，在沿市口、都镇湾间强渡，被我击退。

敌军第三、第三十九两师团主力，于 5 月 24 日在宜昌西岸继续向我第十八军第十八师阵地猛攻，皆予痛击阻止。至 25 日，敌以空军掩护，全线向我猛攻，一部突入偏岩、津洋口间，经我南北夹击，敌军伤亡甚大。当时，敌于清江两岸及攻击石牌之部队，总兵力约六万人，敌十一军军长高木义人亲自至宜昌指挥，似有一举攻占我第一线要塞，威胁恩施、巴东之企图。值此关键时刻，我重庆统帅部当即严令江防守备部队诸将领，明确指出：石牌要塞乃我国之斯大林格勒，为聚歼日之唯一良机。我军各级指挥官奉令后，均抱定与要塞共存亡之决心，依地形之有利，与敌决战。如守备石牌第一线之十一师师长胡琏，当战斗激烈时，陈诚司令长官打电话问他：“守住要塞有无把握？”胡琏斩钉截铁地回答：“成功虽无把握，成仁确有决心！”英雄气概，可见一斑。

当敌开始向我要塞外周进攻时，我守备部队沉着应战，当敌进入我之圈内，以炽烈火网将其聚歼。因此，八斗方、大小朱家坪、永安寺及北平山各地屡次进犯之敌，多无生还。

26、27 两日，江防军方面激战最烈，十一师团长尹宗岳、张涤瑕等亲自到前线指挥战斗，第五师在馒头咀，十八师、十三师在轿顶山、石门垭、笔尖峰阵地正面与敌激战。全体官兵斗志奋发，先后毙敌三四千人。27 日晚，江防军防守稻草坪、高家堰、易家坝、石牌之线。第十集团军之九十四军主力亦转移资坵附近，掩护江防军之右翼。由偏岩窜木桥溪之敌，被我消灭甚多。迄28日晚，正面之敌，经我猛攻，加以我空军不断轰炸，敌增援困难。正当此时，我由五峰、资坵出击部队第一一八师和一八五师攻克渔洋关。敌第三、第十三师团之后方被我截断，陷入我包围圈之中。于是我正面各军，于30日起，乘机出击，全面反攻。此时，江防军正面之敌乃集中其步、炮、空之全力，分向曹家畈附近及石牌要塞进攻，并由天柱山向木桥溪方面迂回。

石牌方面，我十一师官兵十分沉着，每待敌军接近，辄以火力与逆袭加以阻击，歼敌极多。攻击我三官岩、四方湾之敌千余，几全遭歼灭。惟曹家畈阵地，因我十八师连日苦战，伤亡过大，右翼被敌突破，经第十三师协助夹击，阻敌于落步垱以东地区。迂回于木桥溪之敌，亦被第五师迎头痛击所阻止。迄5月31日，敌伤亡惨重，全线动摇，我军随即猛烈追击，敌因久战疲惫，且鉴于我军过去追击发起之迟缓，以致退却之初，警戒疏忽。嗣悉我军紧迫直追，行动果敢，敌即恐慌万状，狼狈东窜，沿途伤兵、骡马、辎重、武器随地遗弃。而敌之掩护部队先后于栗树垴、聂家河、花桥、长阳、鄢家坨、大桥边各地为我追及，甫经接触，即仓惶溃退。同时，敌第十三师团约3000余人，被我第八十七军的新编二十三师、九十四军的第五十五师、一二一师及第七十九军的第九十八师、六十六军的一八五师各一部之超越追击，在磨市附近、栗树垴、聂家河等地被我包围歼灭，无法东逃。敌第十三师团主力及独立第十七旅团之一部，亦为我一二一师主力、第一一八师、第一九四师及九十八师主力围困于宜都城郊之狭小地区。我空军则于此时协同美国空军，抓住战机，以大编队机群，协力战斗，收效极大，尤以6月2日，对败退东渡宜昌之敌第三、第三十九师团及第五十八师团之一部所施之炸弹，使敌军大量葬身鱼腹。其人员、物资损失之大，不可数计。

迄6月3日，江防军正面进展顺利，已完全恢复战前态势。而我第七十四军及第二十九集团军亦先后克复安乡、新安、王家厂、暖水街，进迫公安及磨盘洲之线。适敌第四十师团千余及伪军第十一师约3000余，分向石首、藕池口、公安逃窜。宜都及磨市各附近被困之敌，几经激战，伤亡奇重，磨市之敌大部被歼。5日，我克磨市，残敌据磨市东南陶家坡附近高地顽抗。此时宜都城郊之敌，因我追击部队已迫近城郊及其渡河材料被炸，须另觅渡河点，复因磨市之敌求援，乃行反噬，遂于 6 日冒险向我第七十九军一九四师及九十八师正面突围，第一九四师因后续部队未到，独当敌军之主攻，寡不敌众，遂被突破，待暂编第六师驰援，一敌已窜至肖石岩、聂家河附近。同时松滋之敌亦向洋溪、枝江回窜，攻我第一一八师之侧背，该师兵力仅四营，被迫退至余家桥附近。7 日，磨市东南地区残敌，借飞机掩护并施放毒气，乃突出重围，与聂家河之敌会合，仓惶东窜。是晚，我暂编第六师夜袭敌第十三师团司令部，其师团长赤鹿理失踪。又 6 日至 8 日间，敌为策应宜都之敌突围，先后增至 3000 余，借空军之掩护，在街河市、西斋、宝塔寺附近地区，与我第七十四军激战三昼夜，敌我伤亡均重，我并击落敌机一架。8 日，我第一二一师克复宜都，我六十六军第一八五师于 6 月 9 日克复枝江城，残敌向东逃窜。11 日，第六十六军第一九九师克刘家场，暂编第六师克洋溪，入夜占松滋。12 日，第七十九军第一九四师先后克磨盘洲、新江口。十七日，第七十四军克车家咀、申津渡等地，第一九四师占斑竹垱、米积台。尔后我军继续挺进江岸，收复陡湖堤，对困守华容、石首、藕池口、弥陀寺之敌包围攻击。战斗至此，我军已完全恢复 5 月 5 日以前之原态势。

石牌要塞保卫战

邱行湘*

石牌要塞保卫战，是 1943 年 5 月，鄂西会战关键性的一个战役。兹就个人亲历，着重撰述陆军第五师保卫石牌要塞的经过，作为史家研究参考。

1943 年，我奉调兼任远征军长官部副官处长。我原任陆军第五师少将副师长兼政治部主任。是年 5 月，日军四万余众向我鄂西进犯，我奉第六战区司令长官兼远征军司令官陈诚之命，调回第五师，参加这次会战。

当时第五师属第三十二军建制。不久，即调宜昌之罗佃溪、三斗坪附近集结。5 月上旬，归江防军总司令吴奇伟指挥，参加了江防军保卫石牌要塞的艰苦战斗，打退了日军近 10000 人向我第五师正面的进攻，第五师官兵浴血奋战，终于保住了石牌要塞。鄂西会战胜利后，第五师改隶第九十四军建制。

鄂西会战的指挥系统：

第六战区司令长官：陈诚（兼）、孙连仲（代），副长官：王缵绪、吴奇伟，参谋长郭忏，副参谋长张知行。

长江上游江防军：总司令吴奇伟，副总司令：曾以鼎、李及兰，参谋长

* 作者时任三十二军第五师副师长兼政治部主任。

洪懋祥。

第十八军（军长方天）辖：第十一师（师长胡琏）、第十八师（师长章道善）、暂编第三十四师。

第八十六军（军长方日英）辖：第十三师（师长曹金轮）、第六十七师（师长罗贤达）。

第三十二军（军长宋肯堂）辖：第一三九师、第五师（师长刘云瀚、副师长兼政治部主任邱行湘，参谋长姚葛民。第十三团团长康步高，第十四团团长罗莘求，第十五团团长许颙）。

会战前敌我态势

1. 敌军兵力及其分布与动态

南县、安乡、藕池口一带之敌，于滨湖战役后，以其第三师团及第十七独立旅团主力、四十师团独立第十四旅团之一部，先后集结于津市以北白羊堤、青石碑间地区。5 月 17 日后，复增五十八师团五六千人。

盘踞荆州之敌第十三师团以六十五联队 3000 余人开弥陀寺，其余及陆战队四十四联队等主力，并伪军二十九师之一部，共约两万人，先后移集董市、白洋间地区，其师团部移驻张家店。敌第三师团六十八联队及敌第六师团之一部共 6000 余人，集结于云池、古老背地区。敌三十四师团之二一六、二一七两联队及工兵联队并三十九师团主力，共两万余，集结宜昌西岸附近。敌第十一军指挥所设宜昌，其直属部队 3000 余人，集结当阳、宜昌间地区。三十九师团师团部移驻高家店，显有西犯企图。

2. 我军部署及作战指导

自滨湖战役后，第六战区仍本巩卫陪都、待机收复失地之任务，先变更部署：第二十九集团军之一六二师，仍集结于鳌山附近地区。第一五〇师，主力扼守新州亘澧县之线，其一部位置于夹堤、白羊堤附近。一六一师由恙口附近开始向鳌山转进。第十集团军，以八十七军之一一八师于白羊堤亘汪家咀之线，四十三师于汪家咀以北亘中浪湖线，均采取攻势。以新二十三师守备孟家溪、公安、审津渡亘白溪桥之线。以九十四军之五十五师守备沙道观、松滋、枝江亘宜都之线，第一二一师三六二团集结肖家岩附近，其余正由西斋向茶元寺附近地区集结。暂编第三十五师第三团集结于西斋以北百茶元寺附近地区。六十七师（欠二〇〇团）位于肖家岩、余家桥附近地区，江防军以六十七师之二〇〇团守备安春垴。第八十六军之十三师守备茶店子亘乌龟山之线。以十八军十八师一部附三十四师之二团增备长岭岗、墩子桥之线，主力控制于曹客畈附近，第十一师扼守石牌要塞。第二十六集团军以七十五军预备第四师之十二团向龙泉铺之敌攻击，其余任三游洞、龙王洞亘黑湾垴之线守备。第六师之十七团向双莲寺之敌攻击，其余任长岭岗、大全山、破石垴之守备。第三十三集团军以七十七军第三十七师之一一〇团于七孔岩附近，向当阳之敌挺进攻击，其余任大小木岭、黄茅岭、龙家山之线守备。一三二师已由重阳坪开始向远安附近推进，保持机动。第一七九师之五三六团，于观音寺、三叉路各附近向黄家集之敌攻击，其余扼守九里岗、板仓、新集之线。第五十九军三十八师一一二团向南桥铺、荆门各附近之敌攻击。其余任和尚桥、松林坡、莲花庵之守备。暂五十三师一部挺进敌后，断荆钟、荆沙敌之交通，其余任峰子山、转头湾之守备。原驻李家土城之一八〇师，开始向东巩附近推进，保持机动。原集于南漳垭附近之第五师调太平溪、罗佃溪一带集结；窑湾溪附近之一三九师调椰树店附近地区集结。原在河南新野附近之三十军，正向秭归窑湾溪一带开拔，预定常（德）桃（源）附近之第七十四军，在湖南衡山附近训练。第七十九军之九十八师及暂六师在益阳附近，一九四师在汉寿附近。

战区基于当时情况判断，敌人似将由澧县以北地区，向暖水街，同时由枝江附近渡江。包围攻击我公安附近之第十集团军部队后，再转攻常澧，或自枝江西南地区向长阳进犯。宜昌西岸之敌向石牌要塞攻击，以击退我江防军部队，占领石牌要塞，打通宜昌以下之长江水运，再准备西犯陪都（重庆）。根据上述敌情判断，乃策定如下计划，电呈军事委员会委员长并令各总司令执行：

（1）敌犯津、澧再攻常德时，以四十四军主力守备漳、澄，一部在渡口以北对（洞庭）湖警戒。七十三军残部控制桃源以北地区，对窜入常德以北地区之敌，以控制部队求敌侧背而攻击之。不得已时占领常（德）临（澧）桃（源）慈（利）线既设阵地，以利尔后之作战。十集团军右翼部队，适时出击，以行策应。

（2）敌由津、澧附近移向暖水街，同时由枝江、宜都附近渡江，企图包围攻击我第十集团军部队时，公安方面部队，只留最小限兵力守备公安，尽量抽集部队控制于张家厂及其以西地区，对枝江附近渡犯之敌，以该方面守备部队逐次抵抗。第一二一师控制刘家场，六十七师控制聂家河，求敌侧背攻击之。如敌于宜都渡江，向渔洋关方向进犯时，以一部于汉洋河逐次抵抗。依情况，以第十集团军左翼及江防右翼控制部队夹击而击破敌人。不得已时，十集团军部队占领新安、暖水街至聂家河之既设阵地，再策后图。

（3）第二十六集团军派队向龙泉铺、双莲寺，三十三集团军以三个师向当阳攻击，以行策应。

江防军战斗经过

5 月 13 日晨，敌皮艇三艘由洪家林子（宜都北）附近偷渡，经十三师击退。

5 月 15 日，军事委员会委员长元（韵目代日，即 13 日）巳（代时，即上午 9 至 11 时）电："江防军守备现阵地，确保石牌"。

5 月 16 日，六战区长官部的处置："江防军确保石牌要塞，并确与第十集团军密切联系"。

5 月 17 日，六战区长官部的处置：战区基于当时情况，决定以石牌为轴，先确保主决战线，待二十七师到达，协同三十二军及常德方面部队全线转移攻势，并指示第十集团军与江防军决战线，概为渔洋关、津洋口、石牌要塞之线。

江防军以十八军固守石牌要塞为主，八十六军守备聂家河、安春垴、红花地、长岭岗线作持久战，以保卫石碑为决战线。长阳磨市各附近，分别控置有力预备队。三十二军以第五师主力，位置于三斗坪、陈家坝之间。

江防军正面，汉洋河东西两岸之敌3000余人，炮十余门，于17日晨分两路向我六十七师黄家铺、响水洞、麒麟山阵地进攻，激战3个小时，该阵地被敌突破。该师主力向磨市附近，一部向峰山附近转进。午刻，麒麟山之敌，继续向西进迫我宝山坪亘磨市阵地，经六十七师猛力阻击，激战至酉（地支名代时，即下午5至7时），磨市被敌突破。同时转进到峰山之二〇一团，复与敌步骑联合千余人遭遇，反复肉搏，团长以下，伤亡颇重，不得已该师大部逐次转移到马鞍山、刘家棚、沙子岭之线重新部署，一部于翌日晓移至白庙子（沿市口东南）附近。

同日子（地支名，代时，指夜晚11时至1时）刻，宜昌附近之敌3000余人，炮十余门泛江西犯。我第十三师守备兵力痛击，激战至午（中午11时至1时），敌我伤亡均重。我右翼转至天燕坡、廖氏祠之线，敌继续猛犯。我长岭岗守兵全部殉职。巳（上午9至11时）刻，我转移至浪子口、南流溪之线与敌对战。

同日，经红花套渡江之敌，约500余，在其炮火掩护下向我沙套子要塞猛扑。我要塞守兵奋勇抵抗，迄黄昏敌无进展，但我伤亡已重。至亥（晚11至1时）刻，奉命向西转移。

5月22日，军事委员会委员长养（韵目，代表二十二）未（地支名，代表中午1至3时）电示：

（1）江防军应以第一线现有约二师兵力守备现阵地，被敌突破时，可增加一师在长阳、平善坝之线，持久抵抗。最后应死守资坵、木桥溪、曹家畈、石牌要塞之线，拒止敌人。

（2）十集团军应在清江以南续行持久战，如敌续向渔洋关以西突进时，除以一部守备五峰外，主力在渔洋关一带山地游击扰袭。

（3）石牌要塞，应指定一师死守。

第六战区与江防军的作战方针（5月22日）：

（1）三十二军（欠一四一师）及二十七师各部，为战区准备决战之兵力，不可轻予使用。

（2）一八五师（欠五五三团）到五峰后，即暂归十集团军王（敬玖）总司令指挥。

（3）第十集团军归江防军总司令直接指挥。

根据以上部署，石牌的外围作战指导，已告一段落。当面敌情是，宜昌附近之敌三十九师团、六师团、第三师团各部势必倾巢来犯，抢占其战略目标石牌。下一步就是江防军与敌军“石牌要塞”争夺的开始。

这时，江防总部不失时机地将其控置在三斗坪的预备队第五师由江北调集长江南岸之落步垱，接着命该师推进到高昌堰、峡当口附近地区待命。

5 月 23 日，江防军当天情况是：

瀚墨池、渔洋关陷落，长阳以东激战。一三九师各以一部驻津洋口、资坵、龙潭坪，主力到都镇湾。

5 月 23 日晨，刘家棚方面之敌，续向花桥、罗家坪、纱帽山阵地进犯，经我六十七师守军阻止，官兵伤亡已过半，不得已转移于歇马台、罗家湾、龙门之线，巳（上午 9 时至 11 时）刻敌复增兵千余人、炮八门向我续犯，我敌反复争夺，激战甚烈。申（下午 3 至 5 时）刻敌复分窜龙门东岳庙各地。我六十七师直属部附队及全师残余部队与敌冲杀，敌势稍挫。

5 月 23 日晨，敌数千人、炮五六门、便衣队三四百人，在敌机掩护下，分向我坑坪、大弹子垭十三师阵地猛犯，敌炮火、飞机同时狂炸猛攻，经我守军沉着应战，激战竟日，敌未得逞，迄黄昏仍在原地对战中。

此时（23 日）江防军的部署是：

（1）三十二军一三九师，以主力守备资坵，马连、都镇湾沿清江北岸地区，以一部守备都镇湾、津洋口地区，阻敌北犯；并派小部队向龙潭坪、松杨坪各地严密警戒，与九十四、八十六军密切联系。

（2）八十六军之第六十七师，以一部原地阻敌，主力迅速脱离敌人向都镇湾以南地区集结，尔后开到王家棚整顿。第十三师右翼务与津洋口一三九师密切联系，并控制长阳，阻敌渡江。左翼确保现阵地与十八军联系。

（3）十八军仍固守长岭岗、小平善坝之线。

5月24日，敌占长阳。同日，宜昌西岸敌三十四师团及三十九师团向我进犯。清江南岸、宜昌西岸敌三十四师及三十九师团向我进犯。渔洋关、聂家河敌大部北犯。清江南岸、宜昌西岸敌主力部队，集中进犯战略要点——偏岩。

5月24日，江防军得知战况：

（1）本日辰（上午7时至9时）步骑联合之敌千余人，分由徐家台子、松杨坪及沿市口、土地岭向我一三九师古潭、大岭头阵地东西两面攻击。下午我转守大岭头、都镇湾之线与敌对战。迄夜我撤至清江北岸。清江南岸之敌步骑兵千名，于拂晓其一部在盘踞津洋口至长阳对岸各渡口，积极准备强渡，并占领各处制高点，向我北岸炮击。另一部续向我六十七师攻击。迄午，迫近平洛河口与我六十七师之后卫部队发生战斗，其主力即由都镇湾北渡。申（下午3至5时）刻，该师后卫部队亦逐次由都镇湾附近，渡江北移。

（2）天坑坪附近之敌，于本日辰（上午7至9时）在敌机掩护下，沿清江北岸向我十三师右地区攻击，激战八小时后，天坑坪、永和坪陷于敌手。敌继续西窜，午（中午11时到下午1时）刻又陷我长阳，遂激战于向家河、凤凰山一带，此时，清江河南岸之敌，复以炮火集中射击。该师守兵，腹背受敌，一时陷于苦战。申（下午3至5时）刻敌一部乘隙窜三汊河，当经我围歼。至酉（下午5至7时）敌攻势顿挫。

大弹子垭附近之敌约千余人，炮数门，本日亦向十三师牌坡、刘家坳阵地进犯，激战竟日，被我阻击。

（3）五龙口、石榴河一带之敌第三十四、三十九两师团之所部约一千余名，于本日辰（上午7至9时）在其空军及炮兵掩护下向我十八师冬青树、枣子树坳阵地进犯。午（中午11至1时）敌已增至三四千人，该师右翼冬青树阵地因受梯岩、红岩冲方面之敌之侧击，守兵伤亡殆尽，不得已转移至冬青树西端与敌对峙。又暇子包阵地，三面受敌，屹然未动。黄昏，敌倾巢出犯达20000人。

进入石牌要塞争夺战阶段

我第五师受江防军总司令吴奇伟的直接指挥，早于5月中旬，即由三斗坪渡江南进，经落步垱出峡当口，集中于峡当口、高昌堰附近一带地区。

5 月 25 日，原在宜昌对岸之线我军第十三师，与敌激战多日，25 日正午前后数小时，全部向偏岩溃退，建制混乱，第十三师师长曹金轮已失去掌握能力，时我第五师十四团早已占领阵地掩护十三师转进。在此关键时刻，上午十时已有蒋介石电话通知江防军总司令吴奇伟转令第十三师死守偏岩，上面不知下情，我接到吴奇伟总司令电话，当即向后退到偏岩的第十三师师长曹金轮转告，曹惊魂未定，根本听不进我向他转达的蒋介石命十三师死守偏岩的命令。我与曹金轮原为旧交，满以为可以在第五师掩护下，将十三师收容起来，结果曹金轮二话没说，随着溃兵西去。

蒋介石要死守偏岩是正确的，战区和江防总部对这战略要点，没有引起重视。第五师如不及早占领偏岩，对确保石牌战略上和政略上的要求将会落空，第五师守住了偏岩，就是为石牌争夺战打下了胜利的基础。而 24、25 日，正是敌人渡过清江、与宜昌两岸敌主力聚集偏岩附近地区，向我冲击的最好时机。

5 月 25 日，第十三师西走以后，敌人尾追。五师即与敌人激战，敌在空军的掩护下，猖狂已极，根本没有把第五师放在眼里，我们第五师官兵在刘云瀚师长指挥下，团结一致，决心用我们的血肉建立钢铁长城。

25 日第五师偏岩、左翼雨台山、月亮岩暂三十四师第二团阵地被敌突破。并有大部友军由津洋口、都镇湾向高昌堰西撤。

次日（26 日），江防总司令部调整部署：以第五师、十八师、十一师守备馒头咀、峡当口、石牌之线。我第五师早已占领馒头咀、峡当口的口袋阵地，当敌人在空军掩护下出偏岩向馒头咀、峡当口突进时，我师第十三团在馒头咀占领了侧面阵地。十四团在峡当口与十八军十八师并肩作战，拒敌西犯。在小河两岸广阔的开阔地里，敌以密集纵队向我阵地扑来，我军沉着应战，待敌接近到我阵地前缘，出敌不意，弹无虚发，打得敌军展开、疏开都无法施展，敌人死伤枕藉。敌机虽整日轰炸，也救不了他们的生命。敌人黔驴技穷，放毒气，空降部队降落后，随即被我十四团消灭。就在偏岩到馒头咀这个开阔的山冲里，毙伤敌人千余。

到此，我第六战区长官部又作了新的部署，其要旨是：

基于当时敌情判断，渔洋关方面向西北窜犯之敌，似有配合长阳方面敌军迂回资坵包围我江防军之企图。第十集团军之各部队，尚待收容整理，无法与敌决战，遂决心遵照1940年预定待敌深入到山岳地带后，再行断其归路之腹案，乃拟定作战指导如下：

（1）战区决确保石牌要塞，俟三十军及七十四军到达后，即以三十军、三十二军、七十四军各主力及七十九军全部，在清江两岸地区对向我江防军攻击之敌，南北夹击而歼灭之。

（2）决战时期预定为5月31日至6月2日。

5月26日至27日，我江防军全线连日激战，我扼守天柱山、馒头咀、柳林子、小平善坝之线阻击敌人。

26日晨，敌便衣百余人与戈石板沟八十六军搜索营激战。未顷，敌步骑约千余人续至，我因众寡悬殊，遂向西移，敌续西犯，遂激战于番火岭、四方岩、娃娃岩之线。该地先后复为敌占，我乃向五龙观方向转移。同时，鸭子口对岸之敌，陆续增兵，一再强渡清江，经我一三九师守军猛击，毙敌甚多。午（中午11至1时）刻我以伤亡惨重，鸭子口、长岭岗均告失守。27日，敌千余人于津洋口窜两河口。而峡当口敌千余人、炮八门，亦于26日向白道宕、月亮垭第五阵地猛攻，经我第五师迎头痛击，迄27日，敌增至三四千人。卯（五至七时）刻敌分向干儿坪、杨花子坡猛攻。同时敌千余，配合便衣二三百人向土地垭、刘家坝攻我第五师侧背，血战竟日。

27日晚，敌分由鸡冠岩、赵家莲向沙坦蚯、胡家店、鲁家坝、柳林子十八军各阵地进犯，短兵相交，故伤亡甚众，不支回窜。

5月28日，连日来由清江沿线都镇湾、鸭子口向我高昌堰撤退之八十六军六十七师及第三十二军一三九师等部，转向木桥溪、贺家坪西撤。

同日，我第五师以十五、十四两团据守高昌堰两侧高地，敌以20余架飞机，掩护其优势炮兵及步兵四五千人向我猛扑，激战竟日，我军士气旺盛，并以有力之一部占领高昌堰通向津洋口的峡口，以掩护我友军安全西撤。高昌堰是一个狭隘的通道，易守难攻，是一个小山峡，中有东西向通向清江的溪河。第五师官兵认为又是埋葬敌人的好战场，两翼没有依托，大家都有独立作战的精神。

29 日江防总司令的部署是：

（1）三十二军第五师占领下元溪、木桥溪、石头垭之线，六十七师归三十二军指挥，位置于贺家坪，三十二军主力位置于三汉河、下元溪之线。

（2）十八军占领易家坝、曹家畈、新安寺、石牌之线，十一师固守石牌要塞。

5 月 28 日江防部战报的情况是：

永昌寺方面之敌千余人，界岭、杨春岭方面敌两三千人、炮五六门，先后在敌空军掩护下向我第五师两翼攻击，我第五师之十五团、十四团激战于高昌堰附近，血战至亥（晚 9 时至 11 时），敌我仍胶着于香花岭以东钱子溪南北高地杨春岭之线。沿曹家畈、宜昌大道西进之敌，向曹家畈附近十八师全面进犯，其一部曾侵入彭家坡山腹，当经我派队驱逐。同时大桥边之敌 3000 余人，分三股向我石牌要塞外围闵家冲、井长坡各阵地窜犯，敌机连续轰炸达四小时，我第十一师凭工事阻敌，战斗甚烈，迄黄昏仍固守中。

29 日，香花岭附近之敌，于子时（晚 11 时至 1 时）开始与我第五师十四团、十五团争夺，该阵地因沿河两侧山地险要，敌大兵猬集于隘路无法展开，敌空军狂轰猛炸，激战竟日，毙敌三四百人，我军愈战愈强。高昌堰又成为坚不可摧的堡垒，是三斗坪、宜昌、津洋口、渔洋关、贺家坪进出的咽喉要道。它正拱卫着石牌要塞。

同日，十八军十八师八斗冲阵地伤亡亦重，敌又转向八斗冲十一师猛攻，敌放大量毒气，八斗冲陷于敌手。

29 日晚，我第五师奉江防总部命令调整部署，师主力由高昌堰、墨坪转移至木桥溪，阻敌西犯。

30 日，敌占香花溪、三岔口、小朱坪及四方塘各附近，拂晓前后向墨坪第五师阵地猛攻。当面之敌4000余人，以飞机10余架，辰（上午7至9时）起继续攻我第五师，激战于墨坪、木桥溪附近沿溪各高地，反复争夺，以沿溪隘进出不便，敌空军肆虐，战斗空前激烈。第五师前仆后继，奋战竟日，沿溪之墨坪，木桥溪两镇入晚被敌占，我第十三团康步高团长率部与敌争夺木桥镇以北高地，反复冲杀，我十三团第一营营长王嵩高阵亡，当由该营副营长袁琳升任营长，连长姚树开升任副营长，继续向木桥溪北高地与敌激战，直至占领太史桥以东高地与敌对峙。我第五师主力之十四、十五两团及师直属营连队占领了太史桥与木桥溪北高地之十三团阵地连成一片，形成天险。木桥溪系三岔河口，无险可守。而太史桥与桥东十三团占领的高地，自成“一夫当关，万夫莫敌”之势。太史桥距木桥溪的三岔河口仅里许，太史桥为了战略上需要，这座雄伟的大石桥早经破坏，桥底可以渡涉，但石桥两头陡峭绝壁，通过十分困难。据我们所得获的敌兵《要地志》记载，亦为敌难以逾越的要隘。

30日入夜，我和刘云瀚师长交替指挥部队作战，是晚能有机会在太史桥半山阵地研究下一步敌情和作战指导，并乘夜暗观察各方情况，特别是敌人动态，同时见到长江沿江山坡灯火连接络绎不绝。这时江防总部、十八军、十一师通讯网已断，我们热望各路大军捷音频传，我们也为目前的征候而疑虑。夜深人静，午夜12时，东线枪声沉寂，十三团前哨部队和师侦察队忽报我当面之敌主力部队有撤退模样，我和刘师长立即命令第十三团准备出击，并命令侦察部队一分钟也不能脱离与敌接触。拂晓前敌人发起佯攻。我们的判断，敌人是在掩护退却。少顷，我搜索部队报告，敌主力已狼狈回窜。师立命十三团跟踪追击。至此，敌人妄图占领木桥溪以后，西犯贺家坪、东窜三斗坪，席卷我石牌要塞的迷梦已彻底破灭。雄伟的石牌——陪都重庆的门户，终于在全国人民和两湖人民的支援下和英勇的抗日将士浴血奋战中，巍然挺立在长江的三峡口上。

我们祝捷的当时，江防军的通讯网恢复了，首先是第十一师师长胡琏打电话给我，向我第五师官兵殷切慰问，并祝贺我们的胜利。胡琏十分敏感，他内心深知此役成败关键所在。

6 月 1 日，六战区下令全线追击，第五师奉命自木桥溪向偏岩、宜都追击。道经偏岩，据附近人民告诉我们，这一星期里的血战，我军打死、打伤敌人数以千计，日军由偏岩抢运敌军尸体去宜昌者不下五六百具。

自 5 月 24 日开始到 31 日，我第五师为保卫石牌要塞，血战一周，我师阵亡营长以下官兵 508 人，伤官兵 300 余人。

战后，我们立即派出卫生队医务人员清扫战场，将我阵亡官兵集中掩埋于英雄的馒头咀山上，并建立了一座巍峨的烈士纪念塔。

新编第二十三师在鄂西会战中

姚行中*

一、攻克渔洋关

华中日军占据宜昌后，北面受汉水上游我第五战区部队截击，公安、松滋、宜都间长江航运被我南岸江防部队阻断。为摧破重庆门户，威胁国民党统帅部，同时打通长江航运，掠夺洞庭湖区粮食，1943年4月下旬，华中日军抽集其精锐部队第三、十三、三十九、四十、五十八等师团和独立混成第十四、十七两个旅团，总兵力约10万人，分别集中华容、藕池口、弥陀寺、宜昌各附近地区，同时于汉口、当阳集结飞机百余架，由其第十一军司令官横山勇指挥，向我鄂西野战军疯狂进犯。

鄂西地区为山岳地带，崇山峻岭，地形险阻，人马不易通行。日军步兵仅携山炮配合作战，炮火优势受到减弱，坦克不能参加作战，骡马、辎重损失很多。

日军十三师团于5月13日在枝江、洋溪间渡过长江后，与我九十四军在茶园寺、刘家场一带激战。5月16日、17两日，敌五十八师团约5000人

* 作者时任新编第二十三师第六十八团第二营营长。

继续增援，双方伤亡均重，我九十四军被迫西移。十三师团以主力经仁和坪、城墙口向渔洋关进犯，另以一部约 2000 人从刘家场进至渔洋关西南石柱山，企图夹击我渔洋关守军侧背。敌十三师团长赤鹿理曾亲到渔洋关附近鸭子口督战。

新编二十三师原守备长江南岸公安、枝江间地区。5 月 13 日敌第三师团在洋溪、枝江间强渡长江后，向新二十三师采取包围态势。该师奉令放弃防守阵地西进，策应长阳、五峰方面我军作战，向渔洋关之敌攻击。

渔洋关位于崇山峻岭的山谷中，只一面稍为开阔，驻有敌十三师团一个大队。当时我任新二十三师六十八团第二营长，奉命攻克渔洋关。为避免敌飞机发现我军行动，我们夜暗行军。在接近渔洋关附近时，发现道路上和两侧死尸很多，是上次与日军作战时阵亡的官兵，间有少数老百姓尸体。我不禁为这些为国捐躯的官兵暴尸野外而深感悲痛。

5 月 26 日，在师部研究作战方案，对渔洋关之敌打法是，放开一面不能完全包围，让其逃走，然后以一部兵力围歼，一部兵力阻击来援之敌。根据该作战方案，28 日天微明，我营到达渔洋关山顶。发现日军在山上并无防守工事，仅在街四周有哨兵站岗。我以迫击炮、重机枪在山顶占领阵地，居高临下向下射击，约 10 余分钟步兵开始接敌前进。日军从酣睡中惊醒，非常恐慌，又受到我营俯射，处于不利地位，仅与我营战斗约 2 小时余，一面撤退，一面放火烧屋。我即将情况电话报告师、团部。我师六十九团在渔洋关外六七里的道旁选择地形，严阵以待。日军进入我包围圈内，我即发起突击，激战整日，毙伤日军 200 余人，缴获各种武器百余支。我营进入渔洋关街上后，清扫街内残余敌人，并立即呼喊街内居民，迅速出来扑灭火灾，减少损失。

二、超越追击

进犯鄂西日军，在第六战区各部队与我空军协同打击下，伤亡惨重，全线动摇，于 5 月底开始狼狈东窜，我军随即猛烈追击。敌久战疲惫，且鉴于我军过去追击迟缓，以致败退之初，警戒疏忽。嗣悉我军紧紧直追，敌部恐慌万状，“皇军”成了“慌军”。

第六战区司令长官陈诚，令我师超越追击，截断退路，使敌无法逃遁。在追击路上，沿途村落山上，时常发现有被日军奸淫致死的女同胞。敌军的兽行，激起了我官兵的极大义愤，大家日夜兼程，追击到栗树垴附近。敌一部 3000 余人将陆续进入村落休息。当时师的作战方案是：乘敌在山地隘路行军途中无法展开部队作战之机，予以伏击消灭。当时六十八、六十九团为伏击部队，我团第三营伏击敌末尾部队，而该营未能按照方案作战向日军先头部队开始射击，日军千余人展开向第三营攻击，该营受优势敌人包围，损失很大，营长余鸿声阵亡。团长电话通知我，该敌已向你营背后前进，迅即移动位置，待敌通过后，协同六十九团围堵敌人。

敌进入六十九团伏击区内，被各营、连分别围堵激战。该团第一营所包围的日军 100 余人，树起白旗，表示投降，待该营派出两个连前往收缴武器时，日军忽以猛烈火力向两个连射击，伤亡很大。六十九团遂集中全团迫击炮和预备队全部兵力，以炽盛火力，将该敌全部消灭。

栗树垴附近日军，被我军分别围堵激战至午夜后，其一部约千人利用夜暗逃窜出围堵圈，尚剩余千余人。至次日上午，我空军与盟国空军以大编队机群，协同地面部队，向日军投下大量炸弹并扫射。我官兵首次得到祖国雄鹰协同作战，人人精神振奋，士气高昂，待轰炸、扫射过后，即冲入敌阵，与残敌拼杀，终将日军全部消灭。少数残敌逃窜到宜都附近，正慌忙渡江之际，我空军又投下大量炸弹并实施扫射，这批渡江敌军，大都葬身鱼腹。

是役我师缴获轻重武器近千，骡马、辎重甚多，生俘日军 50 余人，我方伤亡官兵 300 余人。

三、日军暴行

日军在渔洋关与近郊的烧、杀、奸淫的残忍暴行，丧失人性，令人发指。现将其暴行分列如下：

（一）狂轰滥炸

5 月 15 日，日机 1 架于渔洋关上空投重磅炸弹 2 枚，伤 10 余人。16 日至 22 日，每日有日机 3 至 6 架，在滴水岩、州子上、王家冲、堂上伤兵医院、白氏祠堂、关帝庙等处轮番轰炸。前后 8 天，房屋被毁百余栋，炸死 30 余人，炸伤 60 余人。

（二）火焚渔洋关

5 月 23 日，日军占领渔洋关后，在近郊田厚山、花桥头、水田街等处，共焚毁住宅、商店 77 栋。5 月 28 日，日军受新二十三师六十八团第二营攻击败退时，焚烧街上商店、住宅 353 栋，一路上焚毁房屋也不下 200 栋。

（三）残酷屠杀

王家冲、堂上我军两处伤兵医院，伤兵人数太多，未及撤出，被炸死、刺死、烧死 200 多人。老百姓也不能幸免。日军将于定沛 60 多岁的老母刺死后，投入火中，其残忍有如是耶！

我友军部队、民伕直接死于战场、殁于沟壑者更难于计数。5 月 22 日上午，我九十四军某营撤退到横溪河，因山洪暴发，湍流飞溅，不能徒涉，正准备架桥或找迂回路线时，突遭优势日军夹击，腹背受敌，全营牺牲殆尽，死亡 200 余人，尸漂满河，惨不忍睹。

（四）奸淫残害妇女

5 月 23 日，日军迫近渔洋关时，最初逃出的一批妇女，大多在离渔洋关二三里的三匹岭、猫子洞一带遭遇日军，无路可逃，不少妇女遭受蹂躏。日军将妇女奸淫后复加以刀剑，或公开轮奸，形同禽兽。堂上一幼女，不足 16 岁，被轮奸后，赤身裸体，仰面桌上，日军将一把洋伞把插入她的阴部。渔洋街内一婆婆，年近六旬，日军将她奸污后，推入火里烧死。渔洋关附近乡村妇女，被奸淫后又遭杀害致死者，每日都有所闻。

自 5 月 23 日至 28 日六天中，渔洋关房屋被毁 353 栋，直接死于战祸者超过 450 人。时届暑季，战后死于瘟疫者又 300 多人。渔洋关原常住 5000 余人，顿减至 1000 余人。街上尽是断垣残壁，尸骨暴于野外，野犬、蚊虫丛集，尸填渔洋河，河水污臭，惨不忍睹。当时军队或商旅行人经过渔洋关时，有个非明文规定的“三不”：在渔洋关不得停留，饿了不准吃渔洋关的食物，渴了不准喝渔洋关的水。一到夜晚，渔洋关形同死街，静如寒林，真是伤心惨目。

第七十九军驰援鄂西会战经过

徐光宇*

战前敌我活动情况

1943年夏，侵华日军发动了鄂西会战，由湖北荆沙、宜昌地区集结，分三路向鄂西进攻，右路由宜昌溯江而上；中路经枝江、宜都、长阳西进；左路由宜都、聂家河向渔洋关方向前进；其目的似在先夺取巴东及恩施地区，窒息川、湘、鄂由三斗坪至湖南以及鄂北迄河南的主要交通线，进而窥取四川。

我军方面，指挥鄂西会战的是第六战区司令长官陈诚和长江上游江防总司令吴奇伟。我当时担任第七十九军（军长王甲本）一九四师（师长龚传文）副师长；第七十九军还辖第九十八师（师长向敏思）、暂编第六师（师长赵季平）计三个师，经重庆军事委员会指定为机动部队，常驰骋于赣、湘、鄂三省之间，哪里有会战，就到哪里作战。

鄂西会战开始，军委会命令我军："着该军克日兼程驰援鄂西会战，限六日之内到达湖北五峰县以东地区，堵击由宜都向渔洋关进犯之敌。"军部

---

* 作者时任第七十九军第一九四师副师长。

奉令后，即令第一九四师由湖南汉寿驻地、军部及第九十八师由湖南益阳、暂编第六师由湖南宁乡各驻地同时出发；以第一九四师为先头部队，经常德、石门向湖北五峰前进，军行六日到达渔洋关以西地区（距渔洋关20华里）集结待命。

鄂西兵要地理及防御设施

鄂西兵要地理及防御设施，对这次会战起了相当大的作用。宜昌西岸至三斗坪、茅坪一带，山路崎岖，大多是羊肠小道，人马不易通行，更不利于大部队进军，若利用地势险要处，设防固守，可以说是“一夫当关，万夫莫敌”。由长阳至三斗坪一带，在抗战时期，虽是川、鄂、湘唯一的主要通道，人马可通行，但其中险要重重，利于设防固守，而不利于进军。有一条道路，由下坡到上坡须经500米左右的深谷，坡两边的山峰壁立，相隔只有4米，可以此呼彼应。行军至谷底，如置身井中一样。又有一处道路在山谷之中，长达十余里，两边都是悬崖绝壁，上有许多天然小洞，可称为夹道，其险峻可知。由宜都至渔洋关一段，地势虽然崎岖，但险地较少；而长阳至野山关一段，地势尤为险峻。这是当时战地的地形、地势的一般情况。

至于防御设施方面：宜昌西岸至茅坪一带，筑有永久和半永久性工事；渔洋关至野山关一带只有临时简单工事，而长阳至三斗坪一带除永久工事外，最突出的是利用悬崖绝壁上的天然山洞，作为机枪掩体。每个山洞置二至三人和机枪一挺，待到人枪、粮食和饮水运上洞后，即将梯子除去，并将洞口堵成小孔，形成很坚固的机枪掩体。这是当时防御设施的概略情况。

重创敌军的经过概述

右路由宜昌溯江而上之敌，因受地势的限制及我军的奋力抵抗受阻于宜昌以西地区；左路之敌至渔洋关，因地势险要及补给困难，乃停止前进；中路敌主力由长阳进至长达十余里、两边都是悬崖绝壁的山谷夹道中，即遭我军飞机轰炸，加以我军机枪从绝壁上天然小洞中对敌齐发，敌无处藏身，死伤近千人，随即仓皇向原路撤逃。而渔洋关及进犯野山关之敌，得知中路之敌已受重创，并探知我第七十九军开到五峰以东地区后，也相继向东撤退。

当敌军纷纷败退之际，第七十九军接到“急向宜都溃退之敌追击”的命令，立即跟踪追击。当我军进至宜都肖家岩后，得知敌8000余人已于前一日退向枝江；而在宜都县城附近之敌约万人，正在利用船只日夜不停陆续由宜都渡江向白洋撤退。于是我军决心向宜都之敌采取攻击，迫敌于江边而歼灭之。当时以第一九四师为攻击右翼队，向宜都江边亘白塔山、三里店一带之敌，攻击前进；以第九十八师为攻击左翼队，向宜都三里店以西亘五里店至长阳河右岸之敌攻击前进。两师之战斗地境线为宜都城北门江边、三里店、滥泥冲之线；后续部队暂编第六师到达后，为军预备队，位置于肖家岩附近；军部位置于狮子山南麓。

某日拂晓，右翼队第一九四师展开于宜都以东江边某高地，亘白塔山以南至三里店南端之线，向敌攻击前进，左翼队第九十八师展开于三里店南端亘五里店以南至长阳河右岸之线，向敌攻击前进。激战半日，敌军顽强抵抗，反复冲杀已达三次，其中白塔山之争夺战更为惨烈。我第一九四师第五八二团第三营少校营长林玉豪在第三次反击白塔山时壮烈牺牲，全营伤亡惨重，全线进展很慢。

至午时左右，已退过白洋之敌，又回头过江增援，战斗更形激烈，战到第二天早晨，已形成拉锯状态。这时，退向枝城方向之敌独立第十七旅团也赶来增援，在肖家岩、滥泥冲、狮子山之线展开，对我军采取包围态势。我军部遭敌袭击，向后撤退。宜都之敌为达到内外夹攻的目的，也大举反攻，并有敌机5架飞到我阵地上空滥施轰炸。我第一线部队和军部此时又失去联系，无人统一指挥，情况甚为危急。幸我第九十八师与第一九四师两师长用电话商定：第一线各留一半兵力，暂行死守原阵地；其余兵力集中先击溃滥泥冲、肖家岩救援之敌，打开一个缺口，然后分向反援之敌相机进攻。正当奋战之时，适我后续部队暂编第六师赶到，向肖家岩之敌攻击前进，不到三小时，突破了缺口，三个师随即取得联络，情况趋于缓和。这时军部也回到肖家岩，指挥三个师向敌采取包围，奋战至午夜，敌独立第十七旅团被我击溃，仍向枝江原路撤退。在宜都之敌，见援兵撤退，也乘机利用船只载一部分敌军退过白洋；主力由宜都江边向枝江方向撤退，至次日 4 时左右，战事遂告结束。

晋察冀军区北岳反“扫荡”

在反“扫荡”的日子里

王耀南*

反“扫荡”作战卅日

1943年4月中旬，日华北方面军以第一一〇师团，独立混成第八、第三、第四旅团各一部，共计1.2万余人，分别从平山、灵寿、五台、灵丘同时出动，采取轻装急进，远程奔袭和反复“清剿”等战术，对北岳抗日根据地进行辗转“扫荡”。晋察冀军区党政军机关在聂荣臻司令员率领下早已跳到外线。各军分区主力部队也纷纷突围到外线去打击敌人。坚持内线作战的部队在萧克副司令员指挥下，给敌以重创。第4军分区司令员邓华决定避开日军锋芒，率军分区直属两个小团，曾保堂的35团和罗远明的36团及第8区队到外线去作战。军分区决定留5团和9区队坚持内线，部队由我统一指挥，并把军分区的电台留给我们，以便和军分区保持联系。

邓司令员临出发前，对我说：“老王啊，五团是晋察冀军区的主力兵团，这次内线作战的担子就交给你们了。”军分区机关突围后，团政委萧锋、9区队区队长张荣、政委钟炳昌来了。张区队长和钟政委建议把9区队合到五

---

* 作者时任晋察冀军区工兵主任兼第五团团长。

团，当做5团的一个营。萧锋觉得9区队升格到主力部队不够格，我明白萧锋的想法，说:“现在都凑到一块目标太大。目前，敌井陉以北空虚，桃林坪、贾庄、陈庄、大湾等据点都没多少守军，你们趁机敲他一家伙。但注意别硬拼，打得赢就打，打不下来赶紧撤。”我考虑四面出击，让敌人摸不清我们的底细，我们就可以掌握主动权。我把想法和萧政委、政治处于英川主任说明后，叫他们组织在内线坚持的地方干部、民兵袭扰日军。

萧政委和于主任走后，我和陈开禄副团长、李镜参谋长商定作战计划。我把军区工兵连派到娘子关和南峪附近，配合1分区部队炸正（定）太（原）铁路上的火车，干扰日军“扫荡”的决心。

第一仗我决定在西岔头打灵寿出来的敌人。命令部队分别于14日晚进到西岔头以南磁河南岸山沟里待命，我准备15日晨，放过灵寿出来的日军大部队，伏击敌后勤辎重于西岔头、磁峪之间峡谷。

部队刚刚在磁河南岸山沟集结完毕，天就黑了。我们安排部队就地宿营。大约午夜时分，听见磁河对岸有军马的嘶叫声，踢踢咚咚的脚步声，手电筒的灯光不时划过夜空。这不是我们的部队，是日军，大约有1000余人。日军改变了战术，半夜出动。不能就这样便宜了日军，我命1营派一个连队，摸过去用手榴弹袭扰日军，不到万不得已，不准开枪，不要暴露。一会儿，就听得手榴弹的爆炸声和日本兵的嚎叫声。日军误以为公路北山坡有我军伏兵，喊叫着向公路北山坡冲击。趁机，我让部队迂回到慈峪和南青同之间公路两侧的高地，准备伏击敌人辎重队。

敌人闹了好一阵子，才又向西岔头方向开拔。

17日晨，日军又有1000多人，经过南青同向慈峪方向进行，辎重部队居中，如果我们在这里和敌人干起来，西岔口、灵寿的鬼子出援一夹击，我们就该吃大亏了。所以只好把鬼子放过去。天快黑了，又有一股鬼子过来了，我估计该是掉队的鬼子。用望远镜看了看，后面没有鬼子，这股鬼子只有三十几个人，押着十辆大车，连挺机关枪也没有。我看日军进了伏击圈，发出进攻命令。一阵排子枪、手榴弹，不到一个钟头，这伙日本兵就被送回东洋老家了。

我命令迅速打扫战场，部队到大西沟集结待命。

据报，缴获敌 9 车背包，1 车子弹。我想：这下发大财了，但又一想不对，那车子弹箱堆得高高的，马根本拉不动。果然，不是子弹，是一车饼干。战士们把破背包扔了，换上日军背包；把粮袋里的黑豆，荞麦饼子倒掉，装满饼干。一把火烧掉破被子和带不走的马车。我们走出去几里路，才听得“噼噼啪啪”的枪响，敌人来迟了。

日军为了急于找到我军的四分区机关，轻装日夜奔袭。我想，日军这样必然异常疲惫，而且轻装、夜战又是日军所短，重武器发挥不了作用，他们又不熟悉地形，所以，只要我们拖着敌人，使他得不到休息，日军是拖不了多久的。我把这些重要情报，报告萧克副司令员，请外线主力袭扰敌人辎重。萧副司令对这一发现非常重视，回电嘉奖。

日军有一万二千多人，我们只有 3000 多人。我们不能和敌人拼体力、拼消耗。避开敌人的刀锋，待敌人累了，我们再好好打。我命令部队到大西沟以后好好休息。

4 月 19 日，日军 600 余人向阜平以南陈庄为中心的我第四军分区实施远程奔袭。我们得到可靠情报，这是日军的一支孤立部队，决定狠狠教训他们一家伙。我准备让 1 营派 1 连利用灵丘以南上沿河、上寨附近有利地形阻击日军，然后部队主动撤离。在敌人追击 1 营 1 连时，我团主力利用上寨以南有利地形，从侧翼袭击敌人，然后再让他们进入我们在下关附近的密集布雷区。我命 1 营营长丁荣旋带部队打阻击，然后和 2 营合并，2 营由副团长陈开禄掌握，打敌行军纵队侧翼，迟滞敌行军速度，李镜带三营布雷。3 营接到布雷任务，上上下下一片欢腾，有些战士说：“光见咱们团长办训练班，教别人打地雷战，这次咱也试巴试巴，看看团长那功夫咱学到家没有。”

我赶到下关附近去检查 3 营布雷情况，到了 8 连连部，只见 8 连副指导员曹振国带了一个警备员在连部守电话机，我问他：“你们连长呢？”曹振国说：“和指导员一起去张庄埋地雷了。”我问他：“李镜呢？”他说：“参谋长和他们一起去的。”小曹问我：“团长，要不要把他们叫回来？”我说：“不用。我到前面去看看。”警备员小肖站在一边咧嘴笑，说：“一说到埋地雷，全营都像过年一样高兴，敢情是团长传染的。”我说：“那有什么不好的。”小肖说：“咱五团改工兵团吧？”我说：“以后打大仗没准要搞工兵师呢。”曹振国说：“要那么多人埋地雷呀？”我说：“咱工兵到那时可以架大铁桥，修铁路，挖隧道。三五个工兵师都不见得够用。”

3营在李镜指导下，按着我平时讲的原则，发动全营设计布雷方案。我原本以为3营会以连、排为单位组织设计。我到8连看见一个人都没有，说他们乱弹琴。现在我看到李镜把3营拉到现场搞实地勘察设计，心里很高兴。

上午8时许，日军踏响1营埋的第一颗地雷，发现进入我布雷区后，便成疏散队形，缓慢前进。1营不时放冷枪，日军行军速度每小时不足1公里。敌人在我布雷区伤亡惨重。

中午，日军逼近上寨，1营主动撤出战斗。日军进入上寨休息。3营完成布雷任务后，全团集中进入设伏地域。

日军从上寨出发，未发现我1营部队，也未发现有埋雷迹象，便加快行军速度。当日军进入下关附近狭路时，他们放慢速度，用火力向两边山坡进行侦察。我团主力在路东高坡后面隐蔽。当敌人停止火力侦察进入狭路时，我命令每人只准打一发子弹，没有把握不准开枪，注意隐蔽，避免伤亡。因为我们不可能全歼这股日军。不能打消耗战，若消耗太久，我们不划算。

敌人发现中了埋伏，拼命向我阵地扫射。因为我们在高坡上，地形险要，敌人攻不上来。打了两个多小时，我估计敌人累得差不多了，命令部队分散撤出战斗。我命令3营派一个连，尽快埋雷。当敌人通过埋伏区时，地雷一响，立即杀敌人的回马枪。

敌人进入上寨时，未遭我打击，急于进入下关休息、布防，以防我利用夜间偷袭。当敌人进入下关附近的庄子时，被埋的地雷炸得人仰马翻。敌人躲哪儿哪有雷。敌人进屋子，屋子里有地雷；敌人喝水，井台边有地雷。敌人仓促撤退，在刚走过的狭道上又踏响了地雷。据侦察员报告：日军在上沿河行军部队中共抬有担架126具，是我团在此次战斗中毙伤日军的尸体和重伤员。

20 日，第 9 区队在张荣、钟炳昌率领下，攻入桃林坪据点全歼守军。同时，袭击了贾庄、陈庄大湾等据点。

22 日夜，我部埋伏在南滚龙沟的平山到陈庄之间的山路两侧。我的决心是打敌人行军队伍中的辎重车，我管这种战术叫虎口夺食。我命令李镜参谋长，组织一个四五十人的突击队，每人带一包从地雷中拆出来的黑火药，趁我军和敌军交火之机，把黑火药撒到敌人辎重车上烧毁敌军辎重。日军的一个大队从南向北开。这是日军轻装主力，我们不动声色放了过去。几个小时后，约凌晨 4 点，天非常黑，只听山沟里马嘶，车轮响，日军大皮鞋的“咔咔”声，在夜深人静时非常响。日军全部进了伏击圈，我一声令下，手榴弹甩进敌群，日军反应过来之后，向山坡开始冲击，机枪声“哒哒哒”响个不停，这时几十条身影窜向敌人军车，一时间火光冲天，日军被照得清清楚楚。我们又是一阵手榴弹和排子枪之后，便分散撤出战斗奔向合河口而去。

几天来，日军白天搜索，我部黑夜急行军，非常辛苦。9 区队张荣、钟炳昌和肖锋、于英川的武装小分队，又让日军吃尽苦头。日军为了和我决战，亦尾随我部成包抄状态向合河口方向进发。于是我决定部队后半夜再回滚龙沟。

24 日，在 22 日烧毁的敌辎重车边，我们又歼日军一个小队，夺轻机枪 2 挺，毙敌 20 余人。当晚在上房村再烧敌辎重车 60 余辆。打了几仗后，我发现日军的指挥比较呆板。有时我们的小部队行军，与日军相遇，日军在山坡上地形好，我们在山坡下地形不好，日军竟不理睬我们，也许他们没接到命令。当我们侧击日军时，日军反应很慢，通常等最高指挥官下命令。所以把日军截成几段后，日军下级部队往往打烂仗。

我们每天的行动都报萧副司令员，萧副司令员对我们所了解的日军动态、我们的决心和作战情况非常满意。

27 日，在沙窝村附近设伏。天快要黑了，敌 800 余人押运的近百辆马车满载辎重过来了。硬打我们肯定吃亏，我决心声东击西，用调虎离山的办法“吃掉”敌军辎重。

当敌军后卫部队经过以后，我们在敌人后边的路边上埋上地雷。然后在敌人背后打冷枪，敌人掉头来追时，会踏响地雷。伏击部队开火，使进入村庄的敌人误以为是我主力来袭，出援后卫。当我团和敌人交火时，主力运动到敌主力后面，阻击敌人退回沙窝村。突击队趁黑趁乱，村内空虚，冲进村庄放火。伏击部队看见火光，趁乱分散撤走。当敌人发现上当时，我团已走远了。

28 日晨，我们看到十几个日本兵押着一辆马车返回灵寿，周围并未发现其他日军部队。我命令 1 营歼灭敌人。当战士们高高兴兴检查战利品时，发现是一车骨灰罐。经清点共 130 个。我命令，原封不动将骨灰罐放好。部队撤至阜平县城东南的党城村。

30 日黄昏，侦察员报告：日军从曲阳出来，向灵山方向移动。原来这是日军开始对第 3 军分区“扫荡”了。日军以独立混成第一、第三、第八旅团，第二十六师团、第一一〇师团各一部，共 17 个步兵大队，分别由曲阳、满城、定县和倒马关地区出动，采取分进合击手段，于 5 月 1 日拂晓，对阜平东北的军城、北晴醒及固城等地合围。我部侦察员所发现的是其中一支日军。

为了解决我团弹药和给养，我们在日军奔袭部队后面埋设了一些钉板，扎坏了几辆马车轮胎，趁掉队修车敌人不备，抢夺敌人四车物资，其中有不少手雷、子弹和食品。

5 月 2 日，遇到跳出敌军合围的 3 分区黄永胜司令员和王平政委。黄司令员告诉我说，“日军包围军城、固城、北晴醒之后，大肆捕杀我根据地干部和群众；到处挖掘老百姓坚壁清野埋藏的粮食和军需品。3 分区的部队在清虚山和马耳山阻击敌人，掩护党政机关和老百姓突围。萧克副司令员电令你团袭扰合围 3 分区驻地的日军，减轻 3 分区压力。”王平政委说：“太好了，你们来得太及时了。”他哪知道我们十几天来已连续作战八次，部队极度疲劳。但为了边区老百姓和党政机关的安全，我们咬紧牙关，连续作战了。

我从黄司令那里得知 3 分区在灵山附近坚壁有 2000 多颗地雷，我率部队冲进敌包围圈去取那些地雷。取到地雷后，碰到五丈湾等地的民兵，五丈湾民兵中队长李勇是我在阜平办训练班的学员，他看到我非常高兴，死缠硬磨让我发给他真家伙。其实我取这些地雷时就想发给民兵，这样可以大面积埋设地雷，用地雷战杀敌。我对他们说：“你们到参谋长那里去拿地雷，就说我同意发给你们地雷。不过，我发给你们的地雷没有发挥作用，我可不客气了。以后你们再也别想领到地雷了。”他们高高兴兴地去领地雷了。我正和 1 营营长荣旋说话，参谋长的警卫员小张跑来问说：“团长，给他们发多少地雷？”我说：“让他们随便拿。”我和丁荣旋说完话到参谋长那儿去看李勇他们领地雷，李镜对我说：“简直不像话。”我顺着他的手看去，民兵们背的背，扛的扛，五花八门，没个队形，有许多民兵没有工具，就用衣服裤子装地雷。李勇回头看见我来了，就招呼他的民兵们快跑，我叫警卫员喊话，让李勇回来，准备给他们再弄些裤子。但李勇怕我追回地雷，带着民兵拼命逃走了。李勇和其他村子的民兵们拿走了近一半的地雷。

不久，日军独立第十一联队 700 余人，由曲阳县党城镇向阜平县“扫荡”。李勇带领民兵用地雷战和日军展开搏斗。12 日上午，日军十一联队进入我民兵布雷区，发现埋有地雷，遂成疏散队形缓慢通过。李勇和民兵们开枪射击，击毙 3 个日本士兵。其余日军马上散开还击，在慌乱中踏响地雷，被炸死 8 人、伤 25 人。日军不能继续追击，退出布雷区，撤回阜平县城。当他们从阜平出发到龙泉关时，又进入李勇民兵中队的布雷区。这次李勇加大布雷密度，炸死炸伤日军 100 余人。

我们打了几天，日军的战术也有一些变化。我们几次打了日军掉队辎重，日军不再单独行动，起码以中队（连）为单位。我们和日军打了几年，敌我双方都明白，一般情况下，我方没有十倍于敌的兵力，是不轻易动他们的。日军以中队为单位，我军要吃掉他起码要有 1000 多人。这里包括打援的，预备队等。如果两个小时内打不下来，日军的援兵就会赶到，陷我于不利。这就促使我摸清情况，耐心待机，勇猛出击，速战速决。日军原以为在阜平地区没有我大部队。他哪里知道，晋察冀六大主力兵团之一的 5 团 4000 多人就在他们眼皮底下。

从阜平以东，我们采取侧击的方法，打敌人大队（营）以上部队，伏击战主要打敌人中队以下小部队。打敌大部队是逐赶日军，打小部队是夺取给养。打了十几天，全团丢掉了烂棉花套背包，换成日军毛毯、大米、熟肉与干粮，改善了生活。这段时间，我们未向地方老百姓要一粒小米，只可惜敌军追得太紧，许多军需物资都被烧掉了。

短短的 30 多天里，我 5 团在民兵和几十个武装小分队、爆破队助战下，运用地雷战、麻雀战，多次伏击敌军，使敌人日夜不能安宁。在外线大部队的配合下，我们重创“扫荡”的日军。敌人不得不退出我抗日根据地，共计烧毁敌辎重车 200 余辆，毙伤敌 400 余人。军区工兵小分队和爆破队炸毁敌军用列车 2 列，战功显著。

八路军总部敌工部漆克昌部长和司令部三科海风阁科长，很早以前就告诉过我，电报发出去，不光我们上级和友邻部队能收到，敌人也可以收到，并且敌人已有一些先进设备，能测到发报地点，所以使用电台一定要当心。

分区把电台留给我们，让我们向军区发报，一是汇报我团情况，收取上级指示，另一方面也是吸引敌人的注意，以掩护突出重围到外线的机关的安全。我觉得怎么使用电台这里大有文章，我们可以用来调动敌人、迷惑敌人，让敌人听我们的指挥。需要牵着敌人走时，我们就发报，吸引敌人追击。我们在西岔头村袭扰敌人时，边作战边发报。然后在南青同村发报，给敌以错觉，认为我要跳出合围的样子。我们在南滚龙沟又打了一仗，使敌清楚地认为我 5 团在他们的网里，然后我们分散去了合河口一带。敌尾随我去合河口的小分队，向合河口方向包抄，以防止我团突围进入五台山地区。这时我团从合河口分散回到南滚龙沟附近又作一战。敌人发现上当了，但网已被日军自己破坏了。当敌人再围南滚龙沟，我团在上房又敲了鬼子一下。当敌人到上房“清剿”我团时，我团分散去了沙窝村。我团在沙窝村劫了鬼子灵车后，部队奔向觉城，日军从我 4 分区撤兵后，按常规我团重返驻地，但我团又深入敌人对 3 分区的包围圈内，敌人发觉 3 分区部队跳出合围，撤围追击时，我们发动五丈湾、龙泉关的民兵又狠狠敲了日军。我们 5 团的电报总是出现在日军认为不该出现的地方，不会出现的地方。尤其是我们出现在 3 分区地域，是不合常规的。

日军此次“清剿”的目的是非常明确的，就是针对我晋察冀军区 4 分区和 3 分区的主力部队。也就是 4 分区 5 团和 3 分区 2 团。日军用了 1.2 万多人，打了 30 天。明明我们在他们的包围圈内，但无论他们怎样搜寻，也未能在他们认为我们存在的区域中找到我们。日军虽用夜战对夜战，奔袭对奔袭，山地对山地的战术，但他们始终没有摸到我们一根毫毛。我们的行动始终让萧克副司令和军区机关明明白白，敌人大的行动我们也从军事电台中掌握。我团一直在敌人网缝中游弋。敌人与我作战 30 余天徒劳无功，不得不撤出我晋察冀根据地。

连克平汉五城

1943 年夏季，日、伪军对北岳军区辗转“扫荡”失败后仍不死心。9 月 2 日，日军华北方面军司令官冈村宁次决定令第六十三师团、第一一〇、第二十六师团及独立混成第三旅团各一部和伪军共 4 万余人，对北岳区以阜平为中心，又进行大规模“扫荡”，企图摧毁我北岳地区抗日根据地。

萧克副司令员、程子华代政委决定对此次反“扫荡”采取内线与外线，主力部队、地方部队与民兵游击队相结合的方针。采取在军事上狠狠打击日军和在政治上瓦解伪军相结合的方针，粉碎敌军的“扫荡”。为了加强对根据地军民游击战领导，首长准备让我回军区，不再兼任 5 团团长。我在 4 分区党政军干部会议上，强调大力组织爆破组、射击组等武装小分队，展开麻雀战、地雷战，扼守要道隘口，打击“扫荡”日军。我的建议得到邓华司令员和分区党政干部的赞同。9 月 20 日，萧克、程子华首长签发命令，指示各军分区，利用青纱帐积极主动地打击敌人，粉碎“清剿”。命令要求各军分区，大力组织射击组、爆破组与民兵的游击组相配合，展开麻雀战、破击战、地雷战、扼守要道隘口，打击“清剿”之敌。军区决定让我回机关工作，我推荐宋玉林继任 5 团团长，在宋玉林还未到职时，萧副司令员命令我率 5 团，到敌后去，在平（北平）汉（汉口）线，保定至石门段，彻底捣毁敌人车运能力，迫使“进剿”根据地日军回防平汉线。

回到五团驻地，我让参谋长命令部队集合出发。部队边行军边动员，我向副团长陈开禄、参谋长李镜、政治处主任于英川、游击大队长张民富传达军区首长命令。

偷袭望都 9月25日，日军3000余人在飞机掩护下，开始转攻晋察冀边区政府所在地阜平的神仙山和军区后勤所在地完县西北的青虚山。军区电令我团和外线部队尽快在平汉线打响，减轻军区内线部队压力。

我团和游击大队，在冀中军区、军民的掩护下，在保定附近的冀中9分区部队的帮助下，在清苑县的冉庄、南曹庄一带集结隐蔽。我命游击大队，进望都城侦察，摸清望都县城内敌情及火车站的情况。

望都县城有伪军500余人，日军一个小队30余人。车站内驻有伪军一个连、日军一个小队（排），分别驻在4个炮楼内。但站内没有列车停靠。我决定在列车进站时再打。

我团和敌人打响之后，9分区打进望都县城抄敌人老窝，再动员3000老乡去车站搬东西。10月1日17时，一列由南向北行驶的列车进站，是货车，有五六节车厢。我怕列车跑了，命令工兵连到车站前方拆开铁轨。工兵连出发不久，张民富报告说北边也来了一个列车。我拿望远镜没有看到有列车，张民富说钢轨已经拆了，没错。我让通信员通知工兵连注意隐蔽，命令另一个工兵连派一个排去站南拆钢轨，几分钟后有一列火车进站，也是货车，也只有五六节车厢。

我命令两个营，阻击望都县援军。工兵连派四个爆破组炸毁碉堡。游击大队炸火车头、烧车厢，掩护老乡撤退。团机炮连用机枪掩护爆破组。

四个爆破组隐蔽接敌，靠近碉堡时被炮楼上站岗伪军发现，刚刚喝令：“站住！干什么的？”话音未落，警备连的机枪就响了，紧接着四声巨响，敌人炮楼飞上天，炸药的爆炸声和车站的火光惊动了望都城敌守军。望都城敌军倾巢来援，被我团阻击在站外河滩地里。当我团与敌守军交火之际，望都县城内传来枪声。冀中军区部队趁机已攻击县城。我命令向车站残敌发起攻击，部队吹响了军号，向车站冲去。激烈的喊杀声，土枪声，此起彼伏，我团终于占领车站。顿时，数以千计的老乡和车马在车站搬运站内军用物资，一会儿工夫东西就搬完了。老乡一撤走，敌人的火车头就被我们炸毁了，车厢也着起火来了。据报，望都城的日军都被击毙，伪军除部分逃窜外，大部被歼。

满载而归的沙克笑得嘴都合不上了，高兴地说："这次不但夺回了被敌人抢去的东西，还抢了鬼子的物资。"老沙接着对我说："王主任，咱们打定县吧，定县车站有好几十万斤玉米呢。"他当然希望把敌人从老百姓手里抢去的粮食和物资夺回来，还给老百姓。他向我介绍行唐敌人的情况。冀中游击队把平汉沿线各据点的敌情摸得清清楚楚的。日军和伪军各级军官叫什么，绰号是什么，都知道得一清二楚。

冀中是大平原，冀中军区"五一"大"扫荡"之后，没有大部队，也不适合大部队活动。但冀中军区群众发动得好，游击队活跃。冀中伪军惧怕冀中游击队。日军对冀中游击队，也深感头痛。但冀中游击队还从来没有碰过平汉铁路沿线的城镇。我们打了望都城之后，逃出来的伪军向他们的上司报告说，山里好几万八路，是老八路，有大炮。日军也知道肯定是正规军打的望都城，目的是调进山"清剿"的日军主力回平汉线。这是冈村宁次决不答应的，日华北方面军令平汉沿线加强戒备，日军加强了各据点的防范。军区同意我们打行唐，并令 3 分区的部队和我们共同打行唐，3 分区打县城，我们 5 团打车站，冀中军区配合行动。

奇袭行唐　我们在行唐附近集结后，和 3 分区首长们共同讨论了相互配合问题。吕正操司令员亲自来看望我们，并对配合我作战的冀中部队提出了具体要求：冀中部队要服从我们的命令，并交代各分区、地委的领导组织好抢运物资的民兵，尽量减少民兵的损失。

我和 3 分区 2 团团长李湘商定，我们 5 团在车站打响之后，2 团就攻县城，让两部分敌人相互不能照应。

部队于 8 日趁夜进入指定位置。

行唐车站，四个角都有炮楼。炮楼顶上几个探照灯把站内、站外照得雪亮，站台上堆积的物资看得清清楚楚：站内停了四列军车，其中两列还喘着气，未熄火，看来是准备出发的列车。我派出破坏铁路的工兵还未到位，突然听到车站西北角炮楼有敌哨兵喝：“谁！站住！”几个炮楼的探照灯光一齐向车站北边扫去，并照住一个人影。那个人拼命奔跑，不像是我部战士。沙副参谋长说，那不是他们的人，可能是溜进车站的小偷。他的话音未落，只听“叭、叭！”枪响了。我一看站南炮楼没有灯光，一片漆黑。战机出现，我让沙副参谋长命令爆破组冲上去，炸掉敌人炮楼。那边敌人的枪“哒哒哒”地响了，那个人应声一头栽倒。这边“轰轰”两声巨响，敌人炮楼被送上天。顿时，站内灯光熄灭，一片漆黑，敌人北边炮楼机枪“哒哒哒”地扫射。车站内的两列火车向北逃出车站。敌人另两个炮楼也上了天。站西行唐县城方向，手榴弹爆炸声、枪声响成一片。我团、游击大队和冀中军区部队向车站南北两侧阻击来犯之敌，成群结队的民兵涌入车站。他们与守敌肉搏，棒棍刀斧一齐向敌人砍去。站内守敌，被我全部歼灭。新安、新乐来援小股日军，被我阻击部队当头一棒，打了回去。我打援部队，看到新安镇和新乐镇其余敌人不敢声张，知敌并不强，他们趁机打进新安镇和新乐镇歼灭守敌，烧毁了敌人的炮楼。

天亮了，民兵、游击队还在车站忙碌着，老乡们连敌人炮楼和车站站房的木料、砖瓦也不放过，统统放到手推车、大车上往外拉，能拿得动的东西都搬得差不多了，连敌人火车头上的煤都让老乡拉走了。我部在新安、新乐阻击来援之敌，歼敌任务胜利完成。群众撤离后，敌火车头被我部炸毁，车厢着起大火来。3 分区司令发出撤退号令，我部向定县方向转移，准备夺回定县。

定县攻心战　在我连克望都、行唐之后，定县之敌已成瓮中之鳖了。周边之敌已成惊弓之鸟，纷纷逃往定县。定县有伪军 2000 余人，日军 200 余人。如果我们打下定县，进山“扫荡”我根据地之敌必然撤回。此仗非打不可。

5 团仍打车站。定县站内有日军 2 个小队，伪军 500 余人，军用列车 5 列。敌人依据站周围的碉堡、票房、调度室，火车车厢及站内粮包搭成的工事，企图顽抗。

我带 5 团营以上干部、游击大队干部抵近侦察，准备 13 日晚向定县车站发起攻击。因战前部队作战准备工作很多，我让萧政委去接待地方干部。沙参谋长说：“地方同志是来看你的。”我心里想，我有什么好看的，不由得就说了出来。沙参谋长说：“地方干部有点想法，想跟你说说。”接着向地方干部介绍说：“这就是军区的王主任。”地方干部们七嘴八舌地向我诉起苦来。说老百姓怎么怎么困难，说得我莫名其妙。沙参谋长说：“地县委领导们请求部队不要把粮食打掉。”刚打完望都，老沙就提出定县的粮食问题。看来粮食问题是冀中老百姓的命根子。这个问题不解决，不好办。

战斗一打响，炸药、手榴弹一爆，站内堆积如山的粮食一着火，可就都完了。我想，只打日军，不打汉奸，就可以不动粮囤和粮食做的工事，这样就要用攻心战瓦解伪军。当我们打日军时，伪军不向我们开火。粮食就可以保住了。

我把我的想法和各位地方干部一说，他们忙说没问题。请求我把战斗推迟一天，他们去找伪军的亲属来劝降。我把冀中区地方干部的要求向黄司令员、李团长作了传达，又请示萧副司令员。萧副司令员同意我们推迟一天打定县。

14 日，定县城里和车站伪军军官、士兵的亲属被找到前线。天一黑，热闹的“攻心战”就开始了。游击队员们拿着大喇叭筒高喊：“山里来的王司令、黄司令讲了，伪军兄弟们，中国人不打中国人。只要你们不向八路开枪，八路军就不杀你们。”亲属们也高声劝伪军别跟着鬼子跑，望都、行唐都让八路占了。只要你们不开枪，八路就让你们回家。

炮楼上的鬼子把探照灯打开，用机枪向四周扫射，我命令用火力压制。几声枪响，就把敌探照灯打瞎了。游击队和伪军亲属又喊了起来，说：“王司令生气放大炮了。你们敢动手，八路饶不了你们。”躲在粮囤后面的伪军没有打枪。我看时机成熟，命令开始攻击。每个连包一个炮楼，游击大队和警备连打剩下的西南角那个大炮楼。所有的冲锋号都响起来了，冀中老乡也敲锣打鼓助威，部队喊“冲啊、杀啊”，老乡们也跟着喊。

定县县城那边枪炮声响成一片。突击队抵近敌碉堡后，担心用炸药会点燃站内粮食，就用手榴弹往敌人枪眼里塞。游击队的老猎手更神，趁敌人开火时冒出的火光，一发子弹就把日本兵送回老家去了。许多伪军士兵，摇动白衬衣投降。日军被消灭了，4000多八路军冲进车站，伪军官兵纷纷跪下把枪举过头。好多伪军士兵都说：“八路长官，我没放枪，不信您闻闻，枪里没火药味。”放过枪的则纷纷辩白说自己是朝天放的枪。

定县站内和车厢内数以万计的玉米、小麦保住了。有一列车竟然装的是从老百姓家里抢的牛羊骡马等牲畜。冀中区地方干部千谢万谢。我说：“谢谢你们的攻心战，使我们部队减少伤亡。”

太阳出来了，定县被我们打下来了。

进站来运物资、粮食的老乡喜气洋洋。

日军的“扫荡”迫于我外线部队的打击，为了加强交通线的守备，结束了“扫荡”，退回平汉线，加强守备。

打坦克炸列车袭扰保定城　1943年10月上旬，日伪军在我外线部队打击下，被迫抽调“扫荡”的兵力回援，结束了对我北岳区的秋季“清剿”。

从10月13日起，敌集中兵力对我根据地唐河、沙河、滹沱河流域产粮区进行“扫荡”，企图抢粮。我军内线部队掩护根据地群众抢收粮食，进行坚壁清野；我外线部队则拔据点、破公路，袭扰敌辎重部队，牵制日军。10月下旬，我根据地军民抢收完粮食。日军抢粮计划失败之后，妄图集中兵力与我主力决战。10月29日，日伪军集中2000余人再犯神仙山。

萧、程首长命我外线部队打保定市，迫使敌人撤军。

保定市有伪军1000余人，日军100余人，军校学员600余人。车站内外有坦克车3辆，列车9列之多。车站周围筑有多座碉堡。车站内驻日军30余人，伪军300余人。坦克在车站边上，它的装甲厚、火力强。加上车站周围碉堡里鬼子的策应，我们没有重炮不好打。冀中军区军民被敌人坦克祸害得不轻，吃过不少亏。但奈何它不得。

只有把鬼子坦克调出车站，才能用地雷、炸药打掉它。

冀中区党委和军区领导召开县团以上干部会，会商打保定。沙参谋长说：“萧副司令员、程政委决心打保定；王主任带团打坦克、打车站，任务最重；黄司令员（3分区）、李团长（2团团长）打保定，担子也不轻；我们冀中怎么配合，请你们二位谈谈。”黄永胜司令员示意让我讲。我把我的想法讲了出来。我说：“只有把保定敌人打疼了，坦克才会出来。才能调虎离山。”

我建议，放掉伪军，这样我们就有足够的兵力打鬼子，以确保战斗胜利。黄司令员说：“我也是这个意见。”

我们知道这帮子汉奸坏透了，冀中人民对他们恨之入骨。放过汉奸，冀中老百姓感情上过不去。

沙参谋长说：“只要完成萧、程首长的决心，怎么打是你们一线指挥员的权利，把汉奸放出城怎么收拾他们，是我们冀中的事。你们主力就不用操心了。”吕司令对各军区和各位地方干部讲：“伪军出来后，你们不准让他们再回保定，谁让汉奸进保定谁负责。”

10 月 29 日 20 时，保定打响了。工兵 1 连已奉命去布雷，做打坦克的准备。吕司令员把冀中军区的几百公斤黄色炸药都给了我们。我们没有反坦克地雷，是用 10 公斤黄色炸药做的炸药包，并装上自制的电雷管。我命工兵连扎了近百个炸药包，每个 5 公斤，用来炸碉堡、炸坦克。让 1 连带了 30 几个炸药包，我命张民富带游击大队掩护 1 连。

直到深夜，坦克才出动，后面跟了 20 几个鬼子和 200 多伪军，坦克开得很慢，亮着大灯从火车站出来。

车站压力一下子减轻好多，十多个日本兵，100 多伪军分布在 9 座碉堡、6 个岗楼里。在车站和调度车场上还有日军的游动哨，日军和伪军分散无法集中，只能火力支援。这样我们就在每个局部上都占有绝对的优势。战机来了。

我命令部队沉住气，只听远处一声巨响，我知道敌人的第一辆坦克报销了，紧接着机关枪像炒豆子一样“噼噼啪啪”地响个不停。工兵连爆破组趁后面两辆坦克停车的工夫，从公路两侧冲了上去，一共四组，每组两人。两个组对付一辆坦克。爆破组的炸药包上捆了好几个铁丝钩子，用来挂在坦克乘员上车的把手上；对付后面那辆坦克的两个小组都把炸药包挂上去了。炸药包爆炸，坦克着起大火，把周围照得像白天一样。中间那辆坦克，突然调转方向，向右边开，碾死了爆破手后，向车站方向逃。跟在坦克后面的日、伪军向后撤的爆破手开火。爆破手全部英勇牺牲。游击大队从敌后方开火，伪军不敢去保定，又遭我后方袭击，纷纷向公路两边逃跑，我军只打鬼子不打伪军。逃跑的坦克被我地雷炸毁，出援保定之敌被我消灭。

此时，我命令部队向车站发起攻击。

我团每个连打一个碉堡，冀中游击队打岗楼、打散兵。部队早就按捺不住求战的情绪了，纷纷冲了上去。战斗打得很艰苦，消耗很大。轰轰隆隆的爆炸声此起彼伏，直到天亮车站敌人才被肃清。许许多多的民兵、游击队进站抢运物资。我团将站内五列火车炸毁之后，掩护3分区部队撤出保定。

攻克完县　完县的南边望都、行唐、定县先后被我攻克，北边保定也被我打了下来。虽然我主力不宜久战，但反扑回来的日、伪军回到这些城市后，由于大部队在我根据地“扫荡”，所以他们不敢轻易出战，只是死守。

我们的下一个目标是打完县。

我们在前段作战时已经把平汉沿线的通信线路全部破坏，铁路也拆毁了许多。日伪军短时难以恢复，尤其是通信线路，通信线路长，沿线的据点、碉堡、炮楼早已被我拆毁。即便日军架通电话线，一个晚上就会被民兵们拆走。当地维持会的人员会向日军报告是山里来的八路拆的。

日军没有了通信像聋子一样。我们在当地党、政、军区支持下，如鱼得水，活动自如。我们要打完县，自然冀中军区情报部门就会给我们提供详细的敌军驻防图。敌人的兵力布置，武器装备，我们知道得清清楚楚。完县驻有日军100余人，伪军500余人。由于我们破坏了保定、望都等火车站，平汉线上敌军列无法远行。日、伪军除了留下一个伪军中队守着火车站的设备和一列火车外，其余日、伪军早已撤回完县县城。我和黄司令员、李团长商议，只用5团1营打车站,5团主力和2团及冀中军区、地方部队集中打完县。

完县县城，城墙四角各有一个砖砌的炮楼，东西向城门洞上各有一个沙袋垒的掩体，城门洞边也各有一个沙袋掩体。城墙上的守敌为日军，城门洞边的守敌是伪军，主要是为了检查过往人员。日军在县城内县衙院驻。商会驻有伪军营部，其余伪军散驻。县城内无工事。

我和3分区黄水胜司令员、萧新槐参谋长、李湘团长，冀中军区沙克参谋长，第9军分区王凤斋司令员，34区队王稻区队长商定：由5团先打掉城墙上日军碉堡。部队进城后，2团直扑县衙，5团随即围县衙，34区队和民兵包围伪军，只围不打，待2团和5团解决鬼子后，再来消灭伪军。

我们和2团分别用火力攻击东西城门。日军城墙上和工事内的火力被我吸引，两个工兵连分别从南北两个方向隐蔽接近城墙，用一种叫三爪钩的工具甩到城墙上，把炸药包吊到城墙顶部，炸掉了城墙四角的碉堡。然后分别向两个城门运动，用手榴弹消灭城门工事里的敌人，再用炸药炸死城门上的守敌。大部队突进城中。我们打城墙上的敌人时，城内敌人未敢出援，一是天太黑。再者我们连克四城，尤其攻下保定城后，对敌人震慑力极大。敌人妄图凭借城里坚固房屋死守。

我团包围的老县衙，坐南朝北，正面大堂后面是一个跨院，两边厢房，中间是一个门，门两边是耳房，进门后是个小院，正房西边也是厢房，驻有40多个日军。

我军攻打城门时日军已进入阵地，县衙大堂正门架上了重机枪，正房房顶和两边厢房房顶上也分别架上歪把子轻机枪。除了大堂外正门有十几个日军，其余的日军都上了房顶，企图占领制高点，阻拦我军的进攻。

我命3营在县衙正面担任佯攻，吸引敌人火力。团机炮连在据县衙百十来公尺外，在关帝庙和文庙房顶上架上机枪，扫射县衙房顶上的敌人。

命警备连、特务连各抽一个排带短枪组成突击队，用洋镐、洋锹凿穿邻近县衙民房的房院墙，然后在跨院两边凿洞，突入县衙歼灭敌军。

我得到报告，1营已拿下火车站。我命两个工兵连去破坏车站。命1营参与围歼日军的战斗。2营长已经命令部队爬上与县衙相邻的民房，与日守敌激战。

潜入县衙的警备连和特务连击毙了敌中队长，歼灭县衙大堂的敌人。3营趁机爬上大堂房顶。警备连的战士把敌人的背包沾上煤油点着后扔到院子里，把院子照得亮堂堂的，敌人被照得清清楚楚的。3营上房的越来越多，日军已上天无路、下地无门，一个个被我军击毙。

天刚亮，我全歼县衙守敌。

2团也已歼灭城内其他守敌。完县日军被我全歼。许多伪军挥动白衬衣乞降。

日伪军将大部队抽调进山“扫荡”，后方空虚。我5团和2团到敌后对敌城市、车站进行破袭的同时，在冀中区党委和军区的指导下，发动群众，横扫冀中平原内顽固的汉奸武装、据点和由汉奸把持的村庄。拆毁封锁墙，填埋封锁沟。将敌人在封锁沟里埋的制式地雷全部起出来，装备给民兵。仅在我5团帮助下，在冀中区恢复的村庄就达500多个。可以说5团所经过的地方，敌据点、碉堡、公路、封锁墙、封锁沟统统化为乌有。冀中区游击队和地方部队也趁机以5团的名义积极参与。有些据点、封锁沟、封锁墙，他们不是破坏不了，只是怕他们搞了日军，日军报复当地老百姓，另外也有汉奸在里面作伥。现在他们以5团名义，汉奸就不敢怎么样，也只能报告是山里大部队干的。村庄回到根据地人民手中。为了防止敌人回来后报复，我向当地党政军干部、群众提出改进地道，训练民兵的要求，并对如何进行地道战、地雷战、麻雀战、破袭战的战术、技术的训练，也以晋察冀军区的名义，对党政军干部做出了规定。我自己也亲自视察冀中军区的训练情况，并亲自讲解，使冀中军的游击战水平有了空前的提高。

在晋察冀军区两件记忆深刻的事

萧　克*

1943 年夏，程世才去延安学习，我又接替他兼任边区人民武装部部长。在此期间，有两件事我记忆较深：

第一件事是这年夏季保卫麦收的斗争。北岳区的东西两面是起伏地，再往北，沿平汉线是一大片平原，这个地区种麦很多，是边区的主要产粮地。过去一到麦收，日、伪军就纷纷出来抢粮。于是决定，分散一部分正规军，配合地方武装和民兵保卫麦收。当时从 1、3、4 分区各抽两个团，以连排为单位分散到产麦区。

这时期，敌我双方在麦区展开了紧张的争夺战。我们这次军事行动的规模比过去大，人马也多，有正规军、游击队，还有大量的民兵和运粮车马等。虽然目标大，但都分散躲藏在麦地、田坎以及利于隐蔽的地形地物，敌人不易发现。加上我们地形熟，情报明，民兵和地方干部都是义务情报员，敌人来抢麦，我们就打枪，给敌以杀伤，并造成敌人混乱。敌大队来，我又转移了。埋伏在附近的其他小队如果看到有机会，也同样打。这样，敌伪既不能割麦、运麦，兵力又受损失。反复搞几次，也就很少再来了。这种战

*　作者时任中共晋察冀军区代理司令员、边区人民武装部部长。

争，江西苏区时期叫“麻雀战”。但那时的“麻雀战”，都由游击队担任；而现在正规军也参加。当然，无论在战术、技术和指导方法等方面都有发展、提高。这是一种集军事斗争、政治斗争及经济斗争于一体的好的斗争形式。

这次保卫麦收的斗争达到预期目的，成熟的粮食一粒也没有落到敌人的手里。

第二件事是这年秋季反“扫荡”，我们把主力部队分兵敌后，与地方武装密切配合，以我之长，制敌之短，取得了大胜利。因为我们熟悉地形、民情，正规军敢于分散，不怕没饭吃；民兵又善于单兵、小组射击，利用地雷战、地道战、麻雀战等斗争形式，机动灵活；而敌人是地形、民情不明，缺粮，不敢分散，尤其是日军不敢分散行动。当时，日军 2 万多人，伪军 1 万多人，对北岳区进行“扫荡”，我们留下小部队和民兵以游击战和地雷战钳制敌人，主力转到敌占区和游击区，实行内线与外线结合、主力与民兵结合，军事打击与政治攻势结合，武装斗争与其他多种斗争相结合，使敌人到处被动挨打。这次反“扫荡”，我们的损失不大，但敌人的损失却不小。据统计，共歼敌 9000 余人，其中被民兵歼灭的占一半，说明我们的民兵有力量，也说明正规军与地方武装配合得好，可以用小于敌人的兵力战胜强大的敌人。

1943 年夏，抗日战争进入第七个年头，日军由于在太平洋战争中连续受挫，不得不继续抽调部队增援南洋，当时从华北抽走了 3 个师团，其中有 2 个师团是原驻晋察冀地区的。边区形势开始好转，根据地也在逐渐恢复和发展。

但日军为了掩盖其战略企图，在抽走部队之前又调集兵力，准备对根据地发动新的大“扫荡”。与此同时，国民党顽固派又掀起第三次反共高潮，准备以 40 万大军包围陕甘宁边区。7 月中旬，军区接到中央命令，派吕正操率 6 个团开赴晋西北担负保卫中央的任务。8 月 1 日，中央通知聂荣臻准备去延安参加中共七大，并决定由程子华代理晋察冀分局书记兼军区政委，由我代理军区司令员，刘澜涛为军区副政委。分局根据中央精神，决定将北岳、冀中两区党委取消，工作集中于晋察冀分局；原冀中军区领导机关合并于晋察冀军区，各军分区由军区直接指挥。

为了迎击敌人的大“扫荡”，我们一面布置战前准备工作，一面研究制定反“扫荡”的作战方案，决定仍采取内线同外线结合、主力同民兵结合、武装斗争同其他各种斗争相结合的对敌斗争方针。为此，划分了内外线部队的活动地区及物资掩蔽地区、补给地区和内线部队应控制的制高点（区）。加强了情报工作，把重要的电话线路更多地改成了隐蔽线路（晋察冀军区早就有隐蔽线路的布置）。并设立了宣传站，印制宣传品。正规军连队还组织了飞行射击组和飞行爆破组，民兵进行侦察编组和爆破训练。群众进行坚壁清野和秋收、秋耕、秋种的各种准备。到 8 月底，北岳区全体军民，包括 4 万多部队和 18 万民兵，对敌人每年都要进行的“秋季扫荡”，都已严阵以待。

就在准备反“扫荡”期间，我突然身患重病，整天高烧不退。聂荣臻去延安时，还以为我的病会很快好起来，但到反“扫荡”开始时，我就不能坚持正常工作了，由程子华和唐延杰负责反“扫荡”的组织和指挥。

敌人这次大“扫荡”，先从平北开始。8 月 8 日，敌 6000 多兵力突然向平北根据地发起进攻，由于敌人的进攻来得突然，平北党的领导机关和部队仓促应战，一度呈现混乱，但很快调整了部署，由被动转为主动。至 9 月中旬，“扫荡”平北的敌人在我打击围困下，大部退出了平北中心区。

紧接着，敌人又对北岳区开始了所谓“毁灭扫荡”。9 月 15 日，日伪军近 2 万人分别由保定、石家庄、阳泉、五台、张家口、宣化等地出动，以奔袭动作，很快占领了我根据地的松山、蛟潭庄、唐梅、会口、下关等地。这时，我的病仍不见好转，整日高烧，便随边区政府、华北联大，白求恩卫生学校等单位转移到神仙山，先佛也带着孩子到神仙山来，既参加反“扫荡”又照看病人。

神仙山地处沙河、唐河、滹沱河之间，位于阜平城北约 60 里。主峰奶奶尖海拔 1800 米，兀立在群山之间，地势险要，日寇历次“扫荡”都不敢轻易进入。神仙山在军区划分防区时，属三分区防地。我在养病时的警卫都由他们负责。但这里北邻 1 分区，反“扫荡”一开始，一分区第 1 团政委亲率一个连来担任警卫，军区卫生部政委姜齐贤也来了，还有陈其源大夫来负责我的治病。姜是长征老兵，精通医术又有战争经验，不仅随时指导医生工作，还同一团熊政委和先佛研究情况，决定行动。我们一行 100 多人，组成了一个小单位，在反“扫荡”中独立行动。

9 月下旬，敌人深入北岳区地区后，除四处“搜剿”外，还以飞机在空中侦察，发现哪里有我军的踪迹，就进行轰炸，地面部队立即前往合围。沙河、唐河、滹沱河之间地区，是边区领导机关所在地，军工厂也设在这里。敌人进入根据地后，主力就朝着这三条河流之间的地区突击。敌主力一部便闯入了神仙山地区。

3 分区政委王平等很关心我的安全，经常向我们通报敌情。一天晚上 10 点多钟，王平、黄永胜打电话给我，说敌人将分 4 路围攻神仙山，让我当晚就要离开那里。他们隔一会儿来一个电话，到 12 点多敌情完全清楚了。最后的电话中说，敌人将在拂晓前形成对神仙山的战役包围圈，情况十分紧急，要我们在拂晓前必须突出去。我当时还发着 39 度的高烧，医生、护士提出让我坐担架走。我说，坐担架走山路很难，行动迟缓，拂晓前出不去；骑骡子天亮能突出去，还是骑骡子。有关同志考虑我的病情，仍在犹豫。先佛坚决主张骑骡子，并立即行动。夜色中，我们从敌诸路分进的间隙中悄悄地插出外线。侧面一、二里处敌人的哨兵在烤火都能看到。拂晓前，终于顺利地转移到了安全地带。此次神仙山反扫荡，好在先佛同我在一起，在军事上处于难下决心的时候，她能也敢负责下决心。好久之后，我曾问她：“敌人包围神仙山那天晚上，你为什么要我骑骡子走？”她从容地说：“正是因为情况紧张，才叫你骑骡子。否则不仅你出不去，大家也会被你拖住。我看你那天虽然发高烧，你还挺得住。即便万一从骡子上跌下来，也比被敌人包围好。我们人多，有办法。过去红军打仗行军，不是也有很多伤病员在马上救护的？”

我们突围后，保卫神仙山的部队，依山据险，居高临下，以事先布设的地雷和机枪射击，节节抗击敌人，经过一番苦战，终于将敌人击退。不久，我们又返回神仙山。

敌人的“扫荡”仍在继续。我的病情不见好转，持续高烧，却始终未能查出病因。姜齐贤写信给七八里地也正是在反扫荡中的卫生部长殷希鹏，把我的病情告诉他。殷回信说，根据我的精神状况，看来不要紧，并说我长时间体温较高，说明我的身体还有抵抗力。姜齐贤接到殷希鹏的信，精神上的负担大减轻。又立即告诉我。殷过去在中国大学毕业后，又到日本庆应大学研究病理，学术上很有成就，回国后当医科教授，又任河北医科大学校长，抗战初在河北参军。姜对殷素有学术上的信任，就按殷的指导思想为我治疗。我既听医生的话，又以乐观的态度对待自己的病，积极配合医生治疗。

10 月底，2000 多日伪军再犯神仙山。我们与当时隐蔽在这里的机关、学校和群众一起再次转移。途中，为了能随时行动，警卫战士们天天晚上和衣就寝；马匹每到一处，只卸下马鞍稍休息一下又重新放上。先佛带着四岁的孩子也在此。她既要照顾孩子和病人，又随时都在注意敌情和我们这个小单位的行动方向，还要注意和我有关的单位联系。总之，凡与我们这个单位有关的事宜，她都在注意。有一天，我们刚刚突出包围圈，敌人便在大炮和飞机的掩护下，蜂拥扑向神仙山。我守山的部队在外围部队配合下，激战两天，打退了敌人的进攻。

到 11 月，敌人的“扫荡”已成强弩之末，从 11 月中旬起，日伪军的主力陆续转移到沟线外抢粮，只留下一部分在根据地内，以临时据点为依托，奔袭、合击我机关、部队，并大肆烧杀破坏，交替掩护撤退。军区指挥部队乘胜追击，迫敌撤退。到 12 月中旬，北岳区反“扫荡”战役胜利结束。就在此前不久，我几个月来的高烧突然退下去，精神状态更好了，仍留在 3 分区驻地栾头休息。这时，一团政委和步兵连归建了。在几个月的行动中，他们和 3 分区部队处处关心我的安全，照顾我的行动，我终生难忘。

北岳区的这次反“扫荡”，取得很大胜利。三个月中，军民共作战 5600 多次，毙伤日伪军 1.1 万多人，并缴获大批武器。反“扫荡”后，北岳区向察南、雁北伸展；冀中军民在反扫荡时隐蔽起来的抗日游击根据地又重新恢复了，还新建大批抗日村政权；冀东部队在游击队和人民群众的配合下，重返关内，不仅解放了长城沿线的“无人区”，而且将冀东游击根据地发展成为更广大的冀热边区。

在3分区休息了两三个月后，我的身体渐渐康复。回到军区机关不久，接中央电报，让我去延安养病、学习，并准备参加中共第七次代表大会。

冲破黎明前的黑暗

杨尚德*

1943 年 5 月，晋察冀军区司令部驻地阜平县温塘村突然遭到日军飞机的偷袭。这次偷袭是有规模的轰炸。司令部作战室设在边区参议会大礼堂后边的化妆室，日军飞机的第一颗炸弹就炸毁了，聂司令员和萧克副司令员的房子也同时被炸坏。情况突变，军区机关立即连夜转移到 20 里外的马栏，准备抗击日军的再一次“扫荡”。这时，我发现牛皮挎包不见了，里面放有文件和一张作战布图。唐永健科长非常生气，大声喝道：“给我找去，找不到就别回来。”

我自知责任重大，特地掖了两颗手榴弹，炊事员给我口袋里装了一个玉米面饼子，我一路小跑直奔温塘作战室而去。

温塘的群众已经转移，我进入作战室一看，整个屋子面貌全非，炸弹穿透屋顶在地上炸了个一人深的大坑。我找了一根捅灶火用的火箸，跳入弹坑挖起来，不一会儿，先挖出一个饭桶，又挖出一条被子，再向下挖时，找到了牛皮文件挎包，里面的文件和作战布图完好无损。我掏出玉米饼子吃了几口，知道此地不可久留，日军随时可能来，便迅速挎好文件包，将随身武器

* 作者时任晋察冀军区司令部作战科参谋。

检查一下走出作战室。正要跑下台阶，一个民兵火吼着跑过来：“你千万站着不敢动，脚下是地雷，我领你绕过来！”

惊骇之余，我非常感谢这个民兵，送他一颗手榴弹即分手。我前脚出了温塘，日军一股300余人后脚进村，挨了炸。

我筋疲力尽、满头大汗、气喘吁吁赶回马栏作战科，把文件挎包交给唐永健科长，报告了找文件包的经过和温塘敌情，唐永健同志突然大笑着说：“是我把你逼上梁山的。”

作战科的几个同志也都哈哈大笑起来，说：“算你小子命大。”

1943年以后，战争的前途于日军日趋不利，由于在太平洋战争的连连失败。日军不得不从华北抽走3个师团，支援南洋的侵略战争，日军兵力严重不足，日伪之间矛盾不断加深。就在敌后斗争形势对我日益有利，我军主动出击之时，国民党当局又调集40万大军包围陕甘宁地区，准备发动第三次反共高潮。晋察冀军区遵照中共中央命令，将主力一部开赴晋绥和陕甘宁边区，保卫党中央。第一批出发的部队是长期在平原作战的第十七、十八、二十二、二十六、二十七、二十九6个团由吕正操同志率领，于1943年8月底启程去晋绥区；第二批出发的部队是长期在山岳地带作战的第一、五、九、三十四团和独立团、骑兵团，编组为教导第2旅，于1944年3月启程，调到陕甘宁边区，另有一个工兵连和军区炮兵营。两批共计12个主力团。

聂荣臻司令员奉中央命令，于1943年8月底启程去延安参加党的“七大”会议。他离开期间，萧克代理军区司令员，程子华代理军区政委。

在军区司令部的几年里，虽然战斗频繁、生活艰苦，但是，丰富多彩，令人难忘。在战斗空闲的时候，机关组织我们学习文化，并根据每个人的不同文化程度分组编班，讲授语文、数学、物理……旨在提高我们的文化素质。

军区的“抗敌”剧社十分活跃，经常来给我们演出戏剧，除“日出”“雷雨”等大型话剧外，更多的是演出一些反映抗战的英勇动人故事，给人感染极大，起到了教育人民，鼓舞抗战的作用，充满晋察冀的亲切乡土气息。到了傍晚时分，在村边的打谷场或选一片比较平坦的地方搭起临时戏台，布景也很逼真，点燃汽灯就开演。周围四乡八村的群众扶老携幼来看戏，非常热闹，至今还能感受到当时的那种文化生活带给我们的美好享受。

作战科参谋长范元寿，是我国著名历史学家范文澜先生的儿子，和大家相处得很好。当时生活艰苦，津贴每人每月 1 块钱，有时数月不发，逢到大家囊中空涩的时候，就聚在一块儿找范元寿同志起哄，搜他口袋里的钱给大家买点花生、爬糕之类的小食品，范元寿也任凭起哄，倾其所有。同志们在一起同生共死地抗击日军，结下了深厚的战斗情谊。

1943 年秋季，日军为了掩盖其抽兵南下的企图，对我晋察冀巩固根据地北岳区进行了大规模的所谓“毁灭扫荡”，对我根据地造成的损失非常严重。

8 月底，聂荣臻司令员在赴延安途中，就已发现日军驻代县、五台、崞县（今原平）的独立第 3 混成旅团正在勒索民夫和牲口，估计敌人对我边区“扫荡”即将到来，遂于晋西北致电萧克代司令员、程子华代政委。因此，当敌人开始“扫荡”时，我北岳区全体军民——包括 4 万余部队和 18 万民兵，早已严阵以待。各军分区都准备了 3000 个以上的地雷，民兵进行了爆破、射击、侦察的编组和训练，加强了情报站、电话站的组织，以连队为单位组织了飞行射击组和飞行爆炸组，在群众中进行了坚壁清野和秋收、秋耕、秋种的各种准备。

日军这次“扫荡”，由于兵力不足，战斗力下降，行动较为谨慎、迟缓，与过去有着显著的不同。虽然一开始仍旧采用分进合击，但是当发现我部队外转以后，并不转移兵力实施追击，而是在交通要点建立临时据点作为依托，进行“清剿”。日军只是形成战役合围的态势，实际上不作战役合围，着重于对根据地进行彻底破坏，断绝我边区军民赖以生存的物质基础。先控制我埋藏物资地区挖掘物资，随后控制我产粮区掠夺粮食，到将要撤退时，才有重点地对我领导机关和主力部队实行奔袭。在灭绝人性的“毁灭扫荡”中，制造了一系列惨案，较大的有：阜平的平阳惨案，易县的寨头惨案，涞源的走马驿惨案，平山的岗南、焦农庄惨案，灵寿的大寨惨案，井陉的黑水坪、老虎窝惨案。仅平阳区就被屠杀了 1000 多人。除了集中扫射、活埋、刀砍、枪挑等惯用手段外，还灭绝人性地开膛破肚、割心挖眼、活剥皮、喂狼狗、点人灯、毒气熏、滚水烫、挂电杆，用尽了一切惨无人道的野蛮手段。致使一些村庄尸体遍地，一片凄惨景象。反“扫荡”一开始，晋察冀军区司令部由河北省阜平花山村转移到山西雁北地区的摩天岭，为了减小目标，更加灵活地指挥战斗，分成两个梯队同日军周旋，指挥北岳区的反“扫荡”作战。在行军作战和转移中，我们经常看到这些法西斯暴行，更加激起我们同日军血战到底的决心。

9月下旬，日军进入我各军分区的腹心地区，总数超过两万，大肆烧房子、杀人、抢粮食、破坏生产工具、捕捉我方工作人员、搜挖我方军民埋藏的物资。根据各军分区的通报，晋察冀军区针对敌情在9月底发出命令，坚决打击三五百人的日军小股部队，迫其缩小“清剿”范围；同时派出精悍的武工队，深入到敌人后方，捣毁伪组织，打击敌人守备薄弱的后方机关，破坏敌人的交通线，有力地牵制敌人的行动。

日军9月29日进占阜平县城。当时阜平已是一座空城，日军600人一进城就陷入地雷阵，死伤累累，仓皇撤退。日军转而集中3000余兵力向我晋察冀军区原驻地城南庄地区，在附近方圆30多里的地方，建立临时据点20多处，每日在飞机掩护下，搜寻我方隐蔽的机关、部队和群众，挖掘我方埋藏的物资，半月过去，不仅一无所获，而且经常遭到我军伏击、袭扰，一夕数惊，伤亡惨重。何家洼一个民兵中队由部队1个班配合伏击敌人，用手榴弹和地雷毙敌38人，伤敌90人，缴获大批武器弹药，我方无一伤亡。日军长时间陷入四处挨打的境地，伤亡惨重，后方空虚，开始逐步撤退。12月中旬，经盂县、平山地区撤退的敌人，在5天内就触发地雷270余枚，死伤300多人。12月15日，我四分区第五团的几名侦察员潜入平山双石洞据点，歼灭了据点里的日军，缴山炮1门，轻重机枪各1挺，步枪数支。附近纪家沟碉堡的伪军被吓跑，民兵乘势夺取了秋天园碉堡。一连几次胜仗，迫使滞留在平山以西的敌人慌忙撤走。许多县城和村镇的伪情报员，被我军抓捕，敌人耳目不灵，不断遭到打击。

但是，也有些机关、部队以为敌人快要撤退，放松警惕，遭受了不应有的损失。12 月初，军区政治部一部、晋察冀画报社、抗敌剧社和火线剧社，在阜平西南一带隐蔽，由于行动过于暴露，从 12 月 3 日起，连续 4 次遭到日军奔袭合击，12 月 9 日又在白崖子被敌包围，虽拼死抵抗，我部伤亡 80 多人。

敌人的奔袭合击在这个阶段有明显的特点，先向别的地方佯动，然后突然掉转方向连夜直扑我驻地，拂晓进村，并在我可能转移的方向布置伏击，如果扑空，就佯作撤退，突然返回，再行合击。11 月 20 日，阜平以西的东西下关、栗元铺、法华的日军以重兵合击我驻罗家湾一带的军区司令部及青年支队，结果军区司令部先敌 3 小时，青年支队先敌仅 1 小时，从合击的空隙中安全转移，使敌人扑空。

这次反“扫荡”，粉碎了敌人毁灭我根据地的企图，保卫了秋收、秋耕，完成了征粮工作；巩固扩大了根据地，3 个月共作战 5600 余次，毙伤俘日伪军 11000 余人，毁敌火车 18 列、坦克 3 辆、汽车 244 辆、击落敌机 1 架、破坏铁桥 13 座、铁路 5 公里。同时，我军也付出了伤亡 2427 人的代价。

为总结和推广斗争经验，1944 年 2 月 10 日至 14 日，召开了边区第一届群英大会。由于冀东、冀中、平北各根据地处在日军分割状态，只有北岳区的代表参加。

第四军分区第五团连长邓世军，在平山北岳沟战斗中，带领全连冲破日军 1500 余人的三重包围，胜利地掩护全团突围，被授予“晋察冀边区子弟兵战斗英雄”称呼，授予李勇“晋察冀边区爆炸英雄”称号，授予戎冠秀“北岳区拥军模范——子弟兵母亲”称号，授予李殿冰“晋察冀边区神枪手”称号，授予崔洛唐“北岳区拥军模范——子弟兵大哥”称号。

（杨效民整理）

民兵大摆地雷阵

杨福隆*

草枯叶黄谷上场，阵阵秋风催人忙。正是根据地军民紧张秋收的时候，日军要对我晋察冀北岳区进行“大扫荡”的消息传来了。

这是 1943 年的 8 月末，我原在边区党校学习。有一天，区党委组织部长林铁同志找我去，一见面就说：“现在情况你清楚，决定调你去阜平县担任武装部长，领导那里的民兵坚持斗争，配合主力部队作战，粉碎敌人的‘大扫荡’。”这是紧急的战斗任务，我当然马上就答应了。林部长又亲切地嘱咐说：“敌人这次‘扫荡’可能更残酷，时间也可能更长，你精神上要做足够的准备。阜平是你的家乡，你在那里群众关系很好，遇事只要和群众多商量，相信你一定会胜利完成任务的。”

遵照上级指示，我决心深入到基层民兵中去，和群众在一起参加这次残酷的反“扫荡”斗争。

9 月中的一天下午，我到了城厢民兵中队部。中队长李尚忠见了面就拉住我说：“杨部长，去参加我们的演习吧，看看我们埋地雷的技术练得怎样啦，给我们提提意见。”我点头说：“好！”

---

* 作者时任中共阜平县委武装部长。

“杨生采！擂鼓集合！”

嗖！从屋里蹦出来一个头戴圆毡帽的小鬼，向我眨了眨那双机灵的大眼，抡起缠着红绸子的鼓槌，一边敲一边唱：

地雷是个大铁瓜——咚咚咚
漫山遍野埋上它——咚咚咚
大吼一声震天地——咚咚咚
鬼子脑袋开了花——咚咚咚

民兵们在鼓声中从四面八方跑来。有的扛着步枪，有的则在身上斜挎着手提式或“马来匣”；有的抱着地雷，有的还拿着铁锹、铁丝和褡裢等东西。看着这个既威武、又势派的场面，看着每个人雄赳赳气昂昂的样子，我在心里不禁钦佩地说：“打了六年日本鬼子，这些乡亲们锻炼得劲头越来越大了。”

跟着这百多人的队伍，我们到了东门外的河滩里。每次鬼子进城前，总是先在这里会合，然后像把钳子包抄阜平。李尚忠出了演习的“课题”，分配了任务，划分了布雷区域。他先假设让妇女自卫队长带老人小孩进山隐蔽；又让游击小队长侯起清带人占了玉皇庙制高点和把守城北要道，压制敌人，掩护埋雷组和撤退的群众；然后命令爆炸队长张俊鲁带人奔向河滩，进行埋雷。这些同志我很熟识，他们原来都是正经的庄稼汉，但现在一个个都成为足智多谋的指挥员了。

一切布置停当，只听张俊鲁向队员们喊道：“用连环雷，摆成梅花阵！”几个队员挖的挖，埋的埋，动作非常熟练。张俊鲁这个人，看去浓眉大眼，黑脸膛、络腮胡，一上战场猛打猛冲，所以外号叫“猛张飞”。可是他埋起雷来却非常心细精致。队员们埋好之后，他从褡裢里掏出牛蹄子、羊蹄子，印上蹄印；又掏出小孩鞋底、妇女鞋底，印上鞋印；另外还撒上牲口粪，做得真是毫无痕迹。我看了不禁十分赞赏地说：“小伙子们真有两下子，保险鬼子发觉不了！”我的话刚说完，谁知这个“猛张飞”还有绝技，只见他用黑带子把眼睛蒙住跑到城北一条小道上。我想在这样的小道上埋雷，要做好伪装已很不简单，再把眼睛蒙住，更不容易！真是会者不难，张俊鲁三下两下很快地就摸着把雷埋好，而且伪装得也很严密。他做完站起身来，喊了一声：“请杨部长、李队长检查吧！”没等我们说话，那些来参观的妇女们早已鼓起掌来，叽叽喳喳地说开了：“咱们张飞，真是打仗像猛虎，埋雷像绣花！”李尚忠这时也向我介绍说：“张俊鲁去年春天到边区爆炸训练班学习过，还听过聂司令员讲的地雷战术课哩。”我接着说：“他学得很不坏，在反‘扫荡’中一定会发挥很大的作用。”

埋雷进入城厢街道，由侯起清领着爆炸第二组表演。他们埋到大路两旁，不埋在路中间；埋在水井周围，不埋在打水的道上；埋在门槛里边，炕沿下面……我问侯起清：“这是为什么？”他说：“这叫敌变我也变。鬼子挨一回炸，多一个心眼，咱给他们来个虚虚实实，真真假假，出其不意，炸其不备。”

听了侯起清的话，给了我很大启发，从今天的演习中，看出他们在技术上是有很大提高，但雷在什么地方埋，确实还应该多加研究。

地雷需要埋在什么地方，这可以说是个战术思想问题，要解决它也只有通过群众来解决。等演习完了之后，我把大家召集在一起，当众宣布：“咱们再来开个诸葛亮会，俗话说：一人不如二人计，三人出个好主意。同志们今天埋雷埋得很好，但埋一颗就要有一颗的根据，要讲出个道理来。大家现在都来献献计，看地雷都该在哪里埋？谁的办法高，主意强，咱们打起仗来就依谁的办。”第一个发言的是侯起清，他叭嗒着小烟袋锅，慢条斯理地说：“报告！我说一条，大家评评行不？叫我说咱们在东门里第一家门板底下埋一个！”

“为什么？讲讲你的理由。”

“为什么？你们想，咱先在街上挖条沟泼上水，鬼子大队人马进了城，路不好走，就得找个门板搭一下，他如果去摘门板，还不干净利索地炸倒他俩仨的？”

“好，侯起清同志讲得有理，就照你说的办！”李尚忠同志一表扬，人群里更加活跃起来！紧接着就有人喊：“我提议——”随着喊声，又看见那缠着红绸子的鼓槌，在我面前晃了一下，这是杨生采小鬼站起来了，他说：“我提议在咱们中队部的鼓底下埋一个。鬼子看见鼓，一生气，噔一脚……”

没等小杨说完，旁边有人问道：“你咋保证让鬼子见了鼓，就准生气？”

“这，这好办！”小杨把系红绸子的鼓槌在脑袋上轻轻敲着说：“他不恼，咱给加把火嘛！我已经编好了，要在鼓上写‘英雄鼓，英雄用，鬼子动，要狗命！’旁边再写上‘民兵中队部用’，看他们生气不生气？”

这时又有人给小杨开玩笑说：“计谋好是好，往后要是敲不上鼓，可不要再像过去哭鼻子。”

“只要炸死鬼子，不敲就不敲！”小杨红着脸，口气坚决地作了声明。他这话，赢得全场一阵掌声。

张俊鲁还是抱着他那把银光闪闪的铁锨，看别人已提了不少，他才瓮声瓮气地说：“让咱提上一条，把街上搭棚子的木杆，拆了绑成捆放在墙根下，给底下埋它几颗。鬼子挨了炸，要抬伤兵没担架，他去拿杆子要抬人的时候，保险鬼子和杆子一齐飞起来。”

人们的发言，你一条，他一条，越来越多，像决了堤的河。这千百条河流，汇成了一个智慧浩瀚的海洋。我最后向大家说：“咱们阜平在对敌斗争中曾得过‘钢铁模范县’的红旗。这次反‘扫荡’中一定还要保持光荣，把咱们的地雷阵布好。鬼子他要来，头先进，先炸掉他的头，脚先进，先炸掉他的脚，来多少，炸多少，把咱们的血海仇炸平，把咱们的心头恨炸消。”

日军这次“大扫荡”，出动了日伪军四万余人，企图彻底摧毁我晋察冀北岳区根据地。阜平是北岳区的中心，是边区的首府；边区领导机关一直在这一带居住和活动，所以就成为敌人最主要的合击目标。“扫荡”一开始，日寇各路大军的进攻矛头，就都指向阜平而来。虽然边区的山川平原十分广阔，“皇军”的行动却无自由。他们走大道，大道炸；走小道，小道也炸；庄稼地、渠道、沙滩等等，无处不炸；炸得鬼子不敢贸然前进，只好绕绕转转，走走停停，队伍零零散散的没个队形，一个个耷拉着脑袋像送葬；慢得简直就像乌龟爬。足足费了半个月，才爬到阜平城关附近。

这时，军区主力部队已插到外线打击敌人去了。我们县委和县政府的干部，也都分头深入基层，带领民兵武装“区不离区、县不离县”的坚持内线对敌斗争。我从那天参加城厢民兵演习之后，已清楚看到全县各区村都有了一支组织坚强的武装力量，这些力量也都有了丰富的对敌斗争经验；特别是他们都掌握了一套用地雷战杀伤敌人的有力武器。我坚信依靠着这个人民的铜墙铁壁，一定可以战胜敌人的。

日军进阜平城的那天，我还是和城厢民兵在一起。那是10月2日的上午，城东玉皇庙顶上的“消息树”向西倒下，这是报告敌人从东边来了。城里的老乡们，在自卫队的掩护下，安全地转移到大白山里去了。爆炸组按照演习过的方案布好了地雷阵，我和李尚忠作了检查，最后撤到离城一里多地的山头上。我们要亲眼看看鬼子如何走进民兵们为他布置好的天罗地网。

真是“种瓜得瓜，种豆收豆”：鬼子在我们根据地里种满了仇恨，他现在就要用头颅和鲜血来加倍偿还；民兵们在边区的土地上种满了地雷，我们马上就看到它开的花结的果。

日军一到城门口，当然迎面会先看见张俊鲁他们扎的那个草人，草人手里举着一块大标语牌，牌上写着：“城里地雷五百三，看你小鬼哪里钻！”两行红字。这两行字是给敌人的警告，也是给敌人精神上最强烈的打击。据说日军到草人跟前生气地瞪了半天，也没敢动它，怕它下面埋着地雷。因为他们在别处已吃过不少这样的苦头了。

前几年反“扫荡”中，敌人进村后我们在山上所听到的，首先是杀猪宰羊、烧火做饭的声音；而现在却绝然不同。敌人硬着头皮进了阜平城，不断传来的却是雷声隆隆的巨响。远远望去，城里真是火光闪闪，烟尘滚滚。这每一个光闪，都会有日军的血肉横飞，这每一个声响，都会有日军的尸体倒地。高兴得民兵们在山上止不住地连声叫好。

天快中午时，侯起清带领的游击小队从谷子地里钻出去，在隔城不远的地方抓来一名伪军俘虏。听俘虏讲：日军进了阜平城，走路，脚底下的地雷炸了；挖窖，窖口里的地雷炸了；推门，门框上吊的地雷炸了；抓鸡，鸡窠里拴的地雷炸了。还有的日本兵到地里伸手去拔萝卜，萝卜下面的地雷也爆炸了。那俘虏还讲日本兵在摘门板时和绑担架时挨的地雷炸特别厉害。直炸得敌人吓破了胆，他们行不敢走路，住不敢进屋；好像他们的性命是个用细线吊起来的鸡蛋，说不定哪儿会线断蛋打，一命归阴。

当人们正聚精会神地听俘虏讲敌人挨炸的时候，忽然杨生采小鬼机警地喊道：

“别吵——别吵，你们听，城里有人敲鼓啦！”

大概小杨一直注意着他在大鼓下面埋的地雷，这时他一听到鼓声就特别留神。等大家急忙转过身来，还没有听清楚鼓声的方向，紧接着从城里传来一阵“轰隆、轰隆”的地雷爆炸响声。这一下可把小杨乐坏了，他乐得在那里一蹦几尺高，嘴里还不停地喊：

“这一炸是我的！这一炸是我的！”最后他还兴致勃勃地向大家说：“同志们，我又编了一段，你们听听。

我的大鼓是英雄，开花爆炸显威风，
鬼子敲响我的鼓，仰面朝天回东京。”

就这样，敌人在阜平城里一夜也没有敢住，当天下午，就夹着尾巴溜走了。

鬼子逃出阜平城，但却占了城西城东的法华、王快等地方，还是要进行“清剿”。李尚忠一见我就说：“杨部长，鬼子蹲在咱阜平不走，往后这仗怎么打呢？”我回答说：“上级早指示过，敌人这次‘扫荡’的时间会很长，你们千万不能急躁轻敌。还要告诉大家，今后不是呼呼啦啦地埋一顿、炸一阵就算了；要想办法对付鬼子的长期‘清剿’。”

“敌人到哪里，地雷响到哪里！”民兵们提出了新的战斗口号。各民兵中队都加强了飞行爆炸组的活动。一旦发现敌情，就抓住敌人不放，把地雷埋到敌人前面去。同时，还大力开展了“枪雷结合”的杀敌运动，就是游击组和爆炸组密切结合起来，用步枪和地雷协同杀伤敌人，互相牵制，互相配合，逼得敌人防不胜防。

此后，城厢民兵中队就经常出发远征。侯起清带着游击组，跟着敌人绕转转；张俊鲁带着爆炸组，瞅空子就给敌人摆地雷阵。他们配合得非常灵活自如。真是“道高一尺，魔高一丈”，他们在枪雷结合的战术中不断出现新的创造，层出不穷，什么“引诱爆炸”“驻地封锁”“迎头爆炸”“尾追爆炸”等，在埋雷技术上也是花样日益翻新，什么“连环套”“迷魂阵”“梅花群”“空中跳”，还有那“仙人脱衣”“金蝉脱壳”等等，真是越来越加神妙。有一次，李尚忠他们中队打一小股敌人就是非常巧妙的：他们让杨生采在山头上指挥几个人唱歌子，激怒得日本兵飞步来追；正好，侯起清埋伏在对面用步枪点名，山半腰张俊鲁埋的“追命雷”也炸了，追上来的敌人就没有跑回去几个。

敌人也在煞费苦心地想办法：抓几只羊在前边替他们趟雷，但羊总得有人赶着，地雷炸了羊人也跑不脱；弄来探雷器让工兵在前面扫雷，但民兵到处埋下些废铜烂铁片子，真假难分，倒连人和探雷器一块给炸飞了。鬼子没办法，还是只好用刺刀逼着伪军在前面领路。一天，侯起清忽然拿了个字条来递给我说：“这是从路边拣来的，你看可笑不可笑？”我接过一看，字条上写着：

“民兵大叔，请高抬贵手给小侄们指条生路，炸鬼子尽管炸，千万别炸我们，我们是被逼得无法才吃这碗饭的。”

很明显，这是伪军向民兵写的哀告求饶书。说明我们的地雷，把鬼子和伪军间的裂缝炸得更深了。县委很重视这个问题，当即专门做了研究，向各村民兵布置展开“攻心战”；要把这个裂缝给他们炸得更宽更大。让地雷和政治宣传一齐爆炸，一齐开花。

民兵们马上行动起来，埋上真雷再埋上假雷，然后写上标语传单告伪军，并规定暗号给伪军指出路线。所以在各地的墙壁上，就出现了很多这样的诗传单：

要想过河先搭桥，要想成佛扔屠刀，
进了边区别作孽，地雷饶你命一条！
只饶你们小命，不让鬼子逃生。
倘不遵守规定，地雷决不留情！

此后，有些伪军果然搜山领着鬼子绕圈；发现粮窖向鬼子作假报告；走路按照我们的暗号，指东不敢西。

10月底，我们接到个消息，说王快敌人枪毙了三名伪军，罪名是怀疑他们沟通八路，证据是地雷为什么不炸伪军，单炸“皇军”？不过，鬼子枪毙伪军也是无济于事的，就在他枪毙人的当天夜里，有两名伪军带了两支三八枪，跑到四区，一把鼻涕一把泪地向民兵投诚，还拿出民兵写的标语……

敌人为了维持运输和准备逃走，在阜平城西八里的法华村修了个临时飞机场。日寇的矛律师团长还驻过这里。民兵们当然不能让这群强盗们安安生生地驻着，经常乘机袭扰敌人。有一次，他们在夜间钻进飞机场里埋设了大量地雷，把第二天早上集合出操的日军炸倒了一大片。在执行这次任务中还有一段插曲，也是特有意思的：这天去埋雷是由中队长李尚忠带着，法华村的民兵也参加了。当他们摸到飞机场边上时，心灵眼快的杨生采小鬼，忽然发现旁边站着一个日军哨兵。李尚忠机警地摸到跟前一看，却原来是个头戴钢盔的橡皮人。杨生采把这橡皮人扛回来，逢人便说："鬼子弄坏了我的牛皮鼓，我缴来了鬼子的橡皮人。这玩意也是个很好的宣传工具哩！"他还就这事编了一段歌：

日本鬼子真稀松，
摆了个橡皮人当哨兵，
假哨兵挡不住真地雷，
"毛驴"（矛律）师团快送终。

由于边区各地民兵爆炸运动的开展，对我外线出击的主力部队起了很大的配合作用；日寇所谓的"毁灭大扫荡"，终于在我边区军民协力打击之下被彻底粉碎了。

在追击逃出边区的敌人时，途中缴获敌独立第三旅团第六大队代理大队长菊池重雄的日记，他在日记里写道："地雷战使我将官精神上受威胁，使士兵成为残废。尤其是要搬运伤员，如果有五人受伤，那么就有六十个士兵失去战斗力。"他还写道："地雷效力很大，当遇到爆炸时，多数要拆骨大量流血，大半要炸死。"

从敌人口中，也足以看出我边区地雷爆炸运动的成果了。

神仙山的保卫者

成少甫*

一

日军对我晋察冀抗日根据地的“扫荡”“蚕食”连遭失败以后，1943 年秋季，向我晋察冀的北岳区发动了一次“毁灭”性的“大扫荡”。这次“扫荡”中，日军出动总兵力达 4 万余人，前后历时达三个月之久，其手段之残酷，更是无所不用其极。

“扫荡”一开始，从敌人兵力部署上可以看出，他是想先摆出分进合击的姿势，迫使我军主力外转，然后长驱直入控制我心脏地区，挖掘物资、掠夺粮食，绝灭我军民赖以生存的条件；然后合围袭击我领导机关与主力部队，以达其“毁灭大扫荡”之目的。因此，3 军分区首先命令我们 42 团：留在神仙山控制“制高区”，坚持内线作战，为外线部队消灭敌人创造有利条件，同时配合当地民兵开展地雷战和麻雀战，积极打击敌人，粉碎日军的“扫荡”。

神仙山，位于阜平、唐山、涞源、灵丘等县之间，是北岳区的中心，方

---

* 作者时任晋察冀军区第三军分区第 42 团团长。

圆百余里，群峰耸峙、山峦环抱。春天，满山遍布绿草红花，香味扑鼻；秋天，核桃柿枣等果树结实累累，红黄相映。主峰奶奶尖海拔一千八百米，屹立于群山丛中。山区内有金龙洞、天梯子、跑马梁、阎王鼻子、南天门、九里十八湾等天险，到处是悬崖绝壁和天然石洞。相传著名歌剧《白毛女》的故事就是在这一带山里发生的。在抗日战争最残酷的年代里，这个“白毛仙姑”曾隐藏过的山区，由于它的位置适中和地形险要，就成为边区军民坚持长期游击战争的一个后方依托了。晋察冀边区党、政、军领导机关常驻在附近，3 军分区机关、华北联合大学、白求恩医学校、伯华制药厂，还有炸弹厂、被服厂、医院以及军用仓库等，也都设在附近。很显然，神仙山是我们边区的心脏地带，进攻边区的日寇，一定首先要来控制这个地方，上级命令我们团留在这里坚持内线作战，这个任务是非常光荣的。

二

“扫荡”从 9 月 16 日开始，直至 22 日，我们团才在神仙山东北面的上下马石村和日军接火。这一场战斗如何展开？当时对我们说来确实有许多新的课题：过去每次反“扫荡”，我们团不是插到外线深入敌占区去活动，就是在边区内牵着敌人的鼻子绕山转，瞅空把敌人揍一顿，这一套粉碎敌人“扫荡”的打法已是我们的拿手好戏了，但这次我们却必须在相当固定的地区作战，我们不能离开神仙山，敌人兵力大，我们的回旋区小，活动相当困难。

战斗打响之后，团部刚转移到金龙洞村子里，侦察员接连送来新的情况：上下马石的敌人遭我二连抗击已停止不前；北面的马庄和东面的平房也都发现了敌情；不过这几面敌人的兵力都不大，敌人把主力摆在南面的下店一带，还有几架飞机配合，步步为营，向神仙山逼近。我们团的几个负责同志，对当前复杂的敌情作了仔细的分析。参谋长马卫华同志说：“敌人是打算从北面和东面钳制迷惑我们，迫使我后方机关与学校人员向南部靠拢，然后集中主力在山区南部一举消灭我们。”政委熊光焰同志同意参谋长的意见，他说:“这个分析很准确。我们得立即采取措施，不但要保证后方人员和物资的安全，还要狠狠地打击敌人。”经过细心地研究，决定由熊政委带第一连掩护后方机关和学校人员从西北方向跳到圈外，我和马参谋长指挥部队留在山区，配合民兵积极和敌人展开战斗。

9 月 25 日，日寇先头部队 400 多人，从金龙洞南面向神仙山进攻了。它企图攻下金龙洞、经九里十八湾直插炭灰铺，再占奶奶尖制高点，然后驻山“清剿”，以内外夹击的攻势消灭我军。我们考虑到如果敌人驻山“清剿”，则隐蔽在山洞的伤员和坚壁在山沟里的物资一定会遭受损失，我们必须迅速把敌人赶出神仙山。现在敌人分四路伸进神仙山来了，兵力有两千多；而我们是仅有六个战斗连的小团，还要担任许多掩护任务，怎样把敌人赶出去呢？这时我不禁想起毛主席经常教导我们的话，要“集中主要兵力对付敌之一路”。我们就决定对准南边来的这一路敌人开刀。

我们令 4 连先在金龙洞据险抗击，挫伤敌人。金龙洞山口两边有不少立陡的悬崖，有时人们站在崖下往上看，直到帽子掉下来还看不到顶。4 连的战士们守在这些阵地上，日军向他们攻了一天，伤亡 30 多名，而他们的阵地屹然未动。26 日，日军在两架飞机掩护下又攻了一天，同样付出伤亡 30 多人的代价，仍然没有攻下金龙洞。27、28 两天，日军猬集在金龙洞南面按兵不动。我们判断：战术多变是敌人这次“扫荡”中的又一个特点，现在鬼子一定准备更狡猾的进攻。我们虽然要固定在神仙山地区和敌人作战，但不能固定在金龙洞一点上和敌人纠缠。于是命令 4 连撤离原阵地，协同民兵迅速在进山的路旁埋设大量地雷，然后隐蔽在九里十八湾的西山上等候打“活靶”。

果然，29 日拂晓，敌人纠集了 1200 多人，闯过金龙洞，向九里十八湾前进。日寇大队前面有少数伪军赶着一群山羊专门趟地雷。一进山口，三架飞机就盘旋扫射，山炮和迫击炮也向着山崖轰击。敌人刚踏进十八湾的第一湾，就踩响了三颗地雷，先头部队被炸得七零八落。有个日本军官骑马跑到前面来督战，忽然马肚子下面冒起一团红火，这个军官也随着火光和响声飞上天空。4 连的战士们伏在伪装好的阵地里几次要求射击，连长马承周同志向大家解释说：“离远了不打，瞄不准不打，等鬼子靠近了再动手。”敌人进山后吓得不敢走正路，只得沿着山边或河滩向前爬；爬着爬着，突然听见一声哨子响，这是马连长的射击口令，四连的机枪、步枪、小炮一齐叫开了。民兵们也在山上打枪、推石头助战。这时，日军脚下是不断爆炸的地雷，头上是不断飞来的子弹，身上是不断滚来的石块。要走完九里十八湾虽然只有九里路，但日军却整整爬行了一天，直至黄昏，他们才战战兢兢地爬进炭灰铺村子。

敌人占了炭灰铺，我们团部移到陈士庵村。这晚上我们为了不让敌人定神喘气，用 4 连和民兵联合组成了几个战斗小队，轮番不断地去袭击露营在村里村外的日军，打得他们吃不好饭，睡不好觉。日军只得架起机枪架起炮，对着夜空毫无目标的放了一宿。日军钻进这个孤零零的小村子，山头被我们控制，他们预料到第二天会有更厉害的苦头吃，觉得这神仙山里的日子不好过，所以 30 日早上没等天大亮，就气急败坏地跑掉了。其他三路敌人，同时也都龟缩回去。

这样，我团在一周的时间内，经过了大小 18 次战斗，以伤亡 17 人的代价，换取了毙伤敌人 200 余的胜利，粉碎了日寇对神仙山的第一次围攻，从而受到军区和军分区的通令嘉奖。

三

日军围攻神仙山失败后，接着又被我各兄弟部队一连串沉重的打击，被迫转入了“长期驻屯清剿”活动。敌人在我边区内地的交通要道及主要村镇上安起临时据点，每天派小部队出发搜山，捕杀群众，焚烧房屋，抢劫财物，破坏庄稼。我团随即受令转战于阜平至王快之间的沙河北岸，一面积极打击敌人掩护群众秋收，一面还要负责保障神仙山地区的安全。

11 月初，日军暗暗调集了 4000 余兵力，分为九路，用闪击方式从四面八方突然第二次扑向神仙山，企图将我山区军民一网打尽。边区机关、分区机关、学校、工厂、医院和群众，原来都已转回山区，一下都被围在“圈子”里，这时我们团驻在金龙洞附近的大台，分区急令我们：迅速掩护后方人员分头突围，留下一部分部队在山区牵制敌人保卫后方。

决定突围时天已黑了，神仙山周围火光闪烁，枪声紧密。各单位准备突围的人都集合好整装待发，可是派出侦察的人还未回来，能不能安全跳出去呢？我身旁的电话铃不住地响，紧急情况不断传来，这时觉得每分钟都格外得长，烟瘾似乎特别大了，用旧书纸卷着烟末一个劲地吸，两眼盯着窗外影影绰绰的山峰，恨不得让每个同志都长上翅膀，立刻从这些山峰上飞出去。直到10点多，侦察参谋赵春正才来报告说：“西南方向杨家台与桃园村中间，有两三里路的空隙，我们还遇到当地的民兵在监视着敌人，民兵说靠那里不远还有我们骑兵团活动。”赵春正同志刚讲完，紧接着侦察连长裴志刚也打电话来说：“去东面的侦察员回来了，石门一带有个缺口，侦察员们已经与2团取上联系了。”“好！”我说着放下耳机，顿时感到浑身轻松。一边报告分区，一边通知各路立即行动，11点刚过，机关、学校、医院和群众都出发了。

突围的队伍全走了。为了牵制敌人和迷惑敌人，为了掩护还坚壁在山里的一些重伤病员和重要物资，我们命令侦察连抽一个排留在跑马梁附近坚持，3连留一个班在马庄，2连留一个排在奶奶尖，4连留一个排在小铁矿，这样化整为零，以逸待劳，准备和敌人在神仙山里鏖战一场，绝不让日本强盗在我们的神仙山里任意横行。

第二天太阳刚升起，我们团指挥所到了奶奶尖。奶奶尖上有个奶奶庙，地形非常险峻，据传古时修庙的砖是用山羊一块一块驮上来的。我和马参谋长正在庙旁观察情况，忽然两架敌机擦着山头盘旋过来，指挥所的人都在庙下面休息，我很怕电台机器被飞机打坏，正想喊他们注意隐蔽，敌机已俯冲下来，只见译电员李宗周这小鬼，一下扑过去用身子盖住机器，敌机一梭子机枪子弹打在他身上。我浑身一震，连忙喊道：“小李子牺牲啦！”谁知大家还没到他跟前，他“呜”了一声蹦起来。打开背包一瞧，原来把被子穿了七八个窟窿。我正为他吸了一口凉气，但这小鬼却向我打趣地说：“团长，看我这被子夏天盖上够多凉快。”他这一说逗得大家都笑了。人们的笑声未落，敌机又穿着山沟绕过来，2 连 1 排的战士们就用机枪、步枪对准飞机猛射，紧接着发出一声刺耳的怪叫，这架敌机尾部拖着浓烟斜栽到对面的山坡上，战士们跳呀，叫呀，真有说不尽的高兴。

大家正在高兴地谈论着打下敌机的胜利，作战参谋急急来报告说：“敌人从马庄过来了！”我转身一看，日本旗在山下忽隐忽现，刺刀鞘碰皮盒子的声音也可以听见。我们立即命令 2 连 1 排进入阵地抗击。1 排的战士们打得很出色，他们和五六百敌人激战竟日，鬼子一次又一次的冲锋，都被他们反击了下去。有次几个日本士兵端着刺刀“哇哩哇啦”地冲上来，身负重伤的战士刘水儿，拿起最后一颗手榴弹，扑过去和日本兵同归于尽。

坚持在小铁矿的 4 连 1 排，也是和近千的敌人苦战了一整天，敌人打炮时，排长赵凤山叫大家隐蔽，他自己负责观察敌人行动。等敌人每次进到百十米时，他指挥着战士用机枪、步枪、手榴弹有效地杀伤敌人，敌人的尸体在他们阵地前躺倒了一片。2 班连续打退敌人几次集团冲锋以后，只剩下班长刘成耀一个人了，而且身上多处负伤但他仍坚持战斗。汉奸喊话要他投降，他用怒骂和大石头回答他们。最后成群的敌人向他冲去，他抱起掷弹筒，高呼“共产党万岁！”纵身跳下几十丈高的悬崖。年轻的共产党员刘成耀，就这样将自己宝贵的生命贡献给伟大的民族解放战争。

刘成耀和刘水儿的英雄行为，像闪电般的传遍了神仙山，传遍了全边区，人们歌颂着、赞扬着，把他们的崇高品格当成自己的榜样。这些英雄们以自己的热血和头颅，击退了日寇对神仙山的第二次围攻，保卫了神仙山，保卫了山区人民的安全。就是在这场壮烈战斗进行着的同时，边区妇联会一位工作同志，隐蔽在附近的山洞里安全分娩，为了纪念这次有特别意义的生产，她给自己生下的小孩起名叫“洞生”。

四

粉碎了日寇对神仙山第二次围攻之后，我们团集中在神仙山以南的康儿沟一带，捏紧了拳头，准备更狠地打击敌人，最后击破日寇对我边区的“大扫荡”。时令进入 12 月，朔风凛冽、寒气袭人，被边区军民打得筋疲力尽的日寇，露出了要撤退的迹象。

12 月 7 日，从马庄窜出日军一个大队，裹带着五百多个驮子，在两架飞机掩护下，向马释、军城方向疾进，看样子要逃出边区。当晚敌人宿营在神仙山东麓的曹庄台。我们既然没有让日军轻易地走进神仙山，现在更不能让他轻易地走出神仙山。我们判断这股敌人第二天可能继续南窜，当研究如何给敌人以拦路截击时，马参谋长风趣地说：“日本鬼子既送礼来了，我们不能不表示态度。”计议结果，决定由马参谋长率两个连和机枪排一部，星夜赶往曹庄台西北地区设伏，拦击敌人。

一夜过去了，天已大亮，驻在曹庄台村子里的敌人到村外沙滩上来集合，他们整队站好之后，不知是要背诵天皇的圣训呢，还是要恭听长官的训话？反正刚刚把队摆好，我们埋伏在村旁山坡上的一挺重机枪、六挺轻机枪、两个连的步枪，都已经瞄准好了。在马参谋长一声口令之下，子弹像瓢泼大雨似的，带着战士们的愤怒，带着边区人民的仇恨，一齐射向这群杀人的强盗。这一阵火力急袭给敌人的杀伤，真像穿糖葫芦一样！同志们边打边喊着：“这是日本鬼子来神仙山的下场！”“这是送日本鬼子回老家的礼炮！”……敌人被这猝然的打击打懵了，根本无法还手，有的往死尸下面钻，有的往一块挤疙瘩，有的拔腿往后猛跑。不到一刻钟工夫，河滩上躺着 70 多个日本兵，他们是永远也逃不出边区去了。

因为我们的兵力太少，未能包围歼灭这个日军大队，敌人大部分还是狼奔豕突地跑掉了。马参谋长带着部队追了一段路，只见沿途洒遍了敌人的血迹，扔满了敌人丢弃的物资。战士们恨不得扑上去咬住敌人不放，一口把它吞掉。但继续穷追不舍也对我们不利，部队迅速就返回来了。这次伏击毙伤敌人百余名，而我无一伤亡，被誉为秋季反“扫荡”中一次有典范意义的战斗。

全边区人民经过三个月的英勇斗争，各兄弟部队在内线、外线作战中都取得了不断胜利。日军对我北岳区的所谓“毁灭大扫荡”终被完全粉碎了。在庆祝反“扫荡”胜利的大会上，分区首长亲手奖给我们团一面光彩闪闪的红旗，旗上写着“神仙山的保护者”七个大字。

初冬的白雪，迅速埋葬了日寇留在神仙山上的污秽。从此以后，日寇再也未敢来窥视神仙山。日本侵略强盗从此走向了它的日暮途穷，巍峨的神仙山，却以她坚强而雄伟的英姿，迎接了对日寇胜利的反攻。

冀鲁豫军区夏秋反“蚕食”

冀鲁豫根据地的反蚕食斗争

杨得志*

6月下旬，当我和黄敬等同志从各地检查完工作，回到濮县西北道沟村召开了军民联欢大会庆祝胜利时，人民群众为表达对共产党、八路军的感激之情，慰问演出了各种地方戏，足足热闹了好几天。

沸腾的道沟刚刚平静下来，却传来了一个令人震惊和愤慨的消息。蒋介石正在调动胡宗南（第八战区副司令）指挥的三个集团军（缺一个军），撤离黄河防线，进攻陕甘宁边区，掀起第三次反共高潮。

过不几天，黄敬拿着朱总向蒋介石发出的“抗议电”和毛主席为《解放日报》写的社论《质问国民党》（总部传来的油印件），告诉我：延安已经召开了紧急动员大会，准备对付蒋介石的进攻；各个抗日根据地都发表了声明和通电，支援陕甘宁边区；国民党统治区的爱国民主人士也在纷纷集会，声讨蒋介石制造内战的罪行。讲到这里，黄敬问我：“全国都动起来了，我们怎么办？”

我接过他递来的电报和社论，看了一会儿，回答说：“要问怎么办，我的意见是一个字：打！多打几个胜仗，用实际行动支援延安，保卫党中央！

* 作者时任冀鲁豫军区司令员。

保卫毛主席！”黄敬表示赞成我的想法，并派通信员把阎揆要参谋长和崔田民主任一起叫来，研究作战方案。

当时，对我们根据地蚕食最厉害的有两股敌人。一股是豫北杜淑伪军。该部原属国民党第一战区，两个月前投降日寇，改编为暂二十七军，隶属降将庞炳勋指挥，共有两个师（四十五师和四十六师）和两个独立旅，约10000人。从原来盘踞的平汉路汤阴至新乡一线已侵入我豫北卫（河）南根据地，企图向鲁西南伸展。另一股是顽军李仙洲部（国民党第二十八集团军，李为总指挥），奉蒋介石之命，于1942年11月由皖北越过陇海铁路，侵略我湖西根据地边缘的丰（县）、砀（山）、单（县）、鱼（台）一带后，现在向曹（县）东南地区进犯。

这就是说，顽军在东伪军在西，对我冀鲁豫根据地形成了两面夹击之势。

我们研究决定：首先打击盘踞在军区门口的伪军文大可部，再兵分两路粉碎李仙洲和杜淑的进攻。东歼李仙洲，由我和崔田民指挥；西歼杜淑，由苏振华和阎揆要指挥；黄敬留守军区机关，坐镇濮、范、观中心区。

文大可原是国民党三十九集团军石友三部的教导师副师长。1940年“石高事件”发生后，他率领该师投敌，被编为伪军暂编三十一师，并任师长，奉日寇之命来到朝城。

朝城名城，实际上是个大镇，离范县只有几十公里。文大可部虽称一个师，实际上只有三千多人，并且分散在各个碉堡和据点，加上内部派系斗争，矛盾重重，战斗力不强。针对敌人的弱点，我们以2、3、4分区各一个团担任主攻，并以民兵大队配合，在7月9日夜开始向朝（城）南地区的敌人发起进攻。部队、民兵和当地人民群众对文大可恨之入骨，一听到枪响，即刻投入战斗。仅三天时间就拔掉了92个据点和碉堡，毙俘敌700多人，缴获一批武器，收复了朝城周围大部地区。文大可带着残部，躲进离城较远的几个大据点里，再也不敢进犯我根据地中心区了。黄敬立即派地方工作同志，到收复的地区建立基层政权。

7月下旬，朝南战斗结束不久，我和崔田民按照预定的作战方案，组织了一个人数很少的“小前指”，率先从朝城地区出发，冒雨渡过黄河，进入鲁西南，很快集中了2、5、6三个军分区的六个主力团和游击队、民兵，在曹县东南地区发起了反击李仙洲顽军的战役。

时值盛夏，闷热异常。青纱帐里毒蛇、蚊虫逞凶。在这种恶劣的环境下，要对付李仙洲指挥的九十二军（军长侯镜如）四个师和两万多人的国民党地方部队，任务是很艰巨的。战前，我和崔田民在五分区驻地召集连以上干部作了动员。告诉大家，对李仙洲我们是先礼后兵。前一段我们对他做了不少工作，但他倚仗人多枪多，视我们的耐心工作为软弱可欺，与日寇沆瀣一气，蚕食我根据地，杀害我抗日干部和人民群众，气焰嚣张得很，这次必须给他以狠狠的打击！

我们首先向曹县以东李仙洲总部外围的村寨发动攻击。李仙洲大为震惊，急忙命令聂松溪（师长）的二十一师，曹班亭（副师长）的暂编三十师，常振山（旅长）的保安第七旅等向他收缩靠拢，以待丰（县）北地区的侯镜如率部救援。敌人此举，是我们意料之中的，也是求之不得的。因为我们打敌首脑机关的目的，就是要调动敌人，以便在运动中各个歼灭。我高兴地对崔田民说：“敌人果然上钩了！”

翌日凌晨，东路部队在李仙洲总部驻地天宫庙的北面打响不久，西路部队经过长途迂回，也在天宫庙南面打响了，并很快形成四面围攻。夜幕降临后，东路部队派人来向我请示：“常振山率部窜进小范楼村，想要逃跑，怎么办？”崔田民在旁边对我说：“可不能让他跑了！消灭这股反共最积极的顽固派，对分化瓦解李仙洲的部队会有很大作用的。”我点了点头，立刻对来人大声说：“命令九团，包围小范楼，消灭常振山！”

9团团长何光宇一接到命令，立即带领全团，以快速的动作赶到十几里路外的小范楼，向保安第七旅发动猛烈攻击。疲惫不堪的常振山，怎么也没有想到刚占这个村子，就遭到八路军的袭击，他声嘶力竭地命令部队抵抗。战斗持续到第五天深夜，在敌人极度疲劳时，何光宇同志突然命令全团所有司号员吹响冲锋号，一鼓作气攻进了村子。有些还在睡梦中的敌人，没等完全清醒过来，就乖乖地做了俘虏；有些顽抗的敌人，被我们的战士用手榴弹、刺刀送进了坟墓；惊慌失措的常振山带着一些警卫部队仓皇逃跑。李仙洲的一个旅，就这样被我们一个团吃掉了大部。

这时，李顽总部及其二十一师、三十师等部，正被我东、西两路部队包围在天宫庙南面的陈楼、陈庄两村里。部队攻了几天没有攻下来，都很着急。根据当时的情况，我们决定将村周围的水源和粮道切断、卡死，围而不攻。一连四五天，烈日炎炎，热气蒸腾，四五千顽军猥集一团，缺水断粮，只得杀马充饥，士气更加低落。在我军强大的政治攻势下，不少顽军士兵弃枪逃散，一些下级军官带着整营、整连的部队逃到我方阵地，缴械投诚。

李仙洲一边加紧对部下的控制，一边要侯镜如急速救援。

当时，19团团长吴大明同志向我建议，在敌人固守待援时，我们来一个虚留生路，纵敌出逃，然后打他的伏击。

我们采用了吴大明的建议，并派20团配合他们。第二天上午，我赶到十九团时，吴大明兴奋地向我报告：他们把想突围的聂松溪的部队，一下子吃掉了千把人。

这场“引蛇出洞”的伏击战，给敌军造成了巨大的压力。我们则准备利用这个有利机会，加强对陈楼的攻势。就在这时，我接到侦察员的报告：侯镜如带着九十二军军部及五十六师、一四二师各一部，已进到单县以西地区，正向我军逼近。我们立即改变计划，命令东路三个团阻击侯镜如；西路三个团包围陈楼和陈庄。经过几天激战，敌人虽然伤亡很大，但终究实现了两部汇合。面对这种形势，我们重新调整部署，寻求在运动中歼灭的时机。

8月上旬，我们在单县南面的黄冈集又同李仙洲打了一仗，把他最得力也是最反动的曹班亭三十师消灭了大半。李仙洲带着4000多人，分三路向陇海铁路以南移动，想向苏、皖交界处逃跑。当时大家一致的意见是要抓住敌人，即使不能全歼，也要再吃掉他一部分。否则会给新四军的同志增加压力。

经过我们东、西两路部队又追又堵，终于在丰县以南的刘庄包围了侯镜如的两千多人。

刘庄是个大集镇。汉奸富户住高楼瓦房，离老远就看得十分明显。侯镜如想抢占大堤未成功，转而固守这个镇子，在四周抢修了工事，布下了密密麻麻的鹿砦。

8 月的风雨说来就来。战斗刚打响，在大风、巨雷中，担任突击任务的七团和十团的指战员们，高喊着“打进刘庄去，活捉侯镜如”的口号，冒着大雨，蹬着泥水，勇猛地向敌人冲去。他们进到镇子里和敌人展开了激烈的巷战。最后，把敌人压缩到几幢房子里。战斗到第二天拂晓，大部分敌人被消灭。可惜的是侯镜如在暴风雨的夜晚逃走了。

经过一个月零两天的战斗，我们总共消灭敌人 5900 多名（其中俘虏纵队司令以下官兵 2700 人，分化瓦解 2000 多人），彻底粉碎了李仙洲的蚕食计划，开辟了南北约 100 华里，东西约 90 华里的根据地，新建了成武和曹县两个抗日县政府。

这期间，苏振华和阎揆要指挥的西路部队，在河南省的浚县、长垣等地全歼了伪军杜淑的四十六师及两个独立旅，共 5600 多人，建立了卫南、滨河、滑县三个抗日县政府。

这两个战役，总共消灭敌军 11000 多人，沉重地打击了国民党蚕食冀鲁豫根据地的企图，对改变这个地区的敌我力量对比起了巨大的作用。

曹东南战役结束不久，我和崔田民带着“小前指”返回军区机关驻地红庙，同黄敬、苏振华、阎揆要等同志会合。大家见了面都十分愉快。黄敬不知从哪里搞来了白面，包了顿饺子，还弄来瓶“泉州大曲”，给每个人的瓷碗里倒了一点。他举着碗对大家说：“我们平日不喝酒，也没有酒，今天例外，既是犒劳，也是庆贺，都喝一点吧！”

碗是端起来了，可是谁也喝不下去。酒是香的，为庆祝胜利也是应该喝的。然而，我们想起在这两个战役中伤亡的 750 多名战友，心情都变得沉重了。想起他们，怎能喝得下这酒呢？

我站起来提议说：“大家既然都喝不下去，那我们就把这酒用来祭奠那些为胜利而献身的烈士们吧！”

酒从碗里洒到地上，带着芳香渗进泥土时，大家的心似乎才得到一些慰藉。

国民党反共高潮的失败，也是日军阴谋的破产。日本侵略者经过精心策划和准备，由津浦、陇海、平汉铁路沿线，调集了30000多人，采取陆、空配合，步、骑、车、坦、炮协同作战，从9月下旬开始，对我冀鲁豫抗日根据地发动了“秋季大扫荡”。这次大“扫荡”最后虽然被我们粉碎了，但是，我5分区司令员朱程同志却英勇地牺牲了。

扼守岱崮

刘兴立*

在重峦叠翠的沂蒙山中，屹立着两座壮丽而雄伟的崮顶，这便是使日军闻名丧胆的南北岱崮。在那暴风雨的年代里，我鲁中11团8连的同志们，用生命和鲜血，在这里抗击了敌人40倍以上兵力的进攻，获得了山东军区授予的“岱崮连”的光荣称号。

1943年11月，日军纠集了临沂、临朐、莱芜、蒙阴、沂水等县的精锐部队和大批伪军，准备对我鲁中根据地进行“扫荡”。军区首长决定以11团8连少数兵力，凭借南北岱崮的有利地形，吸引敌人的主力，迟滞他们的行动，以便让转到外线的我军主力寻机歼敌，粉碎敌人的“扫荡”。

13日天明，岱崮周围飘起了日本旗。日军的大队人马，分数路拥进了岱崮山区，首先向北崮发起攻击。

南、北两岱崮，相隔约8000米，中间只隔一条山梁。两崮各有十几丈高，像刀削一样陡直，矗立在万山丛中。峭壁的缝隙中凿有梯道，可以攀上顶峰。横跨在隙缝的山岩上，筑有一座小小的瞭望楼，这是上崮的唯一孔道——“南门”。8连把6班布置在这里，连的主力扼守北崮。他们凭借这

* 作者时为八路军鲁中第11团政治处干事。

险要地形抗击敌人，真可以说“一夫当关，万夫莫开”。日军连续攻击了两天，始终被拦阻在崮下，不能前进一步。

两天之后，敌人因受南崮侧击，不利于对北崮的攻击，便把全部力量转向南崮。八架敌机突然出现在上空，咬着尾巴轮番轰炸。爆炸声震耳欲聋，山顶上烟雾漫天。

守卫南门的6班，是全连有名的青年班。班里有三个共产党员，战士们差不多都是20岁上下的小伙子。班长张善才，身高体壮，作战勇敢，而且异常精明。这时候，他看敌人来势汹汹，就叫全班战士蹲在工事里隐蔽，只留自己观察着崮下的动静。

轰炸一停，鬼子吼叫着向南崮冲了过来。

张善才有条不紊地用哨音指挥着全班，开始用步枪射击，以后把手榴弹投向敌群。鬼子还没冲到悬崖底下，就倒了大半，气得望着削壁的山崮不停声地喊叫。

我原在团政治处工作，战前，团首长派我带领一个运输组前来守崮部队，昨晚刚把最后一批粮、水、木料等运到这里。战斗紧张时。我只注意到同志们在聚精会神地射击，当敌人的攻击被打下去以后，才看到有个战士在防空洞的石壁上划着什么。走近一看，见上面已划满了横七竖八的杠杠，中间还夹着几个圆圈。我不知道这是什么“典故”，就问战士。那个战士告诉我：“这是班长要我们做的杀伤敌人记录，一条杠是打死一个鬼子兵，一个圆圈是打死一个鬼子官。”我说：“这不成了鬼子的签到簿了吗？”作记录的战士笑着说：“是啊！有我们八路军在这里，鬼子不签到怎么行呢？”他那乌黑的浓眉大眼闪耀着骄傲的神色。

差不多每天都是这样——白天是敌人向我轮番攻击；夜间是我们的小部队向敌人出击。有时我们把地雷埋到山下，炸得敌人死伤累累。有一天还炸坏了一门小炮和一挺机枪。这样的激战持续了几天，敌人始终被阻在悬崖底下。“皇军”威风扫地，恼羞成怒，便又继续调集兵力，把岱崮重重包围。

不知敌人从什么地方调来了两门八匹骡子拉的大炮，天天朝崮上轰击。工事一次又一次地被炸塌，我们一次又一次地重新修复。崮顶的泥土翻了身，小树、荒草全倒下来，随手抓把泥土，就可以捡几块弹片。崮上仅有的一口锅也被炸烂了，盛粮盛水的山洞也被炸塌。我们只得每天从坍塌的山洞里挖些干煎饼吃，敲些冰块解渴。没有水，更没有时间，谁也没洗过脸。每个人都蓬着头，原来红润的面庞都变成酱紫色了。身上的衣服越来越破，一缕缕灰褐色的棉花拖在外面，像吊着条条流苏。

一天绝早，大队敌机又来轰炸。我正想离开防空洞到沿上去，刚走到洞口，一阵浓烟带着恶臭迎面扑来，我立时觉得迷迷糊糊，站不住。恍惚中，似乎听到五班附林玉福在喊："鬼子使用毒气了，用毛巾把鼻子堵起来！"以后，什么也不知道了。直到嗅着一股扑鼻的尿味，我才逐渐苏醒。这时，只有通信员小般守在我的旁边，急得满头是汗。开始，我糊糊涂涂地问他："我负伤了吗？"小殷看我醒过来了，轻声地说："你不是负伤，是中了鬼子的毒气弹！"我一听这话，心里急得火烧一般，爬起来就往外跑。小殷一把将我按住，向我说明："我知道你记挂着 6 班，幸亏 5 班副林玉福发现得早，没受什么损失，'南门'还在我们手里！"

毒气没有摧毁岱崮，日军又想出了更为无耻的办法。一天黎明，他们端着明晃晃的刺刀，把几个老乡赶上山来。日军上到半山，躲在山石后面不动了，老乡们都只胡乱穿着几件单衣，冻得直打颤。他们来到山崖底下，一个年纪较大的老乡喊着："八路军同志！……鬼子叫我们上来送信，要你们投降。同志们可不要相信……"老乡说不下去了。我们听了，心里又难受，又气愤。冯连长向老乡们讲："乡亲们，你们回去对鬼子说吧！只有打胜仗的八路军，没有投降的八路军！"老乡们下山，日军见欺骗无效，大炮又朝崮顶轰开了。

崮上最艰苦的地方，当然还是"南门"，那里是鬼子攻击的目标。那座石砌的小望楼早已炸成粉末，"南门"下面的石路也打烂了，像条流沙的小溪。山崖上显出无数白森森的弹窝。望楼后面的交通壕也坍塌不堪，一脚踩下去，灌半鞋沙。这天，我跟冯连长到"南门"上去，正值那个浓眉战士放哨，白天才看出，他头上裹着绷带，上面渗透了血迹，结成一片紫痂。他看连长和我走过来，乌亮的眼睛露出笑意，指指"南门"旁边的地洞，让我赶快进去。

地洞很窄，是望楼被打碎后，张善才他们从石壁上挖出来的，从这里控制登崮的梯道。张善才和几个战士正在里面休息，一看冯连长来了，数着墙上的“签到簿”就要汇报。我上前一看，墙上杠杠夹圈圈，圈圈加杠杠，一片连着一片，不用张善才汇报，一看就知几天来6班又取得了巨大的战果。

张善才正向连长汇报，突然，外面一连声地响起哨音，他向大家打了个招呼，带着战士们散到射击位置上去了。冯连长和我也紧跟着直奔山崖，我和放哨的浓眉战士伏在一起，监视着下面。

日军借着一道新修的工事，用火力掩护着冲上山来。我身旁的浓眉战士用牙齿咬开手榴弹盖子，一伸手便打出去三颗。敌人被打倒几个，有一些钻进石缝，盲目地向上打枪。他又端起枪来，瞄准着石缝里的敌人一个一个“点名”。当他再次向下甩手榴弹的时候，右手被敌人的枪弹击中了，血流如注。我急着要给他包扎，这时爬到石缝梯道边的敌人越来越多，我们的手榴弹却快打光了。冯连长和张善才都吹起短促的哨音，这是规定使用滚石的信号。浓眉战士连忙推开我，不顾手上的重伤，把几块大石奋力推下去．大大小小的石块顺着梯道滚下去，一阵石雨把敌人打得不死即伤，攻击被遏止了。

第十四天，崮上到了最紧急的关头。给养和水几乎没有了，剩下的弹药，也只有几百发子弹和几十颗手榴弹。我们不仅和上级失掉了联系，和北崮之间的联络也给日军卡断了。冯连长和李指导员找我商量，这时，我忽然想起一桩事来。

那是我们上崮的第二天，日军攻山之前，我们听到山下一阵急促的枪响，不久，枪声沉寂下来。我们不知敌人捣的什么鬼，傍晚，冯连长带我们一些人去山下察看。在山脚下的草丛里，我们找到了两个同志的尸体。冯连长辨认出这是2军分区的一个通信员和一个侦察员。从草丛周围的情况看，他们在牺牲前和敌人作过一番顽强的搏斗。通信员的步枪扔在一边，刺刀折断了，枪托砸烂了，枪栓不知去向。他身边散丢着一些粉碎的纸片，嘴角上挂着些嚼碎的纸末。侦察员手上套着五根手榴弹弦，面前不少匣枪弹壳。

我们在附近的一块石头底下，找到了他的匣枪，枪膛已经空了。看了这种景象，我们心里异常悲愤，默默地把牺牲的战友掩埋起来，就动身回崮了。现在回想起来，这是上级首长派他们来岱崮送信，和敌人遭遇壮烈牺牲了！我们和上级的联系也就此中断！

冯连长、李指导员考虑半晌，决定派我带两个人突出重围，迅速向团首长请示，决定今后的动向。

天黑不久，同志们都到崮边上放石头，招引敌人打枪。以前我们时常这样袭击敌人，弄得敌人一宿数惊，渐渐地敌人也麻痹起来，不再上我们的当了。我和通信员小殷、小宋找个空隙，攀紧铁绳，从悬崖上滑下来。回头望望崮顶，冯连长、李指导员还在俯视着我们。

日军怕我们突围，在山脚下燃起一堆堆的篝火，巡逻兵一直在火光中穿梭般走动。到了下半夜，燃烧的篝火余烬未熄，巡逻兵想是跑得累了，围着火堆睡起觉来，东倒西歪，鼾声如雷。我们绕山沟，攀山崖，躲过一堆日本兵，又是一堆日本兵，绕到岱崮西北，才钻出了重围。

我们终于找到了我团陈宏政委。他听过我们的汇报，当天傍晚就带上队伍走了。他们想尽办法送了一些弹药粮食上崮，同时指示 8 连相机撤离。

陈宏政委走的时候，把我留在团部。我怎么也不能安定下来，特别是听到岱崮方向响起隆隆炮声的时候，盼望 8 连同志早些胜利归来的心就更加殷切。

这一天终于来了。8 连同志坚持了更加严峻的四昼夜，按照上级的指示突出重围，同迎接他们的陈政委会合在一起，胜利归来了。见到这些同生死、共患难的战友们，心里真是说不出的高兴。我一面和他们握手、拥抱，一面审视着一张张熟悉的面孔：冯连长头部负伤，鲜血渗透了绷带；李指导员的面容瘦削，显得身材更加修长；张善才腰部负了重伤，身上的棉衣被炸得稀烂。但他们的脸上共同显露着笑容，似乎任何灾难也不能把他们压倒。

这时候，屹立在群山之中的岱崮又浮现在我的眼前，它像这些英雄们一样，闪耀着胜利的光辉……

奇袭八公桥

潘 焱*

一

1943 年下半年，日军一面加强对国民党当局的诱降，一面驱使伪军实行大规模的“扫荡”“蚕食”，妄想变华北为其巩固的“兵站基地”。

10 月 12 日，15000 日本兵带着数万伪军，天上飞机、地面坦克，气势汹汹，直扑我冀鲁豫中心濮（县）范（县）观（城）地区。反“扫荡”开始时，我们避开敌人的锋芒，迅速跳到外线。敌人在中心区扑了空，各路伪军在日寇掩护下大筑据点，梦想摧毁我根据地。寿张的伪军占领我中心区东部的侯庙、莲花池；郓城的伪军刘本功部占领了东南的黄楼、朝城，伪军文大可部，占领了我北面的贾庄、虞铺。最严重的是国民党降将孙良诚所属二方面军两个军，兵力约两万多人，控制了我中心区西南侧两濮（濮县、濮阳）之间的广大地区。其精锐第五军王清翰部更深入我腹地，侵占了濮县，并以此为中心，设置了强固的大小据点百余处。孙良诚亲率其总部进驻濮阳城东南的八公桥，坐拥雄兵，虎视眈眈。

* 作者时任冀鲁豫军区教导第 3 旅参谋长，第 8 军分区参谋长。

这时，我军从东平地区返回内线，只控制着范县、观城之间方圆不过百余里的腹心地区。群敌环伺，形势极为险恶。为了迅速打开局面，恢复与巩固我冀鲁豫根据地，军区首长命我 2 分区作为反向中心区的前梯队，乘敌立足未稳，向寿张、朝城伪军伸入我根据地的据点，发起进攻。11 月 6、7 两日，我连克侯庙，莲花池、虞铺三处，全歼守敌。为了彻底粉碎敌人的“蚕食”，军区首长又召集了干部会议。讨论的中心问题是：如何将孙良诚这股伪军侵入我中心区的据点拔除，以改变整个严重局面。孙良诚部原是国民党正规军，公开投敌后，得到日军和汪精卫的精心扶植，装备精良，战斗力较强，这次他们倾巢出犯，气焰嚣张。显然，干掉孙良诚就可使日军失去锋利的爪牙，从而粉碎其侵占根据地的计划。

但是，怎么打法呢？大家认为：敌人第一线的五军，是孙部精锐，工事坚固，又和我腹心区贴近，戒备必严。同时这里据点密集，兵力配备也强，不易迅速攻克，而且强攻据点，消耗太大，即使拔除几个据点，也不足以影响全局。因此，大家都主张采用掏心战术，以勇猛神速的动作，迂回到敌人背后，出其不意地将其首脑机关打掉。这样做，乍一看，比较冒险，但由于敌人兵力虽大，却分布较广，便于我集中优势打击其一点。敌总部率直辖的三十八师（两个团）及特务团，集中于八公桥及其邻近的徐镇，南距仍为我控制的昆吾县境只三十里，我们可以秘密从腹心区进入昆吾，接近八公桥。孙良诚公然敢于率指挥部进驻我纵深的八公桥，正说明他自恃前有五军，后有四军大小据点拱卫，思想麻痹。这一带又地处两省交界，属于日军华北、华中派遣军的接合部，日军“扫荡”结束不久，各回原防，一时不易统一行动，目前正是我们反击的大好时机。我如突然打下八公桥，孙良诚所部势必动摇后撤，根据地是不难迅速恢复的。

经过一番热烈的讨论，杨得志司令员肯定了这个大胆的计划，他指出：“奇袭八公桥，是摆脱被动力争主动、集中优势打敌弱点，破其一点牵动全局的一招好棋。只要我们能改变和避开不利条件，创造和利用有利条件，一定可以顺利达到战役的目的。这要靠大家共同努力。”

我 2 分区曾思玉司令员参加会议回来，兴冲冲地向我们传达了杨司令员的指示，大家都异口同声地说：“战役计划真妙！”

二

军区的战役部署是：我 2 分区的 7、8 两团主攻八公桥。鄄北、郓北、昆吾等县大队钳制八公桥外围据点，展开政治攻势，相机夺取。4 分区 16 团、5 分区 19、20 团等部，分别部署于八公桥西侧，濮阳至东明一线，对付敌第四军，并提前行动，攻打敌人后方的据点——两门，以吸引敌人西援，减轻对我主攻部队的压力，战斗打响后，则阻击可能来援之敌。3 分区 32 团、回民支队带领中心区各县区武装、民兵，在濮县一带袭扰，牵制敌五军，不许其回援。

领受任务后，我们分区的几个负责同志在战术方面又作了深入的研究。大家认为要出奇制胜，必须做好四件事：第一向部队讲清形势，做好政治思想动员工作；第二是确实掌握敌情；第三是严守秘密；第四是造成敌人的错觉。最后一条非常重要，正如毛主席教导我们的：“错觉和不意，可以丧失优势和主动。因而有计划地造成敌人的错觉，给以不意的攻击，是造成优势和夺取主动的方法，而且是重要的方法。”根据这四项，我们作了严密的布置。首先派侦察股长丘克难同志前往昆吾县，配合县委，侦察八公桥及徐镇的敌情。同时，故意把分区的指挥机关和部队从范县以南的腹心区移向东南方向，驻于鄄城北面的刘楼，远离开孙良诚的部队，作攻坚战准备工作，并派出侦察员和小股部队向东，到郓城、刘口、肖皮口等敌据点附近活动，造成我军有攻打刘本功的声势，以迷惑孙良诚，给他们来个“声东击西”。

那些机灵的侦察员，各显神通，使用了种种巧妙的办法，把消息传到据点里去。有的找到伪乡保长，故意恫吓说：“我军在这一带集结，走漏了消息要找你们算账！”有的告诉来往于敌占区的商贩：“你看到了我们部队在造梯子，可不准告诉敌人！”有的把敌哨兵抓来，详细讯问据点的设防情况，然后又故意让他逃回。政治部主任尹斌同志并让敌工科长通过内线关系，把假情报直送到刘本功的指挥部。散驻各村的部队同时展开了热烈的练兵运动，日夜擦枪磨刀，练习登梯拼刺。这一来，刘本功紧张极了，连忙收缩部队，据点周围都设上双岗，还拼命向各地伪军喊叫求援。

这时候，丘克难同志派人送来一封信，详细报告了八公桥那边敌人设防的情况。最后说："敌人本来天天向乡保长要伕子赶筑工事，最近听说我们要打刘本功，伕子也要得不紧了，围墙只筑了一丈多高。"显然，我们这一着奏了效，敌人产生了错觉。于是，悄悄将指挥机关和部队向孙良诚靠拢，准备随时出动。

11 月 14 日，16 团在八公桥侧后的两门镇打响了。这是战前预定的一步棋，按照计划，把八公桥附近的敌人调出西援，那么我们就可以更无顾虑地立刻投入攻打八公桥的战斗。大家集中视线于徐镇，焦急地等待着情报。

第一个侦察员回来了，说敌人毫无动静。

第二个侦察员回来了，还是不见敌人有什么动静。

难道敌人看破了我们的意图？大家心里暗暗着急。

直到第二天下午，丘克难同志才带着几个侦察员骑着自行车，满头大汗地赶回分区司令部驻地葛庄。一进门，他就兴高采烈地嚷道："两门镇歼灭了敌人两个连，徐镇敌人一个团已经增援去了！"

敌人终于听从了我们的指挥！

一切条件成熟。曾思玉司令员用红笔在地图上唰地画了一条长长的弧线，目光闪闪，微笑着说："出发！"

三

一夜小跑，直插西南。绕了一个不小的圈子，避开敌五军的占领地带，16 日拂晓，到达了黄河故道大堤边的火神庙。这里距八公桥仅 40 余里。这时，曾司令员、尹斌主任都分头到各团进行战前动员。我受命去和昆吾县委联系。

昆吾县，是濮阳以南、黄河北岸、河堤与河道之间的十几里长、几里宽的一块狭长地带。由于地方党在这里工作基础好，群众都已发动起来，敌人一直无法立足。因此，昆吾县至今还被我们控制，借它沟通着我中心区与西南面六、七分区的联络，而这次又成了我们的情报基地，也是隐蔽接近敌人后方机关的一条安全走廊。

没等到我去，他们就先找上门来了。县委的同志们一个个腰插短枪，虽然是风尘满面，却都精神抖擞。我把当前情况和作战意图向他们谈了谈，提出部队需要几个向导，县委书记立刻答复：

“向导有的是，早带来了。”

“还有 100 副担架。”

“准备了 200 副。参谋长，还要什么，请快说！”

我激动地握着他们的手说：“你们辛苦了！你们做得很好，对这次战斗的进行起着重大作用。”

正说着，跑来一个民兵，小伙子一进门就向县委书记报告：“敌人今天还是一点动静也没有，只是昨天日头落时看见一辆小汽车开往开封去了，说不上坐的是啥官儿。”

16 日下午 4 点钟左右，部队从火神庙出发，沿黄河大堤继续西进。走了 20 里，到陈砦，部队跨过大堤，直向正北飞速前进。这时，太阳西下，天色渐渐黑下来，陡然狂风大作，卷起一阵阵黄尘。我们逆风而行，眼睛都睁不开，跨一步要费很大劲。最苦的是梯子组，他们要抬着数丈长的木梯，顶风前进。一个个都在喘着粗气，但还高声喊着：“真是孔明也借不来的好风呀！敌人准保伸腿睡觉哩，同志们，加油！……”还有的念起快板来：“顶着风头往前钻，把孙良诚的老巢连锅端……”一边念，一边呸呸地吐进嘴里的泥沙。

午夜时分，赶到八公桥，部队进入预定位置，指挥所设在史家楼。刚挂上作为指挥所标志的红灯，各团通信员就来报告：“部队接近外壕，准备好了！”这时，曾思玉司令员早到突击部队去了。一打仗，他总是在前边直接指挥部队。

战斗进行得非常顺利，7 团 3 连战士们从东北角越过外壕，翻过围墙，打开寨门，后续部队一拥而入。直到此时，敌人才发觉，可是已经被我们的战士堵在碉堡里动弹不得了。17 日 9 时许，歼灭伪二方面军首脑机关八大处的捷报，就到达了指挥所。接着，我们打开了顽抗的敌兵工厂和街心大碉堡，把敌特务团的两个营全部歼灭了，活捉了伪二方面军参谋长甄纪印。一问，才知道，15 日下午开出的小汽车里，坐的正是孙良诚。这回算他运气好，漏网了。甄纪印这个“参谋长”对着我们一口一口倒吸冷气，连声絮叨着:“真想不到，真想不到……”敌人确实想不到我们会打到这里，直到下午，濮阳的敌邮差还到八公桥送信来呢。

打下八公桥，我们又横扫了保安集、王郭村等据点，并伏击歼灭了东明方向援敌的两个营。一个胜利接着一个胜利，声威大振。敌人全军惶骇，栗栗自危。濮县伪五军慌忙撤退，猬集于濮阳、柳下屯一带。当我们返回中心区时，濮县周围也无敌踪了。孙良诚不仅没有占到地盘，倒输了老窝。我冀鲁豫根据地反比敌人大“扫荡”前更加扩大了。

窑洞四昼夜

徐顺孩[*]

太行山南麓，壶关和陵川交界处，有个百十来户的山庄，名叫常行村。这村三面靠山，只有东南是一溜平坝。夏秋之交，满山枣柿熟透，田里谷黍飘香。山沟里，三撅头就能挖出煤来。据老辈们说，过去曾有人在这里开采过煤。挖煤以后留下的许多窑洞，黑咕隆咚的，谁知道有多深！

1943 年春天，日军占了陵川，三天两头出来“扫荡”，村南村北，常常受害。渐渐地，陵川周围的村庄都被“蚕食”了，常行村便成了敌我斗争的前哨。为了坚持斗争，常行党支部领导了群众，把村后的窑洞加以改造，成了一条四里长的“爪”字形坑道，家家都把粮食、衣物搬进了窑洞，一有情况，老乡们就躲进洞里，只留民兵在外面同敌人周旋。

常行民兵有了窑洞作依托，胆子更壮，斗争也更加活跃了。这年旧历除夕，我们在南山小松坡抗击了陵川出犯之敌，使群众安全地度过了春节。不几天，敌人又突然包围了草坡庙会，150 多名群众被捉，1000 多斤粮食被抢。我们闻讯，先敌到达平城附近的寨脑山下截击，全部救回了被劫去的群众和粮食。敌人恨透了我们，纠集了一批地痞流氓，配合保安第五中队，一

* 作者时任壶关县常行村武委会主任。

心想搞垮常行民兵。一个月内，白天明攻十多次，黑夜暗摸二十多次。我们以地雷战、冷枪战对付敌人，打得了就打，打不了就进入窑洞。敌人除了踏响 100 多颗地雷外，唯一的收获是烧掉了十多间民兵的房子。敌人占不到便宜，便到处张贴布告，悬赏捉拿区武委会主任徐朋和常行民兵干部，并且大肆扬言：非把常行的窑洞捣平不可！但我们在区委领导下，和在主力 32 团的支援下，依然坚持着窑洞斗争。全村还实行了军事化的生活：白天民兵警戒，群众从事生产；晚上静街以后，群众进洞，民兵安设地雷，放哨巡逻。敌人对我们硬是没有办法。

阴历八月，正是秋忙季节。这时，主力 32 团转移到外线作战去了。一天半夜，突然有人在院里喊叫："徐主任，鬼子从平城镇出来了！"事情都赶到一起来了，恰巧我爱人快要分娩，我也顾不得她，连忙披衣出房，集合民兵。又是一次突然袭击！我和村支部书记张海水同志商量：由他照顾群众陆续进洞，我带领民兵，到村外掩护。

在村头和敌人干了一夜，我们已有几个同志负伤。天大亮，抬头一望，村前村后，尽是敌人。事后知道，这次来犯之敌，是鬼子指导小队和伪山西剿共军第二师及保安第五中队共一千余人。我们只有 17 个民兵，同敌人硬干不利，就背起负伤的同志，一个个撤进洞里。

乡亲们一见我们，都过来问长问短。小伙子纷纷要求参加战斗，妇女们护理伤员更加尽心。我们稍稍整理了一下队伍，便动手把洞里几个存放秧歌"行头"的大木箱移过来，取出里面的"行头"，装进沙土，一左一右地交叉摆在洞口。前些日子，区武委会拨给了我们 500 发子弹，100 枚手榴弹，已够敌人喝的了，何况这窑洞犹如铜墙铁壁，只要我们守住洞口，敌人来一个，打一个，一定能够坚持到最后胜利。

敌人在村里翻箱倒柜地闹腾了一天，天黑的时候，外面乱七八糟的声音忽然停止了，侧耳细听，村里好像空空的。"莫非敌人撤了？"这时就有人提出要出洞，张海水同志说："敌人这次来势凶猛，决不会就此罢休，应该先派几个人到村里去侦察一下。"民兵队长张小保抢着要求："我带两个民兵出去看看！"

小保领着两个民兵从西口摸了出去。没走几步，就听见“砰砰”几枪，随后，咕咕咚咚一阵脚步声，小保他们跑了回来。后面敌人还在咋呼：“妈的，就是没有全出来！”我们探出头去一望：好家伙！外面黑压压的，爬满了人。原来敌人来了一手假撤退。不仅西山洞口被封锁了，南山、北山两个比较隐蔽的口子也被包围了。过去敌人并未发现这两个口子，这次一定有汉奸告密。

果然，第二天清早，带领日本兵前来攻打窑洞的，正是汉奸王秀贞。这条狗过去是国民党的保安队长，在咱村住了两年，对村里的窑洞都很熟悉。他领着一伙坏蛋，先是在洞口咋呼：

“出来吧，投降不杀！徐顺孩出来当连长，张小保出来当排长，民兵出来每人都当班长！”

“放狗屁！我们是中国人，绝不当亡国奴！”民兵们一边射击，一边痛骂。

欺骗无效，王秀贞又在洞外喊叫：“给老子冲！谁冲进去赏金票两百元，叫他当排长。”

一会儿，真有人进洞来了，前面那人提着灯笼，两个伪军跟在后面。我们仔细一瞅：掌灯的是咱村的徐小二。这人有些自私，就是舍不得家里的坛坛罐罐，所以才让全家进洞，自己留在村里看家。现在他竟带着敌人前来了。我们愤怒地把枪口对准了他，准备先把他干掉。越走越近，只听他拖长嗓子喊道：“老总，慢点，我有病啊！”我们正想打枪，徐小二把灯一摔，就势从坡上滚了下来。两个伪军气得骂道：“妈的，你摔跤连灯也摔啦！”小保顺手“叭”的一枪，把前面的那个家伙撂倒了，紧跟着又一枪，干倒了第二个。后面的伪军哇哇乱叫，连滚带爬地退了出去。徐小二爬起来，对着洞外吐了口唾沫：“狗杂种！看老子给你带路！”随后，他从敌人尸体上取下武器，和我们一起参加了战斗。

黄昏以后，敌人的进攻才停止。利用空隙，我们召开了第二次党的会议，讨论了面临的处境。斗争持续了两天，洞里的存水已经用完了，没有水，不能煮饭，困难开始威胁着我们。敌人还在千方百计地破坏，丝毫没有撤退的模样。这样长期下去怎行呢？会上决定派李景顺、王元狗两人摸出去，给区委报信。

下半夜，我们刚刚入睡，远处传来一阵枪声，把我们惊醒。也许是区委接到景顺、元狗的报告后，派部队支援来了？乡亲们高兴得觉也不想睡了，都挤在洞口来倾听。可是枪声渐渐稀下去，最后竟停止了。后来听说，原来是附近各村的民兵想来援救我们，但寡不敌众，只能在外面袭扰敌人。

我们急切地盼望着景顺、元狗带回喜讯来，第三天一清早，我就来到洞口等候。刚到那里，忽听得头顶上有铿铿锵锵的铁器声。声音越响越大，淅淅沥沥的泥土从顶上直往下掉。

“刨洞！”有谁惊叫了一声。再仔细一听，果然不错，洞里一时紧张起来。把守洞口的民兵一边向敌人射击，一边拖着箱子往里转移，乡亲们也都过来帮忙。幸喜窑洞坚固，敌人从早晨到晌午，费了好大的劲，才把用木石和积土筑起来的口子刨开。

再往里刨，尽是石头，刨上几个月也无济于事。洞里很快恢复了先前的平静。我们加强了一下防守力量，把枪一齐对准洞口，只要敌人一露头就射击。谁知敌人把洞口刨开后，既不往里刨，也不进洞，只是把从村里拉来的门、窗、桌、凳堆到洞口。大家正在猜测敌人的诡计，忽然，那门、窗、桌、凳噼里啪啦地烧了起来。霎时洞口一片大火，把洞里的通道照得通红。

敌人竟下了狠心，想把我们熏死在洞里。这一下，乡亲们沉不住气了。孩子们吓得哇哇直哭，大人们急得奔前跑后，我们干部早就把个人的生命置之度外，可是不能让全村的父老、兄弟、姊妹们白白烧死在洞里啊！张海水同志号召全体共产党员和民兵，把自己的衣服脱下，准备扑火！

奇怪的是：那火只是呼呼地燃烧，却不往里来，原来这洞外高里低，洞里空气外流，浓烟烈火进不来，反而一个劲地往外冒，只有着了火碎木头偶尔滚进洞来，但很快我们扑灭了。敌人想把我们烧死在洞里，不想反而方便了我们。不知谁个建议把燃烧的碎木拣起来，烤麦子和玉茭吃。这确是个绝处逢生的好主意，只是两天没进一滴水，嘴唇干巴巴的发裂，嘴里冒火，咽不下去。大家眼望着那烤熟的麦子和玉茭，谁也不想吃。

愚蠢的敌人不见还击，也听不到洞里有吵嚷的声音，以为我们都被熏死了。他们在叽叽咕咕:“里面不打不骂，大概都完蛋了准备下洞!”不一会儿，残火被熄灭了。最先下来的是两个穿黄呢服的鬼子。但他们一露头，就被我们“砰砰”几枪，打死在洞口。洞外的鬼子嗷嗷乱叫，一面往外拖尸体，一面下令又将箱子、柜子、锅、碗、盆、瓢往洞里塞。敌人又使出了新的花招，想把洞口堵死，把我们闷死在洞里。

敌人把家具填满了，又在上面压上石头、泥土，把洞口砸得实实的。洞里更加黑咕隆咚，氧气也越来越少。人们开始只是感到沉闷，渐渐地，有些窒息。后来只觉得头晕眼花，四肢软弱无力，再加上两天没喝水，嘴干舌燥得真是难熬。一个老太太拉着民兵的衣袖哭着:“孩子，不要逞强了，看闹成啥啦!”没奶吃的孩子哭得更加厉害了，更多的人在吸吮着嘴唇，吞咽唾沫。

看到眼前的情景，谁不心焦？我和海水同志商量了一下，觉得有必要再召开一次党员大会。我们一面走，一面召集党员，来到一个拐弯处，只听得歇台（过去窑工吃饭、休息用的土台）背后暗角落里，传来一种缓慢而坚定的声音:

“……草地上没有人家，不长粮食……我们的炒面都吃完了，肚皮饿得像一张薄饼，头晕眼花，只要一倒下去，就再也爬不起来……同志们倒下了一个又一个，可是，这能难住红军战士吗？不能！我们就你搀着我，我扶着你，顽强地向前走去……”

一听这熟悉的外乡口音，就知道是老刘在讲话。他原是八路军32团的炊事员，因为年老体弱，年前复员到我们村安家落户。平时他最关心群众的疾苦，乡亲们都叫他“好老刘”。现在，这位红军老战士用自己的亲身经历来鼓舞群众，这声音，听来多么亲切，连孩子们也听得入神了。

还有什么劝慰的话语比这更能打动人心呢？人们听完了“好老刘”的故事以后，轻声议论起来“过雪山草地才真是艰苦哩!”“撑下去，咱眼前这点困难算得什么!”……

克服困难，坚持到底的信念，很快地浸染了所有的人。一个怀抱小孩的大嫂有气无力地躺在地上，侧首问旁边的人：

“景顺叔出去一整天了，怎么没有音信？”

“他嫂子，不用心焦，景顺是个机灵人，准能找到八路军。就算一时找不到，这么多鬼子在咱们头上折腾了两三天，远近几十里谁不知道？总有人会给八路军报信的。”

我来到这位大嫂的跟前，正想说点什么，大嫂见我过来了，连忙亲切地说：“好主任嘿！你只管带着民兵打鬼子好了，我们什么也不怕！”

乡亲们的坚强意志，更加鼓舞了我们。还有什么需要说的呢？最重要的是想办法解决一些具体困难。眼前，对我们威胁最大的有两个问题：一是空气沉闷，一是没有水喝。第一个问题虽然严重，但暂时还不打紧，因为这几天来敌人多集中力量搞西口、北口，对于南口比较疏忽。现在西面和北面的几个口罩都填实了，南口还没有堵，还能换换气，只有水，是刻不容缓的问题！经党员大会讨论决定，趁黑夜派小保几个人从南口出去，到地面拔点萝卜回来，暂时救一救眼前的急。

小保带着人从南口出去了，洞口的鬼子哨兵正在打瞌睡。他们一见眼红，本想把哨兵搞掉，但又怕枪响惊动敌人误事。于是轻手轻脚地跑到地里，很快把萝卜拔好，运到洞口，然后拐到一个溜坡，巧妙地对准哨兵一阵猛打。敌人以为我们在洞里支持不下去，要突围了，小松岭的鬼子首先打响，随后对面峡神岭的伪军也开起火来……敌人对打得正火热，小保他们三个有说有笑地跑进洞来。大伙一见萝卜，高兴得如获珍宝。虽然东西不多，一百八十多个人只能每人分到一块，但吃得十分香甜。

洞外天又明了，这已是我们坚守窑洞的第四天。昨夜敌人对打了一阵之后，终于明白过来，今早又把仅有的南口也堵上了。幸亏山顶还有一个小风眼，不然真会把人闷死。

我们决定和敌人争夺一下南口。刚把土挖开，一包东西就掉进洞来，一声爆炸，腾起团团黄烟。有人大喊：“毒气！”这是敌人“黔驴技穷”，耍了惨无人性的最后一招。大伙连忙后退，但站在前面的徐发青、徐发根和徐玉山，已经中毒倒下，经抢救无效，不一会儿就牺牲了。

大伙悲痛万分，都要求冲出去和鬼子拼了。我们反复向群众解释：这仇肯定要报，但如果赤手空拳和敌人拼命，岂不正中敌人诡计！大家应该相信：党是肯定会派部队来接应我们的。

可巧，我爱人在这时生产了，一个老大娘跑来说：“顺孩！你媳妇生小子啦！”我又惊又喜。我的第一个孩子出世了，但眼前情况如此严重，我怎么能离开自己的岗位呢？大娘见我为难，便说：“好主任哩，放心好了，这事由我们来照料。”她带着一伙妇女动手忙起来，孩子“呜——哇”坠地的哭叫声，才给洞里带来了喜气。春喜老汉嚷着说：“好！这可是件大喜事咧！这孩子能在敌人重重包围之中生下地来，将来长大成人，准是个顶呱呱的好小子。”他说得使人心乐，大家又转悲为笑了。

一直到第五天，天放亮的时候，外面突然枪声大作。枪声越来越近，越来越紧。一会儿，窑洞被刨开了，有人在喊：“出来吧！咱们的军队把鬼子打跑啦！”开始，我们还怕是敌人欺骗我们，但仔细一听，是景顺和元狗的声音。大家顿时高兴得乱叫起来，一个拉一个地走出窑洞。只见区政委刘长青同志、区武委主任徐朋同志和八路军32团的首长都在洞口。见了我们，我们真像久别见了娘的孩子，不觉热泪盈眶，顺着脸颊流下来。

原来，景顺和元狗很快就把信送到了，但我们的民兵力量一时集中不起来，主力又正在外线作战，不能脱手，一直到今天，32团才连夜从河南赶到，各区民兵也都来了，歼灭了敌人。区委刘政委说：“常行的乡亲人人都是硬骨头！你们在窑洞里苦战四昼夜，1000多敌人把你们奈何不得，这是我们根据地人民武装保卫家乡的好榜样。”

这时，灿烂的朝阳从雄伟的太行山岭升起，眼前的树林、村落、田坝涂上了一层耀眼的红光。村前那棵高大的榆树仍然苍劲地挺立着，它象征着经受了战斗洗礼的常行村，威武不屈，愈斗愈强。

生产自救　战胜灾荒

“敌后的敌后”闹生产

曾　美[*]

晋察冀北岳2分区的山阴、代县、崞县，东傍五台山，西靠同蒲路，南临滹沱河，北据万里长城。1938年以后，日军沿五台山由南到北构筑了两道封锁线，并将滹沱河严密封锁，把山、代、崞与二分区分割开来，变成“敌后之敌后”。对这块小小抗日根据地，敌人经常出动优势兵力进行奔袭、“清剿”，实行残酷的“三光”政策。经过严酷的斗争，到1942年秋，整个地区没被“蚕食”的村庄，只剩下方圆二三十里的几个山村了。

战斗在敌后的敌后，物质条件极为艰苦。部队天天与敌人转圈，人不卸装，枪不离身。夏天，往树荫下一躺，铺着地，盖着天；冬天，战士们把夹衣装进些羊毛就当棉袄穿。没有鞋袜手套，战士们双手冻得像红萝卜，两脚皲裂得像松果。吃的更是困难，一天一顿稀饭，稀得能照出人影。由于营养不足，很多同志患着夜盲症。

1943年的严冬来临了，部队的棉衣还没影子。就在这个时候，聂荣臻司令员等首长到延安去路过我们这里。首长们对部队生活非常关心。聂司令员首先问：“部队的棉衣搞到了没有？”我把情况告诉了他，他沉思了一会儿

---

*　作者时任冀晋军区第二分区司令员。

说:“毛主席号召我们自力更生，开展大生产，这是我们克服困难的根本方法。现在如此，将来也是如此。应该告诉战士们，现在胜利在望，可是也还有许多困难。只要大家一齐动手就能排除万难……在这方面，陕甘宁边区的同志们，在毛主席亲自领导下，已经做出了很好的榜样，我们要很好地学习。我看这一带羊毛很多，你们自己能不能搞点生产?”

听了司令员的话，心里顿时豁然开朗，我立即把他的指示向分委作了汇报。分委当即召开专门会议，进行详细讨论，一致认为:毛主席这个英明指示不仅适用于其他根据地，也适用于我们这“敌后的敌后”。我们既能够也必须开展军民大生产运动。也只有如此，才能战胜目前的困难，坚持长期的对敌斗争，恢复和发展根据地，迎接最后的胜利。因此，决定首先发动大家纺毛线，打毛衣、袜子、手套，解决防冻问题。同时，为明年开展大生产做好准备，分委书记兼区队政治委员智生元同志率领直属部队留守中心区先动手，创造经验。我带部队继续打击敌人。

经过二十多天的斗争，当我带领部队返回中心区的时候，智政委一见面就高兴地告诉我:当他把毛主席的“自力更生”的方针向部队一传达，战士们都高兴地说:“毛主席这办法好。长着两只手，为什么要瞪着眼挨饿受冻?”司号员徐明杰，主动提出愿意教大家打毛衣、毛袜。战士们自己捻线，自己编结，不几天的工夫，毛手套、毛袜子、毛围脖都出来了。

我请智政委给刚从外线回来的部队作一次动员。他让留在中心区的战士们都穿戴上自己打的毛衣、毛袜子、毛手套站在一边;刚回来的战士一见都很羡慕，纷纷议论:“这办法太好了，咱也学学!”大家正谈论着，智政委走到队伍中间，高声说:“同志们!冬天到了，因为敌人的封锁，咱们的棉衣到现在还没有运来。现在有两条路:一条是继续等分区供给;一条是像留在家里的同志们那样，自己动手，自力更生。你们说该走哪条路?”

“自己动手!”“自力更生!”回答的声音像打雷。动员以后，战士们立即行动，于是，一种崭新的生活开始了。

早上，部队照常分头下山活动。每当指挥员发出“原地休息”的命令时，转瞬间，几个人向一起一围，从挎包里、口袋里拿出捻线锤、木条针和羊毛、毛线，就开始了生产。开始，有的人抽不出线；有的人把木针插到线扣里，比瞄准都困难。但是，一下子抽不出长线，就一寸一寸捻；针儿插得慢，就一次又一次练。渐渐地熟练了，有的人拨得线锤飞转，一根根银线就像蚕儿吐丝一样，在迅速延长；有的人边走路，手中的木针还在飞快地交叉翻转。这情景，常常吸引着村里的老大娘和年轻妇女们。老大娘们经常用惊奇和钦佩的口吻对那些姑娘们说："八路军文武双全，会打仗，又会织衣捻线！"每逢这个时候，战士们情不自禁地唱起自己编的歌儿："一面打仗哟，一面生产！熬过黎明前的黑暗哟，曙光在前！人民的子弟兵哟，面前无困难！"……

没有多久，战士们都有了毛袜子、毛手套。司号员徐明杰还打了两件毛衣。正好他爸爸来看他，他送了一件给老人，老人高兴得满眼含着泪水，手捧毛衣对智政委说："咱老辈子也没穿过这个，这都亏毛主席想的好法子。我回去以后，一定告诉乡亲们加劲大生产。"

防冻问题解决了，此时已临寒冬，不可能搞农业生产。分委决定首先解决副食品——开设油坊。

阳明堡附近的沿村，有个地下党员叫张建业，办法多，和群众的关系好，而且有些榨油的技术。这一带盛产胡麻，打出的油和香油一样好吃。我们找到张建业同志一谈，他干脆地说："没说的，只要是能为抗战尽一分力，就是叫我到虎窝里掏虎崽子，我也敢去。"我们对他说，这可不同于在根据地搞工作，弄不好，那会"赔上夫人又折兵"的。他满有信心地说："没关系，咱也来个登记注册，立门头，挂牌子，公买公卖，流水、老账样样有。再说，群众都心向我们，咱们头上也没贴帖子，怕他个啥？"说干就干，我们凑了一部分钱，选了几个政治坚定、会点打油技术的战士当"伙计"，就在敌占区开设起油坊来。张建业同志是经理又是账房。里里外外安排得没有一点破绽。

我们又用同样的办法开设了粉坊、面坊和毡帽坊。就这样，我们利用敌占区的资源，减轻了根据地人民的负担，改善了部队生活。1944 年来到了，我们在驻地八塔和群众一同过春节。各中队都吃上了油炸糕、油炸豆腐、饺子、粉条。老乡们激动地说："毛主席指的这路子就是好！"

春节期间，分委决定，在广泛开展拥政爱民活动的同时，动员全体军民开展大生产。要求部队除了更积极地打击敌人、保卫群众生产以外，要自给三个月的粮食。指示传达下来，部队立即行动，一面积极打击敌人，一面为大生产做准备工作。没有农具，便破击同蒲路把钢轨抬回来，老乡们立刻送来了风箱，帮助盘起打铁炉，于是，丁丁当当，不几天锄、镰、锨、镢全有了。老乡们的工具坏了，也送来修。战士们给添铁加钢，不要报酬。战士们说："鱼帮水，水帮鱼，为了大生产，互相支援理所当然。"

大地回春，风和日暖，到处都散发着泥土的清香。这时候，五台的东沟里，代县的南山上，滹沱河的北岸，那些被日寇的"三光"政策洗劫过的地方，到处镐头飞舞，歌声荡漾。

部队每到一个地方开荒，都要先看好地形，放出警戒。敌人来了，一声警报，藏好工具，拿起枪就战斗。小股敌人来了，干脆消灭他；遇上大股，留下少数人与敌人转山头、打麻雀战，其余的人转移到另一地点继续开荒。战士们还在公路旁、封锁沟的沟沿上种了青菜。

金风送暑，田野飘香，秋收的季节来到了。半年前杂草丛生的土地上，长满了狼尾巴似的谷子和超过人头的高粱。为了预防外线鬼子来抢粮，我区队主力决定向外线出击，以吸引敌人兵力，保卫秋收。我根据地军民在"快收、快打、快藏"的口号下，男女老少一齐动手，几天工夫便收藏完毕。等到敌人觉醒过来外出抢粮时，漫山遍野的庄稼穗子全没有了，只剩下群众为了掩护我们留下的"金纱帐"。

转眼又到了冬天，部队和去冬大不相同了。每人都戴上了又暖又软的毡帽，夹衣里絮上了厚厚的"毡套"，每人每天五钱油和盐，每月半斤肉，几年没用过的牙刷、识字课本也都有了。粮食自给三个月更不成问题。这时真是个个身强力壮，满面红光，战斗、训练和工作，更加生龙活虎，朝气勃勃。

1945 年 1 月，延安《解放日报》发表了社论。《游击区也能够进行生产》的社论里以好几个兄弟部队和我们四区队为例，证明即使在"敌后之敌后"

也能够和必须进行军民大规模的生产运动。社论还要求在 1945 年开展规模更大的军民生产运动，到年底评比各解放区的成绩。当这天报纸通过重重封锁传到我们手里的时候，同志们受到了鼓舞，决心把今年的生产搞得更好。

生产自救　战胜灾荒

宋任穷*

除了军事上的困难外，天灾也来了。1942 年春，天旱无雨，夏粮收成无几。春旱持续发展，旱情波及十几个县，许多地方大秋作物无法下种，致使秋收所获甚微。

1943 年灾情更为严重。先是旱灾，自春到秋久旱无雨长达 8 个月。许多水井干涸，河水断流，甚至人畜的饮水都成了问题。冀南灾荒发展比较早和最严重的地区为一专区的元城、大名，3 专区平大路以东地区，4 专区的清江、邱县、企之、广曲、临清，2 专区的巨鹿、冀特区、新河、宁南三区，6 专区的垂杨、清河、冀县等地。夏粮几乎颗粒无收。有些地区未能播种，有些地区春苗枯死，入秋后仍是白地一片。冀南全区有 884 万亩耕地未能播种，有不少地区成了“无苗区”。

旱灾之后接踵而来的是水灾。饱受八个多月干旱之苦的冀南军民，入秋后，又连遭暴雨，洪水泛滥，滏阳河、卫河两岸尽成泽国。水势稍退后，日本侵略者又先后破坏了运河、漳河、滏阳河等河堤，使河水漫溢，洪水退后的大片土地再度被大水淹没。受害地区达 30 余县，许多村庄成了一片汪洋。

* 作者时任中共冀南区党委书记。

馆陶全县 64% 的村庄成了“水村”，武城县被淹 110 个村，清河县被淹面积达 50%，任县、隆平县更严重。房屋塌倒，人畜漂没，半浸在水中的断垣残壁，景象十分凄惨。

冀南的灾荒是日本侵略者造成的。自日军入侵冀南后不仅放水淹田毁坏耕地，而且修据点、修炮楼、修公路、挖封锁沟、筑封锁墙等占去了大量良田。以广平县为例，全县共有 89 个村，敌人在 10 个村庄修了炮楼，占地 2 顷。修公路 56 里，占地 4 顷多，共计占地 10 顷多。按每亩地每年收粮 4 斗，一年共收获粮食 104 万多斤，可供 1730 多人吃用。如果再加上敌人实施的“三光”政策所毁的良田和烧毁的村舍，那就更多了，弄得多少人饥寒交迫，颠沛流离。“人祸”加剧“天灾”，“天灾”又加深“人祸”。“天灾”和“人祸”交相肆虐，陷冀南人民于水深火热之中。

我们除遇到旱灾、水灾外，还有雹灾和虫灾。冰雹大者如鸡蛋，实为少见。蝗虫之多，遮天蔽日，也是罕见的。蝗虫飞过来，简直像天阴了一样，太阳也看不见了。这样说并非夸张。大的蝗群方圆几里，一落地，顷刻间就把几亩、几十亩甚至几百亩农作物吃得一干二净。蝗虫所到之处，寸草不留。据南宫、巨鹿、隆平三个县统计，有 524 个村的庄稼完全被蝗虫吃掉。

蝗虫如此厉害，确实惊人。当时，我找到一本历史书看，是什么时候出版的，书名叫什么都记不清了。书中记载有清朝康熙、咸丰年间的大蝗灾情况，也是十分惊人的。那本书还讲了印度闹蝗虫的一个例子。印度有一次蝗灾最厉害时，铁路上铺了厚厚一层蝗虫，火车开过来时出轨了。当时还真有点不敢相信。最近看报纸，新华社发了一条消息，说埃塞俄比亚东部遭蝗虫袭击，大批蝗虫使火车的动力装置失灵，甚至造成火车出轨。可见那本书的记载还是有根据的。

继灾荒而来的还有瘟疫。当时有痢疾、水肿，还有更可怕的霍乱流行。一家人上吐下泻，有的病一二日而死，亦有的发病一二小时即死的。冀南人民灾病交加，苦不堪言。巨鹿县因饥饿而死者 5000 余人，因霍乱而死者 3000 余人。清河县王世公村曾在一天中死亡 400 余人。垂杨县段芦头镇一个集日因饥饿、疾病倒街而死者 30 人。当时，冀南区饿死的、病死的共有几十万人。许多地方几乎是“家家添新坟，村村有哭声”。

有些老百姓为了糊口，拆了房屋，拿着木料到冀鲁豫、冀中去换粮食。那一带比冀南好些。还有不少人为了求生，不得不背井离乡逃荒外地，有的村成了“无人村”。往年收成比太行一带好的冀南平原，变得杂草丛生，满目荒凉。

在冀南这段时间，我才真正体会到“福无双至，祸不单行”这八个字的含意。过去多是从字表面上理解这句成语，这次从实践中理解和体会“祸不单行”，可就深刻得多了。真所谓“福不双至，祸必重来”。灾害来了，衣食无着，身体必然就弱了，生病的也就多了。人生病了，又缺医少药。天气久旱无雨，一旦下雨，又往往出现暴雨，以至泛滥成灾。越是久旱不雨，一旦来雨就容易下雹子。“祸不单行”四个字，生动地反映了旧中国老百姓荒年的悲惨。

那时部队吃饭也限量。吃饭时司务长经常说的一句话就是“管了不管饱”。我们有的县长饿得竟昏倒在地上。那时的干部和群众是同甘共苦的，没有一点特殊化。有一次我到曲周县一个村庄，正遇到一家妇女生孩子。孩子已经生下来了，家里什么吃的也没有，大人孩子危在旦夕。见到这种情景，我们心中极为难过，送了她 30 斤小米，救活了母子俩，她很感激。那个年代，军民关系、官兵关系好得很，真正是同生死、共患难。我的二女儿此时出生，将她放在邱县南辛店老百姓家中。按照规定，每月留给奶妈 30 斤小米。这 30 斤小米，在当时可解决了大问题了，不仅可以养活小孩，也大大接济了房东一家三口人。“文化大革命”后，这位房东大妈到北京来看望我们，我们一再感谢她收养了我们的女儿，她反过来向我们道谢，说在这灾荒年每月 30 斤小米也帮助了她们渡过难关。房东家离我们的地下医院很近，我的二女儿就拿个碗常到医院，人们见了就给她一勺吃。她就是这样饿着肚子长大的。我的三女儿宋适荒放在元城县一位老百姓家里，由于又饿又病接回来没几天就死了。那时，不只是寻常百姓家忍饥挨饿，有饿死的、病死的，我们当干部的也同样忍饥挨饿，家里人也有被饥荒夺走生命的。

遇到这么大、这么多的自然灾害，时间又这么长，确是历史上罕见的。

旱、涝、蝗、雹加上瘟疫，真可谓“五毒”俱全，严重威胁着冀南军民的生存。敌人频繁地、残酷地“扫荡”“围剿”，使冀南遭受严重损失，抗日军民付出了巨大的牺牲。但这并不可怕，只要军民团结奋战，同仇敌忾，就可以和敌人继续斗下去。敌人是不可能把我们赶出冀南平原的。而我们，不管如何艰难困苦，最后却要将日军赶出冀南。但是，如此严重的灾荒确实令人可怕。解决不好救灾度荒问题，我们就有可能被灾荒赶走。已经有不少老百姓携儿带女离开冀南，逃往他乡。

坚持冀南抗战，燃眉之急是解决好生产救灾，度过饥荒，安定人心。饿着肚子怎么打敌人。我们区党委、行署和军区的领导同志，多次开会研究部署生产救灾度饥荒的工作。行署和各级政府建立了救灾委员会，领导各地区赈济灾民，积极设法发放贷款，调济粮食，救济灾民。我们从冀鲁豫区借了粮食 300 万斤、麦种 50 万斤运回冀南，一部分救济群众，一部分用来为明年生产作准备。其实，冀鲁豫区也并不富裕，也是度过灾荒不久。他们这种高尚风格，冀南同志很受感动。

北方局、晋冀鲁豫边区政府和 129 师十分关心冀南的灾情，积极支援冀南生产救灾度荒。1943 年，边区政府先后发放春耕贷款和救济款 740 余万元（冀南票，下同），贷粮和救济粮 64.8 万余斤。秋季洪水过后，边区政府又给冀南贷麦种 190 万余斤，发放救济粮 326.5 万余斤，还有大批食品。有了粮食，老百姓的情绪逐渐稳定了。

我们还开展了借粮活动。号召大家发扬团结抗战、互助互济、共渡难关的精神。借粮是件政策性很强的工作。余粮户基本上都是地主。开展借粮的村成立借粮评议小组，通过调查摸底，公允地提出借粮数量。讲清道理，做好思想工作，避免出现顶着不借局面，顺顺当当地借出粮食。此外还开展以工代赈，组织各种互助组，挖河筑堤，兴修水利，进行生产自救。根据连续旱灾、水灾情况，培修堤岸治理决口，疏浚河道开渠引水。

冀南军区领导部队一面打击敌人保护群众，一面同冀南人民一道开展抗灾救灾，协助地方堵口筑堤，疏河道、开水渠等，据不完全统计总长达 460 余公里，帮助群众打井一万眼。大规模开展捕蝗活动。当时捕蝗的场面是轰轰烈烈的。党政军民一齐动手，人山人海。开始捕蝗时，有个别老百姓思想还不太通。可能是受封建迷信影响，不愿意打。把蝗虫看做“神虫”，主张烧香祈祷，请求“神虫”嘴下留情，不要吞噬庄稼。也有人以邻为壑，主张敲锣打鼓将蝗虫轰出本区了事。我们打多了，有些老百姓还不高兴，我们只好耐心做工作，思想很快就通了。时代不同了，只要把道理讲清楚，思想认识很好解决。军队按单位统计数量，按斤计算上报。地方捕蝗由政府发动各村群众联合作战，党政军民大打“人民战争”。有的扫帚打，有的木锨打，也有的用木棍钉上鞋底打。男女老幼齐出动，有打的，有喊的，其场面甚是壮观。在蝗虫多的地方采取挖沟的办法，沟深 2 尺、宽 1 尺，将蝗蝻赶入沟内，然后用土埋死。这种办法古人就曾用过。史书记载清朝康熙年间闹蝗虫时，老百姓就用过就种办法消灭蝗虫。到了冬天，我们还组织人力将蝗卵挖出焚烧，这个办法比土埋蝗蝻的效果还好。据有的书记载，清朝还有一种制度，一旦发现蝗灾，即调军队前去助民捕蝗。这本来应该说是件好事。但是，老百姓不愿意。因为清军到灾区后，要好吃好喝招待，灾年的老百姓怎么负担得起。清军下乡，还践踏庄稼。所以，老百姓宁肯隐匿不报。这些封建军队比蝗虫更可怕，与其引来兵灾，不如忍受蝗灾。我军是人民军队，我们助民捕蝗非常受欢迎，各地军民联合捕蝗不仅消灭了蝗虫灾害，而且从中体会到团结的力量，只要团结一心再大的困难也能克服。

在冀南最困难的 1943 年，平原分局书记黄敬同志到冀南检查、指导工作。黄敬同志作风很深入，在路上遇到老百姓，常常停下来同他们聊天，向他们做调查。我们招待黄敬同志吃饭，最好的饭是小米饭，最好的菜是辣椒酱和芝麻酱，而且每顿饭的菜只能给很少一点。

1944 年麦收后，严重的灾荒基本上过去了。农村生产逐渐恢复发展，形势好多了。但是，要使农村经济进一步发展，彻底克服灾荒所造成的困难，并不是那么简单。还要很好解决在灾荒中的特定条件下，出现的特殊问题，如赎地问题、非正常婚姻和卖儿卖女问题等。这些问题不解决好，可能影响农村生产恢复和发展。在严重的灾荒中，有些农户为了度荒，把土地典卖了。灾荒过后，专署发出赎地训令，明确指出：凡 1943 年以来，因生活所迫而典卖之土地，均可照原价赎回。区党委、行署和各级政府大力帮助贫困农民赎回灾荒中低价卖出的土地。同时领导群众进行减租减息和增资增佃活动，也称“双减双增”活动。目的是减轻农民负担，改善农民的生活条件。非正常婚姻是指在灾荒中，有些贫困农民因饥饿妻子再嫁，有的卖儿卖女。为使骨肉团聚，党和政府进行了大量细致调查工作，尽最大努力解决灾荒中妻离子散问题。解决好这些问题是至关重要的，不仅有利于安定群众情绪，发展农村经济，更有利于进一步调动和发挥人民群众的抗战积极性。

灭蝗记

谷景生*

3 月里，天气渐渐暖和，蝗蝻出来了！

蝗蝻先是从向阳的山坡上、堰根下、石缝里爬出来，以后背阳的地方也爬出来了。出土的蝗蝻就像泛滥的洪水，一片片，一团团，滚滚涌向田间。霎时间，绿油油的麦田变成黑乌乌的一片，一支支茁壮的禾苗被啃得光秃光秃……

蝗蝻从哪里来？蝗蝻从敌占区和蒋管区传来。去年——1943 年秋天，平汉线以东的日寇占领区和黄河以南的蒋管区都发生了严重的蝗灾。蝗虫飞到解放区，投下了蝗卵。今年新春，我边区党和政府为了预防蝗卵的危害，曾鼓励群众大力刨除，只是蝗卵太多，清除不易，终于孳生出来了。

老乡们眼看着自己的劳动果实转眼就要化为乌有，整日慌乱不安。有的坐在田边号哭，有的指着蝗蝻咒骂，有的干脆把牲口放到地里，让牲口把蝗蝻、麦苗一起吃光。更有那些迷信的老太太，整天忙着烧香叩头，一把鼻涕一把泪地哀求蝗虫莫吃她们的庄稼，哀求庙里的菩萨能够显显灵，来降伏这些她们称之为“神虫”的蝗虫。

---

* 作者时任太行军区第七军分区政治委员。

干部们一面忙着组织队伍打蝗，一面一日数次地向上报告灾情。告急的电话、文书，接二连三地向县委会、县政府送来。河顺集报告：“一天之内就有 20 平方里的麦苗被蝗蝻吃光。”张二庄报告：“蝗蝻多得铺天盖地，一把能抓二三十，一脚能踩五六十。”焦家屯报告：“蝗蝻爬进了房子，炕上、桌上、锅台上、屋梁上，到处都是。”太行区党委也发来了通报：东起平汉线，西到太行山，全区已有 23 个县发现了蝗蝻。情况真是紧张万分！

战斗的号角响了！太行区党委发出了紧急动员令，号召全区党政军民一齐动员起来，不分地区、不分昼夜、不分男女老幼，展开大规模的灭蝗运动，坚决、彻底地把蝗卵和蝗蝻一齐消灭干净！太行军区也发出了庄严的号召，要求全体指战员为了人民的利益奋勇参战，不灭蝗灾誓不收兵！

各级纷纷组织起剿蝗指挥部。正规军、游击队、独立营，机关、学校、商店，六七岁的儿童、新婚的少妇、白发苍苍的老人……所有的人全都投入了战斗的洪流。全边区很快组成了一支几十万人的灭蝗大军，在各级党和政府负责同志亲自率领下，向蝗蝻开战了！

村子里除留下少数民兵看守外，家家户户全都锁上了门。漫山遍野，人山人海，锣鼓喧天。到处可以听到噼噼啪啪的打蝗声，到处可以听到人们在议论：“眼看日本鬼子快完蛋了，蝗虫又来祸害咱们根据地，乡亲们！先把眼前的‘蝗军’消灭净，再去收拾鬼子兵！”“去年一对蝗虫，今年变成五千，再不打，秋后就要变成两万。不打蝗虫，连抗日都没法抗啦！”一个姓张的老汉，一面敲着铜锣，一面拉开嗓门唱着：

“蚂蚱土里藏，靠天一场空！（当——当——）人多力量大，赛过蜡叭神！（当——当——）”

就是这个张老汉，前几天还说蝗虫是“神虫”，现在，他也打起蝗虫来了。

打蝗运动猛烈地开展起来，以致打破了地区的界线。哪里情况严重，灭蝗大军的主力就赶往哪里。

5 月 10 日，焦家屯蝗蝻猖獗。我们林县剿蝗指挥部立刻组织了一支近万人的支援大军，赶到那里。天还不明，主力部队首先开始了战斗，紧接着，群众队伍也展开了进攻，八百亩地的田野布满了人群，红旗招展，喊声雷动。天刚亮，当地群众送来米汤慰问，儿童团也敲锣打鼓，穿来穿去地唱着打蝗歌。支援大军的杀“敌”情绪更加高涨。这一天，捕捉、火烧、土埋，共计消灭八万四千多斤蝗蝻。

19日，林县、安阳联合剿蝗指挥部在两县边境发动了一次更大的攻势。这里是丘陵地带，岭岭沟沟，高洼不平，比其他地方更加难打。趁着太阳还没有出来，几万人的队伍分成两路，就像两条链子一样，一路沿着山梁，由西向东剿过去；另一路顺着河床，由山下向山上合拢过来。不到半个时辰，就把七条岭、八道沟全部扫净，在山坡上把蝗蝻紧紧地包围起来。太阳出来时，蝗蝻乱蹦乱跳，如同钻入网中的鱼群。这次我们摆的是箩圈阵，大圈里面套小圈，把蝗蝻圈得风雨不透。有的敲锣鼓，有的掌火把，有的手执鞋底噼噼啪啪打。蝗蝻听见锣声，到处乱窜。往上窜的被烧死，紧接窜的被打死，紧接着，掩埋队就把烧死、打死的蝗蝻扫向工兵队挖的小沟内，用土埋起来。晌午时分，这场激战终于胜利结束了。

5月中旬，蝗蝻基本被消灭了。但是，正当我们准备抢种庄稼的时候，大批飞蝗又从敌占区遮天盖日地飞来了。飞蝗一来，十几里路长，几里路宽的晴朗的天空立时像满布乌云。它们在天空中旋转怪叫，一落下，几座山，几道沟，看不见地皮；落在地里，金黄的谷穗不见了。

飞蝗比蝗蝻厉害多了，嘴利脚硬，能跳能飞，忽来忽去，难以捉摸。你在山下捕打，它就飞上山去，等你赶到山上，它又忽地飞到山下。人们追得慢，它就一边走一边吃庄稼，如果猛然一扑，“呼”的一声，全都飞走了。

“人人想办法，坚决消灭蝗虫！”剿蝗指挥部向全县军民发出号召，要大家研究蝗虫的特点，提出新的打法。

一天，分区皮定均司令员刚从前线回来，听说我们林县受飞蝗袭击，带着分区机关部队立刻赶到即舍打蝗战场上来。皮司令员非常重视剿蝗的战术，他一到，马上召集干部、战士开了个“剿蝗战术研究会”。

战术研究会就在山上召开。分区司令部的一位参谋慢条斯理地说：“根据我的观察，飞蝗正午和早晨都不吃庄稼。为什么呢？它们既怕热又怕冷，晌午荫蔽在阴凉的地方，夜间及早晨，又都爬在地埝根或草坡上不动。这是飞蝗的第一怕……”

“第二怕声响，怕黑颜色。”一个机灵的小鬼插话，大概是个通信员。他说：“嘿，飞蝗可有警惕性哩，人一喊，锣一敲，它就逃。还有，看见黑东西就躲，看见亮东西就来。”

“飞蝗早上不能飞，翅膀让露水打湿了。”

“飞蝗是个半瞎子，怕烟火……”

大伙你一句，我一句，讨论会开得非常热烈。皮司令员一面挥着草帽扇风，一面对我说：“倒是人多智广，研究出飞蝗有这么多的特点。我看，再发动大家多想些办法。”我说：“是呀，依靠群众没有爬不过的山。灭蝗的巧办法会越想越多的。”

于是，人们一个接一个地提出了新战法，什么“火把阵”“长蛇阵”“响铃阵”“泼水”“涂毒”……应有尽有，各尽其妙。

打蝗运动立刻掀起了新的高潮。一条百里长的防线上，摆开了各种新的阵势，飞蝗在天空乱飞，人在地面摇旗呐喊，打鼓敲锣，不让它落地。山头上放着瞭望哨，分班轮流站岗，蝗虫一落地，立刻放炮联络，群起轰打，赶它到天上去转转，不让它休息。

经过一天的袭击，轰赶，飞蝗已筋疲力尽。黑夜降临，一场围歼战便在各地同时展开。正规军、游击队、民兵、基干团、政府干部、工、农、青、妇……一齐投入了决战。在田间，在山上，在河边，到处撒开了天罗地网。几万人的队伍就像部队打仗一样，按着事先规定的信号有秩序地前进、后退、分进、合击。各种战术都很奏效。在梯形地带，采取三面包围的队形，把飞蝗压缩到堰根后用火烧死。在平坦地区，使用一字长蛇阵的队形，慢慢向前推进。阵地对面冲天的烟火挡住了飞蝗的去路，飞蝗最后被聚歼在火墙根前。只有落在庄稼叶上的蝗虫，既不能打又不能烧，叫人十分着急。于是，又创造出一人掌灯，一人捉的办法。远远望去，坡野里满是星火，大伙就给这种打法起了个名字叫“星火阵”。

老乡们忘记了疲劳，忘记了休息，越打劲头越高。有的把飞蝗比作鬼子，见了大队飞蝗就喊："鬼子来'扫荡'了！"有的把飞蝗比作害人不浅的国民党军，抓了只肥头胖耳的就说："这只准是'当官的'，你瞧，还跟着两个小'护兵'呢！""我这只长尾巴的，准是它的'姨太太'了……"

灭蝗的捷报接二连三地传来，飞蝗逐渐减少下去了，于是，党政机关和部队又组织了临时工作组，领导各地群众一面打蝗，一面生产，各村都重新安排了劳力，抢种被蝗虫吃了的庄稼。有的还组织远征军，支援灾情严重的地区。他们的口号是："根据地里都是一家人，有福同享，有难同当。""不让一块土地闲起来，和蝗虫斗争到底！"在抢种中，各村的"生产互助组"发挥了巨大作用。有些地方种上了，又被飞蝗吃光，吃完了又补种，连续补种好几次。有些地方研究出蝗虫不吃什么，就种什么。就这样，太行根据地的广阔土地上，始终是生长着碧绿的禾苗。可是，飞蝗一批批地打光，又一批批地从敌占区飞来。敌占区成了蝗虫的"根据地"。太行区党委、军区政治部在扑灭蝗虫的号召里，曾强调提出："要尽一切可能组织敌占区人民打蝗，并帮助他们。"为彻底消灭蝗灾，八路军和政府工作人员带领着群众，组成了强大的打蝗队，又向敌占区进军了。

敌占区打蝗和根据地不一样，那里碉堡林立，敌人又常出动骚扰。更困难的是群众没有组织。我们只好先派部队把日伪军的炮楼警戒起来，一面准备战斗，一面打蝗。

几年来日寇的"强化治安"，加上连续两年的蝗灾，敌占区的人民正处在绝望的深渊。到处是野草丛生，不少人家死的死了，逃的逃了。留下的病残老弱，对于蝗虫简直束手无策。我们一到那里，不论见到什么人，他们都是唉声叹气。他们说："蝗虫是天意，任它去吧！""打也白搭，费尽千辛万苦从蝗虫嘴里抢下粮食，收下来还不是鬼子的！"每到一个地方，我们不得不先派出干部向老乡宣传，向他们介绍根据地里打蝗的情形，说明人是可以战胜蝗虫的，告诉他们敌人的日子不长了，眼下先把粮食收到手，再想办法对付日军抢粮，总不能眼看着庄稼被蝗虫吃掉。经过苦口婆心的动员，参加打蝗的人才逐渐增多起来。

正在这时，忽然发现特务、坏分子从中造谣破坏，说什么："打蝗触怒了上天，蝗虫白天被打死，晚上又活了，越打越多。”“共产党、八路军现在帮你们打蝗，秋收以后就要向你们要粮。”我们公开向群众揭露了敌人的阴谋，群众也从打蝗的实际效果中看穿了敌人的诡计，动荡的情绪才又平复下来。

一天，通信员领来一个中年汉子。这人卷袖，敞怀，汗淋淋，气咻咻，像是赶了远路。一见面，他就滔滔不绝地说：“咱都说八路军不会撇下咱不管，果不然，你们打蝗打到炮楼下边来了。我是张家屯的，听说八路军打蝗有办法，众人推我来请你们去，带领我们打蝗！”这太使我们兴奋了。我们随即向他详细介绍了组织打蝗的经验，说得他坐不住，站不定，非要我们立即派人去不可。我们满足了他的要求，派了干部，化装成当地群众，随他去了。

晚上，我们的队伍来到张家屯。那中年汉子和我们派去的干部早在村口等候我们，把我们迎到村里。村里老乡们都聚集好了，手里拿着拍子，拿着水盆，准备投入战斗。

“看人家八路军！咱打蝗为自己的庄稼，他们为啥？”敌占区的人民议论着。

“八路军是咱人民的子弟兵，他们打仗为人民，打蝗也是为人民！”打蝗队里的根据地的群众说。

“啥时候把鬼子赶走，咱这里也成了共产党、八路军的地界，咱就能过舒心日子了！”

“快了！八路同志不是告诉我们，小鬼子的日子长不了吗？”

日本兵看我们领导敌占区群众打蝗，先是吓得缩在碉堡里不敢乱动，后来，组织了几次骚扰，也都让我们的警戒部队打退。

敌占区的蝗虫很快扑灭了。敌占区人民的心更加向着共产党和八路军。

常德会战

第七十四军、第一〇〇军常德作战经过

吴　鸢　王仲模*

战前敌我态势

侵华日军为牵制我军配合美英盟军作战，希望击破我部分野战军主力，取得局部胜利，借以提高士气，安定民心，补充给养不足，达到其以战养战之目的，发动了常德之战。当时外国记者称之为“谷仓之战”。

常德为湘西北锁钥，雄踞沅江北岸，自古以来为军事重镇。1943 年 10 月，日军分别由皖南、赣北、豫南、鄂中荆、沙等地，陆续抽调了近十万兵力，番号是第三、第十三、第三十四、第三十九、第四十、第五十八、第六十五、第六十六、第一一六师团，独立第十七旅团、第四辎重部队一部，以及炮兵、工兵部队和伪军第五师、第十一师、第十二师、第十三师，于十月底集结完毕，从 11 月开始，从石首、藕池口、弥陀寺各桥头堡阵地，分成多路纵队，作广正面之进犯。经我第一线部队，诱敌于王家厂、暖水街、子良坪山地，逐次予以消耗打击，继压迫其渡澧水。迄 14 日，其第四十师团已到达西港东北，第六十八、第一一六、第三、第十三师团及第三十四

---

*　作者吴鸢时任第七十四军参谋处科长，王仲模时任第七十四军第五十一师参谋处主任。

师团之佐佐木支队，已到达澧水北岸石龟山、袁公渡，在沿河一线与我军激战。

在常德、桃源附近整洲之第七十四军，正以第五十七师构筑常德城区及太阳山、太浮山之据点工事，经战区长官部工事组派员验收，认为满意。当敌军发动攻势后，当以第五十七师守备常德，进入既设阵地，以主力控制盘龙桥、羊毛滩、漆家河中间地区保持机动。5 日开始行动，至 7 日晚集中完毕。时敌一部已到达津市附近，与我友军激战；另一部千余，在石门以北之柳垭附近，与我友军鏖战中。

11 日，接第九十九军通报："在青鱼嘴附近击毙敌军官，获得日记，此次敌有攻占常德之记载。"当即策定作战指导要旨如下：

（1）军以确保常德及击破进犯敌军之目的，以一个师固守常德（含太阳山），一部任浮海坪亘太浮山之警戒，主力控置于盘龙桥，羊毛滩附近地区，相机占领阵地，以火力摧毁敌人后，转移攻势，消灭敌人。

（2）敌若以主力由石门，一部经慈利向我进犯时，我以一个师占领保宁桥以南山地，经观国山、白鹤山、两水井之线阵地阻击敌人；其余控制盘龙桥附近（含固守太阳山），俟敌攻击顿挫后，由任公桥方面转移攻势，将敌歼灭于我阵地前。

万一该阵地被敌强行突破时，则依持久防御要领，将第一线部队转移占领骆家铺、潘家铺、羊毛滩、徐家、长堰之线，继续阻击敌之前进。

又为增强持久时日，以待友军增援到达计，复于望仙市、龚氏祠、双桂山、聂家桥之线，及望仙市、马鬃岭、香花岗、漆家河之线，设置纵深预备阵地，顽强阻击，以挫敌锋。适时以预备队加入而击破之。然后转移兵力，击破由临澧方面南下之敌，为使我各部占领阵地有充裕的准备时间，特于石门和澧水南岸之南山十九峰（后退配备），慈利和澧水支流东岸之三都岗以北地区（直接配备）派出有力之前进部队，对敌严密警戒，并极力迟滞敌之前进。

（3）敌若以主力由津市、澧县经临澧直趋常德，我即以一部固守太浮山、观国山、白鹤山，对石门方面严密警戒，以掩护主力侧背之安全，主力即由盘龙桥经葵家岗，求敌之侧背而攻击之。但渐水源附近，须控置有力之一部，以防敌之后续部队。

（4）万一盘龙桥、白鹤山间数线阵地，均被敌突破后，除常德、太阳山、太浮山之守备部队死守外，另派一部固守河洑之既设阵地；主力占领洪家桥、鸡笼山、漆家河之线，互相应援，确实固守。依状况由各方面转移攻势，将敌包围而歼灭之。

第五十七师于 3 日进入常德及其外围既设阵地后，增强工事，疏散民众，协同民众运走物资，枕戈待旦，严阵以待。

敌我参战部队番号及主官

日军方面：

第十一军司令官横山勇。

第三师团师团长山本三男。辖步兵 3 个联队，骑、炮、工、辎各一个联队，共 17000 余人。第六联队长中畑护一；第三十四联队长筑濑真琴；第六十八联队长桥本熊吾。

第十三师团师团长赤鹿理。兵力与第三师团相同。第六十五联队长伊藤义彦；第一一四联队长海福三千雄；第一一六联队长大坪进。

第三十四师团之第二一六联队（佐佐木支队）支队长佐佐木勘之亟（步兵 4 个大队及炮兵 1 个中队，兵力约 5000 人）。

第四十师团之户田部队（步兵 3 个大队，炮、工兵一部约 4000 人）。

第六十八师团长佐久间为人。第六十一大队长泽多亮；第六十二大队长竹林信久；第六十三大队长井村熙；第一百一十五大队长桥本孝一；第一百一十六大队长田部久次郎；第六十五大队长西山义郎。

第一一六师团长岩家汪（步兵 3 个联队，骑、炮、工、辎各 1 个联队，兵力约 17000 人）。第一〇九联队长布上照一；第一二〇联队长和尔基隆；第一三三联队长黑濑平一。

我军方面：

王耀武兵团统率第七十四军和第一〇〇军，王耀武兼第七十四军军长，副军长李天霞兼镇独师管区司令，不在防地。

军直属部队：搜索营（营长岳俊才），炮兵团（团长金定洲），战防炮营（营长王磻），高射炮营（营长高玉琢），工兵团（团长赵峙山），辎重兵团（团长黄寿卿），通信兵营（营长邓镜吾），特务营（营长储礼铭），汽车连（连长李邦亮）。

第五十一师师长周志道，副师长邱维达（在陆大学习），参谋长盛超；步兵指挥官陈传钧。

师直属部队：迫击炮营（营长毛如德）；工兵营（营长赵致良）；辎重营（营长李德诚）。第一五一团团长王奎昌；第一五二团团长胡景瑗；第一五三团团长王梦庚。

第五十七师师长余程万，副师长李琰（在陆大学习），参谋长陈嘘云；步兵指挥官周义重。

师直属部队：迫击炮营（营长孔溢虞）；工兵营（营长××）；辎重兵营（营长杜少兰）。第一六九团团长柴意新；第一七〇团团长孙进贤；第一七一团团长杜鼎。

第五十八师师长张灵甫，副师长蔡仁杰，参谋长罗幸理，步兵指挥官李嵩。师直属部队：迫击炮营（营长刘炳均）；工兵营（营长辛明）；辎重兵营（营长张君毅）。第一七二团团长明灿；第一七三团团长何澜；第一七四团团长李运良。第一〇〇军（施中诚）辖第十九师（唐伯寅）。

第六十三师（赵锡田），归王耀武指挥，参加桃源和常德外围之战斗。

各时期战斗经过

盘龙桥、羊毛滩、岩泊渡外翼战（11 月 14 日—16 日）

第七十四军于盘龙桥、羊毛滩、漆家河集结后，即派队对太浮山附近东北面严密警戒，以掩护集中之安全。迄 13 日午，由石门窜犯之敌先头一部，已渡过澧水，后续队伍继续南进。渡口及津澧方面之敌，与我第四十四军激战中。14 日申刻，接到长官部电示：“该军除第五十七师应坚守常德，主力即控置慈利东南白鹤山、鸡公岩、燕子桥间之地区，保持机动，争取外翼侧击敌人。”为侧击敌人，并与敌争取外翼，当晚在漆家河下达命令要旨：

要旨一：进犯之敌，似为第十三师团、第三师团和佐佐木支队，于 13 日午夜向我石门猛烈攻击，其一部已渡澧水南进中。

要旨二：军（欠第五十七师）遵命向白鹤山、鸡公岩、燕子桥附近地区集结，保持机动。

要旨三：第五十一师应派出一个营附无线电台占领潘家铺附近要点，于骆家铺、观国山等处派出警戒，掩护主力西移后，即改为搜索部队经夏家巷、官渡桥向石门搜索前进。其余部队应于 15 日 4 时，由现地出发，向白鹤山、菖蒲垭、仙娘庙及王家棚以北地区集结。

要旨四：第五十八师（第一七三团将防务交替后）主力应于 15 日 4 时，由河洑出发，向三都岗、燕子桥、黄莲洞附近地区集结，但应以一部占领祖师殿，并于广福桥、东岳观、通津铺各附近派出警戒。

要旨五：两师必须于 15 日晚赶到集结位置配置完毕，各派队向石门方向搜索前进，遇有敌之小部队则攻击之。务获得敌情，以资状况判断。

要旨六：两师之搜索警戒地境为两合口、石慈岗、石门城东端之线，线上届第五十八师。

要旨七：军部及直属部队于 15 日向黄石市附近前进。

各队于 15 日晚全部到达指定地区配置完毕，我遂先敌到达外翼。各师搜索部队于 16 日午开始与敌接触，敌立即向我正面攻击。

祖师殿、七姑山、黄石市各附近地区磁铁战（11 月 17 日—25 日）

16 日未刻，南犯之敌一部，被我第五十一师搜索部队坚强阻击于独立岩、官渡桥附近。敌第十三师团主力附炮二十余门，亦已渡过澧水，正沿石慈大道向慈利急进。同日黄昏，先头一部与我第五十八师搜索部队遭遇于猫儿峪附近展开激战，入夜仍在原地对峙。

另敌佐佐木支队约五千余及第十三师团第一一六联队，附炮 10 余门，由石门沿澧水左岸急进，有企图向我左翼包围之模样。17 日拂晓，当面各路敌主力已到达，共2万余人，先头部队即开始向第五十八师先头部队攻击。至9时许，大举向我扁担垭、亦松山、垭门关之线猛攻。我官兵沉着应战竟日，阵地屹然未动。黄昏敌陆续增加兵力，剧战经宵。

18日拂晓，第五十八师于祖师殿经落马坡亘羊角山之线，与敌血战。敌以飞机、大炮猛轰，我官兵镇静、沉着，并不时逆袭，予敌以重大打击。敌乃以便衣队向羊角山左侧迂回被我歼灭。同时，敌第三师团之一部，由两合口向第五十八师右翼之亮垭进犯，亦为第五十一师由星德山，第五十八师由祖师殿各派有力一部协同夹击，歼灭过半。敌因两翼包围狡计未逞，集中后续部队，步、炮、空协同全线猛攻，至黄昏，仍在原线争夺。

当晚，得第五十七师电告：在常德之涂家湖市，与敌第四十、第六十八师团先头部队接战。

向我进犯之敌，在屡以两翼包围均告失败的情况下，于19日拂晓，以全力向我第五十一师白鹤山、星德山及第五十八师祖师殿亘羊角山之线大举进犯，空军、炮兵联合轰击，并发射毒气弹和不断增援于祖师殿方面。我官兵同仇敌忾，愈战愈勇。巳刻，第五十一师由白鹤山，第五十八师由羊角山，各以有力之两营，由两翼勇猛出击，向敌白刃冲杀，至申刻，双方伤亡均重，敌攻势顿挫。

两日来，敌经我痛击后，不仅毫无进展，且伤亡甚重，至20日拂晓，增加五六千人，再度猛攻。我始终与敌周旋，第五十一师一部于明月山、塘梨岗、白鹤山、星德山之线，第五十八师于鸡公岩、落马坡、羊角山之线，与敌展开拉锯战，反复包围，剧战终日，敌无进展。这时，友军与敌第六十八、第一一六师团各一部激战于牛鼻滩、鳌山、临澧附近。

奉长官部电令，第一〇〇军着归王耀武兵团指挥。其第十九师于19日晚到达漆家河以南地区。军部及第六十三师在向桃源前进中，第六十三师之第一八八团令留在德山，归第五十七师指挥。当令军部及第六十三师向漆家河以南太平桥附近集结待命。

第十九师到达后，当晚以一部占领漆家河桥头堡阵地，并奉令该师展开于九龙山、关龙坡、兰齐山、五凤山、天保山之线阻敌南下，待第六十三师到达后，转移攻势。

因敌向我左翼岩泊渡迂回，为争取外翼，诱敌深入而歼灭之，以策应常德方面之作战，除令第十九师占领上述之线外，当晚以第五十一师占领杨林坳、仙娘庙、明月山、菖蒲垭、星德山、两汉口经燕子桥、七姑山，亘马峰田（不含）之线；第五十八师占领马峰田至零阳山、岩泊渡之线，另由该师以有力一部由左翼羊角山向敌迂回，与敌激战。

21 日拂晓，敌全线重兵攻击，于明月山、七姑山附近，反复争夺四次。我第五十一师第一五一团第二营营长张集光在冲杀时壮烈殉国。第一五三团第三营营长周德民身负重伤不退，在燕子桥附近生擒敌第三十四师团第二一六联队三中队上等兵横田池夫等六人。血战至巳刻，我阵地无恙。10 时，敌步骑兵 5000 余，附炮数门，由洪家园迂回窜至枫球坪，分向陈家河、毛家坊、龙潭河附近的我军、师司令部袭击，被我控置部队及军、师直属部队分别夹击。酉刻，残敌窜踞龙潭河，并分向两河口、杨雀垭进犯。入夜，仍在原线附近拉锯终宵，敌袭击指挥机构的计划被粉碎，且遭重大伤亡。

当晚，常德方面第五十七师与敌在德山以东缸市、河洑等处激战甚烈。该师官兵，喋血苦战，士气高昂。敌一部分由陬市、白洋河渡河，向常德南岸及桃源进犯。

22 日晨，敌续以主力向燕子桥、雷雨垭进攻，并钻隙向我第五十一师之七姑山阵地突击；炮、空协同猛攻，施放毒气数次，我军伤亡颇大，于杨林坳、仙娘庙、鲁家尖山经七姑山、马峰田之线与敌激战。旋以预备队向攻击七姑山之敌攻击，双方肉搏至午，敌被歼灭一部，阵线趋于稳定，仍缩小正面，抽调兵力，先解决窜入龙潭河之敌。即由鲁家尖山方面抽调第五十一师第一五二团至黄石市以西地区，展开于毛家坊、两河口之线，协力第五十八师攻击龙潭河之敌，全线成了犬牙交错。

同时，第五十八师除留一部固守马峰田、零阳山外，主力转向黄石峪、水田坪、牛耳洞之线，向陈家河、龙潭河之敌围攻。

军工兵团、特务营及战防炮营之一部，占领杨雀垭、芭茅洲、新铺河北岸之高地，顽强阻敌前进，并掩护第十九师之一团占领阵地，将对龙潭河正面守备任务移交该团接替。

第十九师于 19 日晚占领漆家河、桥头堡之一营，顽强阻敌南进。21 日晨，敌 2000 余由漆家河、华岩河间渡河，向该师右翼攻击，到处窜扰。战至午时，敌我均有伤亡。当令该师左翼延至新铺，但当时敌攻击猛烈，第五十五团伤亡较重，遂以第五十六、第五十七两团与敌战斗，第五十五团向后集结。22 日辰刻，太平桥方面之敌千余，向该师左翼攻击。同时，敌步兵 2000 余，附炮十余门，突入九溪方面，全线战况至烈。黄昏，敌又以千余人分向黄柏山、杨家庄迂回，混战整夜。第十九师右翼受威胁过大，即移至黄柏山、汪家棚、罗汉寺、芭茅洲、新铺之线，与敌对战。该师官兵忠勇用命，掌握确实，在危难中应付沉着。当电令第六十三师（欠第一八八团）即向三旺坪、盘龙山、余家沟之线前进，联系第十九师，以统一全军作战。

23 日，我各线部队与敌恶战，形成胶着。敌由明月山方面抽调千余人，经两水井绕攻第五十一师七姑山方面，亦为我击溃。该师主力遂缩小正面于杨林坳、仙姑庙、土地坳、余儿坳、七姑山之线。第五十八师一部在马峰田、零阳山与敌战斗，主力于午刻会同第五十一师之一部续向龙潭河之敌围攻。入夜，战斗更为激烈。敌向我第十九师第五十七团阵地猛攻，亦被击退。

当面之敌与我鏖战八昼夜后，攻击顿挫，敌锋虽遏，但阵地已呈犬牙交错。接到长官部电令:“应始终保持主动及有利态势，以有力一部留置七姑山附近，主力占领黄柏山，经新铺、枫球坪亘零阳山、岩泊渡之线，对东正面调整部署后，再行转移攻势”。当以第五十一师之一部留置于七姑山附近，其余主力占领黄柏山经新铺亘岩泊渡之线，以便向常德转移攻势。

部署如下：

部署一: 第十九师为解除敌之威胁，应就现态势成守势钩形，坚固守备之。

部署二: 第五十一师右翼联系第十九师，以步兵一团在新铺（不含），陈家河东北高地，枫球坪亘水田坪（含）之线占领阵地，并以步兵一团控制高桥坪附近，另以第一五三团留置于七姑山附近，利用地形固守之，该团归第五十八师张灵甫师长就近指挥。

部署三：第五十八师应以主力右翼联系第五十一师于水田坪（不含）、仙女殿、胡家坪、零阳山、岩泔渡之线占领阵地，并以一部控制白果庙附近。

部署四：各师之作战境如下：（线上属右方师）

部署五：各师应即开始行动，均限明（24）日拂晓前分别占领，配备完毕，并各于阵地前派出警戒部队，封锁大小路口，严密远出搜索，并对山地间隙配备十字火网，切实依照隘路防御之要领封锁之。

部署六：各师于配备后应将部队加以整理，候令推进，展开线之左翼于黄石市、二坊坪、燕子桥、落马坡之线，准备转移攻势。

当发电给第一〇〇军施中诚军长，将军部转移至丁家坊，到达后第十九师归还建制，第六十三师则占领三旺坪、盘龙山、余家沟之线阵地，准备向三阳港、方王坪之线推进。

旋据施中诚电告：军部率第六十三师（欠第一八八团）于水溪、向马渡渡河后，22 日丑刻行抵玉皇殿、燕子岩附近与敌遭遇，即在玉皇殿、陆家庙之线展开激战。至午，敌复由三阳港方面增援，向我左翼包围，双方反复冲杀，部队伤亡颇重，当面之敌有增无减。当晚除以一部于云鹤山、燕子岩、何仙崖之线与敌保持接触外，主力于 23 日晨向胡家湾挺进。午后四时进至查驲坪，以一部占领向家桥及其西北高地，准备 24 日继续挺进，以主力占领三旺坪、长乐山、当阳观、马鞍山之线阵地。

常德内线守势作战时期（11 月 18 日—12 月 2 日）

第五十七师于 11 月 3 日进入常德既设阵地后，18 日上午，在涂家湖市与敌发生接触。至 21 日，进入外围战斗时期。26 日，核心阵地保卫战，飞机低飞扫射轰炸，阵地一片火海。28 日巷战搏斗。12 月 1 日至 2 日敌我阵地犬牙交错，短兵相接，在中央银行常德支行地下室的指挥所，已四面皆兵。敌军惨无人道，施放毒气，战斗残酷。全城建筑物，已成灰烬，该师剩余部分官兵忍痛于 12 月 2 日撤出与友军会合。第一六九团团长柴意新（黄埔五期，陆大特别班五期生）亲率所部留城与敌搏斗，壮烈殉国。我军以血肉之躯，与优势之敌奋战，谱写了一寸山河一寸血的壮烈诗篇。

常德外线攻势时期（11 月 26 日—12 月 6 日）

各师于二十四日拂晓前，均到达指定位置。至此，我军又形成外线有利之态势。时龙潭河、牛耳洞之敌，分向我枫球坪及第五十八师仙女殿等阵地进犯，均被击退。第十九师当面之敌千余钻隙迂回窜至李公港，一部由白岩塔突入马蹬坡附近，当即抽调第五十一师第一五二团协力该师将敌击退，恢复原态势。

敌第十三师团及佐佐木支队，于争外翼计划失败后，在战斗中又遭到极大消耗，经我不断攻击，不得不缩小正面，残部逐次退守九溪、黄石市、龙潭河、二方坪以南等地区，共计万余人，极力向我军侧击，以阻我向常德东进，掩护其攻击常德主力侧背之安全。第十三师团师团长赤鹿理，亲自到黄石市附近指挥。

24 日夜，接长官部电令：“你部及第一〇〇军应准备于 26 日反攻，以一部攻击当面之敌，主力向河洑一带攻击，并先编成数个小支队，星夜钻进常德附近，袭敌侧背。”当下达命令要旨如下：

要旨一：渡过澧水南犯之敌，其一纵队于 11 月 21 日晚分窜至桃源及陬市、河洑附近各两千余，现已渡过沅水，会同德山之敌，由沅水右岸攻常德之背。另有诸兵种联合之敌万余，附炮二十余门，由常德西北地区进攻，迄 24 日晚，攻击益烈。另窜至慈利以南太平桥、龙潭河、黄石市各附近有敌二万余，经我连日痛击，仍极顽强。

要旨二：奉令着王耀武兵团指挥第七十四军（欠五十七师）、第一〇〇军即开始向陬市、河洑攻击。军决定先击破当面之敌，并攻占龙潭河为而后攻势转移之据点。再进出三阳港以东关龙坡、漆家河、福善岗之线，再行攻击桃源、陬市、河湫之敌，以解常德之围，会同友军将敌包围于战场而歼灭之。攻势转移时间为 26 日拂晓。

要旨三：第一〇〇军于 26 日开始行动，第一期先击破当面之敌，第二期以第六十三师进出于姚家铺、风南山、三阳港附近地区。以第十九师经太平桥进出于花山殿、九龙山、关龙坡中间地区，限 28 日正午到达，候令攻击。

要旨四：第五十一师于 25 日辰时开始行动，先击破当面之敌，攻占龙潭河、黄石市后，第一期进出于黄石市附近地区，第二期沿黄石市、漆家河道以南之平行路进出于漆家河、田家垱、崇寿寺间附近地区，协同第五十八师于 28 日前攻占漆家河，再候令攻击。

要旨五：第五十八师于 25 日展开行动，先击破当面之敌，攻占龙潭河、黄石市后，第一期进出黄石市附近地区，第二期沿黄石市、九溪、漆家河道及其以北之平行路攻击前进，进出于福善岗、漆家河、雅雀峪中间地区。于 28 日正午前会同第五十一师攻占漆家河。候令攻击。

要旨六：各师前进间之搜索警戒地境如下：（线上属左方师）

要旨七：各师须以一加强营附无线电台为钻袭部队，不顾一切向前钻隙挺进。第六十三师向桃源以北地区；第十九师向陬市、河洑地区附近；第五十一师向常德附近地区；第五十八师向常德以北地区；主力则依道路状况分数纵队前进。遇小部队则击破之。前进时务须严密警戒。

各师奉命后，于 25 日辰时各派出钻隙支队向陬市、河洑钻进。第五十一、第五十八两师，于当日中午围攻龙潭河，26 日拂晓攻克。第十九师、第五十一师于 26 日辰刻分别向方王坪、天保山、香山观等处之敌扫荡。各师钻隙支队，本晚均钻隙强渡黄石河。至 27 日晨，第十九师已进展至黄石河西岸，敌退据河东岸，隔河对战，第五十一师同时进展至漆家河南岸附近。

时常德方面已进入核心争夺战时期，奉令“着王耀武兵团指挥第七十四军及第一〇〇军，以一部扫荡桃源之敌，主力进出陬市、河洑攻击进犯常德之敌右侧背”，当令：（1）第十九师应迅速攻占飞龙山、九龙山之线，向陬市猛烈攻击前进。（2）第五十一师应迅速攻占田家垱、兰齐山、五凤山，限 28 日拂晓前，由田家垱、五凤山之线向河洑猛烈攻击前进。（3）第五十八师应迅速攻占黄石市、九溪，限 28 日拂晓前攻占漆家河，候令攻击前进。（4）各师作战地境如下：（线上属左方师）：第十九师与五十一师为田家垱、叶家大屋、大屋坪、黑窑厂相连线。第五十一师与第五十八师为漆家河、鸡笼山、长岭岗、缸市相连线。（5）各师攻击前进时，务须勇敢突进，不顾一切。（6）各师钻隙支队限 28 日午钻入陬市、河洑、常德附近。

各师奉令后正在部署行动时，敌伪军千余，附炮数门，由九溪方面南犯，突入汪家棚，阻我东进。我后续部队被切为两段，乃抽调先头之第一五三团与后续之第一五二团转向该敌夹击。自 27 日午激战至 28 日巳刻，经反复冲杀数次，将该敌歼灭过半，并生擒敌第三十四师团第六十五联队上等兵赤田正勇等 4 名日军及一部分伪军，缴获军马 70 余匹，步机枪共 200 余支，重要文件及其他战利品甚多。

第十九师方面，左翼三阳港之敌一部向我侧击，被该师歼灭 200 余，生俘第六十五联队副兵太松千助等数人及军马 20 余匹，步机枪共 50 余支。

第五十八师到全力猛攻黄石市、九溪等处之敌，以策应我攻势部队。

敌经我两日猛攻，仍顽强据守黄石市、九溪、漆家河等处，并屡派部队向我侧击。军为迅速攻击犯常德之敌侧背，避免为敌钳制计，当令第十九师师长唐伯寅率该师并附第五十一师之第一五一团，不顾一切，强渡黄石河，迅向陬市、河洑挺进而攻占之。

当晚，第十九师及第一五一团分由九龙山、华岩河强渡黄石河后，在河东与敌激战，勇敢突进，至 29 日拂晓前，逐次攻略茨树岗、黄花桥、土地坡各要点。第一五一团于黄花桥附近俘敌第四辎重兵师团五三四三部列兵户见喜市等数名日军。但当面之敌，屡由河洑、石板滩方面前来增援，顽强阻击，我挺进部队为达成任务，虽在敌三面阻击下，仍打开了一条血路，向敌后锥形突进。

当时，盘踞黄石市、九溪、漆家河等处之敌尚有万余，凭借街市及有利地形，顽强抗拒，并企图包围我攻击部队于浯溪河、陬市、漆家河之三角地带，故于缸市、河洑、陬市、盘龙桥各方面纷纷增援，向我围击。

本日奉令：“（一）第一〇〇军即向桃源攻击，规复后，仍归王耀武兵团指挥。（二）第七十四军（欠第五十七师）应即向常德太浮山攻击前进，奏功后即在该地区间集结待命。”

当即下达命令要旨如下：

要旨一：第十九师及第五十一师已渡河之第一五一团，均归唐师长伯寅指挥，攻占陬市、河洑后，续向常德以北七宜桥、石板滩、北家山之线攻击前进。

要旨二：第五十一师主力，务须迅速击破漆家河及其以南之敌，即向盘龙桥攻击，攻占后续向北家山、渐水源之线攻击前进，并掩护第十九师左侧之安全。

要旨三：第五十八师务将黄石市、九溪之敌确实击破后，即进出漆家河东北地区，候命前进。

第五十一师主力于 29 日午夜向漆家河之敌攻击，第五十八师则全力围攻黄石市、九溪两处，激战竟日。尤以第五十一师于八斗岭附近与敌争夺最为惨烈。入夜，两师突入漆家河及黄石市，与敌巷战。第五十八师上校附员杨剑秋，率奋勇队冲入黄石市时，身先士卒，重伤牺牲，是役，第五十八师生俘敌第十三师团第一一六联队上等兵阿部雄郎、雄吉正勇等 6 人；击毙第二大队大队长山田男，缴获九二式重机枪 2 挺和步枪、轻机枪 100 余支。30 日拂晓，完全攻占黄石市、漆家河两要点。8 时许，败退之敌 3000 余，附炮 8 门，数度向我反扑，均被击退。

我挺进部队继续奋勇突进，攻克毛家桥、大屋坪、鱼田坪等处，第五十八师及第五十一师之一部，于九溪、漆家河附近纠缠牵制敌人，保证了挺进部队侧翼安全。第五十一师师长周志道，亲率有力之一部渡黄石河后，与由漆家河向东南窜犯之敌发生激战。至 12 月 1 日，我挺进部队排除万难，其中第十九师已挺进陬市东北地区戴公坡、会山口附近，第五十一师第一五一团进至长岭岗。第十九师以一部监视陬市之敌，主力会同第一五一团继续向常德钻进。午夜，九溪之敌分数股渡河，每股七八百人，炮三四门不等。第五十八师于马放堉、铁佛寺、莫家冲、天保山、骆家铺之线，与敌鏖战。至午，敌陆续增至四五千人，在空军掩护下，强行冲进，并以一股 600 余人，附炮 2 门，冒死窜入李家铺，与我混战。另有由香花岗南下之敌千余，钳制第五十一师攻占漆家河部队之侧背。敌众我寡，战至午后，我军移至兰齐山、五凤山，继续与敌对战。时敌第十三师团师团长赤鹿理，移至漆家河指挥，午后升气球三次。至2日晨，第五十八师一部冲入九溪市西端，与敌冲杀竟日。我挺进部队因遭受陬市、河洑、洪家桥三面之敌的顽强阻击和小部队的迂回包围，颇有伤亡，但仍与敌激战。

第五十一师钻隙支队，以敢死便衣队数十人钻进常德城，与第五十七师取得联络。

常德方面之敌，向第五十七师加紧猛攻，全城工事、房屋，夷为平地，官兵伤亡惨重，敌电信、广播都承认守军抵抗顽强，为沪战以后所罕见。

军挺进部队，第十九师及第一五一团，因当面及两侧之敌坚强反击，3日仍与敌胶着于戴公坡、会山口、长岭岗附近。

第五十八师主力于3日午，由此会同2日冲入九溪西端之一部，夹击九溪之敌，毙敌四百余，残敌狼狈向东逃窜，第一七二团中校副团长谢中框（黄埔八期）勇敢督战，重伤身亡，该师副师长蔡仁杰率领一有力袭击支队，于2日晨钻入双桂山，3日午夜，攻占羊毛滩，并转向漆家河之敌背后攻击。

桃源经我第六十三师连日猛攻，于3日收复。这时，长官部下达电话命令："该部挺进队应不顾一切，迅速向常德攻击前进。"当即部署如下：

部署一：军（欠第五十七师附第十九师）以一部击破漆家河之敌，以主力限5日午前攻占河洑，并续向常德城西桃源码头，西站间地区攻击前进，务须与第五十七师守城部队确取联络。

第五十一师之第一五一团，于攻占河洑后归还建制。

部署二：第十九师即于现地以一部监视陬市之敌，主力向河洑，常德及其以北地区攻击前进。

部署三：第五十一师（欠第一五一团）即将善溪港、兰齐山、五凤山之攻击任务交与第五十八师接替后，迅向常德攻击前进，于明（4）日黄昏前到达宝珠山、金鸡山、姜家墒、方家桥中间地区集结，继向常德城北地区攻击，并进出于七星桥、渐水桥、二十里铺之线。前进时，须右与第十九师联络，集结时对东北严密警戒。

部署四：第五十八师即以一部接替善溪港、兰齐山、五凤山之线，主力展开于汉宫庙、雅雀峪、福善岗之线，向漆家河之敌攻击。攻占后即进出于水田坪、控断岗、高公桥、刘家庙中间地区集结，候命展开于南家山、蔡家岗、浮海坪之线，向竹根坡、长岭岗间地区攻击，并须进出于二十里铺、萧五铺、安家岗之线，特须右与第七十九军确取联络。

部署五：各师作战地境线如下：（线上属右方师）

各师奉令后，即积极行动，唯当面之敌极为顽强，善溪港、兰齐山、五凤山之线战斗益烈，交接困难，当令第五十一、第五十八两师协力攻击。迄4日晨，第五十一师进至黄石河南岸，第五十八师进至汉宫庙，猛烈向漆家河攻击。十时许，第五十一师与敌反复搏斗，迫敌仓皇后撤，该师再度攻克漆家河，并推进于善溪港东岸、刘家坪、汪家山之线。第五十八师则进至马家堉、曾家堉、竹园堉之线，与敌激战一昼夜，其间敌虽陆续增援，奋力反扑，均被击退。第五十八师生俘第十三师团第一〇四联队台湾籍翻译官陈金生。

第一〇〇军施中诚支（4 日）午电告："奉长官部电话令，第十九师归还建制，第一〇〇军仍归王耀武兵团指挥，桃源防务交第四十四军接替，第六十三师以一个团向陬市前进，策应第十九师作战。除令第六十三师以一个团即向陬市前进外，我军会合后行动如何？请电示。"当即复电告知情况，令该军向浯溪河附近地区集结。

第十九师（附第一五一团） 4 日午在原地与三面之敌激战，5 日晨继续向敌猛攻，至午，攻克陬市，入夜，乘势攻击前进，6 日午夜，又攻占河洑。黎明时，缸市之敌增援千余，猛烈反扑。至巳刻，河洑得而复失。这时，河洑、缸市、洪家桥、富家铺、长岭岗等处之敌，在空军掩护下，分路反攻，该师三面受敌，处境恶劣。经报请长官部，准予斟酌情况，略予调整，当电第十九师及第一五一团留置有力之一部于河洑、陬市与敌保持接触，并于陬市、石板滩、盘龙桥间地区流动，以搜索敌情外，其余即移至姜家堉附近地区，继续与敌战斗。

4 日午，奉孙连仲长官电："第七十四军，第七十九军，第一〇〇军，暂归王耀武兵团指挥，其已在常德之暂编第六师（含第二九四团）、第五八一团，应续先围攻常德，在桃源之施中诚军长应即率第六十三师向陬市附近推进。”

当时，第一〇〇军（欠第十九师）已至浯溪河附近，即令第十九师归还建制，并下令部署如下：

部署一：第一〇〇军即以主力向河洑攻击，攻占后，续向常德城垣攻击前进，以有力一部迅速肃清窜入田家河、镇龙关残敌后，续随主力前进。

部署二：第七十四军（欠第五十七师）即以主力由现地进出长岭岗以北地区，击破缸市、新桥之敌，而后续向常德城垣攻击前进，以一部迅速肃清漆家河以东地区残敌后，续随主力前进。

部署三：第七十九军主力及其已在常德西北方面之暂编第六师（附第二九四团、第五八一团），即进出于南家山、北家山、蔡家岗之线后，迅向灌溪寺、石板滩、七里桥、渐水桥之敌攻击。而后以主力协力常德东郊，以一部进出半边街，护城障之线，切实掩护常德城垣之攻略。该军攻击前进时，其重点应保持在右。

部署四：各军作战地境线如下：（线上属左方军）

另对第七十四军各师行动，部署如下：

部署一：第五十一师应由现地进出于长岭岗、雷家铺以北之线，即向缸市、新桥之敌攻击，到达后，续向常德城垣攻击前进。前进时，须右与第一〇〇军，左与第七十九军保持联系，到达洪家桥，南家山之线后，须与左右友军齐头并进。

部署二：第五十八师迅速扫荡漆家河东北阳近残敌后，以主力暂控置于漆家河附近，候命前进，以一团推进盘龙桥附近，准备策应第五十一师之作战。

部署三：第五十七师协力友军继续向常德城攻击而占领之。

第十九师于六日夜，因各方面敌军围攻甚烈，陬市复陷入敌手，主力遵照调整电令转移于姜家堉附近与敌战斗。

常德、临澧间追击战时期（12 月 7 日—14 日）

常德之敌，被我歼灭甚众，但残余尚有八九千人，沿城之东北方向，利用残破工事，逐步抵抗，掩护其大部队退却。

漆家河东北及盘龙桥，尚有敌五千余，企图挣扎，连日分股向我猛扑，到处乱窜。我各部于 7 日晨，以雷霆万钧之势，各向指定目标攻击前进。第一〇〇军扫荡当面之敌后，已攻占李家、毛滩、庄家桥、莫家堉、田家河等处，第五十一师进展至金鸡山、余家岭、龙昌寺之线。第五十八师则进至张家垭、富家岗之线，入夜，续有进展。8 日晨，第五十一师以一部于清明墒、井家堉、勒马山之线与敌激战，主力向东挺进。第五十八师黄昏前，以各一部向漆家河东北之敌夹击，攻至鄌家坪附近，敌据村落有利地形顽抗，经我包围，残敌突围北窜。生俘第十三师团上等兵桥本三四五等 6 名。

9 日，全线有进展。第一〇〇军于杨新屋上杨家边、余家湾、莫家堉之线，第五十一师于黄婆店、勒马山、汪家山之线，分别与敌激战。该师第一五一团午刻扫荡水田坪东南之敌后，复攻占雷家铺西端高地，旋被敌切断，与师主力隔离，全线形成拉锯状况。

9 日晚，传来第五十八军攻入常德城捷报，官兵益加振奋，勇猛前进。至 10 日午，第一〇〇军攻占彭家岔、道胜桥、金鸡山、回龙殿东端高地。第五十一师一部攻占勒马山与敌肉搏。旋克汪家山，毙敌第六十五联队中队长宫泽尔武，小队长杉木次郎等百余日军，缴获文件及战利品颇多。旋敌由黄婆店分数路，每路四五百人不等，附炮数门，似为新从他处增援来的，向我猛扑，尤以姜家墒、陆家堉、勒马山一带争夺剧烈。嗣敌人增援千余，并施放催泪性瓦斯两次。我军冒毒奋战，集中火炮向敌轰击，双方伤亡均重。敌曾一度冲至第五十一师指挥所前二百米处，该师直属部队加入战斗，一举将敌歼灭于陆家堉附近。第五十八师当面福善岗、田家大窖之敌各五六百人，附炮二门，向我左侧攻击。战至 10 日午，敌无进展，乃由雷家岗、聂家桥方面以步、骑、炮兵七八百人，向我猛攻，被阻击于竹园堉、观音坝附近。11 日，第一〇〇军于未刻，复克陬市至崇庆山之线。第五十一师当面之敌，在我猛攻下，退至黄婆店，构筑工事，企图据守。上述两师于黄昏后，均派出有力部队向顽敌突击，迂回包围，终宵战斗。12 日晨，第五十一师一部扫荡八哥垭、勒马山、汪家山以东地区之敌后，跟踪追击，下午2时，又克黄婆店、英树岗。第五十八师扫荡漆家河东北高地仙人庙、玉皇庵等处残敌后，继续追击，午后，攻占雷家岗、曾家靖、竹园靖之线，残敌顿形混乱，我军遂转入全线追击。

当天中午，奉孙连仲长官亥（12月）佳（9日）酉电令:（1）常德城于本日午克复，残敌似向北撤退。（2）王耀武兵团指挥第七十四军、第一〇〇军，应迅速肃清当面之敌，而后进出临澧、常德间地区，集结待命。

当即下达追击命令:（1）第一〇〇军迅速肃清当面之敌后，进出于长岭岗、杨柳桥、廖家桥中间地区待命。（2）第七十四军（欠第五十七师）迅速肃清该军当面之敌后，进出于牯牛岭、朱伦桥中间地区，集结待命。（3）各军于攻击当面之敌时，务须彼此确取联系，并多派小部队向敌后突进，以不使敌井然退却，而陷于瓦解。（4）两军之作战地境线以如下:（线上属第一〇〇军）

另下达第五十一、第五十八师命令要旨:（1）第五十一师迅速肃清当面残敌后，即进出于牯牛岭及其西南地区集结待命。（2）第五十八师迅速肃清当面残敌后，即进出于朱伦桥及其西南地区集结待命。

敌且战且退，我跟踪追击，至13日黄昏，第一〇〇军追击队已到达长岭岗、廖家桥之指定地区，第五十一师攻克衍嗣巷，第五十八师攻克骆家铺。14日，各追击队概追至临澧以南地区，旋派小部队继向前追击，主力在原地集结待命。

奉长官部亥寒亥电令，第七十四军开回桃源、深水港、漆家河间地区整理，第一〇〇军集结于石板滩、长岭岗、浮海桥间地区整理。常德会战至此结束。

此役共俘日军35人、伪军187人，缴获骡马250匹、重机枪5挺、轻机枪22挺、步枪354支、手枪25支、信号枪3支、步兵炮5门、机关炮2门，击落敌机1架。

我特殊立功人员有炮兵团团长金定洲，第五十七师第一七一团团长杜鼎，第五十一师第一五二团营长杨永刚等89人。

常德、桃源地区战斗

邱正民*

我军部署和敌情动态

第四十四军军部驻滓市。第一五零师守备沿虎渡河各要点及南县、安乡县；第一六一师以一部守备阧湖堤、沙道观至松滋之间各要点，主力控置于澧县做预备队；第一六二师主力位置于常德外围之凤凰山、太阳山，一部位置于石板滩，构筑前进阵地，与守备常德之余程万师紧密联系，协同作战，保卫常德。

第七十三军位置于石门地区，作为战区的机动作战部队。

第七十四军之余程万第五十七师死守常德城；张灵甫师、周志道师位置于临澧、桃源间地区，做战区预备队。

海军布雷队沿沅水自常德至汉寿以东水域布雷，防敌舰艇活动。

日军已占据沿长江各要点，自7月以来，航运频繁，部队不断集结；汉口至宜昌公路上运输增加；当面之敌加强工事，并派出小部队抢粮。

---

* 作者时任第二十九集团军参谋处作战课长、代理参谋处长。

虎渡河战斗，缴获作战地图

11 月初，敌小汽艇分队利用河湖港汊不断向我军进犯。第一五〇师师长许国璋多次观察发现敌活动规律后，决定伏击。一天，敌进至我伏击地点，我军突然射击，击溃敌 1 个中队，伤敌 30 余人。敌遗尸 11 具，乘小汽艇遁去。我军缴获小汽艇 3 只及轻重机枪、大衣等军用物资，获五十万分之一地图一份。图上标明其主攻矢标指向常德，助攻矢标指向桃源，我们立刻将这一情况向长官部参谋长郭忏、参谋处长武泉远报告并提请重视。这时我军与敌已经战斗了半个月。

敌五路进犯，第七十三军出击失利

敌企图占领常德、桃源两城市为据点，以便掠夺滨湖地区的丰富物资，将第六战区部队封锁于湘鄂西山区。从缴获的敌空投文件证实，敌军分四路进犯。

第一路以一个旅团由塔市驿，调弦口、华容分进，直取南县、安乡，然后渡澧水，企图截断津市我军退路，配合第二路敌军围歼我军于澧水地区。

第二路系一个师团，由藕池口登陆后，突破我虎渡河阵地，直趋津市、临澧。敌计划先歼灭我第四十四军部队，但我军已识破其企图，予敌打击后，即行撤退，使敌扑空。

第三路以一个师团由太平口经弥陀寺，与我第一六一师激战后，直趋澧县，与二路之敌会合，企图强渡澧水。经我第四十四军各部沿澧水坚强抵抗，敌之行动受阻。

第四路以三个师团由董市、宜都之间作广正面渡过长江。战区决定，乘敌分进之际，以第七十三军由石门直趋大堰墙，攻击敌之侧背；以第七十四军两个师由澧水的合口、新安间渡河，协同第七十三军夹击。此时，渡江之敌以一部直指渔洋关，作佯攻姿态，掩护其主力之侧背；主力直趋大堰挡，寻求第七十三军战斗；另一部迂回到石门之皂市，合力夹击第七十三军。第七十三军位置过于突出，处于不利态势，有被包围的危险。而第七十四军的进攻部队，被敌阻击于新安、合口间地区，为支援第七十三军突围，便以有力一部由新安渡河攻击敌人。第七十三军以一部占领石门以北以东山地，与敌殊死战斗，掩护主力向石门以西撤退。第七十三军军长汪之斌冒险突进，没有抓住战机，首战失利，影响整个战局。为了整顿这支部队，战区下令免去汪之斌职务，以第二十九集团军副总司令彭位仁兼任第七十三军军长，驰赴慈利、石门间地区，收容整顿。是役该军暂编第五师师长彭士量忠勇殉职。敌击破第七十三军后，解除了侧背的威胁，于是大胆集结力量，在飞机大炮掩护下，采取广正面，强渡澧水。时值冬季，澧水枯竭，敌主力由新安、石门间渡过澧水，以钳形包围态势向常德、桃源狼奔豕突。第四十四军与第七十四军被敌分割成许多点，仍独立与敌作战。集团军总司令王缵绪见作战态势于我不利，有被敌各个包围歼灭的危险，乃令第四十四军军长王泽溶分遣第一六一师钻隙到漆家河、羊毛滩以西地区，集结整理后，协同第七十四军向敌侧击；第一五〇师师长许国璋率部占领太浮山为根据地，与太阳山之第一六二师遥相呼应，夹击进攻常德之敌，协同常德守军作战。

敌军占领桃源

东线安乡、津市之敌强渡澧水，突破我第一五〇师河防后，分成多股向第一五〇师追击，突破我第一六二师石板滩前进阵地后，主力直插常德，并以有力之一部向太阳山进攻，以掩护主力侧背的安全。西线之敌主力强渡澧水后，将第四十四军和第七十四军分割成小块。我军利用山地空隙，又于漆家河以西山地集结，攻击敌之侧背。敌以一个旅团，配合部分伪军，直插桃源县城，与第二十九集团军之独立团战斗于桃源城郊之张家港丘陵地区。桃源县城无兵守备，总部迁到郑家驿。日、伪军进入桃源城后，纵火焚烧。

许国璋壮烈殉国

第一五〇师由虎渡河，经南县、安乡，撤至澧水西岸时，安乡至津市一线之敌，已渡过澧水。许国璋师长为了太浮山战略要点不致为敌所占，急令第四四九团团长谢伯鸾迅取捷径，先敌占领太浮山各要点。并令第四四八团、第四五〇团，设法避开敌之追击到太浮山集结。许师长率直属部队和收容的两个步兵连跟进。渡河之敌分多股向常德急进，行动迅猛，截断了许国璋往太浮山的道路。而追击之敌，又误认为许所率是有力部队，紧跟不离。许率部且战且走，到了陬市。他认为陬市是常德的外围，构筑有野战工事，可以守御，就将仅有的兵力部署于外围各据点。时近黄昏，敌开始试探性攻击。许师长鼓动士兵说："我们为国家尽力的时候到了，守陬市等于协同常德守军作战，我们多打死一个日本兵，就等于给常德守军增加了一份力量，尽到了军人的天职。我们已三面被围，背后是深不可测的沅水，既无渡船，天气又冷，与其当俘虏或落水淹死，不如战死光荣得多。为了保卫国家民族，每个人都要勇敢杀敌，与敌决一死战，不愧做中国的军人。"全体官兵士气大振。此时，敌已侦知陬市兵力薄弱，攻击愈急。许师长身体瘦弱，与敌战斗已半月之久，疲劳困顿，又身负重伤，休克过去。部分佐属认为他已死，抬至街市草房。有渔民二人，正欲驾船离开，听说是师长战死，将其渡过南岸，大家挤在一草房内休息。凌晨 4 时许，许师长苏醒过来，询知退到南岸，气愤之下，又昏厥了。他再次醒后，摸到卫士的手枪，向自己伤口射击，壮烈殉职。事后，集团军总司令部曾派员详细查明如上情况，总司令王缵绪令第一六二师副师长赵璧光接任第一五〇师师长，到太浮山指挥。

太阳山、凤凰山战斗

敌渡过澧水后，以有力一部向第一六二师之前进阵地石板滩攻击，主力直趋常德。我石板滩部队与敌激战一天后，第四十四军副军长兼第一六二师师长孙鳉见阻击敌人之目的已达，如再恋战，有被敌包围歼灭的危险，当令该处守备部队于夜间撤回太阳山。该师集中后，分三路向敌侧翼及侧后攻击，另将直属部队分小组隐伏于密林暗处狙击敌人，截击敌之运输人员，共击毙敌大佐以下官兵二百余人，歼灭其后勤部队亦在百人以上。敌不得不派出重兵在运输部队两侧保护，但仍时遭袭击。三路分由常德东西两面向敌攻击，中路攻敌侧背，敌不得不抽调预备队迎击。因敌占据野战工事，我军伤亡亦大。孙副军长为了与余程万师取得联系，击中敌之要害，乃根据敌主攻方向之所在，向西路之敌进攻，以图减轻余程万部的压力。我军以两个团的兵力攻击西路之敌，敌不得不抽出大部兵力向我反击，以保其退路之安全。我军充分利用有利地形，伤毙敌官兵七八百名，战马百匹以上，击毁敌运输车辆亦多。敌攻击锐气大减。

太浮山战斗

第一五〇师第四四九团团长谢伯鸾奉到师长许国璋的命令后，急驰太浮山占领各要点。立足未稳，敌之追击部队便跟踪而至，谢伯鸾立即集结部队迎头痛击，同时派一部乘敌尚未展开之际拦腰冲击。将敌击退后，才分兵守备各要点，并派小部队迎接师长及其他部队和用无线电与总司令部取得联系。根据总部指示，谢伯鸾组织了两个加强营，向敌后袭击，予敌打击后，又利用地形隐蔽撤回。因此，敌为解除其威胁，以一个加强大队向谢团攻击。谢团长以少数兵力利用复杂地形与敌战斗，而以有力部队，迂回至敌侧背，使敌首尾不能相顾，不得不撤退。谢团还在夜间以连、排为单位，袭击敌运输部队的宿营地。太浮山部队对牵制进攻常德之敌，起了重要的作用。

总部独立团袭击德山之敌

敌猛攻常德时，以一部由河、袱以东渡过沅水，企图与占据德山之敌会合截断余程万师同外部联系的唯一通道。王缵绪立令高参张一斌指挥独立团沿沅水向德山突进。至河、袱对岸，与敌三百余人遭遇，独立团向其猛攻，敌以为我援军到达，急向德山逃窜，并同德山之敌一起仓皇渡河。独立团以猛烈火力射击，伤毙敌在百人左右，我亲见敌20余人落入沅水中。独立团占领德山，保持了与余程万部的联系。为此，战区发给奖金万元。此时增援部队第一〇〇军施中诚部距德山只三十余华里。

向常德敌军分进合击

进攻常德之敌，在我军死守的情况下进行攻坚，每攻夺一个据点，都必须付出相当大的代价。正如孙子所说："其下攻城……杀士三分之一而城不拔者，此攻之灾也。"日军正犯了这个大错误。12月2日，常德守军已到了弹尽援绝，无兵可守的境地，余程万率仅剩下少数人于夜间乘船突围。第四十四军军长王泽浚率第一六一师及第一五〇师之一部，击溃桃源之敌后，沿陬市以北地区反攻，并令太阳山之第一六二师、太浮山之第一五〇师，集结全力，分向常德之敌进攻。此时第七十四军军长王耀武率两个师由漆家河方向向常德合围，并以一部截断敌之后路。敌占领了已成废墟的常德，处在我军四面包围之中，又无兵可援，为了免于全军覆灭，分股向藕池口、沙市方向退却。第四十四军组织精干部队截击、追击，敌每股退却部队用于运死尸的驮马均在50匹以上。我军俘敌23名，缴获枪械等战利品200多件。敌退据藕池口、石首、注滋口、太平口等据点，我军仍驻虎渡河、南县、安乡等地，与敌对峙，常德会战结束。

考察团的评价

会战临近结束时，军令部组织了有中外记者参加的战地考察团到常德视察战场情况。根据实地弹痕，战斗遗迹，及余程万部的伤亡情况综合研究后，考察团认为：余程万师尽了最大的努力，确已到了弹尽援绝，无兵可守，无地可退的境地，始退出常德。中外记者一致称赞余程万死守十余日，予日军很大杀伤。因此，蒋介石对余程万撤离一事没有追究。

常德会战中，日军烧杀极为残酷，桃源大街附近的深水港及沿江的木筏均付之一炬；陬市附近，被杀的我军民尸体横陈，途为之塞。人民深恨日军，也责怪第二十九集团军作战不力。

河口伏击、反攻常德、追击退敌

徐光宇*

战前敌我态势

根据第七十九军军部的情报及综合敌情，1943年初秋，日军分布在湖北监利、江陵、沙市、董市、白洋、石首、藕池口、公安、弥陀寺、洗市、黄金口一带的兵力在5000人以上；9月间，又由各地区调来50000人以上，集结在长江南北两岸的公安、石首、监利、江陵一带，蠢蠢欲动。

湖南澧水左岸至湖北长江右岸地区的我军归第六战区指挥。战区司令长官部设在恩施；第十集团军总司令部位于湖南石门县磨岗隘；第七十九军中将军长王甲本辖三个师，军部及第九十八师驻湖北松滋县刘家场，暂编第六师驻松滋县西斋，第一九四师驻湖南和湖北毗邻的澧县王家厂；第七十三军分驻湖南澧县、石门一带。第七十四军驻常德城附近。各军一面整训，一面准备痛击来犯之敌。

1943年11月2日，集结在长江两岸之敌分两个纵队向我进犯。右路敌由董市以西20余里处，以骑兵数百为前方搜索队，利用夜暗乘机横渡长江

* 作者时任第七十九军第一九四师副师长。

至洋溪；敌后续部队万余人利用船只在此渡江、经松滋、天王寺、张家场，会合由公安方向窜来之敌数千名，向湖南澧县王家厂方向前进。左路敌主力由公安出发，向湖南津市、澧县方向前进（此系根据当时松滋、枝江两县及本军的情报综合报告）。

第七十九军得悉情况后，赶紧集中兵力在松滋刘家场西南及澧县王家厂、闸口一带构筑工事，准备阻敌前进。第七十三军在澧县及石门一带利用山地险峻构筑工事。第七十四军则在常德附近布置防御。

当时本军及第六战区司令长官部判断敌情，都认为其意在于窜犯常德、益阳的滨湖地区，因而将兵力配备的重点都放在这方面，而对桃源、慈利则没有配备兵力。至敌由常德撤退途经五通桥附近时，遭我第七十九军截击，当场缴获日军空中摄影放大的五万分之一军用地图十幅，地图上标出的进军路线，系由湖北公安、松滋、经湖南澧县、石门、常德、桃源、沅陵、泸溪至芷江，这才知道敌人的企图和目的在于夺取或摧毁芷江的空军基地，使在武汉之敌少受我空军的威胁，并进一步做窥川的准备。

第七十九军的编制，装备情况如下：

军直属部队有特务营、工兵营、通信营、输送营、卫生队、谍报队。

军辖三个步兵师。师直属部队有特务连、工兵连、通信连（配有无线电话 1 座，报话机 1 架，交换机 2 部、电话机 15 部）、输送连、战车防御炮连、卫生队（担架约 40 副）、谍报队。

师辖 3 个步兵团。团部直属部队有特务排、通信排、迫击炮连（六八迫击炮 4 门）、输送连、卫生队（担架 30 至 40 副）。

团有 3 个步兵营。每营有 3 个步兵连和 1 个重机枪连，步兵连有捷克式轻机枪 6 至 9 挺、六〇迫击炮 3 门、加拿大冲锋枪 10 支、中正式步枪 54 支至 72 支不等；重机枪连有马克辛重机枪 4 挺。

闸口、王家厂战斗

11 月 3 日，右路敌军两万余名进犯松滋、张家场、西斋，企图将第七十九军击溃，排除其前进道路上的障碍，并确保其后方联络线的安全。4日，日军分向第七十九军各部阵地进犯。第七十九军即以第一九四师在王家厂附近展开阵势，第九十八师在王家厂西北地区展开阵势，准备迎击当面之敌。军部及暂编第六师位置于刘家场西南地区。

敌由张家场经西斋向南前进，中午至闸口，即以一部兵力向西前进。我第九十八师奋力阻击。第二九三团团长马登瀛，沉着指挥所部官兵，冒着猛烈的炮火，在山涧中顽强抵抗。激战将近两昼夜，毙伤敌百余名，开绪战胜利之基。敌经我当头一棒，忍痛转向南窜。敌主力窜至王家厂，向我第一九四师阵地攻击。激战约一日，因敌军被我军埋设的地雷炸虚了胆，进展很慢。后来，敌留一部兵力牵制我第一线部队，主力分南北两路向西迂回，拟包围我第一九四师而歼灭之。第一九四师见情势不利，自动放弃阵地，利用夜暗转移到石门、河口以南地区，利用有利地形，和第九十八师连成一线，准备伏击西进之敌。

河口伏击战

11月5日午后，敌分两路纵队向河口前进，右纵队被我第九十八师凭山地险峻阻击于河口以东地区（即闸口以西地区）；左纵队被我第一九四师伏击于河口以南地区。敌前进道路上系一山谷，两旁俱系密林，利于我军设伏，敌死伤300多名，无法前进。于是，敌惨无人道地用飞机6架及大炮向我阵地施放毒气。我第一九四师第五八二团当时中毒的官兵达90余名，其中牺牲19名。激战约一日，敌不得逞，即转向石门桐子溪方向窜去。和我第九十八师激战之敌同日也转向南窜。

第七十三军在石门附近的战斗

左路敌主力由湖北公安向湖南澧县方向前进，进到澧县以西地区即展开兵力向我第七十三军在澧县以西（即石门以东）阵地进犯。我第七十三军当时以一师的兵力，利用山地险峻阻敌前进。激战约 1 日，虽有前哨阵地及小据点被敌占领，但主阵地仍屹立不动。敌从正面无法进展，于 15 日晨派一部兵力由大堰垱迂回到我第七十三军阵地左侧后。第七十三军见有被敌包围的危险，即迅速转进石门，拟在石门城附近利用既设阵地以主力迎战当面之敌。部署尚未完毕，不料右路敌由石门以西桐子溪方向绕到第七十三军的背后，拟夹攻。第七十三军见情势危急，认为若同敌在石门决战，就有被包围歼灭的危险。于是急忙一面在石门附近利用事前控制的船只渡过澧水，向慈利方向转进，一面在石门以西中关渡（桐子溪）渡河向慈利转进。渡河后，即派一部兵力驰往皂市作掩护，主力沿澧水左岸向慈利方向转进。我掩护部队（约一团兵力）进到皂市时，同敌发生遭遇战，仓促间一面抵抗，一面急沿澧水左岸向慈利方向转进。在转进中又遭敌的截击及追击，官兵到处涉水过河，损失惨重，石门也因此而失陷。

常德保卫战概况

敌陷石门后，分兵两路南进，右路经常德西北五通桥、羊子滩至河湫；左路系主力，经临澧、浮海坪向常德城进犯。我守军第七十四军第五十七师利用既设阵地，迎击当面之敌。敌一面用工兵及征派的民工赶修由湖北公安起，经湖南津市、澧县、临澧至常德的简便公路，以利于运输补给，一面展开兵力于常德城外围，西由河湫起，经常德城以北地区至东北之线止（小地名忘记），横宽达 40 余华里，纵深达 30 余华里，向常德城围攻。常德城的南面沅水右岸有我第七十四军第五十八师布防，所以城南没有敌人。战事激烈进行，我守军的阵地有的被敌突破后复行夺回，有的退守第二线阵地，反复争夺，往返扑斗，敌我伤亡均重。我军不惜牺牲，坚决顽强抵抗，遂形成拉锯战状态。日复一日，情况危急。第九战区司令长官部派第十军、第五十八军由益阳兼程赶到常德以南地区，并有一部于某夜渡过沅水，打开缺口进到常德城东关（东关距常德城只有 10 里），和第五十七师取得联系，约定次日拂晓前进城增援。同时我第七十九军奉集团军总司令部令，大意是：着该军迅即协友军作战，解救常德之危。军奉令后，即派暂编第六师向常德城以北地区之敌攻击前进，派第一九四师向羊子滩附近之敌攻击前进，进展约两至四华里不等。围攻常德之敌感到很大压力，即派大部兵力反扑，战斗很激烈，进进出出，一日数次。此时，常德守城战也到了紧急关头，守军喋血苦战，伤亡很大。余程万率少数人乘小船过江，常德失陷。

收复常德城

常德沦陷后，敌稍事休整，主力逐渐向河袱移动，拟向桃源、沅陵方向进犯。这时，我第七十四军及由益阳增援常德的两个军已在常德以南、常德东关和桃源方向，向盘踞常德城及河湫之敌展开攻击。第七十九军奉令："着该军迅即协同友军作战，收复常德城。"即集合各师长及参谋长研究作战计划。当时均认为：敌众（兵力在七万人以上）我寡，敌强我弱，若集中全军兵力和敌决战，难收战果；作战第一要着是切断敌的运输补给线，使敌陷于困境，因此应编成二十个轻装突击大队，采用运动战，在广正面寻敌弱点实行突击，收到积少成多，歼灭敌人的效果。决心一定，即下达命令，大意是：（一）为达协同友军作战、歼灭敌人的目的，迅即向常德城以北地区及羊子滩附近之敌攻击前进，消灭敌人；（二）着第九十八师和暂编第六师各迅即编成十个突击大队，广正面向盘踞羊子滩及常德城以北地区之敌施行突击而歼灭之；（三）着第一九四师副师长徐会春带领两个团，驰赴龙山头山麓及浮海坪一带，负责切断临澧至常德的简便公路并将公路彻底破坏；（四）着第一九四师（欠两个团）为军预备队，位置于五通桥附近；（五）军部位置于五通桥；（六）各师当即编队，于当日分头出发。

徐会春率领第五八〇团及第五八一团即日驰赴龙山头山麓及浮海坪一带设伏。12 月 5 日，敌运输队由临澧向常德方向前进，前头有骑兵近千名，后跟骡马数百匹及载辎重汽车 200 余辆，连绵不断。到浮海坪附近时，我任其先头骑兵通过，待骡马及汽车进入我火网内，沿 14 华里马路两旁埋伏的我军，向其突击，当场焚毁敌汽车 130 余辆，毙伤敌百数十名，缴获敌骡马 30 余匹，步枪 52 支。后面的日军骑兵顽强抵抗，在浮海坪之近千敌骑也向我还击。激战约两小时，我军目的已达，又恐常德以北地区之敌前来增援，即自动撤离公路线，敌也向临澧返回。当晚，我截击部队将临澧至蔡家岗简便公路及桥梁进行破坏，并将突击部队移到蔡家岗以南未破坏的公路段设伏。6 日上午 10 时许，返回临澧之敌整顿后仍向常德前进。先头敌骑兵千余名作广正面的搜索前进，我急行袭击，敌军退回临澧。当夜，我军派便衣人员 8 名，携带武器及汽油至澧水两合口将敌浮桥一座焚毁。同时将蔡家岗以南的公路及桥梁进行破坏。敌运输补给从此中断。我设伏部队完成任务后，奉令于 12 月 7 日归还建制。

第九十八师各突击大队 12 月 4 日晚分向羊子滩附近之敌作广正面的突击，其中有 6 个突击大队突入敌阵地，敌被迫后退。次日天明时，敌反扑，我军自动退出，转向敌的弱点复行突击。我突击队俱系轻装，行动迅速，时而左，时而右，不断和敌保持接触。这样一连五日，使敌疲于奔命。我暂编第六师突击大队 4 日晚即集中兵力向蔡家岗附近之敌作重点攻击。敌在夜晚遭我突袭，发生混乱，一面抵抗一面向南撤退。我突击队追击约里许，即化整为零，将 5 个突击大队分散在蔡家岗以东地区，5 个突击大队分散在蔡家岗以西地区，寻敌弱点，实行突击，并用敌进我退，敌退我进的战术和敌保持接触。敌不知我有多少兵力，欲歼灭又歼灭不了，欲捕捉又捕捉不住，双方断断续续地战斗，先后计 5 日。这时，常德敌受到我各路援军的攻击，运输补给线又被我切断，补给无着，四处搜刮粮食、牲畜也无济于事，遂于 12 月 9 日分两路向临澧方向撤退。

截击回窜日军

12 月 9 日，右路日军由河湫向羊子滩回窜时，我第七十九军得到情报。为了截击敌人，予敌以致命的打击，作了如下部署：（一）着暂编第六师主力迅即开赴临澧西南的叶家墩以南地区，截击回窜之敌；（二）着第一九四师主力在白鹤山至陈家山之线设伏截击敌人；（三）着第九十八师在五通桥以南地区截击敌人。以上设伏地点俱系敌回窜必经之路。12 月 10 日上午 7 时，我第一九四师第五八一团由五通桥开赴临澧叶家墩，行至五通桥以东林家冲口时，发现敌由羊子滩回窜至林家冲，和我军隔一小山，齐头并进。团长潘守烈即指挥所部，在原行进路上急向右转，爬上山向敌作猛烈的侧射。敌遭我袭击，人仰马翻，四处奔逃，呼喊声和机枪声交织，声震山谷。当场毙敌近千名，缴获步枪 100 余支，军用地图 10 幅。后敌大部队拥到，向我反扑，以致敌遗弃许多枪炮无法捡获，实为可惜。我军受敌压迫，即向白鹤山转进，继续作战。这时第九十八师部队正趋赴设伏地点，闻声转向回窜之敌截击，因敌有备，即相持于五通桥南端高地之线；第一九四师主力也赶到白鹤山附近，支援第五八一团和敌激战，相持到天晚。第一九四师一面和敌相持，一面仍令第五八一团星夜开赴叶家墩附近设伏，协同暂编第六师截击敌人。11 日拂晓时，在林家冲及五通桥以南地区之敌一面掩护，一面向临澧方向退却，我军尾追其后。中午，敌退到叶家墩附近地区时，遭我暂编第六师部队侧击，敌急向临澧方向继续撤退。将到叶家墩时，又遭我第一九四师第五八一团伏击。日军急于逃命，炮声一响，便铺天盖地向我扑来，我五八一团不得不急行撤退，敌向临澧方向窜去。同日由常德附近撤退之敌窜到临澧，向澧县方向窜去。敌过临澧的部队连续不断地行进，历时约两昼夜，足见其兵力之多。我第七十九军见敌有备，即慎重向敌尾追。

第七十九军追击概况

12 月 11 日，两路敌撤到临澧，会合向澧县方向撤退。撤退时派有前后卫及左右侧卫，防我侧击、伏击、追击。敌在两合口又搭起一座木桥，13 日，大部渡过澧水向澧县、公安方向回窜。其掩护部队约一个师团在两合口以南虎头山阻我追击。我第七十九军追击部队于 13 日午后到达两合口以南地区时，兵力部署如下：以暂编第六师为左翼攻击队，向虎头山以东地区之敌追击前进，以第一九四师为中央攻击队，向虎头山之敌追击前进，以第九十八师为左翼攻击队，向虎头山以西三板桥之敌追击前进。我暂编第六师攻击队进至狮子岭下时，敌利用岭上旧壕沟以炽盛的火力袭击，我攻击部队受挫，虽一再攻击，无法进展。我第一九四师进到半山，被击退下来，复调部队再冲上去，同敌相持于半山。我第九十八师向敌攻击，初时颇有进展，但敌作困兽斗，反扑多次，我军冲锋多次，战况很激烈，到天黑时形成相持状态。第二日拂晓时，敌全线反攻，我第一九四师第五八一团第三营被迫后撤，险些影响整个战局，后经师派出预备队反击，才将敌击退。其余左右翼各部队俱在原阵地和敌相持，没有变化。自早至晚，全线都在激烈战斗，夜间战况稍缓。午夜时，敌掩护的目的已达，一面派出小部队向我佯攻，主力向两合口、澧县方向窜去。至次日拂晓前，敌的佯攻部队也全部撤离阵地向原路回窜。敌过澧水后，将架设的木桥焚毁，阻我追击。我军追至，一时无法过河，等征集到船只渡过澧水，敌已远扬。敌撤退时沿途烧毁民房，利用火炬指引退却路线，沿途烟火腾空，毒气弥漫。

经验教训

日军作战的长处是，惯于迂回我军侧背夹击。弱点是：1．侧后受我威胁时往往发生恐慌。2．大军补给计划及实施欠周到，单靠就地补给。敌这次窜犯的目的地是芷江，路线长达千余里，事先并没有详细考虑到补给问题。公安至常德的补给线也长达二百余里，虽赶筑了简便公路，但没有派出大部兵力分段巡守，运输单靠骑兵护送，一遇我军的截击，即告中断。

我军的优点是，当敌撤退时能捕捉战机，在敌必经之路多处设伏，予敌打击。缺点是：1．友军间欠协调，易被敌各个击破。2．指挥系统不统一，形成各自为战。3．欠灵活，作战被动，第七十三军在澧县、石门的战役即是例证。4．防毒装备及救护工作欠周到。

常德外围战斗的片断回忆

饶少伟*

笔者当时任陆军暂编第五十四师师长，曾率部参加外围的战斗，对局部情况掌握较多，对全盘情况，则只能知其大概。在撰写这篇资料时，为了比较完整，曾请当时参加此次战役的前国民党部队有关人员，如曾任第十军预备第十师副师长的李拔夫及第七十三军第十五师第四十五团营长姜定华等人提供材料。但由于各人经历的局限性，对常德会战的全貌，仍不可能完全反映，仅能就所知将能记忆资料汇集，勾画出会战的轮廓而已。其中遗漏错误之处，尚希了解这次会战的人士加以补充订正。

会战前敌我的行动

第九战区湘赣当面之敌，自 1941 年底至 1942 年初进攻长沙（即第三次长沙会战）受挫退后，曾有一段较长的时期，双方保持对峙局面。至 1943 年冬，赣西湘北日军又突然蠢动，分数路向常德进犯，在攻战常德城以后数日，又自动撤回原阵地。在战役结束后，第九战区司令长官部根

---

* 作者时任陆军暂编第五十四师师长。

据敌军作战期间采取的行动，判明日军进犯常德的目的有二：其一是趁秋收后抢劫洞庭湖西南各县的物资，特别是粮食，以达到其以战养战的目的；其二是企图打破国民党野战军的休整，配合其和谈阴谋逼使重庆政权投降。

日军进犯的兵力，据情报搜集和在会战中各部发现的番号汇集，估计有五个师团以上，采取外线作战方式，分兵三路向洞庭湖西南各县进犯，主攻目标指向常德。其东路由华容经南县、安乡出进德山东南地区，迂回常德的右侧背；中路由石首、藕池口经津市、临澧直趋常德；西路出公安经澧县、石门折而南进出桃源附近地区，迂回常德的左侧背。事后了解，日军主力兵团配备于东西两路，对常德形成两翼包围。在战斗中发现东路日军番号为第三师团及第六十八师团，系由武汉、湖北应城一带调来。中路和西路敌军番号不明，估计中路约一个师团，西路约两个师团。

11 月中旬某日，正当敌军前锋越过安乡、津市与澧县一带的时候，笔者曾到长沙南郊前农科所第九战区司令长官部，会见司令长官薛岳，谈到日军进攻的动向。他认为敌人此次进犯，多半系采用声东击西的战法，必先向滨湖各县佯动窜扰，而后以主力由湘北正面进攻长沙。他说敌人第一次攻长沙就是先从赣西北方面佯攻，主力由新墙河进犯的；今天对待湘西方面的敌情，要看清情况再作处置。他还当面交代我：“暂编第五十四师准备移防宁乡，你回去做好准备，待命行动。”

薛岳当时的敌情判断，并未综合当面敌军行动加以分析研究，而只是从他所领导的第九战区利害和过去三次长沙会战经验出发的。当时湘西大部分地区包括常德属第六战区作战地境，而长沙则是第九战区司令长官部所在地。因此当时湘西情况紧张时，他就以这些“理由”并引证第一次长沙会战敌军的行动作为根据，不愿动用湘北兵力以协助湘西方面之作战，暂编第五十四师准备移用于宁乡，亦是为了保卫长沙。直到日军大军由第六、第九两战区作战地境结合部空隙突入，湘西数县陷于敌手，常德城情况紧张之时，他才从衡山、长沙、南江桥（平江、通城之间）、修水等地调兵去，但已“远水难救近火”，当部分援军到达德山东南地区时，常德即已为敌攻破。

当时我军参加常德会战的计有八个军和一个师。担任防守的有四个军，分布于下：

防守洞庭湖区者为第九十九军梁汉明部。该军辖第九十二、第九十九、第一九七三个师。第九十九师（师长朱志席）担任湘阴、营田一带守备未参加战斗；第九十二师（师长艾瑷）、一九七师（师长胡大任）担任沅江、汉寿各地之守备。军部驻益阳。

防守常德、桃源地区的为第七十四军王耀武部，该军辖第五十一师、第五十七师、第五十八师三个师及军直属部队特务营、搜索营、通信营、炮兵团、战防炮营、工兵团、辎重兵团等。第五十七师（师长余程万）守备常德城，第五十一师师长周志道、第五十八师师长张灵甫控置于桃源附近地区。

守备常德城之第五十七师，辖第一六九、第一七〇、第一七一三个步兵团，加上师直属部队特务连、搜索队、骑兵连（徒步）、迫击炮营、工兵营、通信兵营、辎重营等部队，全师官兵八千余人。

守备慈利、石门地区者为第七十三军汪之斌部，该军辖第十五师（师长梁祇六）、第七十七师（师长韩浚）、暂编第五师（师长彭士量）三个师及军直属部队。11 月中旬某日，汪之斌率第十五师、第七十七师由慈利开往石门布防，阻止敌军西进。

除以上三个军外，在湘西境内担任守备的还有第七十九军王甲本部，笔者对该方面情况无从得悉。

在会战中期，战区又将控置于浏阳的第一〇〇军军长施中诚调至桃源漆家河间地区，归王耀武兵团指挥，协力常德地区的作战。

在常德战况紧急时，调援常德的部队有第十军、第五十八军、第七十二军三个军和暂编第五十四师，其行动大略如下：

第十军方先觉部，辖第三师（师长周庆祥）、预备第十师（师长孙明瑾）及第一九〇师（师长朱岳）三个师，全军官兵两万余人，原驻衡山附近整训，11 月 28 日由衡山出发，经湘潭、宁乡、沧水铺折而西，分两路渡过资水；第一九〇师由三塘街附近过河，经牛路滩沿公路（已破坏）向德山前进；第三师、预备第十师及军直属部队由马迹塘附近过河，经黄土店、兴隆街向德山前进。12 月 2 日下午，第一九〇师到达牛路滩附近；当晚，第三师、预备第十师到达兴隆街以北地区，军部在兴隆街。

第五十八军鲁道源部（辖两个师）和第七十二军傅翼部（辖两个师）也于 11 月下旬分别由南江桥、修水、分宜等地出发，经长沙、宁乡、马迹塘向常德驰援。

暂编第五十四师辖第一团（团长陈朝章）、第二团（团长吴乾光）、第三团（团长王鹏飞）三个团及师直属搜索连、特务连、工兵连等战斗部队，全师官兵六千余人，驻长沙望城坡附近。11 月中旬，遵照战区司令长官薛岳当面指示做好移防宁乡的准备后，于 11 月 24 日又接到战区司令长官部命令："着暂编第五十四师即日轻装出发，限 28 日前赶到益阳，归第九十九军军长梁汉明指挥。"为了部队如期赶到目的地，即派第一团第二营营长马忠信率部为先遣队，于当天下午出发，向益阳前进。师部及各团将笨重器材作适当处理后，于 25 日出发，经宁乡、沧水铺向益阳急进。全师如期于 28 日到达益阳对岸集结，我即到第九十九军军部会见梁汉明，了解当面敌情并请示任务。见面后梁对我说："你来得正好，长官（指薛岳）刚才还打电话来问你呢！"他的这句话，使我意识到情况的紧张。稍谈数语，梁即令副参谋长及情报课长介绍当面敌情和我军位置，他就军用地图对我指示了几点：（1）常德情况紧急，余程万师仍在固守中，汉寿方面敌军步步进逼，我第一九七师侧背受到极大威胁；（2）第十军跟着上来了，长官部决定使用于你师的左翼，可与之取得联络；（3）你们休息一天，明晚出发，继续向德山方向前进。由此向前，敌机活动频繁，最好白天宿营，夜晚行军；（4）你师先遣马营到益阳后，我已命令继续前进。

29 日下午 4 时许，暂编第五十四师部队渡过资水，继续前进。时值农历 10 月下旬，天空乌云密布，部队行军感到相当困难，午夜后虽有半弯残月，但为云掩，也无助于行军。经过两天的急行军，于 30 日下午全部到达太子庙附近地区。

外围部队初期的阻击战斗

第七十三军方面；由公安出动之敌，于11月13日窜抵澧县以西境内，续向石门进犯。我第七十三军由慈利开到石门布防，阻敌前进。部队到达后即占领阵地构筑工事，以第十五师在左；第七十七师在右，背澧水为阵，次日开始与敌战斗。因友军第七十九军第九十八师方面失利，敌人对石门采取两翼包围，第七十三军后方联络线为敌切断。激战至15日黄昏，石门失陷，溃兵抢渡澧水向西突围，争先拥挤，在昏黑中于澧水河中溺死官兵甚多，火炮、弹药及辎重全部丢光。第七十七师某团团长李振亚为日军俘虏。该军于突围后仍回到慈利收容，各部均被击残破，乃进行整编。第十五师编为两个团（每团编两个营）及一个独立营。第七十七师伤亡略等于第十五师，整编情况亦相类似。

第七十四军方面（该军第五十七师在常德城的战斗在后叙述）：西路之敌于11月15日一举击破第七十三军攻陷石门后，继续南窜。19日窜抵羊毛滩、漆家河（桃源县属）间地区，第七十四军（欠第五十七师，作战中期指挥第一〇〇军之第十九师）担任堵击，第十九师在漆家河与敌展开激烈战斗，漆家河镇失而复得。但于由各部不能密切协同，终不能阻住敌军的攻势，桃源城于21日又陷于敌手，使常德侧背更感到威胁。

暂编第五十四师方面：东路日军11月3日陷南县，7日陷安乡，29日窜抵德山东南地区。30日下午三时，敌一部窜至麻石桥附近（太子庙西十余里），与我师第一团第二营发生巡遇。当时我刚到达太子庙附近，接到第二营马营长电话报告：（1）当面之敌约八百余人，配有山炮数门，向我攻击，似有东窜太子庙模样。（2）我营占领麻石桥附近阵地，与敌相隔一带田垅对战中，敌一部正向某地移动，有包围我左翼企图。

我当即从电话中指示他守住阵地，以掩护师主力展开，并叫他注意防止敌军的侧翼包围，尽一切力量坚持到黄昏，再撤回太子庙东南方某地，归还第一团建制。随后又作如下处置：

（1）令第三团展开于太子庙以北之线，第二团展开于太子庙以南之线，占领阵地，迎击敌人；

（2）令第一团（欠第二营）位置于左翼后某地附近，为师预备队；

（3）师指挥所位置于太子庙东南某地；

（4）将上述情况及处置，报告益阳第九十九军军部及长沙司令长官部。

第一团马营在麻石桥坚持战斗至黄昏，完成掩护师主力展开任务后，乃主动脱离敌人，撤回太子庙东南某地归还建制。是役，该营伤亡官兵百余人。

12 月 1 日窜抵麻石桥的敌军，不向太子庙我师阵地进攻，而转向东北第一九七师之侧背，似有窜向汉寿企图。上午 9 时前后，占领西阳桥西南高地之友军，与敌发生激烈战斗。防守汉寿、沧港一带之第一九七师处于腹背受敌状态，形势异常险恶。当此情况之下，暂编第五十四师的行动实关系这一方面的安危。我当时曾考虑为了保全实力，只在原阵地与少数之敌周旋，对友军的战斗作壁上观，只要将敌情夸大，于上面亦可以应付过去；但又想若不往援友军，敌人将第一九七师击溃后，再转向我师，必然遭到敌人的各个击破，唇亡齿寒亦将不能逃脱被消灭的命运。于是乃决心全力往援，向包围第一九七师之敌军，施行反包围攻击。我将决定以电话报告薛岳和梁汉明，他们同意，并要我迅速行动。梁汉明还鼓励我说："这股敌人不过八百多，你务必尽力把它消灭。这是个立功的好机会，祝你成功。"我在接到梁指示后，随即下达攻击命令，其要旨如下：

（1）窜扰麻石桥附近之敌约八百余，附山炮数门，有窜汉寿企图；

（2）防守西阳桥西南高地之第一九七师部队，本日上午九时前后，与敌发生激烈战斗。目前汉寿、沧港一带之第一九七师处于腹背受敌状态，形势异常险恶；

（3）师以攻击敌人之目的，于本日下午二时，由现地出发向敌攻击前进，保持重点于左翼，协力友军将敌包围而歼灭之；

（4）第二团由现地出发，经麻石桥向××之线攻击前进；

（5）第三团由现地出发，下午二时向××之线攻击前进；

（6）第一团为师预备队，前进至麻石桥，而后随第一线攻击进展而前进；

（7）师指挥所位置于太子庙。

下午3时许，右翼第三团在某地与敌接触，围攻第一九七师之敌，侧背受到威胁，仍组织部队，不断向该团第一营（营长邵中杰）阵地猛扑，均被我军击退，并毙敌指挥官一员。晚10时前后，第二团到达指定攻击地区，对敌形成包围态势。第一团亦到达麻石桥附近。至此，敌军后路已被我军完全截断。入夜后，敌军见形势不利，乃放弃对第一九七师之攻击，于翌日拂晓前集中全部火力向我第二团正面突击，企图打破一缺口突围逃窜。战斗异常激烈，敌我均有较大伤亡。是役，我师计伤亡官兵600余人。第二团第一营营长陈炳炽阵亡。敌人突围回窜至麻石桥附近，又遭到我第一团的阻击。敌主力到达牛路滩附近时，正值我友军第一九〇师赶到，加入战斗。敌军且战且走，第一九〇师衔尾追击，是晚该师到达谢家铺附近。

从缴获敌人文件证实，当面敌军为第六十八师团，是从武汉调来的。前报800之数，只是发现敌人的先头部队，实际约万余人。经过这场包围与反包围的战斗，围歼敌人之目的虽未达到，但迫使敌人突围回窜，解了第一九七师之围，达到了阻击的目的。

对常德解围的中期战斗

第十军方面：除第一九〇师如上述情况与敌在牛路滩附近战斗，尾追至谢家铺外，其第三师及预备第十师情况概述如下。

12月3日拂晓，第三师向德山前进时，到达某地，遭遇敌人，发生激烈战斗。至傍晚，师长周庆祥带着副师长、参谋长和几个卫士，丢弃部队不顾，由德山附近渡河遁去（直到敌人撤退之后，周庆祥等人才由牛鼻滩暂编第五十四师阵地回来），前线部队无人指挥，陷于各自逃窜的混乱局面。

预备第十师在第三师之右向德山前进，第二十九团（团长张越群）在左，第二十八团（团长葛先才）在右，第三十团（团长李长和）随师部在第二十八团之后前进。第二十八团与敌遭遇战斗，团长葛先才负伤。师部在第二十八团后，于上午8时遭到敌军的突然袭击，师长孙明瑾阵亡，参谋长何竹本负伤被俘（后逃回），参谋处长陈飞龙以下幕僚十余人阵亡，副师长兼政治部主任李拔夫仅以身免。第三十团团长李长和临阵脱逃，该团未战即溃。第二十八团战斗一个上午，第二十九团战斗一个下午，均纷纷撤退。第十军救援常德的战斗，就这样失败了。

暂编第五十四师方面：12月3日上午，敌第六十八师团回窜至黄土岭西北地区，占领阵地，阻我前进。第一九〇师尾敌追至黄土岭附近，沿公路两侧继续攻击前进。暂编第五十四师第一、第三两团在第一九〇师之后，分两纵队追击至黄土岭东北××之线，协同第一九〇师攻击黄土岭西北之敌，第二团则沿公路前进至谢家铺附近待命。

师部及直属部队沿公路前进，上午11时许到达回龙山附近，师指挥所设于回龙山。我到达回龙山前面高地，用望远镜看到前线部队正向黄土岭东北移动。旋接第三团团长王鹏飞电话，该团已到××之线占领阵地，敌我相距四五百米，形成对峙。第一团方面与敌发生激战，第二营营长马忠信负伤，第五连连长陈某阵亡，攻击受挫，敌我形成胶着状态。至下午2时许，又接第三团团长王鹏飞电话："在我团左前方村庄，发现敌人集结，大约有1000多人，似有发起新的攻势模样，我正密切注视中。"我即将此情况通知第一、第二两团长，并要他们饬属注意防范。

一小时后，黄土岭方面枪声大作，我第一团右侧背受到敌人攻击，不支溃退。第一九〇师方面则情况不明。一部分敌军窜至回龙山前面二三百米处，向我师指挥部射击，师特务连、搜索连予以回击。当时我正在第一线部队指挥，副师长尹立言、参谋长甘印森以下大部分幕僚人员纷纷向南撤退。通信连、卫生队、输送连等直属部队也跟着副师长等人撤走。留在回龙山的只有师部秘书陈明及卫士二三人，所幸师特务连、搜索连及第二、第三两团仍在原地抵抗，掩护着我军的侧背。

这股敌军尾随向南追击。至傍晚，黄土岭第十军军部亦闻风退走。事后了解，敌人这次的出击，是为了掩护其主力撤退采取的佯攻战术。入夜后，敌军停止追击，开始后撤。

第七十三军方面：该军自丢失石门，为敌击溃后，在慈利整顿约一星期，又奉令应援常德，参与中期的战斗。为打通援常德的道路，第十五师以主力攻击常（德）慈（利）之间的要地两尖山（距常德三十余里）。该师以第四十三团（团长丁廉）攻击两尖山左翼，第四十五团（团长王一之）攻两尖山右翼。

某日上午 8 时开始攻击，下午 4 时将当面之敌驱逐，占领了两尖山。该处之敌约一大队，番号不明。

第十五师攻占两尖山后约一星期，敌军不断增援反扑，均被守军以手榴弹击退。第四十五团伤亡约一个营（第三营长谢儒轩在袭击热水坑战斗中阵亡）。敌军几度猛扑，伤亡亦大，战斗形成胶着状态。

第七十七师则在两尖山右翼，与同时应援常德战斗的第七十九军之第九十八师（在两尖山左翼）均被当面敌军阻止，不能越雷池一步，眼望常德方面孤军应战，不能发挥救援效果。

敌军的后撤和我军的追击

暂编第五十四师于 12 月 3 日黄昏前，除了师直属部队一部及第一团遭受敌人袭击，向马迹塘方向撤退外。我率师指挥所一部及第二、第三两团仍在回龙山、谢家铺之线与敌对峙。入夜后，双方转入沉寂状态，我在阵地高处，遥见黄土岭方向，有大红灯一具高悬天空，同时在回龙山左前方敌军正纵火焚烧一幢民房，熊熊大火把附近景物照得通红。这显然是敌军的联络信号，究竟是进攻还是撤退，一时无从判明。我和秘书陈明等数人站在回龙山上，除感到夜色苍茫，寒风刺骨而外，因侧翼友军南撤，更感到陷于孤军作战之险境。陈明曾数次建议后撤，我虽以情况未明不能贸然撤退相拒，但内心亦忐忑不安。因为当前情势是：敌情不明，友军南撤，后方通信联络中断，而部队已与当面敌人胶着。自己的决心处置，关系成败，故必须慎重。若为了保存实力，向东转进，则将门户敞开，敌军大举进攻，将来难负重责；然孤军抵抗，到翌日拂晓必为敌突破或包围，陷于绝境而不可拔。予反复思考之后，以在原地停止，尚能利用地形，阻敌深入，乃决心在现阵地抵抗。我令师直属部队及第二、第三两团彻夜加强工事，严密戒备，并注视敌人行动。

4 日晨，东方太阳渐渐从地平线升起，前线尚平静无声，预料的敌军之猛烈拂晓攻击竟未到来。这实出我意料之外。随即以电话令第二团团长吴乾光及第三团团长王鹏飞各派出小部队向黄土岭××之线搜索敌情具报。九时前后，他们来电话报告，黄土岭已无敌踪；当面之敌，似已乘夜撤退。我得这一消息，综合昨夜敌军的信号研究，判定敌军确已撤退，乃决定跟踪追击。当做如下之处置：

（1）令第三团于下午二时由现地出发，经某地向牛鼻滩追击前进。

（2）令第二团及师直属部队于下午 1 时在回龙山左前方森林内集合出发，按第二团及师直属部队的顺序，沿公路向黄土岭西北地区追击前进。

下午 4 时后，第二团到达黄土岭西北地区占领阵地，并继续搜索当面敌情。师指挥所位置于黄土岭附近。第三团方面尚无报告，情况不明。黄昏前后又接第二团团长报告，黄土岭西北约三里某村庄，发现敌人集结，已密切监视。

5 日上午第二团正面与敌小有接触，该团第三营（营长唐继荣）从右翼向敌后迂回。第三团部队则被敌阻止于通牛鼻滩之某处一条大堤上，不能前进。师指挥所左前方石门桥附近传来密集枪声，据第十军第三师一饲养兵说，某村庄有第三师一个营与敌展开激烈战斗，打得很好。我当即叫他前往联系，说明我师部队已到此间，请那个营派人来联络。他骑马奔驰而去，当日并未取得联络。

6 日上午，本师副师长尹立言、参谋长甘印森、第一团团长陈棚章等率领部队归来。他们面有愧色，当面作了检讨并请求处分。我以在战斗之中未须即时追究，只说：“回来了，很好。至于处分，打完仗再说。”是日中午在德山上空发生空战，盟军飞机一架受伤，被迫降落于某地。美军中尉飞行员为我第二团唐营救护出来，在师部休息一天后，转送至长沙司令长官部。下午第二圈之第三营在黄土岭、石门桥、牛鼻滩之间某地与约一中队（附山炮两门）之敌遭遇，激战约一小时，敌不支退走。是役，缴获三八式步枪、战刀、钢盔及军大衣等战利品一批。

第三团方面则进展缓慢，石门桥友军方面亦情况不明。

7 日，第一、第二、第三团分途向牛鼻滩××等地追击，到达沅水南岸时，因找不到渡河船只，与敌掩护部队隔河对战。下午师部前进至饶家湾。

8 日下午，自德山经牛鼻滩向安乡撤退之敌，全部通过牛鼻滩北去，只牛鼻滩及某地残留敌后卫部队。我第一、第三两团派出部队渡过沅水追击敌人。旋奉薛岳之命，追击任务由第一九七师继续执行。该师即在饶家湾等地集结待命。

担任追击的部队，13 日收复临澧和石门。至 12 月 20 日，完全恢复从华容到公安、虎渡河之线原阵地。

常德城防守战的概略情况

从敌军进攻常德和我军部署以常德为防御轴心来看，常德城区的防守战，关系最为重要。常德城南背沅水，东靠洞庭，地势低下，无地形可资屏障，且建筑物脆弱，不能依恃，唯一能凭借的只是守军临时构筑的工事。以此与装备训练均优之日军相对抗，虽然守军第五十七师官兵浴血奋战，予敌人以杀伤，但外援断绝，终为敌军突破，使整个会战失利，军民蒙受巨大损失。

守常德之第五十七师，属第七十四军王耀武建制。该师原系陈调元系统，中级以上军官多北方人，班、排连长及老兵亦多北方籍，长于构筑野战工事和防御战斗。在第七十四军中有五十七师善守，五十一师善攻之说。前师长施中诚升任第一〇〇军长后，出余程万继任。余系广东人，黄埔一期及陆大特别班毕业。

中路日军于 11 月 15 日窜抵津市后，续向临澧前进。20 日窜抵常德城北郊，开始对常德城区的攻击，战斗至 25 日，敌人对常德城区，即形成东北西三面包围。守军第七十四军之第五十七师奋力抗击，以轻武器和手榴弹予敌以杀伤。从 25 日起日军集中优势兵力，在飞机、大炮掩护下，由东北西三面猛攻城区，并违背国际公法，几度施放毒气。敌军的残暴行为，更激起城内守军的无比愤恨。

故在初期战斗中，能予进犯之敌以较重的打击。事后传闻，当战斗紧急时，炊事兵送饭到第一线，也自动用扁担绳索系手榴弹，弹出数十米以杀伤敌人。激战至 29 日，由于守军阵地日缩，伤亡加大，敌人发动重点攻击，突入东、北两门。守军仍凭核心工事拼命防守，以待援军之到来。

前面所述的各路援军，进至常德外围 15 里或 30 里不等，有的被击溃，有的为敌军所阻。围攻常德之日军攻破东、北二门，突入城区后，逐步增兵扩张，并使用大量的烧夷弹和毒气弹，烧毁民房，杀伤我守军。战斗残酷进行，下级官兵大多固守一房一堡尽力支撑。师长余程万于 12 月 2 日晚，乘黑夜由南门渡沅水遁走。常德城遂陷敌手。

9 日拂晓，第五十八军鲁道源部及第七十二军傅翼部相继入常德，清扫残留战场。守军第五十七师官兵伤亡约 7000 余人，其中阵亡团长一员、副团长和营长多人。城破后，伤兵等为敌俘虏约 700 余人。

这次日军侵扰洞庭湖西南各县，历时达一个月又二十四天，人民遭受空前损失，当时，中央通讯社公布：此次常德会战，我民众所受损失，仅就常德、桃源、慈利、石门、澧县、汉寿、安乡及南县等九县的估计，受灾人民至少在 30 万至 40 万之间。

从常德一隅而言，被毁民房有 1 万多栋，损失稻谷 25 万多担，杂粮 42000 担左右，耕牛 12000 头，商店 7000 余家，公物损失一亿八千余万元，猪、鸡、鸭各 4 万多只，总计在 50 亿元以上。被屠杀的人民，有 3200 多人；被奸淫的妇女达 5080 人，因奸致死者 180 人；被掳去男子 3400 人，妇女 180 人，儿童 320 人……这个报道在 1943 年 12 月 24 日的《湖南大公报》有记载。

后来国民党湖南省田赋粮食管理处根据常德等九县田粮分处的调查报告称：“仅稻谷一项共损失 1600 万担左右。”这些都还属不完全统计。

我所经历的常德会战

岳其霖[*]

八年抗日战争时期，我曾先后在常德县政府建设科任职，1943 年 11 月常德会战期间，我正在离城二十华里的石门桥负责飞机场的破坏工作，被日军所俘，一个多月后，从湖北石首焦山河日军驻扎地逃回。这次会战由于我的职务关系，有机会参与当时常德驻军第七十四军第五十七师师长余程万与县长戴九峰研究城区防务事宜。因此，关于会战情况，我亦略知梗概。

常德会战前的准备

1. 设置障碍，切断交通。首先是破坏公路。1938 年以后，武汉失守，长沙面临威胁，日军还只到岳阳新墙河，国民党湖南当局的头头儿就张皇失措，把长沙烧成一片废墟。同时，指令全省破坏公路，以阻止日军窜扰。当时，常德有 3 条公路线（常德至沅陵的公路尚未修建），常德至长沙线，在常德境内的约 45 公里；常德至桃源线，在常德境内的约 12 公里；常德至澧县城，在常德境内的约 45 公里，共计百余公里。规定每隔 30 公尺，在公路

---

* 作者时任常德县政府建设科长，参与构筑城防工事。

横断面上挖成 10 公尺宽、5 公尺深的深坑。由县政府按照《全民义务劳动条例》征集民工进行破坏。全县 32 个乡镇按人口数分派任务，每乡镇大概分担 3 至 5 公里，约有几千上万的土方。一般出动 400 至 600 名民工，自带铺盖、工具及口粮等。城区乡镇居民各有职业，则出钱雇工，由镇长找工头承包。在摊派工程任务中，镇、保、甲长通同作弊，以饱私囊，整个公路破坏任务拖延了数月之久才算完成，估计消耗了 50000 多个工日。这对日军犯常德虽然起到一些减缓作用，但也给自己造成了一些不利的因素，如从长沙增援的国民党部队由于不能走公路，无法及时赶到，致使常德终于沦陷。二是飞机场的修筑与破坏。抗战开始，国民党当局决定在湖南修筑芷江机场与常德机场。前者为空军基地，后者为加油站。常德机场于 1938 年春动工，地点选定前乡石门桥，面积约为 1800 亩，跑道长为 1200 米，拆迁民房给了一些补偿，土地则是无偿征用的。修筑工程颇为浩大，动用了常（德）、桃（源）、汉（寿）三县民工，经过一年多时间才告竣工。1938 年，武汉失守后，日军渡过长江，湖北石首、公安相继沦陷，严重地威胁到湖南岳阳、华容一带。在这种情况下，国民党当局即采取了破坏机场的措施，发动常德全县民工将石门桥机场挖了 20 多条宽 5 米深 2 米的深沟。1943 年，据说为了供盟国空军加油之用，又下令修复。修复工程接近完成之际，常德会战面临一触即发之势，为了免于留存资敌，接着又紧急动员大批民工不分昼夜，进行破坏。反复两修两破，消耗了不少的人力物力，可是从未落过一架飞机。三是破坏乡村要道。在完成破坏公路任务之后，接着又修筑阻塞工事，作为阻止日军机械化部队的进攻和战时的掩体工事。其做法是将乡村各交通要道，每隔几十公尺挖掘丈余宽人多深的地道，平时在上面铺盖木板，便于人们通行，敌人来犯时，便将木板拆掉。责成地道所在地的乡公所动员民工挖掘。行政当局事先不宣传，事后不检查，以致被占用了田地的农民无不怨恨。有的乡保长在工程中敷衍了事，用些树干代替木板搁在上面，有的木板刚盖不久就被盗走，群众只得踏着庄稼而过。特别是雨天，泥泞没脚，步履维艰，怨声载道，不久，农民就自动把它填平了。四是封锁河道。常德东北隅是洞庭湖的西侧，又是沅水汇入洞庭湖的进口，其周围河汊沟港密布。为了防止日军从水路来犯，就采取河道沉牌的备战措施，并选定牛鼻滩河道为封锁点，将木牌系上铁锚沉入水中。据说，这种防御工事，汉寿、安乡等地筑得不少。

2. 召开军事会议，部署防务。常德会战在国民党军事当局已早有预见。1943年四五月间，常德由蒋介石嫡系部队第七十四军接防。由该军第五十七师驻守常德，第五十八师驻守石门，第五十一师驻守桃源。同年9月，有一天（具体日期记不清），由洞庭湖警备司令傅仲芳主持，在河洑山古庙召开保卫常德的军事会议。有第五十七师师长余程万、第五十一师师长周志道、第五十七师的三个团长、主要参谋人员、常德县县长戴九峰、县警察局长和我这个建设科长共计20多人参加。我之所以参加这个会议，主要原因是构筑防御工事征集材料和征用民工等事务，归建设科筹划。这次会议气氛紧张严肃。傅仲芳讲了国内外战场的形势，指出了日军有窜犯常德的可能性，并明确地部署：除第二十九集团军王缵绪所属的两个师驻守湘鄂边境慈（利）石（门）一线外，第七十四军第五十七师守常德，第五十一师守桃源，第五十八师守石门南部及慈利部分地带，互为掎角之势。这是根据分析预料日军窜扰常德时，必定会取道鄂南、湘北华容，再向南插进而作的决定。同时限期在10月底以前迅速完成常德城区的防御工事。

3. 构筑坚固的防御工事做好巷战准备。自武汉撤守以后，历次驻防常德的部队都要构筑防御工事，而且地域拉得很远，北至临澧斋阳桥，西至河洑，东到德山。而每次换防，又各搞一套，否定原来的，重新构筑。其实，这些工事并没有发挥一点作用。第五十七师是根据兵力的实际需要进行构筑。第一道防线为洛路口—七里桥—岩桥（东）；第二道防线为县城城墙的墙基一个圆圈；最后一道，在城内由东到西一条正街上的交叉路口即西围墙、大高山巷、下南门、上南门、兴街口分别构筑钢骨水泥碉堡。总共构筑了钢骨水泥碉堡数十个。这些碉堡在会战中也确实发挥了作用。

4. 有计划地实行全城大疏散。从抗战初期常德被敌机轰炸起，一些大商富户为了避免敌机的轰炸，早已将自己的财物疏散到乡村，老幼妇孺亦已陆续迁居乡间。会战前夕，留在城市的是一些机关职员、贫民与小商小贩。11

月初，鉴于常德局势日趋紧张，驻军第五十七师和地方行政机关配合，动员并强制城内外居民全部疏散。并告示，为了民众的生命安全，决定城内不准留一人。县属单位、专员公署规定向花岩溪（在安化交界处）集中。县政府由主任秘书带领疏散，只留下县长、警察局局长、建设科长三人和百多名警察分别在城内和石门桥飞机场。

为了使市民迅速离开城市，第五十七师还派出士兵帮助老弱市民搬送物资出城，不取分文报酬。在渡河的船上派兵维持秩序，每船一兵，不许船户贪载，不许勒索多收渡资。因此渡河秩序井然。截至 11 月 10 日，城内已经空无一人。

我为了执行破坏飞机场的任务，必须常到小西门外万缘寺向县政府请示汇报。每次从鄙公堤（现改名东堤）进东门，穿过大街小巷，出小西门到这里。全城寂静得可怕，街道由于无人行走，有些地方已经长了绿苔。我沿途只在陡码头和小西门两处，碰到第五十七师守城部队的哨兵，因我持有特别通行证，才准许通行无阻。在敌人合围的头天晚上，我黑夜到城里请示县长时，大街在手电光的照射下，全城寂静觉得可怕。这时，第五十七师的部队到哪里去了呢？原来他们都各就各位守在第一、二道防线去了，并没有发现一个趁火打劫、乘机破门盗窃民物的士兵。

战斗概况

日军窜犯常德前，对常德及其附近的军事部署情况已了如指掌，因而其窜常路线也是针对我方的情况而定的。一路自湖北松滋、公安入侵湖南石门北部；二路由湖北藕池口、石首，向湖南安乡、汉寿进行东线包围。

日军第一路出击部队在石门北部与第二十九集团军四川部队遭遇，第二十九集团军溃败。驻守石、慈一带的第七十四军第五十八师，在日军到来时，与其进行了一场激烈的战斗。当时从常德西北隅可以隐约听到日夜不断的枪声，可是，并没有堵住日军的攻击，致使日军窜至桃源的北部。守军第七十四军第五十一师在阻击战中，又被日军击溃，因而日军得以通行无阻地直取陬市、河洑，对常德实行了左翼包围圈。

第二路日军出击部队所经路线，沿途均未设防，如入无人之境。经洞庭湖西部，走坑堤，搭浮桥，河面宽的用汽艇，在新兴嘴渡过沅水，直扑德山，迅速窜至斗姆湖、裴家码头，完成了对常德的合围。11 月 24 日，发动了围攻。

第五十七师守卫常德，有其主客观上的原因。主观方面，该师训练好，军纪严，第七十四军在国民党军队当中算战斗力最强的，称为攻击军。客观方面是蒋介石在开罗会议向罗斯福许了诺，下令死守，按着“不成功，便成仁”的训诫，责令其与城共存亡。在此情况下，不守也得守。在余程万的头脑中，明知孤军是守不住的，围城前知道第五十一师、第五十八师已没有阻止住日军，无力支援。唯一希望，就只有薛岳电告有两个军由长沙星夜驰援常德。而常长公路已被破坏，坑洼难行，无法及时赶到，直到合围时，这些增援部队，还在益阳、汉寿一带缓慢行进。由于县城被围，原来第五十七师三个团的兵力，加上几个直属营，全师不过八千人左右。余程万以第一七〇团守西北线，第一七一团守东北线，第一六九团守城垣。第一七〇团在西北面被强敌攻击，我军失利。会战的第一天第一线被敌突破，就撤回第二线（即旧城墙墙基一线）。这一线由于有护城河阻碍，射击线比较明朗，多守了两三天。随着防地的缩小，攻守战也愈打愈激烈。第五十七师的司令部设在兴街口原中央银行的地下室内。日军把进攻重点摆在大西门和小西门，以便直捣第五十七师指挥部，实现早日占领常德的企图。因此在小西门的攻势最激烈，以致双方造成拉锯战与白刃拼刺，苦战数日之久，敌人终未得逞。于是，敌人不得不另行采取从东、西两门侧面夹击。这样，激烈的巷战开始了。

余程万似乎采用了苏联的保卫察里津战术，步步设防。首先，岩桥至陡码头一线失利，就退守城防二线。退守前，将城外民房烧掉，以烟火阻止敌人追击。东城二线守不住，就守西围墙三线，将西围墙至东城一带房屋烧掉。再其次是大高山巷、下南门、上南门等线，步步撤守，直至兴街口止。包围圈随之缩小，第五十七师最后也就只有集中兵力死守而已（西门也是采取这样的退法）。在兴街口附近一带，每条街道的民房都打通，木房子则拆掉板壁，砖墙则打洞，条条巷子都串通，窗口和大小门都垒上沙包，房屋内的东西，甚至连敌人的尸首都用作巷战的掩体来进行血战。

余程万所部第五十七师虽然要算是战斗力最强的一支部队，但敌我力量悬殊，孤立无援，毕竟寡不敌众。苦战了 12 天之久，只剩几百人了，防守地区日益缩小，强敌层层包围，最后只占据兴街口弹丸之地了，且弹尽粮绝。等到援军抵达德山时，看到城内一片火海，炮声隆隆，也不渡河奔赴城区，却只在孤峰岭上打信号枪、吹号，表示援军已到，壮壮城内守军的胆而已。在这种情况下，余程万最后采取了突围这一决策，率领随员 20 余人换成便衣，深夜缒城，乘船渡过沅水，到达花岩溪与戴九峰联系后，向安化方向去了。无法突围的官兵四五百人，均被日军所俘，常德便于 12 月 3 日沦陷。日军进城后，大肆掳掠与烧杀。这时，我军各路的增援部队才赶到，日军在我军各路部队的围击下，只得退出常德，我军于 11 日收复了常德。敌人退后，除兴街口一条街残存几栋房屋之外，全城已付之一炬。

日军在常德会战中的暴行

日军窜犯常德时，烧杀、奸淫、掳掠，无恶不作，手段残酷，用心狠毒，真是罄竹难书，令人发指！

11 月 23 日早晨，我在石门桥飞机场被日军所俘。那天还有一些老百姓逃躲不及，也被日军俘去 100 多人，被押往东门外盐关一间密闭的屋子里，喊出一个就用刀砍死一个，屋子里面的人听见外面声响不对，死也不肯出来。日军便在大门口用汽油放火焚烧。除了冲出一个幸免外，全部皆死于敌人的屠刀之下和烈火之中。与我同时被俘的县政府合作室主任刘震中、县政指导员黄及汉和两名警士，也在这里被日军集体屠杀。同天早晨，常德县国泰乡乡长张君瑞带领一班枪兵向黄土店方向疏散，在石门桥附近与日军遭遇，放了几枪。敌人包围俘虏了他们，当即把他们砍了头，将头悬挂树上，真是惨不忍睹！我被日军押解所经之地，从斗姆湖，经善卷村、二里岗、石门桥、谢家铺，到汉寿沧港一带，到处可见惨遭日军屠杀的中国人的尸首。其中大多数是逃难的老百姓，极少数是穿军装的。敌人抓的中国人，要处死的，就交给“宣抚班”，拖到丛林中，用刀劈杀或刺刀刺死。尤其是其中几个操石首县口音的流氓，充当汉奸，为虎作伥，助桀为虐。这些民族败类，学了几句日语单词，在白天宿营时，伙同日军出外窜扰，大肆掳掠财物，奸淫妇女，真是无恶不作，无耻已极！

县长戴九峰在会战中突围

常德会战开始前，地方政府与驻军尚能协调配合，戴九峰与余程万两人也相处得很好。戴尽力协助余部署防务，做好战备工作，他有次对余说：“你守常德，我与你共同抗敌，我们一起与城共存亡。”后来常德被围时，戴确实没有走，他带领多名警察要求与守军共拒日军，共存亡。合围的第三天，外围的第一线被敌突破，这时，余程万再三劝他说：“你那几条破枪和警察对守城不起什么作用，何苦留在城里作无谓的牺牲！不如乘半夜渡过沅水突围出去。”戴在余的苦劝之下，才于 11 月 25 日半夜用几条木船（战前疏散藏在沿河民房吊楼下的），率领警察渡过沅水，打算走斗姆湖到尧天坪入安化边境。不料，一到斗姆湖就与日军遭遇，被日军打死几十名警察，戴本人侥幸冲出，仅以身免。第七十四军军长王耀武对戴在这次会战中的表现颇为赏识，将他调到第七十四军军部任职。抗战胜利后，王兼任山东省主席，戴被任命为该省某区行政督察专员。

第五十七师师长余程万其人

余程万系黄埔军校毕业生，五短身材，精明干练。他驻守常德半年，在常德的老百姓心目中，留下了较好的印象。下面是我亲自见闻的几件事：

第一，军纪严明。不强买强卖，不取老百姓一针一线，也没有一个官兵在娱乐场所骚扰生事的。会战前夕常德疏散，主动帮助老弱市民搬运物资，不取报酬。这在国民党部队中是罕见的。

第二，为农民收割稻谷。在秋收季节，分派士兵帮助郊区农民收割，自带炊具、粮、菜，煮中饭，拒绝招待，拒收报酬。

第三，不摆架子，平易近人，联系群众。余程万身为少将师长，不像其他的国民党军官，坐在司令部里打麻将，陪姨太太，而是经常深入民间，了解民情，以和蔼可亲的面孔接近老百姓。抗战开始，我因职务关系，要与驻军打交道，如修飞机场、破坏公路、供给构筑工事材料。以往其他驻常部队，都只派下级军官来到县政府，动不动就打官腔。而余程万驻常德以后，却经常找我谈话，问材料有无困难，要不要派部队帮忙运输。记得我有次患疟疾，买不到奎宁丸，他和戴县长来到我住的茅屋里探视，亲自写了一个草药单方，要我服用。一个师长能做到这样，我认为是难得的。

第四，尽到了守土之责。第五十七师是在易攻难守的情况下，被迫而孤军作战的。余程万以少量的兵力与数倍于己的敌军坚持苦战了十多天，迟迟未见援军到来，以至濒临弹尽粮绝，四面包围情况下，最后短兵相接，确实无法继续支持下去了。这时，才抉择突围这条路。可以说，守常德，他应尽的责任已经尽到了，而且尽到了最大的努力。

余程万驻常德的事迹，常德一些上年纪的老人至今记忆犹新，认为他确是国民党将领中比较好的一个。

中美联合对日空战

回忆我在国民党空军对日作战的经历

梁　深*

抗日战争爆发后，从1940年秋至1941年夏，大后方四川、云南各地，经常发出日机空袭警报。日本常以百架轰炸机编队轰炸重庆，其“零式”战斗机则横扫成都附近的重庆国民政府的空军驱逐机根据地。中国空军在抗战初期所引进的苏联“十五式”双翼驱逐机和“十六式”单翼驱逐机，不是“零式”的对手，“流星群”大队（原广州空军）虽奋勇应战，在成都市上空与日机多次展开激烈战斗，但都败了阵。川、陕、滇等省的制空权，几乎都掌握在日军手中。其余各战区机场的少数飞机，在日本“零式”飞机的压力下，就更站不住脚了。不得不都回到四川根据地。这就是抗日战争中期中国空军的基本形势。

1942年，中国空军轰炸机共有四个大队，能作战的只是第一大队和第二大队，都驻在成都西温江机场。总共只有苏联装备的“喀秋莎”双发动机轰炸机约四十架。在1941年夏天，曾以九机编队，长途奔袭参加长沙保卫战，遭到日本“九六式”驱逐机攻击，领队是大队长金文，当场被日机击落，以身殉职。当时，这几十架轰炸机只好蛰伏在温江机场，不敢轻举妄

* 作者时为空军第一大队第二中队飞虎队队员。

动。至于日本空军，由于要应付太平洋战争，从 1941 年冬以后，就极少到大后方进行骚扰了。

由于苏联也在全力进行卫国战争，中国空军的轰炸机零件得不到补充，只好东拼西凑，维持一部分飞机待命投入战斗，另拨出一部分飞机作日常训练之用。不料，在一次跑警报时，由于仓促编队，发生互撞，以致机毁人亡，少了两架；在训练编队时，一架僚机削丢了长机尾巴，又少了两架。“喀秋莎”轰炸机能作战的，至此只剩下九架了。1943 年夏，在九架飞机参加了陈诚吹嘘的“鄂西会战”，错炸了公安县后，在飞回四川途中，因机械故障、迫降、空中起火等事故，又损失了六架。最后只剩三架飞回成都温江机场。我参加了这次“鄂西会战”。

至此，斯大林援助中国的轰炸机的作用已濒于结束。当时中国空军的驱逐机各大队已部分配备了美国飞机。昆明方面的美国志愿中队已由美国空军所代替。参加 1943 年夏“鄂西会战”的有空军第四、第五、第十一驱逐大队。可惜，在一次战斗终了后，日机从鄂西偷偷尾随中国驱逐机入川，防空哨以为都是我方飞机战后飞回梁山机场，因而未发警报。日机等到中国飞机全部降落后，突然空袭，当时只有一驾驶员名周志开者，落地后尚在试车，见日机临头，猛然起飞还击，日机措手不及，被击落两架。而在地面上的我方飞机全部被歼，损失惨重！

空军轰炸第二大队，是由英国运输机“洛希”飞机改装成的轰炸机。他们也参加了“鄂西会战”。这种飞机飞行速度比“喀秋莎”快些，装炸弹不过五六百公斤（其速度和载重量还赶不上今天的民航最老的“伊尔十四”客机）。自卫火力也和“喀秋莎”一样。后面有个枪塔，前面有一挺机枪，火力网是很弱的。后来，“洛希”飞机又改回民航机，由欧亚航空公司（中国航空公司前身）经营国内川陕滇航线。

1943 年下半年，是空军大变动大改组的时期。当时从各轰炸大队抽调出有经验的驾驶、领航、轰炸、射击、通信人员，组成第八大队（原住兰州有名无机的大队），准备到美国学习驾驶重轰炸机；其余的大队，组成五个轰炸中队，分批到印度卡拉齐学习驾驶“B—25”中型轰炸机；驱逐机大队也分批到印度学习驾驶“P—40”战斗机。训练后，一律归美军史迪威陆军十四航空队指挥。也就是说，1943 年下半年以后，中国空军飞行部队的指挥权交给了美国人。

在出国以前，空军第三路司令王叔铭召集空军人员训话时曾说：“美国人指挥得不好。陈纳德是靠一天不停地在机场上空警戒来保卫自己的，他笨得很！……”蒋介石也曾去成都太平寺机场空军飞行军事学校（当时有飞行军官学校和飞行军士学校，还有苏联在伊宁的飞行教导队），对空军人员训话，说什么要听他的，就有官做，还说将来他要成立五百个中队，三百个大队。听者都说他在吹牛。

第八大队在美国学了两年多，1946 年才回国，蒋介石捞到了内战本钱，到印度去的人，学习完毕回国，又参加了战斗。

我是在第一大队第二中队。自 1943 年 7 月到达印度后，就开始了四个月的紧张高级训练，包括低空编队、轰炸、射击，以及与驱逐机会合作战等训练。这时人员增加了一部分美国人，都是队长、副中队长、分队长以及各种地勤干部和机械员，还补充了刚从美国毕业回国的航校十三期飞行生。飞轰炸的用的是“B—25”轰炸机，飞驱逐的用的是“P—40”驱逐机。1943 年 11 月，第一批结业，第二批开始。直至 1944 年夏才结束。共改装训练了五个轰炸中队，给中国空军装备了六十架“B—25”中型轰炸机；训练了约四个驱逐大队，装备了一百多架“P—40”驱逐机。这就是 1943 年至 1945 年中国空军的全部兵力。

由于指挥权属于美军十四航空队，所以我们的队名是十四航空队中美联队的轰炸大队。大队长是美国上校布兰柱。听说他是大队中唯一的职业军官。

我们第二中队的 12 架轰炸机（各中队机数相同），连同第三大队的 27 架驱逐机，由印度卡拉齐大编队出发，飞了三天才到达东印度丁江机场附近。接着飞越驼峰到达云南霑益机场，转飞桂林机场。回国后，随即会同美空军十一轰炸中队（当时中国战场只有美空军十一中队的 12 架中型轰炸机），轰炸汕头港附近日军船只与陆地目标。学到的超低空轰炸不灵光，一下就被打落两架。接着，中美联队会同美空军十一中队和美空军“P—38”双发动机战斗机从桂林到江西遂川机场加油，低空编队渡海偷袭台湾新竹机场，全歼敌机约30架。有些手脚快的日机，刚起飞就被击落。此役曾受到东南亚盟军总部的表扬。据我所知，这是抗战六年驻台湾的日军所受到的第一次奇袭。后来曾多次企图低空编队偷袭广州白云机场日军，都没有成功。有一次倾巢出动24架轰炸机和50多架驱逐机，到广州附近，因云低天气不好，阵势大乱，只好返航桂林。但另一次，大编队渡海偷袭海南岛海口机场，全歼地面日机约20架，却取得了成功。记得那时已是1944年春，大批飞机从桂林三个机场分头起飞，按惯例“B—25”中型轰炸机三架为一小队，四个小队编成一个长方形，两边是二十多架驱逐机编队掩护，飞越桂林市上空时，却向北飞去，有意给日本在桂林的奸细造成错觉。然后大编队右后转弯低空飞向南海，渡海到海口机场上空。日机措手不及，在地面被扫射、轰炸，全部毁灭。这种低空奇袭的获胜，需要有受过良好训练的空勤组，更取决于有卓越的指挥。空军指挥人员始终受着保全实力及乌纱帽的患得患失思想的支配，所以做不出如此成功的奇袭。

自从1943年11月，中美联队第二轰炸中队与驱逐机第三大队从印度回到桂林后，就连续与美军十四航空队的轰炸机十一中队和驱逐机队协同作战。作战地区北至长江，南迄南海，还远征过台湾。1943年冬，作战是比较顺手的，因而使日军汉口、广州等基地的飞机，不敢大编队出动轰炸攻击东南各省城镇。

我记忆最深刻的是协助陆军参加“常德会战”。那时一般是九架轰炸机编成三个人字的长条形，两边各有八架驱逐机作掩护。炸弹舱内挂有大捆的杀伤弹，轰炸目标是常德北郊的日军。我飞的高度是一千多公尺，看不到日军的散兵、马匹和微弱的高射炮烟，但只见有些日机背着阳光迎面飞来，初看是远方一朵白银花，转眼就看到是一架“零式”冲着机头而来。心中明白他已在开枪，只好硬着头皮顶住。旋见日机又在机头左侧拉升，机翼下两个“红膏药”衬着银白色机翼至为明显。我未及看清它怎样转过来作第二次攻击，但听到自己飞机炮塔上的大口径双管枪枪声大作，日机随之被我射手击落。由于“B—25”轰炸机俯冲时速度可达到 400 多公里，所以日机不易做两次攻击。至于从后面攻击，我看不见。只见我驱逐机被日机攻得作垂直式俯冲，来躲避日机攻击。

上午炸过日军后，总是降落衡阳机场加油、挂弹，下午再战。可是下午总看不见日机来对抗。可见日本空军当时已无横行中国的本钱了。衡阳是当时的重要前进基地，但国民党空军腐败无能，不顾作战部队的死活，不加扩充修整。我们每日 20 多架飞机活动，还有原驻站的十几架飞机，机场停机坪极为拥挤。最要命的是：为抢时间轰炸机要编队起飞，而跑道才三四十米宽，给编队起飞造成极大的困难。我机正驾驶是美空军丹尼士中尉，在编队起飞时，就曾吃到长机的尾巴风，以致飞机失去升力，一下右翼歪着要擦地，一下又左翼歪着。正在危急之时，丹尼士左转驾驶盘，想抬起右机翼，一下又右转驾驶盘，又蹬舵，如此左扳右扳，几下子弄丢了飞行帽，只见他头上大汗直流，直到长机离地，很快拉长了距离，我机才起飞成功。俯瞰湘江西岸一片坟地，我突然意识到：未在广东家乡送命，未在常德前线送命，却险些在自己机场送了命！那丹尼士也因此不体面地离队回国了。

“常德会战”很快结束。我们在桂林还是两眼盯着汉口、广州两大日本空军基地。对汉口方面，因无全歼日机的时机，所以只是采取单机车轮战的夜袭。对广州方面，明攻和偷袭都没有取得成功。我们曾轰炸、扫射广州天河机场和白云机场日机，领队是美国军官，他在出发前吩咐不许带日记本，不许说从印度训练回来（包括训练情况），吩咐跳伞后可到铁路两侧取得中国游击队援助。这一次作战的结果甚微。

攻不了广州日机，但联队不放松空袭香港启德机场和红磡船坞，以及双机巡逻南海，攻击日军船只，而且都很得手。这时在印度第二批改装的第一轰炸中队和第五驱逐大队也回国了，多了十二架轰炸机和二十多架“P—40”战斗机。兵力增强后，就大编队到长江一带作战，并派零星飞机攻击江上日军船艇。美空军有些改装了的新式战斗机“P—51”，也投入了战斗。所以，在 1944 年上半年，可以说日机已丧失了制空权。不过，空战还是激烈的。曾记 1943 年 12 月以千公尺高度炸九龙红磡船坞，只见满天都是高射炮黑烟，我们投弹后右转俯冲脱离，经中山县附近返航桂林。当时广州日机就击落了美空军“P—51”的战斗机一架。

南海双机巡逻不外是封锁日本到南洋的交通线。对日艇施行低空轰炸扫射，曾炸沉不少船只。战斗中我机虽未被击落，但我中队美籍副中队长（忘其名）和美情报官以及机组的中国人员却撞山牺牲。

1944 年上半年，我中队在长江上空单机巡逻中，曾被日机击落两架，击伤一架。这一架完全是中国机组，正驾驶为上海人张某，他在长江低空攻击日军，被击中后迫降安徽无为县，仅射击士一人受伤未死，经新四军医治并送返桂林。

大编队对长江沿岸日军施行空袭，同样遭到日机的强烈攻击。发动一次大编队作战所用油、弹，是来之不易的。当时汽油、炸弹早已不是从苏联经新疆运到内地，而是从美国本土经大西洋、印度洋、沿途遭受德国潜艇“狼群战术”的攻击，才到西印度，再辗转到东印度，然后空运云南转运桂林。

后来，我奉命去美国学习，但赶到成都集合，为时已晚，又被派到第五批从印度受训回国、当时驻云南陆良机场的第九轰炸中队去报到。此后的任务，都是轰炸桂林附近日军。这个队没有美国军人参加，地面维护飞机质量不高，飞行技术也不佳，快到敌阵时，队形也编不好。幸好都没有遭受日战斗机和高射炮的攻击，因而没受到什么损失，一直到抗日战争胜利。

回忆抗日期间美国飞行员布冷格少尉的壮举

孙伟炎[*]

1943—1945 年我在云南省祥云县云南驿机场空军三十八站任第一股股长，主管机场航务工作。当时驻防的美空军官兵约数百人，包括飞行员及其他后勤、通讯、电台、仓库、汽车运输等部门。云南驿机场设有美空军基地指挥部，机场停放着四十多架 P—51 战斗机，每天分批轮流出动 2—3 次，飞往滇缅边境的腊戍对日军阵地进行轰炸扫射，每机场载有重磅炸弹，给予日军沉重打击。美运输机则不分日夜，经常运载军火在此起落。中美双方并肩协同抗日作战期间，美空军立下了不朽功勋，直至抗战胜利，日本投降后才分批撤离回国。

在 1943 年夏季，有一次驻云南驿的美空军基地指挥部通知我空军站："美空军有一架 B—24 型重轰炸机由云南某基地飞往日军阵地轰炸后，返航途中飞抵景东县区上空，因机件严重故障坠毁，要求我方和美方会同前往景东县处理善后"。当时我和美空军四人即乘吉普车到达景东县政府了解，才知这架 B—24 型机坠落距景东县城约二十公里的罗布山附近。据美空军跳

* 作者时任云南省祥云县云南驿机场空军第三十八站第一股股长。

伞人员及当地老百姓反映说，飞机共有机组人员五人，当飞机发现故障时，完全可以全部跳伞，都能安全着陆，可是驾驶员布冷格少尉预测这架飞机可能会坠落在罗布山村庄，几十家生命财产必然受到不可估计的损失。于是布冷格少尉在千钧一发之际，当机立断，除他本人向前延飞超越罗布山村庄再行跳伞外，他叫机组其他四人先行跳伞，都得到安全着陆，景东县山区老百姓赶来营救，并热情招待食宿。不料布冷格少尉向前延飞时刻，操纵系无法控制，飞机突然急向山头坠落，此刻布冷格来不及跳伞，结果造成机毁人亡，尸体粉碎，只剩下一支大腿比较完整，由当地乡公所做了一个小棺材装好运往县城附近。沿途排队迎接的群众达千余人，其中有县长及县府职员、中小学生、教师、老百姓，早已等候路旁，并在县广场上由县长主持开追悼会，致辞中曾说：美空军飞行员布冷格壮烈牺牲，令人惋惜！他为了反对日本法西斯侵略者来参加中美并肩作战，他怀着崇高的中美友情，为维护中国人民的生命财产而死，令人非常敬佩，他永远活在中国人民心中！

回忆陈纳德将军及其战友们

吕小元*

抗战期间，我曾先后担任过国民党第二十师师长安纯三、第九十三军军长卢濬泉，云南省政府主席卢汉等人的秘书，主要任务是跟美国驻滇陆空军联系装备和训练部队及处理外事工作，故与美军交往较多，跟十四航空队司令陈纳德及其部属经常进行直接联系，直到日本无条件投降为止。

1943 年夏季，卢汉将军在开远召集了一次师长以上的军官会议，会后安纯三回到建水通知我调第一路军指挥部任卢濬泉的秘书，负责协助美军对驻云南的八个师进行训练和装备工作。

我从建水到蒙自阿三寨见到卢濬泉。他安排我跟十八师副师长张仲祥住到一个院子。隔我们的住房不远就是美军联络官的招待所。后来跟我在建水共事的严中英将军也调到卢濬泉部任参谋长。

1943 年秋卢汉来电叫我去见他。到昆明后卢汉告诉我到十四航空队找陈纳德去谈一件重要的事。这事是陈纳德与龙云谈妥的。要派一个可靠的亲信人员最好是军人，要懂英语。不能有人陪同，去商谈一件事。

我们见面的地方是太和街，陈纳德对云南军队派我去跟他合作表示十分

---

* 作者时任云南省政府主席秘书、第一路军指挥部秘书等职。

满意，但我们坐了很久他始终在扯闲话。到底是什么要紧事他始终不提，只重复地说：“希望我们今后能很好地合作。”接着又说：“你能为自己的国家，自己的同胞做件好事，为美国飞行员做件好事，是幸福的，是受人尊敬的。”坐了很长时间，几次打算开门见山地问一下又不好启齿。最后在告别的时候，他才握着我的手说：“真抱歉，我的一位同事碰巧今天不在，不能给你介绍见见面。你们要讨论一件十分重要的计划，我相信你们会成为好朋友的。请你明天早上十点钟以前再来一次，我会告诉他等着你，祝你们成功！”

次日，我如约地分别见到了哈德生上校、史密斯上尉及美籍华人唐中尉。事情是十四航空队准备轰炸越南的三个机场，主要是日空军基地嘉林机场和白梅机场，以彻底摧毁这一地区的日本空军力量。他们要求云南的政府和军队派出特工人员刺探和收集有关情报，并指派潜伏人员在空袭中施放信号指示目标及掩护、救助失事人员。

事后我把情况写成书面报告拿给卢汉。他只问了一问，看都不看就烧了。并告诫我说：“你怎么不懂事，以后这类的事不要乱写，不要告诉任何人，家里的亲人都不能知道。你快到曲靖去找安纯三，叫他派人帮助你。”接着卢汉写了一个手令交给我。

安纯三是二十师师长，跟我的关系非常好，让我去跟他商量执行这个任务是比较容易的。因为二十师曾长期驻守在金平、屏边一带，地利人和是其他部队所无法相比的，他们也经常派人进入越南、老挝去活动。

我刚把这事和安纯三一谈，他就十分赞成，并立即派了两位参谋人员做我的助手。一位姓聂的少校参谋是玉溪人，另一位姓苏的上尉参谋是文山人。他们给我提供了许多极有价值的情报资料及派遣特工人员进入越南的行动方案。他们为抗日战争，为人民做出了卓越的贡献。

工作进行得十分顺利，非常成功，陈纳德经常派唐上尉（已晋升）来和我联系。一场对日本驻越空军及其他军事目标的袭击的准备工作已告完成。正义之剑开始行动了！

每当夕阳西下夜幕降临的时候，一队队重型轰炸机出现在高空向越南方向飞去时，我们的心情都十分激动。我们开始反击敌人了，让侵略者受到应有的惩罚吧！我们默默地祝愿跟我们并肩作战的战友们胜利地完成任务凯旋！

我们派出的人员先后牺牲了将近十人，没有死的仍然是前仆后继、英勇无畏、默默无闻地为我们民族和盟友做出了无私的贡献。美国飞行员先后也牺牲了很多，他们的正义行为和高尚精神将永远铭记在中国人民的心中。中美人民用鲜血浇灌的友谊万古长青。

山东军区攻势作战

巧取赣榆城

杨斯德*

一

寒风微嘶，夜色深沉。一支英勇善战的八路军健儿，正在旷野里疾进。他们悄悄地擦过了一村又一村，竟没有惊动一个人，也没有引起村犬的长吠。

一座古城垣的阴影，在眼前显现了。这就是赣榆城。

赣榆在敌人蹂躏下已经六年多了。日军为了确保海州地区的殖民统治，正拼命地把赣榆县城变成强有力的支撑点。这里有高耸的城墙，深阔的外壕，林立的碉堡，炮楼和层层的铁丝网。伪“和平建国军”七十一旅的大部兵力驻守在这里。伪旅长李亚藩，原是国民党五十七军的副官长，他执行了国民党的“曲线救国”政策，在两年前带领人马投降了敌人，卖身求荣地当上了伪旅长，成为敌人进攻我抗日根据地的得力鹰犬。

为了粉碎敌人打通海（州）日（照）公路的企图，配合鲁中军区反“扫荡”，我滨海军区首长遵照山东军区罗荣桓司令员的指示，决定攻取赣

---

* 作者时任八路军第115师教导第2旅第6团政治处敌工股股长兼中共赣榆县委敌工部部长。

榆城。

1943年11月19日半夜里，我686团、23团和一部分地方武装悄悄到达赣榆城外。战斗英雄何万祥带领突击队先行在东北门外隐蔽，等候赚开城门抢占城楼。

赚城门的任务，由侦察班长刘国荣，工兵郝凤双、任发明等人带领内线关系——伪军的一个上尉副官去执行。

这个副官名叫刘连城，东北人，在一次战斗中被我军俘获了。开始他很害怕，担心被我们杀掉。事实出乎他的意料，他受到了我军的宽大待遇。我军耐心的教育，又启发了他的民族意识和爱国思想，使他认识了当伪军的可耻，表示悔过，并愿意立功赎罪。不久，他和其他俘虏一起被释放了。从此他和我们建立了联系。

刘连城回到伪七十一旅，不断向我们传送情报，暗暗向伪军传播我军的俘虏政策。同时我们通过他和伪团长黄胜春也建立了联系。我军敌军工作干部李德新等同志就借这种关系，常被派到伪军内部活动，待机配合我军行动。

为了麻痹敌人，我们有意识地很久没有袭扰赣榆城。敌人满以为这座堡垒“固若金汤”，终日花天酒地，狂嫖滥赌，对我们的敌工干部神出鬼没地进入他们之间毫无察觉。

为了配合这次军事行动，我们原想争取伪七十一旅黄团反正；但上级考虑到对黄的教育还不够，反正的条件不成熟，遂又确定了另一个计划——叫刘连城假借一团的“号令”，要该团三营于十八日八时出城到边沿区抢粮，把该营诱入我军的埋伏圈，迫使敌人集体缴械。随后再让刘领着我们686团一营，假扮敌军，夺城而入。

17日早晨，敌工干事李德新到城西的张村与刘副官接头定案时，不料遇上了伪军张星三团驻大官庄的搜查部队。李德新同志被捕了。刘连城跑到我们这里，愧悔地说：“完了，这么长时间的准备，战斗前出了大娄子，怎么对得起八路军对我的信任呢？”

我们连忙向军区首长汇报了李德新被捕的事件。军区首长对这事非常关切。李德新同志是个好党员，完全可以相信他是不会向敌人暴露秘密的。何况从张星三驻地转到城内，也要经过几道手续，需要一两天时间。根据这些估计，首长要我们迅速派人进城，摸清敌人底细，以便行事。经了解，敌人果然对我预备攻城毫无觉察，只听说张团在城外逮了个“盐贩子”。于是首长指示我们：在我军胜利影响下，加上我军俘虏政策深入人心，如果我敌军工作能尽快做好新的配合准备，乘敌不备，仍有成功的可能。

19 日早晨，我们向刘连城一说，他立刻振作起来了。他说：“今晚上东北门正轮黄团特务连值勤，我和他们很熟悉，还有办法搞城门。”首长们理解刘连城要求立功赎罪的心情，即刻批准了这个方案。傍晚，部队高呼着“打进赣榆城，活捉李亚藩”的口号，便向城关进发了。

我们几个敌工干部和何万祥带领的突击队一起，前进到距东北门最近的地带隐蔽下来。夜真是静谧极了，连伪军在城楼哼无聊小调的声音也隐约可闻。

二

刘连城故意咳嗽了两声，走过外壕。城上的哨兵蓦地大叫一声：“干什么的？”刘连城慢吞吞地答道：“我！刘副官，刘连城。”说着吱呀一声拉开了板桥前半掩着的木栅门。工兵任发明、郝凤双同志扛着用面粉袋装着的炸药跟了进去。侦察班长刘国荣和孙世宏立即在木栅跟前卧倒，准备万一搞不开城门就掩护郝凤双、任发明进行爆破。这时，城上又传来哨兵热情的答话：“哎呀！是刘副官！你怎么这时候才回来？我这就去开门。真巧，今儿黑下钥匙没收走，要不还得跑到连部去拿”，他边说边从城楼上往下跑。城上另一个哨兵可能看见了扛面袋子的人，忽然惊愕地向下问道：“怎么？哪里来的这么多人？”突击队员任发明同志虽然有点着急，但仍沉着地注视着城楼上的动静。这时刘副官用生气的口吻对哨兵们说：“你们怎么这 样啰唆！这么多的给养，天黑小车不能推，不找人扛，你们喝西北风！”门拉开一道缝，开门的哨兵侧着身子背钻出来说：“刘副官，快进来吧，今天夜里真冷啊！还有老乡，是哪村的？”这一问可把郝凤双、任发明难为住了。他们都是山西人，一开口就会露马脚，便只好“嗯……哦……”地应了两声。刘副官没等哨兵再问，立即接上：“麻烦你了。”说着便掏出香烟，递上去一支，又从口袋里摸出一撮火柴，刺啦一声在城门口划着了。这是搞开城门的信号，伪军哨兵哪里知道底细，一边说着“多谢副官，多谢副官！”一边伸着脖子来对火。这时，刘副官冷不防一伸手掐住了他的脖子。扛着炸药刚进城门的郝凤双和任发明，转过身来，一人扭着胳膊夺下他的大枪，一人把他按在地上。这哨兵被三人突然这么一整，不自主地跪了下去，嘴里喊着“老乡，不不，老……”刘连城低声警告他：“不许喊！要不打死你！”

这时，趴在木栅门前的刘国荣和孙世宏，忽地一下就站起来了，一直冲进城门。城门大开了。看见火光信号的突击队员们，在何万祥连长一声“前进”的口令下，飞也似的冲进城去。埋伏在公路两侧的部队，在短促的口令声中，也立即化为一条巨流，无可阻挡地拥向城门。

“啪——”城上的另一个哨兵见势不对，惊慌失措地放了一枪，“哒哒哒……”侦察员孙世宏顺着枪声还了他三下子。这家伙一看，撒腿就向西跑，边跑边喊：“不好了！八路军进城了……”这小子刚跑不远，迎面来了一个人，厉声地喝道：“混蛋！喊什么！”哨兵不明究竟，迎面来的乒乓给了两个耳光，连踢带夺地卸下了他的三八大盖枪。

三

卸伪军枪的人名叫徐宗信，是个共产党员。一年前，他被派入伪七十一旅当兵。刚去的时候，他整天认真干活。伙夫病了，主动到伙房帮忙；马夫开了小差，又去照管马。伪军内风行“卖岗”，轮到站岗，有钱的便花钱买人站。徐宗信常常替别人站岗，却总是只讲价不收钱。每月关的饷，一到手常被人借去，他也不认真去要。连里的兵都特别爱接近他，也很尊重他，称他为“徐先生”。这次我军攻城，事先他接到通知，便格外注意晚上的岗哨情况，准备策应。夜间很冷，伪军躲在屋里推牌九，谁也不愿意出来站岗。

徐宗信这晚特地答应了几个“赊岗”，从下午六点，一直站到半夜，最后又替别人代班。

夜里，东北风虽然不大，冷得却也够受。老徐将事先准备好的劈柴，在北城墙上一个适中的岗楼内烧起来。火吸引来了附近的哨兵，都不约而同地溜过来烤火，一致称赞着：“徐先生真够朋友。今儿黑下要没有这把火烤，还不知冻成啥样子！”老徐掏出几根土造烟卷，一面分送一面说：“弟兄们，今天这么冷，你们身上只有单衣可怎么受得了？”一个名叫栾世康的老兵痞狡诈地说：“有你徐先生代班，我们烤火就是了。”老徐趁机告诉大家：“外边总得有个人看风，别叫遇上查岗的。我身上套着件小棉袄，不冷，出去顺着城墙溜溜，有事来招呼你们。”五个家伙听了老徐的话，分外高兴。老兵痞栾世康掏出一副骰子，找来一个破钢盔，借着火光带头掷起来。老徐见他们想赌，就说：“你们只管玩个痛快！只是别走了火，要不我就负不了代班的责任了。我看，把枪放在门外，离火远点好不好？”几个赌鬼上了瘾，代班的这样吩咐，哪有不愿意的。他们连枪带手榴弹一股脑儿堆在岗楼门外，小小的赌场马上开张了。

我们部队在城外运动的时候，狗咬了几声。老徐正在仔细观察情况，考虑接应方式，不料碉堡内一个哨兵探出头来问：“狗咬什么？是不是八路军扰乱？”栾世康连掷了三次“幺二三”，输在火上，说：“有屌事！八路好久不挨城边了。下半夜了，他们来干啥。”接着“呸”朝手心吐了口唾沫，搓一搓，又掷起来：“四五六啊！六六顺哪……”

刘连城喊城，老徐已隐约地听到，随即跑到碉堡跟前，几个赌鬼听到外面动静，正要问个究竟。老徐哗啦一声，推上的顶膛火，厉声叫道：“不准动！八路军进城了。听我的话，我姓徐的保险。八路军宽待俘虏！”

五个小子全愣住了。栾世康颤抖地说：“徐大哥，不，徐先生！咱弟兄平素够交情，你放心，谁也不动……”老徐宣布：“老老实实地蹲在这儿，我去联络接洽，保证你们生命安全。”这几个家伙大气也不敢出，一个劲儿地向墙角挤去。

老徐立即向东门门楼跑去，可巧碰上刚才那个打枪、叫喊的哨兵。老徐干脆利落地揍了他一顿，缴了他的武器。这时我686团2营，也在西北方向爬上城头。于是北城墙上，东西一千多米的距离内空无一敌，全被我们控制了。

老徐下了城，领着何万祥带的突击队向伪军一团三营扑过去。

四

红旗在赣榆城头上飘扬起来。电线拉上城楼。军区首长们很快都赶来了。在几只高高的红烛下，赣榆城的地图被打开了。从电话里不断传来胜利消息：伪三营营部及八连全部被俘了，伪警察局被全歼了……抓了两三百俘虏，还没与敌接火呢。等敌人组织抵抗时，符竹庭政委已在地图的西隅上画了一个小小的蓝圈。

黎明，敌工干事李德新匆促地跑上城楼，撕破的衣服上虽沾满了泥土，但脸上却带着胜利的微笑。他前来向首长们汇报了自己昨天被捕后的情况。原来，伪军偶然抓到了他，他除了说贩私盐以外，什么也没暴露，敌人把他毒打了一顿，关了起来。战斗一打响，伪军一营在慌乱中向我们23团投降，他就从黑屋子跑出来，参加了战斗。

天色大亮，敌人还盘踞在旅部内作最后挣扎。符政委下达命令："运炮来，消灭敌人的中心炮楼！"没几分钟，神炮手李玉章等同志就拖来了从鬼子手中缴来的钢炮。李玉章斜坐在炮车上，得意地瞄着准，等待着上级的命令。

"等一等！"符政委想起一件什么重要事情，转身写了一张条子，然后指示我们派人送给李亚藩。条子上写着：

"目前意降德败，日寇垮在旦夕。我们进攻赣榆，旨在解放群众。尔等如弃认贼作父之途，立即投降缴械，则于国于民皆幸；若负隅顽抗，死路一条。何去何从，希速抉择。"

我们动员了一个俘虏把信送走。过了一会，符政委又写了第二张："我军一贯宽待来降官兵，事不宜迟，限十分钟作复，否则即以炮火轰击。速降勿误。”

十分钟过去了，敌人还未答复。

“告诉一营长，叫部队准备冲击！”符政委的话刚一出口。通信员就奔向围在李亚藩旅部外的我 686 团。

弹药手把炮弹填进炮膛，李玉章拉起发炮的姿势。“放——”一营长一声令下，“轰！”炮弹飞进敌人炮楼的第二层窗眼，随着炸响，上半部砖墙忽地一下倒塌下来，烟雾高高升起。阵地上立刻响起一阵“打得好！”“打得好！”的呼喊声。

战士们的喊声尚未平息，一个伪军军官从烟尘中钻出来。他双手高高地举着一条白毛巾，不知向哪里走才是：二连指导员陈先觉同志提着驳壳枪迎上去。那个军官失魂落魄地说：“长官……我是司书，我们旅长投……投降，叫我出来晋见你们上级。”陈先觉同志把他领到指挥所。不用多问，一看他的麻脸秃头，我就知道他是张星三团的三营长谢秃子。他还妄图来讲条件：“投降不成问题。我们旅长的意思是——最好你们先撤到城外，然后我们出城共同抗日。”十分明显，这是李亚藩的阴谋诡计。妄想等待青口的日军来救援他。其实，在军区首长的指挥下，青口的日军也正在挨打呢，哪里还顾得上李亚藩。

“通信员！”政委根本不听谢秃子的话，“告诉一营长继续轰击！”

谢秃子慌了，忙说：“先别打——”可是已经来不及了。“轰”又是一炮。

“赶快回去告诉李亚藩。再宽限你们五分钟，不然就毫不客气！”我严厉地告诉谢秃子。

“是是，我，我去讲。”谢秃子躬着腰去了。看看五分钟又过去了，还不见李亚藩投降。我们即将发动总攻，那个和我们有些联系的黄胜春已押着李亚藩走出来。李亚藩、张星三这两个死心塌地的汉奸终于被我们活捉了。千余伪军士兵拿着枪栓从据点里鱼贯而出，一个个小心翼翼地把枪栓放在指定的地方，灰溜溜的脸上浮出一丝死里逃生的苦笑。

全城解放的消息霎时传布开来，人群像潮水一样涌向大街小巷。有人称赞我军的机智，有人诉说六年的痛苦，有的人坚决要求参加我军，有的人欢跃着去领救济粮。战士们三三两两地谈论起来：这一仗打得多么漂亮啊！我们付出了极小的代价，却取得了歼灭李亚藩、张星三部一千六百人的胜利。

阳光照耀着赣榆城，城头上的红旗，迎风招展，越发显得娇艳。

牛山后伏击战

朱奇民*

1943年11月，我任中共运北工委委员兼周营区委书记和文峰游击大队一队指导员。严运厚是一队队长，单庭兰是周营区区长。这时运北地区的抗日斗争，仍处于非常困难的时期，日伪“扫荡”极为猖狂。牛山伏击战是一次以少胜多的战斗，从缴获敌人的武器和生俘敌人的数字来看，战果虽不算辉煌，但对鼓舞运北地区人民的抗日热情和争取胜利的信心，对提高战斗力，起到了良好作用。大灭了日伪军的嚣张气焰，使运北的抗日斗争形势开始向好的方面发展。

1943年初冬，峄县伪县长王徽文带领其伪警备大队500多人“扫荡”我游击区郭庄、逍遥村、坊上、石门、侯庄、许庄一带。转了一大圈也没有见到我文峰游击队的踪影。当时文峰游击大队一队由我和严运厚、单庭兰三人带领驻在上郭家。接到石门村群众李文运的可靠情报：伪县长王徽文黄昏到牛山后活动，并在那里吃晚饭过夜。为此，我们三人立即进行了研究，打还是不打？怎么打法？

当时，文峰游击一队不到30人，是支小队伍，战斗经验不多，而敌人

* 作者时任中共运北工委委员兼周营区委书记、文峰游击大队第一队指导员。

又比我们多二十倍，装备也比我们好得多。但是，敌人出来“扫荡”，转了一天，疲乏不堪，兵无斗志，麻痹大意；我们虽然人少，但有几个骨干，打仗很有经验。战士们一个个像小老虎一样，战斗热情高，而且人熟、地熟、情况熟，又有广大群众支持，即使遭到敌人的反击也可迅速撤离。因此，打只有好处，没有多大风险。研究后决定：采用伏击战的形式打。打好这一仗的关键是选择好有利地形。经过认真分析，把伏击选择在离牛山后的伪军据点不到一里远的南山脚下。队伍埋伏在山沟里的乱石丛中，距敌人必经的大路不过 60 米。我们估计敌人黄昏时到达这里，正是最疲劳最麻痹的时候。决定之后，我和严运厚同志分别带领十几个人，预先到达埋伏地点隐蔽起来，做好战斗准备，单区长和区公所的人留在后方做接应准备。

果然不出所料，接近黄昏时，伪军们斜背着枪，晃晃荡荡拖拖拉拉，无精打采地走进了我们的埋伏圈。看样子他们累得够呛，对我们的埋伏一点也没有察觉。这时严队长向我打个手势，接着一声令下：“打！”顿时机枪、步枪响成一片。战士们把手榴弹迅速地投向敌群，愚蠢的敌人被这一突然的袭击吓得乱成一团，有的当场被打死，有的趴在地上不敢动，更多的则四处逃命，伪县长的号令也不灵了。过了一会儿，敌人似乎清醒了点，开始还击，机关枪、步枪、手炮在我们战士头上呼啸而过，我们坚持对射了一阵，活捉了十几个溃散的敌人，缴获了十几支枪。但毕竟是敌人的人多火力强，我们的一挺机枪射击时间长，枪筒过热卡壳，机枪手李元占干着急没办法。我和严队长一商量，认为伏击战的目的已经达到，再与敌人对峙下去，对我们不利。就决定迅速撤离。我们的队伍离战场老远还听见敌人盲目射击的枪炮声。此次伏击战，我们只有一名战士负了轻伤，以极小的代价，狠狠地打击了敌人。敌人在遭到我们突然袭击之后，除伤亡和被俘者外，绝大部分溃散到北山去了。伪县长和他的败兵一天半没有吃上饭，两三天还没有把溃散的人员完全集合起来。峄县县城也因“县长”出去“扫荡”迟迟不归而传言四起。这一仗后，牛山后、石庄圩子一带的群众深受教育和鼓舞，纷纷传说王徽文的头碰上了正规军八路的刺刀。了解内情的群众则说：“文峰游击队真不简单，在敌人的据点跟前打了伪县长警备大队，真是虎口拔牙。”

牛山后伏击战后，运北的抗日军民更加齐心协力，与敌人展开了不屈不挠的斗争。是年冬天，运河支队及运南地区划归新四军建制，运北地区仍归鲁南，文峰游击大队划归独立支队建制，仍活动在运北地区。随着形势的发展，从 1944 年开始，运河北岸的抗日斗争进入了一个新的发展阶段。

人心所向

林　毅*

这天拂晓，老乡和战士们都还没有起床，我便带着几个连长，悄悄地换上便衣，离开驻地，那是 1943 年的 11 月。鲁南根据地虽已改变了“东西十余里，南北一线牵”的困难局面，但汉奸惯匪刘黑七依然盘踞在费县一带，烧杀抢掠，摧残群众抗日活动，严重地影响着根据地的建设。军区首长决心歼灭刘黑七，恢复鲁南原有局面。这个任务，交给了我们 3 团。我们几个人就是去侦察刘匪的巢穴——硅子庄周围的地形和内部设防情况的，这是对付一个异常狡猾的敌人，因此行动必须绝对保密，即便微小的征候也不能暴露。

刘黑七，是惯匪刘桂棠的别名。他在鲁南土生土长，十几岁上就开始拦路抢人，聚众烧杀，逐渐成为一股庞大的匪帮。人们根据他面色如炭的长相，在匪伙中又排行第七，给他起了个“黑七”的诨号，他也恬不知耻地在江湖上沿用起来。这伙匪徒，二十多年来，流窜华北各省，干尽了坏事。单说抗日战争前洗劫鲁南寺彦村，一次就杀害了 700 多人。在黑暗的旧社会，官、匪从来就是狼狈为奸，所以不论在北洋军阀时期，还是在国民党统治时

* 作者时任鲁南军区第三团副参谋长。

期，刘匪始终逍遥法外。抗日战争爆发前，他就投降日军，充当日军进攻山东的马前卒。1939 年，他又重新和国民党顽固派挂上了钩，蒋介石给了他国民党新编三十六师的番号。以后，他再度投降日军，挂上了伪“和平建国军”十军第三师师长的头衔：刘黑七从日本鬼子和国民党顽固派两方面领军饷，他的部队也都有黄、灰两种颜色的军装。既官既匪，亦伪亦顽。我军曾几次讨伐，只因没有全歼，刘匪就更加疯狂起来，时常吹嘘：“八路军是强龙，也难降我这地头蛇嘛！”我们一路谨慎小心，待快到硅子庄时，先找了个山村潜伏起来，直到黄昏才又整理了一下身上的装具，继续上路。

我们 10 点多钟赶到硅子庄外，分头钻进离围砦不远的坟园，利用树林接近围砦。一进树林，树上的栖鸟被惊醒了，小鸟扑拉着翅膀，吱吱喳喳地叫着飞散。好在围砦上的敌人没有在意，我们静待了片刻，才又继续接近围砦，察看外壕。不想，在察看围墙时，一个同志不小心把沟沿上的石头踩响了，惊动了墙上的岗哨。哨兵连声大喊：“什么人？”我们趴在沟沿上，一动也不动。敌人已有警觉，监视得更严密了，我们本来想捉个“舌头”，现在看来已不可能了。大家嘴里不说，心里都有些埋怨那个弄出响声的同志。

这样回去？任务没有完成。每个人心里都像油煎似的焦急万分。正在这时，围砦西北的一座军事术语上通常说的“独立家屋”，引起了我们这伙人的兴趣。据观察：是两间小屋，还有围墙环绕，茅草门楼下大门紧闭，不像无人居住的闲房，也不像驻有敌人。我低声和大家商议之后，决心在这里试试“运气”。

我们跳墙进去，叩弹了几下房门，轻轻喊道：“老乡！”屋里没有答应，有的同志又失望了。但我还是没有死心，又继续叩门。等了好久，“吱呀”一声，房门居然开了。一位满嘴胡须的老大爷半披着大袄，上牙打着下牙，瑟瑟抖抖地走了出来，为了不暴露我军意图，我们没有向他直言，只是客气地说：“老大爷，麻烦您一下，给我们带几里路。”他看我们手里掂着驳壳枪，突然惊惶万状地跪下去，磕着头说：“老总，俺家里早没年轻人啦……”我们连忙把他扶起来，又耐心地向他作了些解释，老大爷用怀疑的眼光把我们打量了一番，最后才把手里的宽布带子朝腰上一扎，无可奈何地领我们走了出去。

一路上，老大爷看我们对他和气，惊惧早去了几分，但他还摸不清我们是干什么的，不免对我们抱着戒心。问他贵姓，他始终支支吾吾地不敢说；问他家里都有什么人，他还是一口咬定："年轻人早闯了关东，只剩下老两口子和两个小孙子！"天色大明，离开敌区已远，我们正式向他讲明，我们是八路军！老大爷才安下心来。

很快我们和老大爷便混熟了。他虽然没说姓名，但还是把家里的情况讲了不少。原来，他的儿子和媳妇根本没去什么关东，是逃离刘黑七统治地区，到一家亲戚家藏起来了。说起逃跑这事，老大爷两眼含泪地讲道："同志，在刘黑七脚底下，日子没法过呀！年轻人男的要抽走，女的受糟蹋。"大爷接着往下给我们讲了许多刘匪的罪恶事实。我们听得眼都红了。老大爷叹了口气又说："硅子庄周围，像俺家骨肉分离的有的是，这日子还不知什么时候才到头呢！"

老大爷还给我们详细地介绍了他所知道的围砦里边的敌人设防情况。首长们很快确定了战斗方案，具体分配了各连队的任务，干部、战士立即动员起来，指挥员研究任务，爆破员包炸药，突击班绑梯子，连炊事班也按照惯例为战斗前改善伙食而忙碌起来。为麻痹刘匪，我们还派出少数民兵先到硅子庄周围袭扰。刘匪对我们的民兵不大理睬，这对我们的行动是极为有利的。

一切准备妥当，只等 13 日夜晚动手了，但万想不到，突然发生了一件出人意料的事情：12 日夜里，我们请来供给情报资料的老大爷突然失踪了！我听说这个消息，赶快寻找，到底没见他的影子。这的确是件大事，假如走漏了风声，多日来的准备工作就前功尽弃了！我们连忙把这一情况汇报给首长，首长们十分镇静，鲁南军区王麓水政委说："群众的心是向着我们的，我看这是由于刘匪的狡猾、凶狠，老大爷还存有顾虑。刘匪横行二十余年，也没有人把他治了，老人家当然会考虑，如果我们这次仍不能全歼刘匪，灾难就会落到他的头上！这一点是可以理解的。"军区首长决定按原计划奔袭敌人，并指示我们细致严密地注意刘匪的一切动静，如有变化，立即汇报。

首长虽这样讲，但我作为团参谋长，具体掌握这些工作，战前出了这样大的漏洞，心中真是不安。

13 日下午，部队出发了，急行军直奔砫子庄。月亮刚从东山露面，部队全部到达指定地带。趁战前空隙，我派了几个侦察员又到那座“独立家屋”去。老实说，我并不企图寻找那位老大爷。老人家肯定是藏起来了。我只是想查明一下老大爷回来以后的行动。万不料侦察员们离房门老远，虚掩的门一下敞开了，老大爷步履矫健地向他们迎上来。高兴地说着：“你们这些烧高香也请不到的队伍，到底是来了！”接着，他向我们诉说了他的苦衷。正如王政委所判断的，老大爷确实怕我们打不下砫子庄，惹起祸事。但回来后，他又盼着我们早点来打，并把两个心爱的小孙子送到外庄，自己坐在屋里等着八路军。

听说老大爷把孙子送到外庄了，我们一个口快的小鬼插嘴说：“老大爷，您往外送孙子没走漏风声？”老大爷眨眨眼睛，有点发急似地说：“同志！咱鲁南山里的老百姓心里向谁，你还不知道吗？”同志们没再问下去，老大爷才慢慢放了心。他见漫山遍野是队伍，喜不自禁地对我说：“您打开围子，认不得路，我跟着去指点指点吧！”我们再三谢辞他，怕有危险，老人家到底还是跟着我们。

突击队开始向上运动，老大爷在道旁捋着胡须看着一个个虎彪彪的小伙子往前跑，脸上闪现着笑容。没等敌人的火力展开，突击队一举突破围砦，敌人退缩到里面的小围子去了，爆破员们又连续炸倒了小围子西北和东北两角的炮楼，部队立即楔入炮楼的隙口，展开了巷战。在近两小时巷战过程中，老大爷始终跟着我们，有了他，虽然是夜间战斗，但什么也看得清，他几次要亲自到前面去当向导，都被我们拉住了。

黎明前，战斗呈现胶着状态，看来是刘匪的亲信在负隅顽抗。一直在我身边的老大爷，又显得心情不安起来，他一会儿问人：“能打下吧？同志们不会撤吧？”一会儿又问：“刘黑七会不会跑掉？”我安慰老大爷说：“放心吧，砫子庄周围我们已撒下了天罗地网，刘黑七跑不了！”这时，在外围担负包围任务的四连忽然派人前来报告：“爆破不久，在庄外东南方向的四连阵地前，发现了几个逃窜的敌人，我们立即组织人追击。先打死了两个，另外两个拼命地向山上逃。通信员郝荣贵急了，举枪又把其中的一个矮胖子打死了，剩下的一个当了俘虏。据俘虏讲，打死的矮胖子就是刘黑七。我们怕上敌人的当，用门板把尸首抬了来，准备找老乡来认一认。”老大爷听了，高兴得像小孩子过年一样，嚷着说：“快快，走！我去认。刘黑七就是烧成灰我也认得他！”说着，拉住我就往外跑。

我们没走多远，就听得人们在咋呼着：“刘黑七被打死了！刘黑七被打死了！”原来，被我军解放出来的一群刘匪的“肉票”，这时早帮我们鉴别出来。郝荣贵打死的，正是横行数十年的惯匪刘黑七。顽抗的残匪，听见呼声也无心恋战，全部缴枪投降了。

天亮后的硅子街上还烟火弥漫，到处是敌人的破衣服、烂武器和死尸。俘虏群正在集中，里面夹杂着不少被抢劫来的女人哭哭啼啼。刘黑七的死尸旁边，始终是围着一大圈人，纷纷议论：“看他头大身长，腿短脚小的样子，怪不得说他是乌鱼精托生呢！”

打死刘黑七的消息不胫而走，飞快地传出了数十里地，不到晌午，敲锣打鼓的群众队伍漫山遍野地来了。他们抬着猪、羊来慰劳为民除害的八路军。受刘匪毒害最深的寺彦村，更联合周围的庄村赶做起一顶“万民伞”送给我们，红红的大伞上飘舞着许许多多的绸条，每个绸条上写着一个农民的名字，作为感谢八路军的纪念。群众坚决要求，把刘黑七的尸体抬起去游行，我们劝也劝不住。老大爷对我讲：“答应大伙儿的要求吧！乡亲们亲眼看见刘黑七的尸首，心就踏实了！”寺彦的群众抬起刘匪的尸体要走，又赶来许多群众把他们拦住。有人指着尸体大骂，有人向尸体唾口水，还有人捡起石头狠狠地向刘黑七的尸体砸去……

敌变我变　出奇制胜

于化虎*

自从日军在海阳县的行村安上据点以后，这里的人民群众就在党的领导下，同日、伪军展开了顽强的斗争。我们老百姓对付敌人的最有效的办法就是开展地雷战。

1943 年，行村据点的日、伪军疯狂地进行“扫荡”。为保护人民群众的生命财产，我们摆了一次石雷阵，炸死炸伤日、伪军 17 人，打击了敌人的嚣张气焰，这年中秋节，日、伪军又出来抢东西，我们迎着敌人的行动路线，埋下了地雷。真是雷无虚放，个个爆炸。被激怒了的敌人纠集队伍向我们民兵据守的山头扑了过来。正好，我们边撤，边布雷，使追赶的敌人接连踏响了三个地雷，敌人熊了，不得不缩回据点去。这次战斗共炸死敌人 7 名，轰伤 43 名，充分显示了地雷战的威力，大灭了敌人的威风。

敌人吃了苦头，就设法对付我们的地雷。他们出发“扫荡”的时候，就派出工兵在队伍前后探雷，探出后，先用白粉子在周围撒个圈，再把地雷起出来；遇见“绊雷”，就离老远用铁钩把雷钩出来。针对敌人的新花招，我们就研究改进埋设地雷的方法。大伙你一言，我一语，想了很多新点子。

---

*　作者时为山东省海阳县行村民兵。

有一次，我们得到情报，敌人要偷袭文山。我想，来者不善，善者不来，决不能让敌人占便宜。我组织民兵真真假假、假假真真地布了许多雷“迎候”他们。敌人按时出动了。他们发现路上埋着地雷，就用铁钩把地雷钩住，然后急忙卧倒用力拉雷。岂不知这是我埋设的假雷，而真雷就在敌人卧倒的地方。正当敌人把雷拉出来，得意忘形的时候，真雷却“轰”的一声爆炸了。汉奸队长和他的大洋马，还有四个日本兵一块上了天。这一来敌人更加小心了，前怕后怕，进进退退。一会儿，走在前面的几个日本兵又发现了一个地雷，这回敌人对周围观察得特别仔细，挖得也非常认真。地雷露出后，那个起雷的家伙两手将雷托住，便向上提。敌人做梦都没有想到，他提的是一个假雷，雷下边还连着弦，弦上拴着“子母雷”，一响就是八个，一家伙爆炸了，把敌人炸得人仰马翻。敌人怎么也猜不透，我们这些泥腿泥胳膊的庄稼汉，怎么想得出这般办法，布雷会布得如此巧妙。

敌人的偷袭计划落空了。后来，他们从青岛调来工兵探雷、扫雷。为对付敌人的扫雷组，我们爆炸组采取了满天撒星的办法，到处挖雷坑，有的埋下破钢盔，有的埋下真地雷。日军的工兵用探雷器一探，到处是雷，密密麻麻，不敢挪步，下手起雷，扒了半天，扒出一些碎铁。有时还有挖出两手臭大粪，把他窝囊得龇牙咧嘴。这一来，把敌人治得进不敢进，起雷又无心起，迫使敌人卧在我们的雷区前，动弹不得。我们还选择地方扎上草人，写上骂敌人的标语。敌人看见了，用探雷器探，没有雷，上去就拔，一拔就炸。因为我们埋的是石雷，他探不出来。我们还制造了一种头发丝雷，专炸敌人的探雷器；制造出一种慢性“自燃雷”，让敌人带回去炸。我们开展地雷战对地雷的设置越来越活。同志们戏称我是“活雷化虎”。

一天，我正在吃午饭，听说日军就要进村了。我扔下筷子碗，背起两个地雷跑出村。原准备把地雷埋在道上，可刺刀刚扎进土里，抬头一看，敌人已跟上来了，我灵机一动，便把两个地雷放到不远处老百姓苫粮食的苫子里，把雷弦系在苫绳上。敌人亲眼见我把什么东西放进了苫子里，便不顾得追我，一下子围上十来个，要抢好东西。其中一个敌人用刺刀把苫子绳一挑，地雷开了花，一下子炸倒了四五个，敌人拖着死尸窜回去了。

地雷遍地开花后，敌人一连三个月没敢出动。这时，上级要我们把地雷送到敌人的老窝里去。这个任务很艰巨，因为据点周围的壕沟、鹿砦、围墙等障碍物很难穿越。我想，要去，必须我亲自去。因此，我向上级表示，炸行村据点日军的差事，我包下了。这事，被我爱人知道了，她担心地对我说："这么险的事，别愣头愣脑的，可得小心！"我想，一个扛大活的穷庄稼汉，在共产党的培养教育下入了党，成了爆炸队员，为了穷兄弟们争地位，争自由，不当亡国奴，献出自己的生命也值得。我安慰了爱人一番，就带着四个地雷出发了。

天刚蒙蒙亮，我和区上一位姓王的同志到了据点附近。由于敌人戒备森严，直到天黑我们也没能进入据点。巧得很，正在我们焦急的时候，据点里出发的日军回来了。我当机立断，对王同志说："趁着这黑咕隆咚的天作掩护，我随敌人进去，你在外面等候。如果地雷不响，我就没事，如果地雷响了，就是我与敌人一块报销了，反正不能便宜了他们。"说完，我就脱下一条裤子把地雷装到裤腿里，背搭着，偷偷地混进了敌人的队伍，一起进了据点。队伍一解散，我就乘机钻到厕所里藏起来，趁敌人吃饭的工夫，我把地雷埋到了敌人的操场上。然后，我翻过围墙剪断了三道铁丝网，神不知鬼不觉地爬出了据点。第二天天傍明，敌人到操场上操练的时候，把地雷踩响了。四个地雷在敌人据点里开了花，炸死炸伤日、伪军数十名。后来，我又先后四次进据点埋雷，都取得较好战果。敌人做梦也没有想到，进出据点的人，竟是他们高价悬赏日夜捉拿的于化虎。

1944年10月，在我军民的沉重打击下，行村据点的日军逃往青岛。我的家乡解放了。在大家伙儿欢天喜地、庆贺胜利的时候，我向上级要求，去外地作战。胶东军区很快批准了我的请求，命令我去蓬黄一带教一批地雷爆炸队员，与当地群众一起，消灭日、伪军。我接到命令后，便到了蓬莱城。当时，蓬莱城有一支伪军突击队，共32人。这帮家伙歹毒残忍，天天出动抢掠烧杀，群众称他们"遭殃队"。为炸掉这伙歹徒，我经过多次侦察，摸清了敌人的活动规律。他们大都是早上8点出城，刚出动时列队行进，行至三五里路后就分散活动。针对这种情况，我们决定把雷埋在离城较近的大道上，趁敌人队伍不散时，集中消灭他们。同时，埋设一部分梅花雷，准备炸逃窜之敌。一天夜里，在部队和民兵的掩护下，我带领几个徒弟，把地雷和爆炸器材埋到预定地点。天亮时，一切准备就绪，我让同志们撤回，自己留下守雷。我装着拾草的样子，在雷区不远的地方来回走动，8 点多钟，敌人耀武扬威地出动了。走着走着，进入雷区，地雷“轰”“轰”地爆炸了，这群作恶多端的家伙，一次就被报销了十几个。“遭殃队”被炸后，民心大快。我带领几个徒弟在当地民兵群众支援下，乘胜进击，大摆地雷阵，用地雷封锁烟潍公路、炸蓬黄据点，炸得日、伪军丧魂落魄，不敢出动。在此期间，我先后教会了一千多人埋雷，胜利地完成了军区机关交给我的战斗任务。

1945 年 5 月，我又回到了家乡，在党的领导下，继续带领民兵群众，配合部队，用地雷杀伤敌人。地雷发挥了神威，党和人民给了我很高的荣誉。我先后被授予“爆炸大王”“胶东民兵英雄”“全国民兵英雄”等称号，还光荣地出席了全国民兵代表大会，并多次受到党和国家领导人的亲切接见。

抗日烽火中的几个战斗片断

孙玉敏*

我 14 岁那年，日本侵略者的铁蹄踏进了胶东半岛的海阳县。不久，日军就在离我们小滩很近的行村安上了据点，从此，我们家乡就成了沦陷区，人民群众对敌人的反抗斗争，如火如荼地展开了。我在地下党员、老会长孙早夕和武工队员迟大叔的帮助教育下，先后参加了妇救会和民兵组织，积极参加抗日。1945 年 8 月，在胶东军区召开的群英大会上，我被选为胶东的女民兵英雄，1950 年我光荣地出席了全国英模大会。

“一定要把情报送到”

1943 年夏季，胶东军区向日军发动了有力的反击，抗日根据地不断巩固扩大，抗战形势发展很快。当时，日军的力量逐渐向胶东南部沿海一带集中，企图控制沿海港口，与驻青岛的总部联系起来。由于我们这一带是连接半岛东北西南的咽喉，港湾渡口的要冲，因而日军一直想扑灭我们这一带的抗日烽火。在同敌人斗争中，我们小滩村很快成了抗日的堡垒村，县委也加

* 作者时任山东省海阳县小滩村青妇队队长。

强了对我们的领导，经常派武工队的同志进村指导工作。我家住在村头，出门就能见到行村据点敌人的活动，村干部和武工队就发展我为村里的“小交通”。我不知哪来的那么大的劲，时常跑出七八里路为抗日政府和群众团体送情报。一天拂晓，武工队同志还没离开村子，行村的日军就向小滩围了过来，情况十分危急。我发现这一情况后，转身就向老会长家跑去。半路遇到放哨的民兵也正赶来报信。

我和民兵来到老会长家里，民兵干部和武工队员们刚开完配合主力保卫麦收，粉碎敌人“扫荡”的会议正往外走，我们一步闯了进去，报告了这一紧急情况。这时，村头就响起了枪声，村子被包围了。武工队员迟大叔和老会长紧张思索着：敌人逼近了，打，不行；突围，也来不及了。他和老会长简单地商议了一下，果断地决定，立刻隐蔽到群众中，见机行动。

日军、汉奸像一股污水涌进了村子，挨门逐户地又搜又抢，搅得全村鸡飞狗跳，猪叫马嘶。接着又把全村人赶到场院上，威逼群众交出武工队员。人们怒火满腔，谁也不吐一个字。场院四周，站满了凶神恶煞的日本兵，日军小队长转动着一双狼狗眼，寻觅着整个“会场”，好像要从人们脸上发现什么秘密似的。“皇军的知道，村里八路的有。”日军小队长见人们不说话，胡子一乍开了腔，“谁的说出来，皇军大大的有赏！”回答敌人的是一双双仇恨的眼睛。

日军小队长见利诱不成，便下令施放毒瓦斯。刺鼻臭的气熏得人们涕泪交流，有的鼻口流血。人们怒视着残暴的敌人，挺胸攥拳，紧紧地把武工队员围在中间。日军小队长浑身哆嗦着，无可奈何。他定了定神，脸一沉，毛爪子一挥，敌人群里走出个龇牙咧嘴两眼露着凶光的家伙。这家伙走到一个青年跟前，狗爪一伸抓住这个青年，硬说他是武工队员，捆到老槐树上，一顿皮鞭，打得那青年皮开血流。

“不许打人！”无数张喉咙吼道。大老迟夹在人群中，趁着混乱迅速写了个小纸条偷偷递给了老会长，并向老会长悄悄地交代了几句什么。我目不转睛地望着他俩，心想，“迟大叔、老会长，你们赶快想办法呀！”可是，老会长却把纸条用力地塞到我的手里，低声说：“快想法出去，把信送到庶村（区和部队驻地）。”我的心一阵慌跳，但很快冷静了下来，感到这情报生死攸关，一定要把它送到。想到这里，我将纸条就势踩在脚下，在周围群众的掩护下，迅速地藏进了鞋口的缝隙。然后，我向老会长点了点头，挤到人群背后，趁敌人不注意避入墙角，闪进了小胡同，顺手抓起被敌人抄家扔在胡同里的篮子、铲子，便向村北走去。刚近村口，突然，一个日军哨兵厉声喝问：“小孩，你哪里去？”我装作满不在乎地说：“看不见吗？上山挖野菜吃。”“挖野菜的不准，统统地集合去！”我又随机答道：“皇军嫌俺小，不让去。”我指着村东北角一座孤零零的房子说：“不许挖野菜，还不许回家吗？”

敌哨兵又上下左右地打量了一番，见我是个孩子，没什么可疑的地方，便鼻子一哼，收起了枪。

我骗过敌人岗哨，直朝那座房子走去。敌哨兵开始一直盯着我，我又走了一会儿，回头瞅那家伙不注意，闪身跳进了通往北山的一道深沟，快步向北山跑去。

穿过几段怪石嶙峋的山路，汗水湿透了我的衣服。我怕汗水流进鞋子，浸湿情报，干脆把那只鞋脱下来拿在手里紧紧地攥着，绕道往前跑。在越过深涧悬崖时，我的脚被划破了一道血口子，我也顾不得了，心里只有一个念头，一定要把情报送到，解救武工队员和乡亲们。就这样，我一口气跑了八里山路，在庶村西山埠与正在焦急等候情报的区武委会邹主任相遇。我一见邹主任，一头栽到他的怀里，什么话也说不出来，只是用手指了指鞋口。邹主任见我浑身汗水淋淋，头上直冒热气，脚下还留有血迹，感慨地说：“小英雄，好样的。”他随手接过鞋子，撕开鞋口取出情报，一面派人把我送到群众家里休息，一面集合区中队和联防民兵，立即向小滩火速而去。

经过一场激战，敌人被打乱，仓皇窜回据点。武工队员和乡亲们得救了。

巧设“西瓜宴”

胜利地完成了送情报的任务后，领导上给我记了功，全村的老老少少都夸奖我是胆大机灵的小八路。不久，我参加了民兵组织，被选为青妇队队长。为更有力地打击敌人，我带领青年女民兵积极开展练武活动，经常请老民兵讲射击、投弹、埋地雷的战术技术知识，起早贪黑练射击，练埋地雷，很快成了军事技术娴熟的战斗骨干。我在东海军分区举行的“五四”全区民兵检阅大会上，进行百米射击时，打三发子弹，发发命中靶心，全场观众热烈为我鼓掌、叫好。抗日战争进入了最后阶段，驻青岛的日、伪军又派了大批兵力返回行村，对我们这一带进行残酷的“扫荡”，妄图打通海（阳）莱（阳）的通路，以掩护莱阳一带的敌人从海上逃跑。为了粉碎敌人的阴谋，党发动广大民兵和群众，同敌人进行了激烈的战斗，把日军打得龟缩在据点里，不敢轻易出洞。

一天晚上，我召集几个女民兵学习《抗日游击战争的战略问题》，研究怎样把敌人从窝里引出来，狠狠地整治他。我们议论了好长时间，没想出个道理。后来，有个民兵说：“我寻思着，这些日子敌人虽不敢远出‘扫荡’，可经常窜出来抢老百姓的青菜，咱们能不能在菜上打点主意？”这一问提醒了我，我高兴得呼地站起来，对大伙说：“对，这是个好法子。我看咱们就先在据点根下的菜地里‘慰劳’敌人一顿‘铁西瓜’，然后再引逗他出窝，把他引到预先布置好的地雷阵里，用‘铁西瓜’‘疙瘩汤’灌他个饱。”我说完后，大家都拍手赞成，说：“这个办法准行，保管叫小鬼子吃不了兜着走。”

当晚，我把这个打算一五一十地向老会长作了汇报，老会长听了，觉得我说得蛮有道理，不住地点头。老会长琢磨了一阵子，想好了一套完整的战斗方案，对我说：“敌人吃了你们的‘铁西瓜’肯定不会认输，必然来寻报复，借这个劲，你们一引，他准上钩。我在青威公路北侧，烽台山下，给他预备个‘西瓜宴’。”听到这里，我美滋滋地挎上了小土枪，急忙去招呼伙伴们研究这次“西瓜宴”战。

这天晚上，我们十几个女民兵背着地雷，悄悄地潜入到行村据点西北角的菜地里，拣那些黄瓜、芸豆长的旺盛的地方布上了地雷。天刚麻麻亮，据点里传出了人喊狗吠的嘈杂声，三十几个日、伪军出了据点直朝菜园这边走来。我们一见，迅速挂上了雷弦，撤出雷区隐蔽起来。那帮家伙提篮背袋窜进菜园。这阵，我又提起两个大地雷借着菜障和芸豆架的遮掩，迂回到敌人的回头路上，埋下了两个绊雷。那帮家伙到了菜地一打量，看看四下没动静，便纷纷向芸豆、黄瓜地里钻，刚动手脚，就“轰隆！轰隆！”响起了雷声，有的被炸死，有的被炸伤，幸存者扔掉手里的麻袋、篮子没命地往回跑。跑在最前头的几个没出多远，又绊响了我刚埋上的回头雷，脑袋开了花，四肢搬了家，后面的敌人吓愣了，像打惊的兔子四处乱窜。

老会长听到行村西北角轰轰的地雷爆炸声，知道敌人上了圈套，便一面安排群众转移，一面率领民兵在村南公路北侧，烽台山下，布下了地雷，等待敌人上钩。

日军中队长龟田在据点里听到地雷的爆炸声，正惊恐间，接着一个抢菜未死的兵向他报告了挨炸的情况，气得他像一只挨了枪击的恶狼，暴跳着在屋里窜来窜去，恶狠狠地叫嚷：“不杀光小滩的女八路，我的不罢休，开路开路的！”随着一阵急促的集合哨声，几百名日伪军在龟田的指挥下出动了。

这时，我们已撤到了行村西北，通往小滩和烽台山的一条大沟里，注视着敌人的行动。我们怕敌人不上钩，又打了三发子弹，引逗他们。直到十几名日、伪军朝打枪的方向追来，我们才奔向烽台山与老会长带领的民兵会合。

大家在老会长的统一指挥下，操戈待发，盯着越来越近的敌人。这些猖狂无羁的家伙，被地雷炸破了胆，走走停停，停停走走，真是急死人，我们恨不得立即冲过去，痛痛快快地消灭他们。但是，现在还不能暴露目标，大家只好强忍心头怒火。

敌人终于钻进了地雷阵口。老会长立即命令布雷组：“开始行动！”早就等得沉不住气的布雷组的民兵“呼啦”一跃而起，提着地雷，像一支支利箭沿着山坡、沟壕射向敌人的后面，神速地埋好了几组连环雷，堵死了敌人的退路。

埋雷的民兵刚撤回山头，只见雷阵区域腾起一根根烟柱，接着便传来了一声声雳霹般的爆炸声，震得烽台山也颤抖起来。

我和战友们正在看着埋葬敌人的烟尘，忽然发现有的日军从烟火中跌跌爬爬地转了出来，在一个挥着东洋刀的头目指挥下，企图从已炸的雷区通过，抢占烽台山脚土埠子。为了干净利落地歼灭敌人，保障战斗的胜利，我们迅速地做了歼敌准备。当敌人爬到射程内时，老会长大吼一声“打！”一阵排枪、土炮、手榴弹，把敌人打得连滚带爬，钻进山脚下的一片坟地，进不敢进，退不敢退，盲目地朝山上乱放枪。

敌人趴在坟堆后边，够不着，打不到，大伙都很焦急。我也想，敌人能不能按照我们的路线走，关系到这场战斗的胜负。而且时间久了，周围的敌人可能赶来增援，必须立即迫使敌人上钩。想到这里，我挨近老会长悄声请求道：“我下去把敌人撵起来！”老会长朝我信任地点点头说：“好，我们掩护你！”

于是，我猫下身子，绕过石硼，越过土坎，跨过沟壑，迅速迂回到坟地西侧，当离敌人只有几十步时，便伏在一个小土坎后面，仔细观察敌人的动静。忽然从一个坟堆后面伸出个头来，探头探脑地向山上张望。我迅速伸出小土枪，屏住呼吸瞄准，“咚”的一声，只见那个探头的应声滚下了坟堆。紧接着，我又朝敌群投出了两颗手榴弹。这时，山上发起了冲锋，土枪、土炮一齐开火，手榴弹一颗接一颗地甩进乱哄哄的敌群，打得敌人仓皇逃命。

我和战友们看着敌人的狼狈相，兴高采烈地笑着、唱着：日本鬼不可怕，胆敢来行凶，叫他回老家，先给枪子吃，后给“铁西瓜”。歌声还没落，又一阵地动山摇的爆炸声响成一片，这是在敌人退路上埋的“回头雷”爆炸了。

开辟敌后游击区

平津保三角区顶角上的斗争

苏玉振　刘　浩　刘广钰*

1943年，整个国际反法西斯战争进入了一个新时期，苏联红军开始了对德军的全面反攻，英美在太平洋对日军作战也不断取得胜利，我国在共产党领导下的敌后抗日战争，经过最残酷时期也出现了新的转机。地处平、津、保华北三个大城市之间的三角地带的冀中十分区抗日根据地，于1941年日寇“大扫荡”被占领后，经过党政军民艰苦卓绝的斗争，于1943年有了很大的恢复。

在当时国际国内抗战形势有利于我方的情况下，地委本着一面巩固已恢复的地区，一面向老敌占区伸展，开辟新的抗日游击区的战略方针，1943年6月在夏季易于隐蔽的霸县东部一望无际的大苇塘里（当时人们把大苇塘比喻苏德战场上安全无恙的莫斯科）召开了有四个联县党政军负责同志参加的地委扩大会议。在地委书记兼十分区政委旷伏兆同志和司令员刘秉彦同志亲自主持下，研究分析了当前国内外和本地区的战争形势，确定对敌斗争的任务。

---

* 作者苏玉振时任中共平南工作委员会书记，刘浩时任平南县委组织部长，刘广钰时任平南工作委员会主任。

就在这次有战略意义的会议上，地委决定除积极恢复巩固原来的新（城）雄（县）固（安）坝（县）等老根据地外，还要开辟永定河北平南老敌占区，扩大新的抗日游击区的游击根据地。

那时说的永定河北平南老敌占区，就是北平（今北京）以南，永定河以北，平汉、平津两条铁路之间的三角地区。包括当时的永清县10区，固安县11区，安次县5、6区，涿县2区，良乡县4区，宛平县3、4区和大兴县全部，共七个县的结合部地区。我们当时把这块地区称之为敌后的敌后。是平、津、保三角地区顶角上的地区，是敌人的“确保治安区”和敌我双方的重要战略要地。

平南是几百年来封建王朝统治的京畿腹地的郊区。抗日战争爆发后，北平是日本派遣军华北司令部和伪华北政务委员会最高汉奸机关所在地。日军华北派遣军总司令官冈村宁次，伪治安军总司令部及总司令齐元等都住在北平。因此，永定河北成为敌人的战略后方的后方，是北平南面的门户，统治得非常严密。除了平汉、北宁铁路沿线和南苑驻有大批日、伪军外，诸如庞各庄、榆垡、黄村、青云店、采育、礼贤、旧州、白家务、码头、交道镇等重镇和大村都建立了据点，据不完全的回忆，约有一百几十个大小日伪军据点遍及平南三角区。敌人在这里实行高压政策和军事统治，经常到各村“清乡”“剿匪”，从1938年初到1942年在这片地区制造了辛庄、太子务、马村（均属宛平县）、梁沟子、留民营、沁水营（均属大兴县）等许多起惨案，只马村一次就杀死47人；烧毁民房数百间。至于打伤的群众和奸污的妇女、掠夺的财物更是不计其数。我们刚到平南不久，敌人于1943年11月22日又建立了伪永、安、固、坝直辖行政区，任命曹若山为行政长官，并调来四个团伪治安军，进一步加强永定河两岸地区的统治。这里不仅有已建立6年的伪大乡、保甲组织，并且普遍实行了“良民证”。许多村庄联保公所和伪大乡和敌人据点通电话，村里有情况时只要给据点里挂个电话，敌人很快就能知道和出动。日寇在“以华治华”战略方针下，多次在这里搞“强化治安”。

另外，卢沟桥事变，国民党军队南逃时，在这里抛弃了很多枪支，弹药。因武器落后，日军虽缴获了也不用，以防匪为名，强迫群众买这些枪支，规定百亩地以上者买 2 支，50 亩地者买 1 支，20 至 30 亩地者两户合买 1 支。令各村用此武器建立伪群众武装——“自卫团”。因此，我们刚到这里时，差不多村村都有人数和枪支不等的伪自卫团。敌人把这些伪自卫团组织起来，实行联防，一村有事，联防区域内的各村“自卫团”都来支援。这里土匪也多，有的投降了日军后，摇身一变成伪军，为敌效劳。礼贤、旧州据点的伪军头目胡二、胡三原来就是横行大兴、安次两县的一股大土匪。日伪的奸淫、烧杀、抢掠和土匪的骚扰，使平南的老百姓兵匪难分，民不聊生。

北平郊区是几百年来封建王朝的天子脚下，群众的封建迷信意识比较强，会道门盛行。我们才来时见青年姑娘还缠足，老年人烧香拜佛。这里的贫富之间差距也很大。封建地主家大小车辆骡马成群，基本群众则生活贫困。由于敌人长期的欺骗宣传，这里的老百姓对共产党、八路军也很害怕，对我党我军抗日救国的宗旨一点也不了解。

平南的战略地位十分重要，对日军来说，它的西侧是平汉铁路，中部有北宁铁路，是日军侵华运输兵力和军用物资的大动脉；永定河从平西自北而南，到固安城西北又转向东，从七个县的边缘穿过，成为北平安全的天然屏障。对我方来说，平南是我冀中第十军分区的最前哨，是我晋察冀军区与冀热辽军区交通联络的必经之地。因此，开辟平南，向敌后之敌后挺进，是巩固永定河以南我第十军分区抗日根据地，打通晋察冀军区与冀热辽军区交通联络的重要战略措施。

地委对开辟平南的指导方针是很明确的，即以毛主席“武装斗争、统一战线、党的建设三个法宝”和“枪杆子里面出政权”的教导为理论根据，只有以武装斗争开路，不断打击敌人，消灭敌人的有生力量，震慑敌人，才能有效地争取伪上层人物和地主士绅；激发群众的抗日热情和胜利信心，把敌占区逐步开辟为抗日游击根据地。

地委对开辟平南的组织工作和兵力的使用上是非常周密的。首先，在 8 月上旬派 61 大队的一个分队配合特务大队一个分队伸入永定河北地区进行敌情和地理环境的调查研究工作。为此，刘司令员、旷政委亲自率领43地区队于8月12日夜完成袭击津西重镇杨柳青的任务，把敌人的注意力吸引到东线。然后，兵分两路，一路以66大队配合40地区队2个分队，与进攻坝东苇塘的敌人继续周旋，拖住敌人的机动兵力，另一路以43地区队2个大队配合分区警卫连和特务大队，由刘司令员、李（大卫）参谋长、李（孔亮）主任、政治部民运科长刘广钰带领，挥戈北上，跨过永定河，伸入到固安11区，安次5、6区、大兴、宛平的3、4区开辟新区。部队一方面开展猛烈的政治攻势，一方面选择适当的作战对象和时机打击敌人。9月2日夜，43地区队以2个大队的兵力，乘暴风骤雨敌人麻痹之际，一举攻克了固安大押堤据点，仅30分钟即全歼守敌。10月18日夜，43地区一大队，又袭击了榆垡伪警察所，全歼伪警察30余人。此后，紧接着扩大战果，对盘踞在南各庄、白家务、旧州和礼贤的胡部、柳部等伪军进行围楼喊话，威胁和争取他们，迫使他们固守在据点之内，不敢出来骚乱。在军事胜利的影响下，部队和地方干部分头深入到各村进行宣传，发动群众，唤醒民众、激发群众的抗日热情。从此揭开了开辟平南的序幕。

1943年10月，地委副书记李斌和原二联县县委书记苏玉振同志，率领部分地方干部由交通队员带路从二联县中部宫井营出发，秘密穿过敌人的封锁到达了永定河南岸大堤内侧永清县查马房村，与先期到达的分区刘司令员、李参谋长、李主任、刘广钰科长及43地区队政委刘立甫等同志会合。根据地委的决定，组成了中共平南工作委员会和平南办事处（开始叫永安固大涿良宛办事处，大家觉得太啰嗦，建议地委改为平南办事处）。苏玉振同志任工委书记，刘广钰同志任办事处主任，刘立甫同志任军事委员（率43地区队一个大队），徐溅同志任敌工委员。工委和办事处的成立，标志着我党在平南有开辟平南的地方领导核心和机构。随即在部队打开局面的大好形势下，开始了发动群众的工作，以巩固武装斗争所取得的胜利成果。当时我们在43地区队一个大队的掩护和支持下，先在永清县十区和安次西北部的十几个村庄建立了1联区。派王继三当区长，带三四个助理员和七八个人的区小队，在工委直接领导下，隐蔽地进行开辟工作。

我们在 1 联区的开辟工作是从基层入手的。由于 1939 年永定河决口改道，造成了这个地区的长年灾荒，群众生活非常困难。地委指示我们，你们要想站住脚，首先应组织群众搞生产救灾，改善群众生活，要让群众吃饱、穿暖。群众看到我们是真正为他们谋福利的，他们才会拥护我们，支持我们，掩护我们，和我们一道抗日。我们根据地委的指示，对贫困的群众搞了小本贷款，支持他们搞副业生产和贩运生活必需品，解决生活困难。对租佃地主富农土地和借债的农民实行了二五减租和减息（由三分息减为一分五厘）。这样一来，群众认识到了共产党、八路军是穷人的队伍，是为他们谋生存求解放的大救星，很快就倒向我们一边。我们并在一部分积极分子中发展了党员，在曹各庄和田古营等村建立秘密党支部，使我们在这里扎了根站住了脚，成为我们开辟平南的前进阵地。

1 联区基本开辟出来后，1944 年春季我们适时而积极地扩大战果，在武装力量的配合下，向敌人统治严密的大兴县南部地区伸展，又新建了 2 联区。派冯士杰、吕金明先后担任区委书记，赵建华当区长，刘光远为宣传委员、祁栋才为抗联主任，并建立了十来个人的区小队。这段工作我们主要是以统一战线政策开路，我们把朱家务伪保长与大辛庄伪大乡长赵子儒争取过来后，又通过他争取了南各庄的开明地主夏赞亭。在他们帮助下，我们与县、区干部包村，分头到团城辛庄、石柱子、荆家务、杨各庄、东西白町、段家务、董家务、加禄垡、李家巷子、沙窝、南顿垡、四各庄、陈各庄、东西枣林庄、南北研垡等村和伪保长、大乡长、开明地主等取得了联系。使我们的党、政工作人员和部队隐蔽地到这些村庄秘密地宣传共产党、八路军抗日救国十大纲领和统一战线政策。号召一切阶层有人的出人，有钱的出钱，有枪的出枪，共同团结抗日。打败日本帝国主义，解放全中国。

大兴县的情况与永清、安次不同，这里村村都有伪自卫团。这些群众性的伪自卫团都掌握在伪乡、保长或地主手中。刚去时，地主和伪乡、保长们还怕我们打他们或收他们的枪，我们则考虑他们是否会打我们。真好比“麻秸秆打狼，两头害怕”。但由于我们和伪乡、保长、开明地主们都拉好了关系。他们保证不打我们，也不向日本人报告。我们也就向他们提出，你们防匪我们赞成，如果真的土匪来了，我们也帮你们打，但绝对不能打八路军。只要你们不打八路军，我们和你们约法三章：一不打、二不收枪、三不要子弹，并作为一条纪律在我内部党政工作人员和部队中传达严格执行。这样一来，解除了双方的顾虑。甚至有时，我们的小分队和伪自卫团同住一个院里和平共处。伪自卫团的壮丁们都是基本群众，经过我们的宣传教育，思想上和政治态度上就起了变化，他们不但不怕八路军了，而且认为八路军是穷人的队伍，不是像敌人宣传的那样，什么青脸、红发、锯齿獠牙的怪物，所到之处共产共妻。他们的心转向共产党、八路军，对日本鬼子则是应付差事，盼望着总有一天把枪交给八路军去打日本。

通过一段的开辟工作，这里的群众对共产党八路军有了认识，由开始怕接近我们转而愿意接近我们。为了扩大我党我军的影响。使我们在这里也能扎下根站住脚，我们动员南各庄的开明地主夏赞亭，带头实行减租减息，把上交租改为下交租，适当提高长工的工资待遇，不打骂虐待雇工等民主改革工作。我们提出的这些民主改革措施，对地主来说并未伤害其根本利益。在夏赞亭的带动下，其他村的地主富农在政府改善农民生活，团结各阶层人民一致抗战的号召下，他们愿意冠以开明绅士的名义，取得政府的信任和贫苦农民的谅解。这点民主改革对地主来说算不了什么。但对基本群众则震动很大，从心眼里拥护共产党和八路军。许多群众主动向我们介绍村里的情况，我们则通过这些群众向邻村的亲戚朋友扩大宣传。一个村一个村的推广民主改革措施，就像滚雪球一样，越滚越大。而且，我们在推行这些民主改革中抓了建党扎根打基础的工作。又发展了一批秘密党员，建立了一批党支部。如南顿垡的孙风祥就是我们在这里发展最早的一个党员，他家就成了保护我们的堡垒户。后来我们在这个村挖了井字形的地道，成了县委机关的根据地。我们终于在敌人严密控制下的“天子脚下”又开辟出了一块新区。

我们的开辟工作并不是一帆风顺的。我们深入敌后开辟新区的活动终于被敌人所察觉。铁杆大汉奸曹若山任永安固伪行政长官后不久，即对他所管辖的区域进行了疯狂的“扫荡”。我们已经开辟出来的1联区成了他“扫荡”“清剿”的重点。霎时间1联区风云突变，经不起残酷环境考验的区长王继三，带领助理员和区小队投敌叛变，领着敌人到处抓捕我工作人员和地下党员、群众中的积极分子，使我们辛辛苦苦开辟出来的 1 联区，当时也是我们唯一的依托地，遭到敌人的破坏。

由于 1 联区王继三的叛变，使我们没有了退路，我们只有在前进中求生存。工委及时地总结了教训，研究制定了在 2 联区扎根，将 2 联区建设成新的前进阵地的措施。地委也批示我们，要开展挖地道运动，以地道为依托建立巩固的根据地。

根据地委的指示和我们这里的具体情况。当时我们决定在群众基础较好的村挖地道，建立县、区机关的根据地。当时县委机关定在南顿垡、县政府定在东西白町，敌工部定在李家巷和加禄垡，2 联区定在团城辛庄村，分别挖地道建设隐蔽的根据地。

我们在开辟 2 联区的同时，刘广钰为另一段，即越过平大公路向大宛涿良交界处和永定河上游两岸挺进。开辟涿县的 2 区、良乡的 4 区、宛平的 3、4 区。这里的情况和大兴又有所不同。这里土豪劣绅和伪上层人物很多，而且有一定势力和影响，有的势力范围在一个村，有的在十几个村。在这种情况下，正确运用党的统一战线这个法宝，起到了搭桥、铺路、站脚、隐身的作用。例如：在向永定河西挺进时，刘广钰同志带着 43 地区队一个排和郑生便衣队，以及靳宗民等十几个地方干部经一夜行军，绕过固安县城，越过平大公路，渡过永定河，进入长安城，首先结识了一个叫张成山的人物，这个人是长安城“三山”“一霸”之一，（三山是三个人，他们的名字最后一个字都是“山”字，因此人们称他们三个人为“三山”。他们在村里说话算数，别人又不敢不听，所以又称他们为一霸）。进入长安城见到张成山之后，以适合他的语言口吻，对他进行了宣传教育，开诚布公地要求他帮助开展抗日工作，由于对他表示相求，而且相信，于是他慨然应允，并找来伪保长，把部队安排住下。为了扩大联系和活动安全，又计议了与伪上层人物联系事宜，这些张成山都承诺帮助进行。时隔不久，通过张成山的联系，驻码头镇伪警备队大队长裴宏远，派一个中队长（是裴的姐夫）跟我们见面。他代表裴表示，不与我军作对，允许我们在这一带活动。并约定有事通过张成山联系，尽量给予帮助。这对我们的工作开展，就提供了搭桥、铺路的方便条件。

另外，当地伪保甲组织很健全，各村都有保甲长。这些人除极少数死心塌地为敌效劳外，大多数是属于形势所迫干这个差事的。对这些人员我们采取争取、改造、利用的政策，使之为我服务。赵村大地主联保主任宋雅斋，石垡大地主联保主任贾秀山及河西陶营村地主保长王汉池都是当地有一定声望，有一定势力的人物。我们到这个地区以后，首先和他们接触，说明我们的立场，晓以民族大义，争取他们帮助抗日工作，至少不能与我军为敌。由于在民族矛盾上有某种程度的一致性和我党的统一战线政策和我军的强大威力，这些人为了给自己留条后路，便答应与我们合作。为我军筹集一些粮食、财物，供给地方干部和地方武装。通过他们又与其他村的地主豪绅建立了联系。宛平县三区高各庄伪大乡长韩天经就是一个有爱国心的开明地主。他虽然身为大乡长，却有民族气节，要求抗日，在我党抗日政策影响下，主动找我们，表示愿意和我们合作，为抗日做些力所能及的工作。经过一段艰苦细致的宣传发动工作之后，活动范围日益扩大，并争取和改造了一部分伪大乡、保甲组织，不少村政权在质上起了变化，如长安城、屯子头、南北察、韩营、窑上、孔家铺、韩家铺、刘家铺、石垡、赵村、南庄、曹各庄等十几个村庄，和2联区县的机关所在地几个村庄一样都被我们建设成了堡垒村、根据地，明里应付敌人，暗里为我服务的抗日村。当时，在各村活动的抗日干部，多由各村保长给安排住宿和提供情况。我们有了这个条件，首先站住了脚跟。我们在平大公路以西，永定河上游两岸，建立了3、4联区。3区区长靳宗民往北活动到鹅房、黄土坡一带。

这一段的开辟工作虽然进行得比较顺利，但是，我们在大、宛地区的活动终于为日军所察觉。一些伪大乡长和地主豪绅慑于日寇的压力，露出其狰狞的面目。如大辛庄伪大乡长地主赵子儒父子，与敌人勾结起来图谋破坏我抗日工作。宛平县的伪县长也颁发布告，声言三天以后亲率军警对潜人之“共匪”进行“扫荡”“清剿”，以确保治安区的安全。伪县长的布告传到各村以后，群众吓得不得了，有的不敢叫我们住了，要求我们躲过这一阵子再来。

正在这个关键时刻，1944 年 4、5 月份，刘司令员带着 43 地区队的两个大队又来到了平南驻在长安城村。第二天正巧榆垡据点的四五十人出来到永定河东岸求贤、辛庄带进行“扫荡”“清剿”。刘司令员决定消灭这股敌人，打击敌人的嚣张气焰，壮大我军声势，扩大我军影响，支持平南的对敌斗争。

下午 5 时许，刘司令员亲自布阵，以一个大队的兵力布置在永定河西大堤的西侧，一个大队作为预备队，派郑生便衣队隐蔽地绕过河去，迂回到敌人的后方。战斗布置完后，正值敌人在辛庄集合准备回防。这时刘司令员一声令下，布置在西大堤的部队突然的袭击后，由于情况不明就赶紧东撤。这时郑生指挥其便衣队抄了敌人的后路。敌人腹背受我夹击，当即被我杀伤 20 余名，其余 20 余名见势不妙，跪在地上双手高举步枪惊恐地喊着：“八路老爷别打了，我们投降！”仅 30 分钟即结束了战斗。

部队打扫完战场，把俘虏集中起来后，天已近黄昏时刻，这时刘司令员指示平南办事处主任刘广钰同志出面，亮出平南办事处的牌子，对俘虏们训话。刘广钰同志接受任务后，站在东大堤的土牛上，对着颤抖不已的俘虏们，用简短的语言，把国际、国内反法西斯战争的大好形势，今年打败希特勒、明年打败日本兵的战争前景，共产党、八路军的宗旨，优待俘虏的政策，平南办事处的宗旨等作了介绍。刘广钰同志的讲话，虽然是面对 20 多个俘虏，实际上也是讲给当地的反动地主豪绅们听的。讲话结束后，当场即把俘虏们全部释放。

辛庄战斗震撼了敌人和蠢蠢欲动的反动地主及伪上层人物，壮大了我军军威。平南办事处的名声更加响亮。事后不久，用掏窝子的办法，派敌工部张万鹏等五人到榆垡抓出来东庄营伪大乡长，和大辛庄伪大乡长赵子儒，以平南办事处的名义公开处决，广贴布告，历数他们通敌和搜刮民财，破坏抗日的罪恶。这一战一杀，对反动的地主豪绅和伪上层人物震动很大，起到了杀一儆百的作用。此后，这一带的地主豪绅和伪上层人物再没有人与我们公开作对了。所到之处，倾向我们的人越来越多，唯恐得罪了我们掉脑袋。这样为我们开辟永定河西岸涿县 2 区、良乡 4 区、宛平 3、4 区向纵深发展铺平了道路。

在开辟北宁铁路以北地区过程中，当时长期隐蔽在家乡附近，在鲍辛庄教书的我方派遣人员杨福增同志和敌工委员徐溅同志起了开辟先锋的作用。我们把杨福增同志找来，先让他把路北的敌情、社情做了介绍。然后派一两个干部随杨福增同志秘密地到路北去试探一下采育镇伪商团团长冯兆文，冯兆文原籍大皮营村人，年轻时在直、奉两军当过兵。奉军失败后回原籍在国民党大兴县警察局干事，“七七”事变后曾参加我军，1941 年日寇“扫荡”十分区时开小差回家。采育镇商业小资本家兼地主、富农较多，在日寇的逼压下，各商号也要买枪，成立伪商业自卫团。因为冯兆文是行伍出身，于是商会就把他聘去当伪商会自卫团团长，伪商团共五六十人，有长短枪五十多支。与采育据点伪警备中队协同，维持采育镇的治安。徐溅同志在杨福增的协助下把冯兆文争取过来后，先是定了互不侵犯君子协议，使我们的部队和工作人员过略北以后，在他们协助与掩护下有了站脚的地方。

在徐溅和杨福增两同志做好工作的基础上，1944 年 8 月 17 日，我 43 地区队，秘密地从路南转移到路北驻扎在青云店东北五里许的石州营一个姓桃的家里。翌日下午四时，部队按战斗计划，从姚家大院出发，直接进入青纱帐，绕道上了马驹桥通往青云店的公路。化了装的尖刀班，穿着日军服装头戴钢盔：三八大盖都上着刺刀，走在最前面的一个人枪上还挑着个日本太阳旗。两个化装成便衣特务的走在前面，浩浩荡荡顺着公路进了青云店。走到伪警察所附近时，街头群众还认为是南苑来的日军。尖刀班以迅雷不及掩耳之势，闯入伪警察的大门，登上房顶控制了制高点。后续部队按预定方案全面展开，敌人企图抵抗。制高点机枪一响，打死了几个欲动手脚的伪警察，随之几颗手榴弹爆炸，打得敌人晕头转向，还没清醒过来就成了我们的俘虏。这次战斗缴获四十多支枪和一部分弹药，并抓获了正在烧锅喝酒的伪军小队长。徐溅同志对这个小队长进行了教育，交代了任务就释放了，后来他不断为我军提供情报。

1944 年 10 月，开辟平南的斗争取得显著成果。地委决定建立平南县，将原中共平南工委改组为中共平南县委，由苏玉振任县委书记，刘浩任组织部长、陈宗琪同志任宣传部长、徐溅任敌工部长；将原平南办事处改组为平南县政府，派闫占彭任县长。

马迹山战斗的考验

杨洪才[*]

1943年6月间，我和团政治处主任林胜国带领独立2团两个连到太湖中的马迹山（即马山）。继我党方志坚同志到岛上进行秘密工作后，以徐亚夫、王扬、张振东组成的马迹山工委在这里开辟工作，建立和发展了党的基层组织，比较充分地发动和组织了群众，赶走了反动的忠救军，成为我党领导下的抗日根据地。敌人“清乡”期间，太滆地区各县环境普遍恶化，独马迹山没有敌伪据点，因此，地委及所属机关，如电台、报社、修械所、卫生队、学兵队等先后转移到这里。当时，我独立2团在转战各地过程中，也常到马迹山休整。由于马迹山根据地封锁严密，敌人不清楚岛上情况。这次我们登上马迹山后，部队驻在嶂青。恰遇上驻无锡的几个日本兵带了二三十名伪军，到岛上强砍树木。正当敌人将砍下的树木装上船，准备用轮船拖走时，我军得到了群众的报告。我们立即集合部队，采用两路合击的战术，林胜国同志率领4连从古竹村后登高，由高处往下打；我则率领5连从古竹村前向河边冲去。部队到达预定的合击地点后，同时开火，上下夹击，打得敌人晕头转向，死伤狼藉，部队乘机冲了上去，剩下的十几个伪军只得乖乖

---

* 作者时任新四军独立第2团团长。

地举手投降。这一仗打得漂亮利落，我们无一损失，缴获的武器有轻机枪 2 挺、投弹筒2个、三八式步枪20余支、各种子弹2000余发、手榴弹40余枚。这次战斗极大地鼓舞了马迹山的人民群众，连当地的大地主（原国民党的区长）丁稚圭、吴品斋也高呼“共产党万岁”“新四军万岁”的口号。消息很快传遍了太湖中的数十个大小岛屿。

马迹山逐渐红起来了，引起了敌人的注意。农历 8 月中，日军在调集大批主力进攻国民党郎溪、广德的正面防线之前，先在太湖西北地区进行反复严密的“扫荡”，把我军逼下太湖，而后用部分主力和从江阴要塞秘密调来的 18 艘舰艇，协同袭击马迹山，妄图一举歼灭我太湖地区的主力部队和后方机关。我率 5 连原本去苏西协同薛永辉部作战，由于敌人正在大规模“清乡”，无法与薛部取得联系；事先也没有得到敌伪“围剿”马迹山的情报，所以就决定先转移到马迹山再作计议。8 月 14 日夜间，我部到达马迹山，驻在东泉村。群众见部队进山来，连夜杀猪、和面、做月饼，准备第二天中秋节慰劳我军。我独立 2 团指战员深为感动。

就在这天下半夜，敌伪陆海军 2000 余人，在炮兵的配合下，偷袭马迹山，他们企图在古竹、雁门、东西泉、大小墅岸口同时登陆。我军发现这一严重敌情，深知山上有地委负责同志，还有许多后方机关，责任重大，就当机立断鸣枪向全山报警，并迎头痛击东泉村登陆的敌人。激烈的战斗牵制了敌军进犯的速度，使全山人员得以隐蔽的隐蔽，转移的转移，使大部分物资安全保存，卫生队和伤病员也未受损失。后来有一路敌人从古竹上岸，占领了制高点冠嶂峰，配合正面敌军从背后夹击，我军腹背受敌。在四面环水，没有丝毫回旋余地的情况下，全连指导员发扬了顽强战斗、不怕牺牲的英雄气概，苦战二三小时，子弹打光，连排级干部数人阵亡，地委书记陈立平及时下达指示：我军奋勇应战，阻击敌人的任务已经胜利完成，部队立即分散隐蔽。于是连长陈传布命令副指导员龚君平、副连长孙遇卿带部队突围，他留下掩护。在突围中，龚、孙两同志光荣牺牲，陈连长也在坚守阵地的战斗中，献出了宝贵的生命。胜利突围的战士途经庙下时，将机枪、步枪等武器沉入河底，而后分散下湖，在芦滩地里隐蔽起来。

敌人付出了很大的代价，占领马迹山后，上千名日军、伪军、汉奸、特务疯狂地进行大搜索。在村子里，他们挨家挨户、翻箱倒柜清查；在稻田和山村里，他们排成横队，进行梳篦式的搜捕；在芦滩地里，他们骑在牛背上，轮番进行搜索，太湖里舰艇还不断向芦苇丛中扫射，但是谁也没有暴露目标。严密的大搜索，从当天下午一直延续到黄昏才停止。当地群众陆续返家。我带了警卫员和机要员上岸，向老乡探听敌情，在小村子里找东西吃。进村时，已有十几个干部和战士先在那里等群众做饭吃。进村时，谁知饭还未吃完，村外又响起机枪声。这是敌人见到烟筒冒烟，又来包围搜查。我们立即突围疏散。这次我和警卫员、机要员冲散了，单独一人爬上了山顶，观察敌人的动静。中秋之夜，明月当空，秋风飒爽，马迹山在这时显得十分宁静。而我无心欣赏这“秋水共长天一色”的风光。黎明前，不见动静，估计敌人还不会走，我又摸黑下了湖，在芦苇里继续隐蔽。第二天，敌伪军照样搜索了一天。晚上，我迈着艰难的步子，忍着难熬的凉风和饥饿，直上山峦观察敌人的动静。到第三天（农历 8 月 17 日）凌晨 3 时许，才听到敌舰艇发动机的响声，知道敌人走了。我天亮下山，群众向我诉说，敌人烧杀淫掠，无恶不作，还抓走了我们的人，抢走了大量财物。敌军撤退后，分散隐蔽的指战员陆续在嶂青村会合，正当我们一边吃饭，一边交换意见，准备检查和整顿部队时，群众又来报告我们湖上发现敌情：有 5 艘五道帆的大木船在西面江湾靠岸登陆。我们估计这次来的不会是敌伪军，很可能是国民党顽军，于是火速集合乘船转移到离马迹山一、二里路的土山上隐蔽起来。当晚部队又转移到宜兴休整，同行的有地委孙章禄同志。果然，这次来的是国民党忠救军，约三四百人。他们是乘人之危，想搞垮我们，从中渔利的，由于我军及时避开了他们的锋芒，这批顽军在马迹山搜查了一天，连我军的影子都未见到，又不敢久留，就夹着尾巴溜走了。

日伪“清剿”马迹山，我军在险恶的环境中被迫应战，击毙日伪军数十人，但我军伤亡重大，2 营 5 连减员过半，连长陈传布、副连长孙遇卿、指导员陈子平、副指导员龚君平等 4 个连级干部全部壮烈牺牲；排级干部除排长徐长林外，其余李德胜等 5 名阵亡，事务长岳得义也光荣牺牲，加上战士共伤亡四五十人。此外，牺牲的还有太湖报社的谢里等同志。地委书记陈立平、电台台长翁履康和办事处的钮形平等 17 名干部、战士被俘，与 16 名群众被押解到宜兴日军警备司令部。老红军张林才被折磨致死。没过几天，敌人向郎（溪）广（德）地区国民党的正面防线发动进攻，就把俘获的大部分人充当民夫，扛弹药，抬担架。我们的同志在途中利用丛山密林掩护逃了回来。陈立平同志被俘后，在马迹山嶂青，面对敌酋的审问，痛斥了敌人破坏优待被俘人员的国际优待法，凛然不屈。被押到宜兴后，敌人把他单独关在一间房子里。他揭露日军虐待俘虏的暴行，提出严正抗议。后来，他在狱中弄到一根大铁钉，挖洞越狱逃了出来，继续领导太隔地区的军民恢复和发展了包括马迹山在内的抗日根据地。

马迹山战斗后，地委命我率部去旅部休整并汇报工作。当时，太隔地区斗争形势仍较紧张，忠救军晏子风乘我 2 团远离之际，在宜兴地区耀武扬威，烧杀淫掠，甚至公开配合敌伪“清剿”，不断骚扰我党政机关，反动气焰嚣张到极点。不久，我独立 2 团返回太隔，地委决定歼灭这股顽军。2 营由塘渎区大队配合向隔湖边黄楝树村晏子风部发起猛烈的进攻。晏部一个团的二三百人猝不及防，毫无还手之力，除极少数顽军散逃之外，大部分举手投降，晏子风侥幸漏网。这一仗打得干净利落，缴获轻机枪六挺、步枪百余支和成堆的弹药，使我军得到了补充，战斗情绪又高涨起来了。

开辟历城南部山区抗日根据地

罗　俊*

1943 年冬，抗日战争转入相持阶段。日军和他的爪牙皇协军（伪军），还有国民党的顽军，合起伙来对付我们，对我抗日根据地进行残酷的扫荡和蚕食。我鲁南、滨海、鲁中、胶东、渤海等抗日根据地斗争很艰苦，有些根据地缩小到一枪就能打透。当时，我们山东纵队第 4 旅活动在泰山根据地。为了保卫泰山革命根据地，巩固和壮大抗日力量，支援济南党的地下斗争，旅部决定组织一支武工队，深入敌区，到敌人心脏里开展工作，开辟历城根据地。

接受新任务

我原是四旅政治部的协理员，组织起武工队，我任队长，刁玉芝任指导员，李烈言任副指导员。武工队员都是从部队选拔来的一些精明能干、有勇有谋，能单独执行任务的连排干部。泰山地委书记兼四旅政委林乎加同志，政治部主任李梅青同志，敌工科长张秉玉同志，就如何开辟历城根据地作了

* 作者时任山东历城县武工队大队长。

详细的布置和指示，林政委指示说："历城是山东的首县，它连着山东政治、经济、文化的中心济南，开展这一地区的工作，不仅保卫了泰山革命根据地，而且为从根据地到济南开展工作打开了一条通路"。又说："你们武工队的任务是：一、要认真执行党的抗日统一战线政策，对敌、伪、顽势力和杂牌军及封建道会门，要利用他们之间的各种矛盾，进行分化瓦解，团结进步的、争取中间的、打击最反动的顽固分子。二、要建立抗日民主政府，宣传党的抗日政策，扩大党的影响，保卫济南市工委。三、要接送从泰、莱到济南来往的地下工作者和秘密联络员。你们的活动方式是由秘密到公开，先用文，后用武，要文武结合"。

根据林政委的指示，我们武工队召开了有分队长参加的党支部扩大会议，对领导交给的任务和历城南部山区的具体情况进行了认真的分析和研究。大家一致认为：开展这一地区的工作，有其有利的条件，但也有不利的因素。历城南部山区（即仲宫、西营一带），山峦重叠，地形复杂，敌人的大部队很少到这一带活动，这对我们开展工作十分有利。我们党已在这个地区有了点和线活动，王瑞、王平同志在绣川的后沟建立了联络点，赵亦安同志早在柳埠的突泉和高而、出泉沟等地建立了联络点，发展了党员，建立了党支部。这些都是我们开辟历城工作的有利条件。但是，由于这里交通不便，文化落后，也给日伪军的勾结造成可乘之机。他们在群众中大搞愚民活动，发展各种封建会道门组织，如无极道（红枪会）、一贯道、三番子等。反动地主、保长、坛长利用这些封建会道门，以维持治安为名，组织反动武装，并与汉奸暗地勾结，形成抗日的反对派。所以，我们到这一带的首要任务，就是与反动会道门展开斗争，揭露其反动本质，启发群众觉悟，建立巩固的抗日根据地。经过一段时间的准备工作，我们开辟了历城的南部山区。

直插大佛寺

根据对敌情的初步分析，我们决定先从商家庄下手。1943 年秋天的一个深夜，武工队像一把利剑，直插商家庄对面的大佛寺庙内，秘密隐蔽起来。我们直插大佛寺，是因为它位于西营的西部、仲宫的东部，是鬼子据点的空当处，是敌人统治的薄弱环节；这里三面环山，地形复杂，如遇紧急情况便于转移；大佛寺庙内有二十五个和尚，还配有用来防卫的三五支驳壳枪，一般人不敢到这里来。进驻以后，我们亮明了身份，说明了来意。他们看到我们这突如其来的百余人的队伍，身配三大件（驳壳枪、三八式马枪、四个手榴弹）也无可奈何，再加上我们秋毫无犯的纪律，给他们留下了好的印象，对我们热情相助。为了尽快地开展工作，我们决定第二天下午 4 点以后，召开附近村庄的三长（乡长、村长、保长）会议。因为四点以后敌人龟缩在据点里不敢出来，这个时间开会比较安全。上午，我们给艾家庄、后沟、北坡、大佛寺、小佛寺、东崖村等十几个村的保长、村长、乡长、绅士名流发出了通知。通知的内容大意是：各位乡长、村长、保长，请你们于今天下午 4 点钟，来大佛寺有要事相商。署名是鲁中军区武工队。以前，不是皇军通知他们开会，就是伪军通知他们开会，而这次是鲁中军区武工队通知他们开会。接到通知后，他们有的害怕，有的高兴，有的惊奇，有的想来探听虚实，所以，他们到的特别早，特别齐，而且衣帽整齐。会上，我们说明了武工队来历城南部山区的任务，宣传了八路军抗日主张，并向他们布置了任务。随后又把我们带来的《抗日救国十大纲领》《泰山日报》等宣传品散发给他们，带回去造舆论。这次会议，是我们以公开的身份召开的，为防备坏人告密，晚上 11 点钟我们又转移到偏僻的村庄青杨峪住下。

突闯泉户乡

经过一段时间的工作，我们在商家庄一带扎下了根。商家庄以北是泉沪乡和涝坡乡，这两个乡会道门势力比较大，工作难开展。为了摸清敌情，我们决定由三五人组成一个小分队，分头到各村活动。我和马山民、宋学修两同志组成一个小分队，直奔泉沪乡公所。晚上 7 点多钟，我们见到了乡长、保长和坛长。他们表面上很客气，把我们带到乡公所的一间大屋里，又泡茶又递烟，十分殷勤。背地里却集合起五六十个教徒，手持大刀长矛，想给我们个下马威。其实这已在我们预料之中。

我们三人坐定不久，就听外面一个人故意吆喝说："师兄，今晚来了几个老八？"另一个人回答："三个"。又一个声音说道："今晚上咱不祭祭刀吗？"来势好不嚣张！我不动声色，心里想，看来不给他们点厉害看看是不行了。于是我向窗外说："这是哪位师兄说的话？会动刀枪的说在明处，别在暗地里吓唬人！我们八路军不怕这个！"说着，我扭头看了马山民一眼，对他说："八家（马山民同志的别号），刚才那位师兄想祭祭刀，先叫他们开开眼！"说完我抓起一杆竖在墙角的长矛扔给他。马山民参军前练过武术，也曾在莱芜梆子戏中扮过武生，所以他对刀、枪、剑、戟无所不通。他轻轻接着我扔过去的红缨枪，一个箭步跳到屋中央，先来了个出手亮相，紧接着便嗖嗖地耍将起来。只见他出枪似箭，回枪带风，那红缨穗在空中划出无数红圈圈，使围观者眼花缭乱。他收住枪，脸不红气不短，镇定自若。我趁势又拿起一把大刀扔过去说："大家看刀！"马山民上前一步接住刀，转身又耍起刀来。只见刀光闪闪，寒气逼人，前刺后劈，威风凛凛。马山民耍的刀枪使这些教徒大惊失色，他们都从窗棂往里偷瞧。有的还情不自禁地发出啧啧声。马山民刚停住手，我接着又对宋学修说："小宋，这里的围墙不算矮，看看它能挡住咱了吧？"宋学修一听就明白了我的意思，他一个箭步窜到院里，朝围墙打量了一眼，那墙足有两米半高。只见小宋几步小跑纵身一跃，右臂就挎上墙头，然后，左腿一个骗马，飞身就站到墙头上。一会儿，又一个鹞子翻身跳下墙来。他神态自若，动作麻利，身轻如燕，落地无声。只惊得在场的教徒目瞪口呆，大气都不敢喘。

这时，我就大声说："我们八路军是来做抗日工作的，只有抗日才能得到人民的拥护。不像王其祯（王其祯的部队是伪历城县长、伪警备旅长岳伯芬手下的汉奸武装）那伙，他们打着抗日的旗号，暗地里跟汉奸勾搭，当汉奸是没有好下场的！"说到这里，我看了一眼那些乡长、保长们，他们面面相觑，啼笑皆非。我接着对他们说："我们的政策很明白，只要是真正拥护抗日，我们就欢迎，就团结。你们回去考虑考虑当岳飞还是当秦桧，你们自己决定。"我说完后，乡长和保长们都很慌张，有的点头道歉，有的假装生气地呵斥窗外那些教徒。还有的阿谀奉承说："八路军真是天兵天将，个个都会飞檐走壁，我们真是有眼不识泰山……"

我看时间不早了，提出告辞。乡长马上说：

"我们隆重欢送！"便领着我们往外走。这时，大门外早有五六十个全副武装的无极道徒排成两列，名为夹道欢送，实际上想在我们面前抖抖威风。看着这个阵势，我心里暗想，今天是第一个回合，他们并不真服，看来还得与我们来上几个回合，真正较量较量呢。

白土岗痛打汉奸队

果然，不出几日，他们就到处放风说："武工队是来创牌子的，创出牌子来还要共产共妻，别信那一套！"还有的说："兴隆镇的汉奸已经来到白土岗了，八路军要是真抗日，他们敢去打吗？"面对这种情况，我们考虑，只有打一次胜仗，才能彻底揭穿敌人的谣言，用事实教育群众。经过侦察，得知白土岗的汉奸只有 20 多人，但非常狂妄。我们决定出其不意，打他个措手不及。

一天，我们武工队二十几个人悄悄接近了白土岗，刚到村东头就发现了敌哨兵。我命令刘庆田、刘英两同志上前干掉他。他俩简单地化了装。挎了个篮子，大摇大摆地向前走去。不一会儿，听到敌人哨兵喊："站住，干什么的？""到村里走亲戚。"他俩一边说，一边继续往前走，等走到岗哨跟前，手疾眼快，就把那哨兵的枪缴了。我们从这个俘虏口里得知，村里确实只有 20 多个汉奸，正在庙前的大槐树下喝酒。这正是一网打尽的好机会。

我们迂回进村，隐蔽在大庙附近，看见大槐树底下，一张八仙桌旁，坐着一个三十多岁又瘦又黄的家伙。他腰挎盒子枪，嘴上叼着香烟，脚放在八仙桌拿上。从他这副神态上断定，这准定是汉奸中队长。就在这时，一个汉奸发现了我们，惊慌地喊了声："八路来了！"吓得汉奸中队长的脚从桌子拿里抽不出来，拖着桌子跑了好几步，其他的汉奸就更乱了营。这时候，我们手枪、步枪、手榴弹一齐开火，把二十几个汉奸打得死的死、逃的逃，最后我们还抓了四五个活的。

这一仗我们取得了很大的胜利。八路军的声威传遍村村户户，封建迷信势力收敛了些。群众出了气，增强了胜利信心，也擦亮了眼睛，会道门的谣言没人信了。我们依靠贫下中农，宣传党的抗日主张，揭露反动会道门的鬼把戏，提高群众的觉悟。不久，就在涝坡、泉沪等大村，成立了以贫下中农为主体的抗日自卫团，并从贫下中农当中选出了团长。而无极道等反动会道门组织则慢慢瘫痪，名存实亡了。抗日自卫团为我们八路军站岗放哨，传递情报，掩护我抗日工作人员等，做了大量工作。从此，使南部的泰历县和东部的章历县连接在一起，使得西营、商家庄、仲宫、大涧沟这四个敌伪据点孤立起来了。

1944 年春，泰山军分区政委林乎加同志和章历县委书记胡寅同志率领两个连，和我们武工队攻克了西营、商家庄两个敌伪据点。在进攻的当夜，我们把西营伪中队长宋杰三（以前和我们有关系）叫了出来，林政委和他谈了话，并让他向伪军们讲清楚，这次打西营，不要造成双方伤亡，听到枪响，就开门排队出来反正。宋杰三答应："一定照办"。

伪中队长走后，林政委又吩咐我带两个分队配合两个连参加战斗。我们的任务是：伪军一缴枪，迅速到据点内部收缴敌人的枪支和文书案卷等物。刁玉芝同志带一个分队，配合一个连将商家庄的警察所拔掉。任务交代后，部队立即行动，当天夜晚两个据点就顺利地解决了。

1944 年 9 月 29 日，正式建立了历城县委和历城县政府。第一任县委书记是傅敦吾同志，第一任县长由济南办事处主任武中奇同志兼任。同时建立了历城县大队，县大队是由打入岳伯芬部的郭正元同志拉出来的一个营和王剑桥同志带领的特务大队两部分组成的，郭正元同志任大队长，王剑桥同志任副大队长。从此，武工队完成了党交给的任务，我们奉命调回。又走向了新的战斗历程。

横山脚下战敌顽

李　钊[*]

回师横山

1943年5月，我随新四军6师16旅46团转战两溧之后，进入横山。在此之前，我在苏南保安司令部任政治部主任。1943年初，苏南保安司令部与47团合并，苏皖区党委要我改任财经办事处副主任和京芜中心县委委员，不多久即随军行动，随时准备去横山。江渭清（16旅政委）对我说，横山地区在南京城南，它很重要，局面虽已再次打开，但还不稳定。到横山，就是到敌后的敌后，相当复杂艰苦，能坚持就是胜利。

我反复领会江政委指示，加深认识横山事件和皖南事变后的横山形势。我们既要面对近在咫尺的冈村宁次的日军华中派遣军司令部和汪精卫的所谓国府的恶毒阴谋，又要警惕背后的国民党上官云相、陶广和唐式遵的两个集团军，以及中间地带由顽固派一手扶植的形形色色的忠救军、常备队和多如牛毛的“剿匪司令”。他们沉醉于“蒋汪合流，共同反共”的美梦，明火执仗地步步向新四军紧逼。当日伪军在茅山以东发动清乡，对两溧地区大规模

---

*　作者时任中共横山县委书记、县长。

扫荡的时候，顽固派也紧锣密鼓地进袭根据地，扬言“要把江南新四军彻底消灭”，阴谋在江南制造第二个皖南事变。我们正是处在同敌伪顽极为复杂尖锐的三角斗争之中。

正当苏南新四军开始整风学习，总结并进一步部署反扫荡、反清乡斗争的时候，顽军纠集五十二师、一九二师、挺进纵队、忠救军等 14 个团的兵力，由三十二集团军副总司令陶广亲自指挥，在 1943 年 4 月 12 日分路进袭中共苏皖区党委和 16 旅指挥机关，并公开谄媚日军，送消息、打招呼，表示他们只打共军，不打日军。16 旅奋起还击，恶战三昼夜，击溃其挺进四团、五团，全歼其挺进六团，并对五十二师给予沉重打击。计杀伤顽官兵 800 多人，俘 300 多人，缴获轻重机枪 15 挺，步枪 400 多支，子弹 1000 多箱，取得了两溧反顽斗争的胜利。随后，主力部队转移溧武路北，46 团渡石臼湖向西游击，17 日进至明觉寺附近，与跟踪尾随之日军又鏖战于石臼湖南岗、前堡、小赵王家、东旺盖一线。钟国楚指挥新四军背水抗击，士气异常奋勇，杀出重围后又杀了一个回马枪，全力猛打明觉寺之敌，敌不支全线溃退。陈毅闻报，称这次战斗是“背水之战的胜仗”。48 团随即突向南京城东南，转进茅山。我随 46 团挺进南京城南，经龙都、秣陵、凤凰山回师横山。我们初到横山脚下的一天夜晚，正遇大雨倾盆，尖兵路过村上喊门，老百姓都不敢应声，不敢开门，我们只好在屋檐下面，草垛背后，背靠背地坐着避雨。过了一阵，有些人家从窗洞、从门缝悄悄向屋外探视，发觉我们全身湿透，也没有动他们的一草一木，十分感动，开门拉我们进屋，抱愧地连声打招呼：“实在不过意，你们是真正的新四军！我们不敢答应，怕的又是冒牌货。”当时，横山地区的主要集镇和交通干线上还有敌伪碉堡 30 几座，驻有日军 1000 多人和不少伪军警。这些伪军警，好些是通过封建刀会头目，同国民党顽固派关系密切，或已接受了国民党的委令，经常化装、冒充新四军，骚扰人民群众。为避免连累老百姓，我们到横山的第三夜，就住在一个叫神仙洞的山洞旁，不便起火烧饭，就吃干粮，喝山泉水，后转移到胡家店，找到地下党的同志，才吃上一顿热茶饭。正如江政委的分析判断，那时候的情况确实相当复杂。我们到了胡家店，敌伪的特务就报告了附近的据点。我们刚吃过饭，地下党同志就紧急告诉我们说：“日伪军已分几路包围过来了。”我们随即撤到村外集中力量打击和杀伤了一路之后，跳出了重围，才安全转移。很快，就找到县委和江当溧三县行政委员会，同坚持在横山的战友们会师了。

我到了横山，因童超另有任用（但仍在县委），就先接替了他的职务，主要是同周志坚、纪涛、强毅（即周林）、曹家祺等在一起，参与县委的领导工作。当年 7 月，县委书记周志坚调离横山。年底，由我接任县委书记。县委的成员还有组织部长纪涛、宣传部长兼山西（片）工委书记刘杰枝、敌工部长朱皓群、军事科长李琪。在此期间，区党委还从部队和外县调来一批骨干力量，如黄吉民、庄毅、李祥福等，加上徐茫、李辉、邹琳、陈林生等，使县、区级领导力量得以逐步加强。

那时，基层组织和群众中，不少人由于受低潮时期（1940 年至 1942 年）的影响仍然顾虑重重，怕共产党和新四军待不长，不敢出面活动，有的甚至消极动摇。我到横溪，首先访问了抗日初期的党支部书记夏长春，还有曾到皖南军部学习过的杨恩棠、杜保夫、柳青、徐继怀等。杨恩棠的父亲信佛，在家里设置了佛堂，他不敢出来工作。我们去活动了几次，才大胆起来。但有些被胁迫入了刀会的人家，还不敢同我们公开接近，送公粮都要等到更深夜静，无人看见的时候。因为一些刀会头目，受国民党县长、区长操纵，仍用横山事件的刀光剑影恫吓群众说：“哪个接近新四军，就烧他家房子，杀他全家。”县委针对当时情况，在王家山一个庄子上召开会议，中心县委领导李广也来参加。经过研究，决定先从两方面入手稳定、扩大局面。一是深入发动群众，建立健全农、青、妇的基层组织，同时正式建立横山县、区、乡的抗日民主政府，让人民掌握政权，加强人民同敌伪顽各种反动势力斗争的组织力量；二是坚持以武装斗争为主，先清除为虎作伥的地头蛇，搬掉绊脚石，并派精干力量，深入刀会，积极争取团结基本群众，分化瓦解封建顽固势力，绝不让制造二次横山事件的阴谋得逞。

1943 年冬，江当溧三县行政委员会撤销，建立了横山县政府，我任县长。以谷里、云台、山西办事处（即朱门、陆郎、濮塘、霍里）、亭山（曹村）、铜山（谢村）、明觉（即古龙）、博望 7 个区作为基本中心区。与区委相应建立区政府，委任区长，建立了乡（镇）人民政权，朱门、濮塘、谷里、横溪、曹村等镇都有了抗日政权的镇长。新市、小丹阳、禄口、陶吴、湖阳、薛镇等也先后一度划作游击区，积极发展进步力量，建立和巩固抗日民主政权。担任区长或区委书记兼任区长的有庄毅、周林、范焕荣（又名范仲儒）、李琪、徐芒（女）、李祥福、黄坡、周敦洪、袁文德、李汉通、曹家祺、杨恩棠、朱皓群等。担任乡、镇长的有亭山乡的周久逵、曹村的陈士民、石湫乡的周洁（女）、禄口镇的陈子林、水晶乡（在曹村北大小更头）的耿同昌、横溪乡的柳青、横溪镇的徐济怀等。我们还根据抗日民族统一战线政策，成立了县参政会，吸收了原三县行政委员会的大部分成员。张干农任会长，业文明任副会长。山西还成立了参政分会，推举积极赞助抗日的国民党退伍团长胡养吾担任了会长，开明士绅郭骏才、程怀寿任副会长。山北也设参政分会，会长业文明兼，副会长陶荫森、孙大延。在县、区、乡各级政权中安排了一定名额的民主人士和非党人士，如赵家淦、陈世勤为县府科长，周德政、王治典为区长，乡里就更多了。体现了我们的三三制的建政原则。

通过统战工作，横山地区的民主人士在对敌斗争中，各自做出过不同的贡献。胡养吾（是李济深的部下，当过国民党的县长），经常同伪乡保长讲民族气节，宣传抗战、爱国，后来还担任了县参政会的副会长。在山北参政分会担任副会长的陶荫森、孙大延在宣传抗日救国、团结御侮方面也做了不少工作。民主人士都积极靠拢我们，要他们办的事大都能照办，有的人还帮助我们去做伪镇长、伪警察局局长以及日军翻译的工作。

除害安民

横山事件后，敌伪顽同时都把魔爪伸进了横山地区，当地的一些叛徒、土顽分子更加直接地为害人民。

当时横行在陆郎一带的伪自卫团长夏孝义，虽然只有百余人却是受命于敌伪顽的“剿匪司令”，武器装备比较精良，他称霸一方，做了很多坏事，成为我们向山北和沿江开展工作的障碍。此人十分刁滑，惯于看风使舵。地方士绅胡养吾建议我们或争取，或打击，都必须尽快解决这块绊脚石。经过县委分析研究，认为夏孝义依托敌伪顽，要立足于打，但可先试一试他的态度，就派山西办事处主任刘杰枝（和夏孝义旧识）通过他哥哥夏孝礼去做工作。开始，他答应愿意接受新四军领导，却要请我这个县长到他家里做客，县委有些同志不放心，不主张我同他见面。深入狼窝，危险性当然很大，但夏孝义放出风声，说共产党真敢领导他，就应该敢于先有往来，县长敢来，我就接受领导。为了不放过这一可以利用的机会，经过县委讨论同意，我便亲自去赴这场“鸿门宴”。

“赴宴”那天，我们布置100余人，埋伏在夏孝义据点的附近村庄里。黄昏时分，我只带了一名警卫员，由刘杰枝、敌工部长朱皓群和谷里区区长李祥福陪同，走进夏孝义的据点。双方在客堂里稍坐片刻，寒暄一番，随请入席，分坐两桌，他请来陪坐的，表面是陆郎、板桥、江宁镇上做生意的头面人物，但其中实际上既有敌宪兵侦缉队队长、伪警察所所长、巡官，也有国民党的区长（姓范）和“国特”分子。我的警卫员当即推托吃过饭，机警地注意室内外的动静，加强保卫。席间，有那么四五个量大的酒客，总想把我搞醉。我也的确喝了不少，但神志仍很正常，语言也能掌握。谈了一会，我把话锋转入正题，对他们说：新四军打回横山，主要敌人是日军，抗战总是要最后胜利的，每个中国人都要很好地考虑自己的出路和后路。对方听到之后，不敢对我贸然下手，夏孝义还当面同我们订了协议，他的部队接受新四军领导，命名“山西大队”，表示从此不反共，也不再欺压群众。当晚10点左右我们离开夏孝义据点，转移到朱门东边小冯庄宿营。在我们离开时，他们都装得很热情，有礼貌地送出村庄。在临别前我们又一次正告夏孝义：日伪顽会在你面前挑拨离间，甚至威逼你，不同意你和新四军一道抗日。你要顶得住，不然你仍是完蛋。

不出所料，日伪顽对夏孝义接受新四军领导十分恼火。江宁镇日军的宪兵队长清山一面出兵陆郎桥、枯山岘对夏进行威胁，一面通过特务诱夏献上共产党县长、区长的人头，许诺立即赏金万两，并且加官晋级。陆郎桥地方顽固分子黄文彪、倪达六、李学民等也多方挑拨离间，造谣说我们要把夏孝义的部队拉到溧高改编。因此，夏孝义撕毁协议变卦了，扣留了敌工部长朱皓群。后经刘杰枝、李祥福和他的哥哥夏孝礼的奔走营救，朱才被释放。接着在日军对新四军搞驻扎式围剿，游击小队跳出包围圈，反袭敌巢板桥镇，逼得日军撤回据点时，夏孝义竟乘机捕杀民兵队长吴某和汪光裕的家属，烧毁汪家房屋。朱门农会主任朱尚宏亦被害于神山头。递步哨方昆瑞以往受蒙骗参加过忠救军，但后来觉醒，曾为新四军带路，踏雪搜索忠救军。夏孝义受顽方的指使，也把他杀害了。还策划诱惑他派给谷里区长李祥福当通讯员的王道礼，企图把李抓到据点去。夏孝义反水后，柏泽村加修碉堡，濮塘、朱门镇增设据点，日军拉开了驻扎式围剿的阵势。

当年 7 月，新四军 46 团和县委研究决定夜袭陆郎桥的柏泽村，拔掉这颗“驻扎式”的钉子，派主力二营的两个连和县警卫连、山西游击队并肩作战。派出打援部队埋伏在江宁板桥的来路上，以张宗仁这个连主攻夏孝义盘踞的碉堡。夏凭坚顽抗，爆破班勇士抱着炸药包，冒着枪林弹雨，前仆后继地冲向敌第一座碉堡，7 名爆破手先后牺牲，第 8 名勇士终于把炸药包塞进了敌碉堡，接着又炸掉第二个碉堡，夏孝义和守碉堡的敌军全被消灭，其余残敌也全部被俘。

同夏孝义勾结的有霍里镇的周东麟、杜正春，濮塘的李善斌、吴世宏，朱门的蒋家龄等。他们以原国民党当涂二区顽区长吕孟宽（曾是动委会的第二大队长，后来叛变）为中心，结成为一股破坏人民抗日事业的反共势力。吕孟宽经常下乡，威胁群众拒交抗日救国公粮，勾结民族败类陈长胜，以开砻坊、糟坊为幌子，运送粮食资敌，并且暗派奸细混入地方游击武装，阴谋唆使战士叛变逃跑。在日军搞驻扎式扫荡时，顽方朱门镇长蒋家龄公开叛国投敌。他们受伪当涂县长张四朗和江宁县四区党部书记长胡升的指使，白天扛着敌伪的旗号，到处抓人杀人，晚上串联刀会，煽动封建势力对新四军进行破坏。在大半年的时间内，朱门镇长吴德仁被杀害在下山村，庞永仁被捕。朱门镇民兵指导员傅业兴、农会主任业旺传，濮塘民兵分队长刘正根等也遭杀害。云台区区长范焕荣在濮塘敌人扫荡时，因奸细张大喜子（夏孝义的师父）告密被捕后牺牲于石塘村。吕孟宽害怕游击武装，还指使李善斌、吴世宏、李大旺把日军引进濮塘修炮楼、安据点。

面对敌伪顽的暴行，县委决定展开针锋相对的斗争。1944 年 3 月，刘杰枝带山西游击连从落星找到吕孟宽住处，把他抓到，在濮塘附近的盆山召开公审大会，就地枪决。压在群众心头上的石头被搬掉，朱门、濮塘一带的“双减”运动推动起来了，纷纷送交抗日公粮。但霍里的周东麟竟接受张四朗的指使，组织伪警备队，依附日军，破坏“双减”，煽动抗交公粮。同年 5 月，县委派童超、刘杰枝率游击连，在一个月黑风紧的夜晚，出其不意地包围了周东麟住宅和伪霍里警备队。睡梦正酣的杜正春及警备队都乖乖地当了俘虏。这一仗是在日军眼皮底下打的，干净利落，还缴了长短枪 10 多支。同时，县委还派警卫连到洪兰边境，把煽动抗交公粮的伪乡长处决。

除掉这些祸害，龙山到朱门之间，山西、山北两片的交通线情况大有改善，群众支援抗日，参加反扫荡、反伪化的斗争，更加积极起来。

力挫敌顽

当年在横山地区每天都要打仗，我们必须在对敌斗争中建军经武，也必须通过对敌斗争开展政治、经济、生产运动和文化教育工作。回师横山以后，46 团继续转战外地，留下 2 营 6 连（连长张宗仁）跟随县委行动。经过半年时间，县里成立了一个警卫连，各区都已有二三十人的区大队，县警卫连由军事科长赵家淦指挥（赵调出学习之后由李琪任科长，黄吉民也一度兼过科长），连长姚文龙，指导员史大荣。兵源主要来自下面，各区大队上升一个班或半个班，一凑就有几十人枪，再打几仗，从敌人手里夺过来一些武器，抓几个俘虏，愿留就留下，投诚、起义的经过教育、改编也变成我们的部队。开始斗争很艰苦，在主力六连刚刚调离的时候，县警卫连还只有 100 余人。南京、芜湖的日军曾调集近 2000 人，并纠合据点伪军警，共 5000 多兵力，分路对横山地区大扫荡。敌人采取“梳辫子”战术，拉开大网，逐村、逐路，挨排排地搜索窜进，企图捕捉主力部队和县领导机关。我们就同敌人捉迷藏，打麻雀战，先转移到东拓塘乌山之间，在敌军据点下过了一夜。然后又南下石臼湖，到湖阳蹲了一天，下湖在芦荡里转了两天。敌人摸不到我们的踪迹，我们却能抽出精干力量，与区大队、民兵配合，到江宁镇、板桥镇一带进袭敌人的后方。敌军转到石臼湖，我们就出湖去进袭秣陵关、牛首山一带的据点。敌军被拖得精疲力竭，不得不分路返防保护老巢，我们又布置县、区武装，分途伏击，杀伤不少向据点回撤的敌军。敌军的这次大扫荡只得以损兵折将而告终。

一次，我们只 100 余人驻冯谭庄，敌伪军 300 多人从三面来包围。敌人错误地判断我们会向王家山转移，就在那个方向设了埋伏。我们侦察到这个情况，先正面突围，激战两小时，然后折向禄口方向全部突围，使敌军的埋伏落空。这一仗，敌军死伤约 30 名，新四军连长姚文龙英勇牺牲，葬在冯谭庄前。警卫员陈兆根（陈晃）接替了连长职务。

1944 年春，山西工委从向山矿吸收了十多名矿工，并在朱门一带把散失打埋伏的十多支长短枪找出来，建立了一个山西游击连（连长刘启文）。在打霍里伪警备队、陆郎夏孝义后，继续补充了缴获的武器，三四个月时间，就发展到四五十条枪。在以后的大小几十次对敌战斗中，还缴获过多种枪械 200 余支。谷里游击连是以矿工为骨干组建起来的。开始，派公塘民兵骨干陈凯兴到龙山矿，派谷里大冯村党员吴吉星通过李有旺到牛首山矿工中进行工作，成熟后，约定时间，由县警卫连分别对两矿进行袭击接应，里应外合，矿工缴下矿警的武器，拉了出来，建立起谷里区第一个游击连（连长先由李祥福兼，后来是宋廉祥，指导员卢春贵）。谷里乡建立武装时，先只有两三支枪，多数还是用的猎枪、土造枪、手榴弹，开始还不会打仗，曾遭受过一些损失。主力部队抽出一些骨干充实，在实践中锻炼，不断打击敌伪军，逐渐加强、更新装备，把鸟枪换成了中正式、三八式，还上交过德国造的快慢机。1944 年 9 月，山南游击区大队配合县警卫连进袭过博望，把伪保安队和伪警察所几乎全部解决。

在对武装斗争及时加强领导的同时，建立了政权。山西办事处所辖的谷里、云台两个区和朱门、陆郎、濮塘三个乡镇，已趋巩固。经过短期的乡、保长训练班，公塘头、曹村、石堰、小埂头、冯谭庄等地建立了乡政权，山南博望、明觉两个区委书记兼区长是袁文德、黄坡，袁文德走后宋亚平、张臣虎接替。不久，宋、张两人又被刀会杀害。除“三害”（即“三县剿匪司令”周石安，横溪伪自卫团长黄宪章，横溪伪镇长姜若兰）之后，山北片的铜山、亭山区也比较稳定，成为县委活动的中心。李琪先兼铜山区长，后由朱皓群任区委书记兼区长。亭山区区委书记兼区长是庄毅，副区长徐芒（女）。陶吴、禄口、小丹阳、薛镇、霍里、湖阳都先后一度建立区政权。有的还同敌伪顽势力处于拉锯状态。曹家祺到小丹阳任区委书记兼区长，不到一个月，竟被刀会杀害，后来派杨恩棠去当区长。我们的情报网、递步哨，经过敌工部和公安局同志的努力，都迅速普遍建立。据点敌伪军一有行动，我们就能接到情报。一次，县、区、乡干部在赵家岭开会，布置收公粮。濮塘日伪军于清晨分两路窜经谷里、公塘，迂回包抄红土山。由于情报站及时得到消息，游击连一面掩护乡、村干部开完会，转移至安全地带，一面隐蔽到朱门、陆郎之间的红庙村打伏击。敌军在赵家岭以西一带搜索了一整天，一无所获，却掳掠了群众的不少财物，撤了回来。游击连和民兵伏兵四起，把濮塘的敌军打跑了，又对板桥出来配合的伪军予以迎头痛击，缴获了一批枪支，追回被抢劫去的财物，发还给群众。到 1944 年 7 月，县委派李琪指挥县警卫连，会同山西、谷里两个游击连，把濮塘的据点端掉了。

1944 年 9 月，苏南三地委在李巷召开了一次扩大会议。钟国楚、陈光、李广等领导都到会讲了话，讲明国际反法西斯和国内反侵略的好转形势，传达了中共中央和区党委关于整训军队的指示，要各县在战斗和生产的空隙，把军事和政治工作极大地提高一步，要更加认真地对付敌伪的扫荡、蚕食，扩大、巩固根据地，大力争取伪军警，深入敌后大城市和交通要道，为大反攻准备条件。这次会后，我们的心里更明亮了，信心更高了。

我们的县区武装力量在一年的时间里，不单配合主力部队攻打敌伪力量较强的据点，也曾经独立作战，三打谢村，两打石湫坝，打博望、刘公山、朱门、洪兰埠、护驾墩等，不单军事上力敌，还靠政治上智取。1944 年 4

月 22 日打石湫坝那次，我们先做好了据点内的群众工作，对进出路线、敌军活动规律作了周密的侦察，把敌军吃饭、睡觉在哪座房子，枪支弹药放在哪个地方，都一一摸清楚。然后派李琪率一个连，乘敌军酣睡之际摸进据点。两个短枪队员用裤子套住哨兵的头，部队一下子冲进营房，一枪未放，就抓到 23 个俘虏，缴了 21 支枪，活捉伪自卫团长顾海珊（后镇压）。同年 8 月 15 日，又攻打桑园铺，生擒伪自卫团顾赖豪，俘 20 余人，缴获步枪 20 余支。这年冬天，打刘公山时，我们先派家住刘公山附近的夏业道，通过群众的帮助，查清敌军的内部情况，然后在夜晚逼近据点，摸了敌哨。但在昏暗中进敌营时，有人碰翻了洗脸盆，惊醒了敌人。由于我们的战士了解敌军内情，迅速控制了敌军放枪的地方。敌人在惊慌中乱作一团，摸衣服、穿鞋子、找枪支，但我们战士的枪口已抵上他们的脊背，敌军全部举手投降。清查战果，缴获步枪二十七八支，短枪一支。

到了年底，我们又组织武装袭击了谢村伪保安队，歼敌 20 多人，队长杨德明被我们捉住后又放了回去。到 1945 年 2、3 月间，我们再次攻打谢村时，战果更大，杨德明率部自动缴械。我们的区武装和民兵，也是非常机智勇敢地打击敌人。一次，江宁镇的日本宪兵侦缉队，根据奸细的密报，出发向谷里搜捕区长李祥福，行至中途一个村庄，正好遇到一户人家办喜事，就都不想走了。民兵发现，立刻以主人身份邀他们入席，同时设法通知区大队。这批侦缉队员只顾喝酒吃菜，迟迟不走，急得那个队长大骂，说："抓到李祥福，请你们到南京城里'大西洋'（当时很有名气的餐馆）吃西餐。"等到他们走近谷里，游击连卢春贵等就把那个队长击毙在桥口。

经过主力和县区武装、民兵的一系列战斗，横山根据地的范围迅速扩大，敌伪据点被拔除十多处，只剩下边缘地区的大集镇还有几座碉堡，敌伪军已不敢轻易窜扰中心地区。而主力部队在外地转战之后，也几次来到横山。政治、经济工作也都发展到了南京城墙下，上新河、沙洲圩、江心洲都向抗日政府交粮、纳税了。

刀会问题是相当复杂而且十分敏感的问题，我们回师横山后，还一直时起时伏，敌军的侵犯骚扰同他们都有牵连。刀会的上层势力由顽固派控制操纵，时刻阴谋制造第二次横山事件，重温1940年的旧梦。但它的基层大多数都是受蒙骗胁迫参加的基本群众，对其头目的所作所为早有怨言，也不堪忍受什么刀钱、香烛钱、黄标纸钱的经济压榨，可是又被封建迷信束缚，不能毅然摆脱，徘徊于我们与刀会头目之间。县委决定采取分化瓦解的政策，派遣地方党员、积极分子参加刀会，教育、争取基本群众，孤立、打击首恶和顽固不化分子。

新四军回师横山后，当涂伪县长张四朗指使吕孟宽、吴世宏、李善斌等加紧刀会活动，委派薛镇的谢鲁瞻为总坛长，暗杀区、乡干部和民兵，勾引游击队长潜逃，公然派刀会头目投敌，干了许多破坏抗日的勾当。1944年10月，刀会头目胡玉堂和陶子满纠集二三千人，用伪军压阵，开进濮塘示威，挨门挨户抢劫群众衣物，扬言要“报仇”。游击连取得在刀会内部工作的人员配合，当夜从侧背迂回进攻，那些受蒙骗、威胁而来的乌合之众，吓得四散逃命。张四朗认为陶子满不肯卖力，把他头砍下来挂在街头，又一面勾结日伪扫荡，一面派人杀害中共党政军负责人。我们的财政科长在小丹阳南三五里路的地方被他们杀害了，地方民兵和群众先后有不少人被杀害。被派来阴谋刺杀刘杰枝的一个家伙一度混进游击连，苦于无法下手，又知道回去也没命，就杀害了护送公款的人员，抢走了一麻袋钞票。有一次刀会包围朱门的下山村，企图杀害谷里区的干部，由于我们得到刀会内部的情报，区公所人员事先转移到后山冈，他们的诡计未能得逞。新市附近刀会头子袁某也在敌伪顽的指使下来搞我们，我们先把他们派遣出来投敌的刀会头目除掉了，他们就变本加厉地进一步串连江、当、溧、高地区刀会策动更大规模的暴乱。

1944年10月，新四军46团攻克南渡、固城。横山地区刀会乘机串通石臼湖东和濮塘一带刀会密谋袭扰新桥。同时策动刀会总坛长谢鲁瞻在小丹阳、博望、薛镇、霍里一带发动万人暴动，妄图把我们赶出横山根据地。47团熊兆仁指挥两个主力连赶来增援。先去新市镇压起事的刀会，县警卫连、山西游击连紧密配合，直捣薛镇刀会总坛。那个夜晚，47团的主力连一部分封锁全镇，一部分去消灭由刀会操纵的一个伪军中队。山西游击连打刀会总坛部，逼近时，总坛部大门已紧闭，围墙很高，难以翻越，就用手榴弹炸开大门。一批批刀会骨干舞着大刀，念着咒语向大门反扑，都被部队机枪扫倒，新四军乘势冲进佛堂，谢鲁瞻已挖墙洞逃走。刀会总坛部的战斗结束前，新四军主力连已将伪军中队彻底消灭，缴获了全部武器弹药。新四军随又挥戈小丹阳，转袭护驾墩，摧毁这些地方的伪军据点。附近一带原蠢蠢欲动的刀会头目，不得不连忙缩头逃避。经过这次的联合行动，加上政治工作，顽固派勾结敌伪妄图制造第二次横山事件的阴谋被彻底粉碎。群众的困厄被解除了，就大胆地向共产党和政府靠拢，不少人积极要求参军。

在两三年的时间内，通过对敌斗争，我们的武装力量迅速扩大，县里就搞起来三个连，有两个连上升到主力部队。到 1945 年秋，县里建立了一个警卫团，我任团长，副团长樊道余，吕振球任团政委，李琪任参谋长，营长、指导员有朱皓群、庄毅、王干成、黄坡等。日本投降前，七师有一个连（连长宫文）从江北皖江地区（无为、和县一带）过江南来，同我们并肩活动了好几个月，也从一百多人发展到二三百人，改称大队，日本投降后和县警卫团一道北撤归建，去迎接新的战斗。

隐蔽战线的地下斗争

两年多的北平地下抗日斗争

崔月犁*

我从 1943 年接受了晋察冀城工委的派遣，到敌占区的北平做地下工作，在党的精干隐蔽方针的指引下，由革命同志掩护，长期埋伏到 1949 年北平和平解放。在这里，我只谈谈抗日战争时期主要从 1943 年 3 月到 1945 年 8 月我在北平是如何开展地下工作的。

接受派遣的先决条件

我生于河北省深县的农村，参加革命前只读了高小，抗战前在农村参加了革命。组织上为什么派遣我到敌占区做革命知识分子的工作呢？这里主要的原因是我在入党前后做过医务工作，有可能在敌占区找到掩护的职业，尤其是 1937 年在北平住了好几个月，比较熟悉北平的情况，有都市生活的体会和经验。

我的中农家庭原本是由祖父劳动起家的，在我很小的时候家境还不错。可是由于我的父亲性格豪爽，重义气，广交朋友，乐于助人并好喝酒，因而

---

* 作者时为北平中西医院医生，中共北平地下工作者。

时常负债，渐渐地把田地卖了不少，以致家道衰落，到我高小毕业时，就无钱供我继续读书了。我不得已只好由表哥刘锡九医生介绍到中西医院去当学徒。中西医院是由河北医学院毕业的赵子厚开办的，在束鹿县位伯镇，医疗体系属德日派，还比较正规。在那里，我除了消毒、打针、换药、取药、为做手术的医生打下手、做护士的工作外，还得扫地、做饭、沏茶、倒水，特别是当院长在晚间同富人们打麻将时，也要我在一旁伺候。我非常不满意这种低人一等的工作，因此，我在学徒期满的 1936 年底旧历大年三十的晚上，就一个人偷偷地逃跑了，经辛集到石家庄，辗转到了北平。

我到北平是为找职业而投奔我的小学同窗好友冯湘水（现为四川科技大学教授）的。当时冯在北平市立五中读高中，住在北新桥一家公寓里。他的同屋同学叫刘衍峰（全国解放前参加革命，“文革”前在四川某厂任党委书记，“文革”中被迫害致死）。他俩都对我很好，我就同他们住在一起。以后我也住过在北新桥开油墨厂的同乡崔玉峰家，崔对我也很好。他们除管我吃、住，有时还给我买一些必要的衣物，千方百计帮助我找工作。在北平的几个月里，虽然冯湘水、刘衍峰和崔玉峰都东找门路西托人，但怎么也没办法为我找到工作。甚至还有一次我经人介绍，跑到察哈尔省独石口的 29 军中去，也没找到工作。这时我深深体会到失业的烦闷与苦恼。

我在北平闲来无事时，主要从事两方面的事情：一是埋头读书，我读了鲁迅、巴金、茅盾等的许多进步文艺书籍和杂文，使我更加痛恨黑暗的旧社会，立志寻找光明。二是到大街上游逛，我往往徒步从北城走到南城，从北新桥经东四、东单、前门到天桥，不知不觉地熟悉了北平的一般情况。

当时目睹国土沦丧，我们的心情和许多爱国青年一样很不平静。冯湘水、刘衍峰的思想也比较进步，我们在一起议论时局问题。我在农村时，无形中也受到了共产党宣传的影响，思想上支持张学良、杨虎城在西安事变中的“兵谏”；反对国民党迫害爱国七君子；特别是对蒋介石的不抵抗主义极为不满，对共产党的坚决抗日主张极力拥护；对朱德、毛泽东更是从内心里敬佩。

因为在北平找不到工作，我就在 1937 年 5 月去了安平县的耀西医院分院。当时表哥刘锡九正在这里主持工作，并且已经同共产党的地下组织取得了联系，参加了地下抗日斗争。领导表哥的共产党人叫吴健民，他正准备以耀西医院分院为活动点，大力开展工作。吴健民了解了我的情况后，也像对表哥一样很是信任，所以我很快也被吸收参加了革命。我们在一起学习党的刊物《火线》，在群众中进行抗日宣传。七七事变爆发后，经吴健民和刘品端介绍，1937 年 10 月我和表哥一同加入了中国共产党。从 1938 年到 1942 年，我先后在冀中与冀南合办的抗战学院和晋察冀北方分局党校学习和工作，任医生、指导员、学校机关党支部书记等职。

扎根北平的过程

1942 年底，晋察冀北方分局党校解散，我被调到了城工委，驻地平山县老坟沟村。这时刘仁同志决定派我到敌占区做党的地下工作。我因自 13 岁离家，本来就没有什么地域观念，投身革命后更是自觉地遵守纪律服从分配。在根据地工作是革命的需要，到敌占区去开辟工作也是革命的需要，没考虑会遇到什么困难。因此，刘仁同志同我一谈，我就愉快地接受了。刘仁同志给我的任务是，争取在天津或者北平待下去，首先要设法站住脚跟，再做工作；发展组织要精干；要树立长期埋伏的思想，等待时机——准备配合反攻阶段收复大城市时起里应外合的作用。在城工委的一个多月里，我听了形势报告，学习了党的隐蔽政策和城市建党等问题。负责“化装”的李雪同志为我化了装拍了照片，仿制了伪居住证，我化名李春和。

1943 年初，我带上党交给我的几个工作关系的地址就上路了。先到周铭负责的设在曲阳县南管头村的秘密交通站，由秘密交通员高金栓护送，从定县上火车，到了敌占区的天津。到天津的目的是投奔周铭的哥哥、第一医院内科主任周隆高（周子栋，大革命时期曾入党）。原打算通过周隆高给我找一掩护职业，可是我在天津住了一个多月，也没找到工作。我就转到北平，住在崔玉峰家里。崔玉峰同情抗日，对我也很支持。在北平，我按照组织的交代，找到了下述同志和工作关系：王世光的爱人王新（王兰芳），她在反“扫荡”中被俘，组织上让我把她接回去；原燕京大学医务室主任吴继文大夫和大汉奸殷同之子殷一新（刘仁同志的中学同学，大革命时期的共青团员），他们俩都积极支持共产党抗日；另外，我还看望了王世光的母亲董洁如等等。1943年4月，我回到了晋察冀城工委，向刘仁、余涤清做了汇报。刘仁同志听后很感兴趣，认为我在敌占区站住脚跟的可能性很大。于是又交给我两个工作关系，决定马上派我出来。

我第二次出来仍是先到天津，住在周隆高家的地下室。这时周为我找了一个临时性的工作——到天津防疫大队搞预防注射。我尽量深入下层，到工厂、商店、街道乃至妓院去打针。这一工作使我具体了解了旧社会下层人民的困苦生活。夏天过去预防注射搞完了还是找不到工作，于是我又到了北平。起初仍是住在崔玉峰家里，1943年秋冬之际搬到了黄化门40号郑老太太家。1944年秋天，我到骑河楼中西医院当医生。就这样，我一步步地在北平扎下了根。

在北平的地下抗日斗争

我从1943年开始，集中在北平进行地下抗日活动。最初联系上的是陈凤桐和阮慕韩二同志的家属，这是组织上交给我的关系。陈凤桐早年留学日本，抗战前在冯玉祥的抗日同盟军中工作，七七事变后赴敌后抗日根据地，当时任晋察冀边区政府农业局长。阮慕韩在天津某大学任教时也在抗日同盟军搞统战工作，抗战后到晋察冀，当时任边区人民法院院长。两家都是革命家庭，积极支持我的地下活动。他们介绍我认识了已故抗日同盟军某将领的夫人郑老太太。郑家和陈、阮两家都是“通家之好”。郑老太太为人诚恳、热情，积极拥护中国共产党。她安排我住到她的家里，我们对外称：她是我的姨母，我是她的外甥。她家人口简单，只有一个女儿，是很好的掩护条件。

我在北平站住了脚跟之后，在完成长期埋伏的同时，白天在中西医院当医生，看门诊，业余时间开展地下工作。这时我同晋察冀城工部保持着比较密切的联系，如我每隔三四个月就回根据地去汇报工作，听取指示；另外组织上也有时派徐欣来传达指示。所以我的工作是在晋察冀城工部直接领导下进行的，主要工作是：发展党的组织在日本法西斯的残暴统治下，我们在地下发展党的力量，根据精干隐蔽的原则，只能是秘密串联，个别发展。当时我发展的 11 名党员可分为三个方面：一是医务工作者，如我通过陈凤桐的大女儿陈仙菊认识了北池子东华医院的护士潘焕凤，并发展潘焕凤入党。在潘的周围还团结了东华医院的会计魏保贤。魏在解放战争时期入党并且掩护我。通过郑老太太认识了她丈夫的弟弟郑剑庵。郑是南满医科大学毕业生，曾在内蒙古德王李守信手下任医务处长，后在骑河楼中西医院主持工作。我到这所医院当医生，就是郑剑庵的关系。经我介绍，郑剑庵在 1944 年入了党。二是向学生中发展，我先发展了郑老太太的女儿、女二中学生郑洳慧入党，经过郑洳慧认识了她的同学王蕴学、王用琴、徐秀英、于志嘉以及王用淑，并发展她们入党。郑洳慧等 6 人分别考入中国大学和辅仁大学，在解放战争时期的学生运动中起了很好的作用。1945 年夏天还发展了北大医学院的学生王光和入党，并且团结了辅仁大学的王光美。三是点点滴滴地在伪组织中发展，如通过潘焕凤认识了在伪新民会中任职的张德吾，发展他入党；通过王用琴、王用淑认识了她们的哥哥、伪治安军少校王用孚和他们的母亲。王家是东北人，有亡国之恨，全家都支持抗日。我发展了王用孚入党。

联系党的工作关系　我联系的党的工作关系有组织上交给我的，也有我自己发展的。组织上交我的除吴继文、殷一新外，还有香山慈幼院的女院长×××及职员梅相銮。我自己发展的有通过郑剑庵认识的于贻倜、侯扶桑（刘士杰）和李世英。他们都是南满医科大学毕业的。解放战争时期我之所以能够掩护在同仁医院当医生，就利用的是李世英的文凭。这些工作关系有的为我们提供接头地点或收藏文件，有的在群众中宣传抗日。他们大都在解放战争时期入了党。

输送革命知识分子去根据地　在两年多的时间里，我通过曲阳的秘密交通线送走了十几个人。他们是王新；陈凤桐的子女陈仙菊等 3 人；阮慕韩的子女阮若琳、阮崇武、阮若×；通过王用琴送走的东北建国大学学生 3 人

（他们原计划去国民党大后方，经做工作，参加了共产党领导的抗日斗争）；通过潘焕凤送大学教授蓝公武先生及他的夫人和他们的小儿子到了晋察冀城工部。

向敌占区运送秘密宣传品　由于张德吾、王用孚都有伪职身份，刘仁同志就指示他俩从根据地往敌占区带秘密宣传品，如《晋察冀画报》《新民主主义论》《论联合政府》等。这一工作都由他俩直接到城工部去取材料，然后带到北平。

将医院设备送到解放区　骑河楼的中西医院原是内蒙古德王李守信投资30万元开办的，由郑剑庵负责。这所医院掩护了我，从1944年秋我就在这里工作和居住；也掩护过王新，如组织上派她到敌占区做她父亲、伪锦州省长和王光美等的工作时，也住在这里。日本投降后，为了支援解放区，郑剑庵就把该院的全部设备送到了晋察冀城工部。

两次遇险

抗战时期，我在北平做地下工作时，曾经两次遇险。第一次是1944年初。有一天我到东城干面胡同东口吴继文大夫家去取《晋察冀画报》《新民主主义论》。那时我的公文包有两层，我把秘密宣传品放在里层，外层放有听诊器、注射器、体温表等医疗用具以及我的居住证和名片等等。提包就挂在自行车的车把上。当我骑车刚一出干面胡同西口，正准备穿过马路以便向南拐弯时，突然从北面开来了一辆日本军车，我猛一捏闸，不料“咔嚓”一声车闸的钢条一下子断了，车子煞不住，直冲到马路中间日本军车的面前，险些撞上。这时车上的日本军官勃然大怒，一边骂骂咧咧，一边从车窗里伸出军刀来砍我。我一躲，没砍着，连忙骑上车就跑，敌人开着车子就追。敌人边追边砍，我边跑边躲。我跑进金鱼胡同东口，趁敌人车子拐弯时，把自行车扔到派出所的门前，钻了小胡同。当我跑到协和医院北面一条胡同时，看见一所大庙。正巧里面有位40来岁的和尚，我向他说：“日本人正在追我，用刀砍我！”和尚用手向大殿一指，示意我藏在那里。我三步并做两步奔入大殿，爬上殿堂，藏在了大佛身后。我屏声敛气，细听外面的动静。过了好一阵子没发现异常，我才慢慢地从大佛的身后走了出来。这时我不仅担心丢了自行车，更关键的是担心我的手提包。但是，我又不能贸然前往去找。于是我委托那位和尚先到金鱼胡同派出所附近看看日本人是否走了，还有没有我的自行车。和尚看后回来说："没有日本人了，还有辆旧自行车。"这时我估计日本鬼子很可能没有拿走我的手提包，于是我边走边观察，没发现特殊情况，就到了派出所。在院子里找到自行车后，恰巧遇到一位警长。我说明原委并向他要提包时，他把我叫到屋里，狠狠地训了我一顿就把手提包还给我了。这一迹象表明我的秘密文件没有暴露。我回到家里打开提包一看，果然秘密宣传品依然存在，真是高兴极了。可是回想起当时被日本鬼子追赶的情景，真是危险啊！

第二次遇险是 1944 年春天。本来我每次去城工部汇报工作，一般都是一个人单行，从定县或保定、永乐店下火车，通过游击区到曲阳南管头村的秘密交通站再到城工部。这一次我带上了王新、郑剑庵、于贻倜。我们从定县下火车后，由交通员带到了南管头村。在交通站吃饭时，被到根据地抢粮的伪治安军逮捕了。敌人把我们带到曲阳县的伪军营部，并且盘查我们。我说是和王新为逃婚而离家出走的，郑剑庵、于贻倜说是走亲戚、看朋友。敌人虽怀疑我们，却又查无实据，但非要我们取保才能释放。我于是提出张德吾，这样就由张德吾以与我是表兄弟的名义，把我保释出来。保王新的是她的哥哥；保郑剑庵、于贻倜的是伪华北禁烟协会。我们几个人总算脱险了。

抗战后期国民党上海地下总部

吴仁勋*

抗日战争后期，国民党曾在上海建立“地下总部”。它为时短暂，在危城中建立，在倾轧中湮没，现在了解其全貌者不多。我是该组织的负责人，应该如实地把这个组织的始末记录下来，供史家参考。

地下总部的组织

我于1942年2月香港沦陷后至重庆，被稽查处以“左倾”嫌疑扣押在石灰市看守所。十多天后由川康银行金某保释，经国民党中央宣传部副部长潘公展介绍，去中央文化运动委员会工作。1943年9月中旬，国民党中央党部秘书长吴铁城找我谈话，要我重返上海组织地下力量，继续开展抗日工作，并命交际科缮具致沿途军政长官介绍信数件，要求给予方便照顾。我于1943年9月间离渝，经安徽屯溪抵达上海。

我到达上海后，化名莫厘峰，开始暗中串联各救亡团体，召集“中华青年吼啸协会”“正义青年大同盟”“学生救亡协会”“黎明社”“楚歌集”“国

---

* 作者时任国民党上海地下总部总主干。

民救亡协会”等组织的负责人，组成“上海地下总部”（以下简称“地总”），我任总主干，下设秘书、总务、财务、宣传、组织、策反、交通、通信联络、出版各组。主要成员有李潜智、杨小力、崔思治、陈志宏、陆韬、洪传范、鲁懋德、陈立志、徐良、卢祯祥、陈兆湘、金永良、洪觉民、唐锦文、钮荣涛、夏镜、赵宏盖、强光美、高升均、林嘉宾、阮三元、瞿长生、沈汝渊等五十余人。他们均曾发展十余工作人员，不问党派、阶级，要求赤胆忠心、热心救亡工作。吸收对象以工人、学生为主，认为可靠者先允许加入“正义大同盟”，再经宣誓转入“地总”。宣誓仪式曾举行过两次，每次均百余人，一次在淡水路关帝庙，一次在南京西路茂名路转角泰隆木器行二楼某证券号，时间都在下午5时以后。两次宣誓都由我主持，市党部姜尚为以党团代表出席监誓，秘书李潜智作报告，会场布置与周围警戒由洪传范、陆韬负责。“地总”要求组织严密，以单线联系为主，所以成员总数很难正确统计。

一般活动

“地总”任务以策反为主，破坏为次，结合进行组织、宣传工作。设有多处秘密联络站和通信组，侦察日军、汪伪人员的行踪和他们的军事、政治计划，以定对付办法。这些联络通信站设在北站、十六铺码头、电力公司、电话公司、杨浦发电站、日商纺织厂、国际饭店、和平饭店、新都饭店、永安公司、大新公司、四姊妹餐厅、南国酒家、日商大可乐餐厅等处。舞厅中则有仙乐斯、大沪、大华、新华。外围组织中有《黎明文艺》社出版的文艺丛刊编辑部。同时发行地下版《正义报》（抗日胜利后公开发行）。此外，每逢节日，在南京路永安、大新各公司高楼散发宣传抗日救亡的传单和告市民书，夜间张贴抗日标语，并向学校、汪伪机构、日军机关寄发宣传品。

“地总”和国民党上海市党部起先并无联系，“地总”秘密工作活跃后，就有市党部宣传科长兼三青团组织组长姜尚为与我先取得联系，继之我又与市党部书记长葛克信（胜利后任社会局副局长、解放后曾任《文汇报》副总经理)、组织处长吕恩谭、两路特别党部书记长陈德贻等人经常接触。当时市党部组织涣散,人员经常被捕,个别负责人作风官僚,避险冒功,因而工作不能开展,不少宣传工作如散发宣传品、张贴标语等,都由“地总”人员完成。

策反汪伪空军驾机起义

1944 年春,“地总”侦悉汪伪筹建“新空军”,计划于南京成立伪空军署。同年 10 月 10 日,日本赠送汪伪 98 式战斗机 12 架,在上海跑马厅(现人民广场)上空作“庆祝”示威表演。当日,我和部分主干在光明咖啡馆(今人民饭店)碰头,讨论策反汪伪和平军投诚事,因见汪伪飞机耀武扬威,十分气愤,我临时提议要侦查敌方机场所在地设法破坏。在座的组织主干陈志宏说,他有一表弟在汪伪空军任机械师,住在南京,可以进行试探。我即派陈去南京活动,嘱其同时打听汪伪秘密机场所在地及其戒备情况。几天后,陈志宏返沪向我汇报,已侦知敌机场设在常州郊外,有战斗机 12 架,驻有日军保护,常州城内有汪伪空军大队和日本宪兵队。其表弟愿意弃暗投明,已与汪伪空军教练员傅某(名字已记不起)作过初次接触,傅某有爱国心,希望能与总主干莫厘峰直接秘密谈判。1944 年 10 月下旬某日,由傅某带领飞行员 2 人来沪,在南市老城隍庙得意楼与我首次会晤,双方同意成此义举。此后,在 11、12 月的 60 天中,又有过 3 次接触,地点分别在四马路长乐茶馆、同羽春茶馆、云南路南国酒家。在第二、三次接触中,他们证实陈志宏所说的汪伪空军力量和戒备情况,并提出条件:(一)起义后,到后方能见到蒋介石;(二)要求继续深造;(三)所有起义人员的家属要负责迁至后方安全处所。我表示全部接受,要求对方在绝对机密情况下,尽可能有较多的人、机起义。最后一次会面是 1945 年元旦前,在南国酒家,决定在 1945 年 1 月 14 日驾机起义,并商定具体办法:(一)由“地总”布置人员去常州协助起义,届时破坏日本军用电话线和军用汽车。(二)航程由常州起飞至安徽屯溪降落,预先在新安江上游北岸铺设 T 字形红布,作为降落时的地面标志。飞机降落前，该地区施放假警报并临时戒严。（三）对起义人员，发给由我签署的“地总”证明书，每人1张，作为起义证据。

接应起义需要活动经费，我曾向上海市党部商借，葛克信等始则不信“地总”能办此大事，继而认为出钱相助，功归他人，表示有困难。吕恩谭空言支持，后竟避不见面。我没有指望，只得向朋友商借伪币200万元，暂资应付。1945年1月4日，汪伪空军地面人员10余人突然来沪，急告起义消息有泄露，要求提前一星期，在1月7日起义。12架飞机同时起飞。情况紧急，我立刻派金永良带领行动小组去常州，进行破坏电线、汽车等工作。事后获知，金等于6日晚完成破坏任务，7日晨乘车返沪，没有遇险。我自己于1月5日率领交通员唐锦文等和汪伪地勤10余人去杭州，于7日抵达浙江战区前线“场口”，赶作准备。在场口向留守在屯溪的吴绍澍电告“地总”策反汪伪空军驾机起义的经过以及需要接应的事项，吴绍澍要我立即去屯溪面谈。我带领一行人于1月9日凌晨2时到达屯溪，时吴绍澍已派市党部冯科长（名字记不起）和行动处长谢大荒在车站等候，这是我与吴绍澍首次见面。我们候至次日清晨6时，仍未见飞机凌空，担忧出事，即由吴绍澍电三战区在前线的副司令长官陶广，询问有无汪伪飞机过境。陶广告，有上海地下总部策反之汪伪敌机3架已于7日降落前沿，1架因大雪迷雾撞在天目山上，机毁人亡，内有“地总”组织主干陈志宏及飞行员刘炳球两人尸体，已由长官部以陆军仪式安葬于天目山麓，其余降落人员均已妥善接待，并要我即去前线带回全部起义人员。我于当日由谢大荒陪同前往。到了前线，傅某汇报说，他们事先密约好的飞行员以教练员身份去常州演习，“地总”派去的陈志宏穿着汪伪空军制服，身带伪造证明，同赴常州空军大队，这天恰逢星期六，汪伪空军大部人员照例去上海欢度周末。第二天星期日早晨，起义人员凭伪造证明进入机场，因大雪严寒（这年降少有的大雪），汽油冻结，必须抢化汽油注入飞机油箱才能起飞。不料，汽油加到第三架飞机时，被日军觉察，无法继续，所有起义人员急忙抢入3架飞机，匆促起飞，因雪雾迷茫，飞屯溪有危险，只好在前沿降落，结果还是毁了一架飞机，多人牺牲。

在离屯溪赴前线时，吴绍澍要我向陶广说明策动敌机起义是上海市党部搞的。我认为此事从头至尾市党部均未插手，要钱一毛不拔，不同意吴绍澍的要求。吴不顾我的申辩，竟片面大肆宣传上海市党部的功绩，并以市党部名义将策反起义的事于 1945 年 1 月 9 日报重庆国民党中央，冒功请赏。为了应付我，发表我为京沪、沪杭两路国民党特别党部执行委员，以后又加衔为市工人运动指导委员会指导委员、三青团上海支团部组织指导员、两路党部计划委员兼两路工会秘书等名义，作为“让功”的代价。

我将汪伪空军起义人员 10 余人带回屯溪后，即由谢大荒转送至重庆，蒋介石曾接见他们，不久送去印度深造。起义人员家属，由我返沪进行护送安置。

敌机起义后，常州封锁 3 天，汪伪空军人员被逮捕枪毙者不少，汪伪建立空军的计划受到打击，就此烟消云散。

抗日胜利前后

1945 年夏季，欧洲德意垮台，日军也节节败退，抗日最后胜利已在眼前。国民党驻屯溪各机构发出联合通知，召集东南沦陷区各省市负责人举行联席会议（实际上是分赃会议）。我偕同秘书李潜智于 8 月上旬至杭州准备转往屯溪。8 月 9 日上午在杭州突接地下交通站通知说，屯溪密电，形势突变，速回沪主持应变。我当即回到上海，10 日清晨 4 时，“地总”成员徐良来报，美机昨夜在日本广岛投下原子弹，日本天皇宣布接受《波茨坦公告》无条件投降。10 日下午，我召集地总部分成员拟就公告和标语等宣传品，准备分头张贴。不料南京冈村宁次声称华中地区不接受投降命令，继续武装占领。汪伪特务大肆逮捕我方人员，“地总”瞿长生等人被静安分局逮捕，严刑拷打，瞿长生肋骨被打断。直至 8 月 15 日下午冈村宁次接受日天皇命令放下武器时，瞿等才获释放。

8 月 15 日下午 1 时，“地总”在各主要马路贴出《告上海市市民公告》，宣布日本已正式无条件投降，并说明我中华民族素有大国风度的传统，对已放下武器的日人不加侮辱，如有破坏、抢劫、盗窃、捣乱治安等行为，必予严厉制裁等。下午 2 时左右，“地总”举行胜利游行，同时散发公告传单。为维护全市交通、水、电等公用事业，及时派出通信人员至发电厂、自来水公司、电话局、两路管理局等单位进行监视，不许破坏或中断。为了尽快报道胜利消息，将机关报《正义报》于 8 月 16 日起公开发行。当天报上登载我以“地总”总主干身份发表的谈话，说明对已放下武器的日本人不加侮辱。日文各报如《经济新闻》等，均在头版大标题刊出“忠义之部总主干吴仁勋氏之谈话，对放下武器之日人不加侮辱”。冈村宁次在所写的《回忆录》中说，这谈话是上海市长蒋伯诚和副市长吴绍澍发表的。实际上当时上海市长是钱大钧，蒋伯诚卧病在床，吴绍澍还在屯溪，都未发表过这类谈话。

“地总”在上海锋芒太露，国民党上海市党部一部分负责人深为妒忌，说我对外谈话不确实，不能代表国民党政府。8 月下旬某日，竟在上海各报刊出通讯报道，说“地总”是抗日时期的组织，现抗战胜利，“地总”任务完成，已奉令结束，“地总”负责人吴仁勋、李潜智、洪传范、陆韬、卢祯祥等业已参加公开组织。消息传出，我和“地总”成员都很气愤，因为事先既不曾与我们商量，也不给予通知。

起先，吴绍澍对“地总”情况和力量估摸不清，不甚重视，后见“地总”工作活跃，很想插手。为了方便工作，我给吴绍澍和施裕寿（两路特别党部主任委员）挂上“地总”指导员名义，其实不但并无指导，即在策机起义急需经费时，也未给予援助，但掠功上报迫不及待。策机起义成功后，国民党航空委员会汇来奖金 25 万元，吴绍澍一手控制，“地总”分文未得。抗日胜利不久，蒋介石来上海召见我，有过询问，我据实以告。但蒋介石已先入为主，空言慰勉一番，不了了之，地下总部就此湮没无闻。

“山东大鸡烟厂”的创办

张方庚*

抗日战争时期，我在山东军区保卫部侦察队工作，当时的主要任务，是调查了解临沂城内的敌情。

临沂，是鲁南政治、经济、文化中心，战略地位非常重要。抗日战争爆发前，国民党经常驻有一个师，不仅能控制东西的黄海港口，更重要的是可以控制沂蒙山区。日军侵占临沂后，在调集重兵镇守的同时，还设立了一个庞大的特务机构。这个机构的头目名叫高桥，年龄虽然只有 30 岁，却是个出了名的中国通，他除通过宪兵队、特务系、警察局控制驻临沂城的日伪军和伪政权之外，还集中了主要力量，采取了各种手段，窃取我党我军的情报，破坏抗日根据地的建设和发展。

为了针锋相对地开展对敌斗争，山东军区抽调了我们几位搞过敌工工作的同志，建立了侦察队。开始，我们主要是靠化装侦察，侧如乔装改扮成小贩、行商，伺机插入临沂城内，在酒馆、饭店、集场、赌局等敌人经常出入的地方，搜集情报。这种做法，虽然取得了一定效果，也从敌人口里摸到了一些只鳞片爪的情况，但不系统不准确。特别是一些重要敌情，根本就搞不

* 作者时为山东军区保卫部侦察队侦察员。

到手。又加我们情报处的同志有的是外地人，在出入日伪关卡的时候，经常遇到一些麻烦。

记得有一次，我到相公侦察，途经翟家店子，恰好遇到汉奸盘查行人，在检查完了我的良民证之后问道："哪里人？"我告诉他："是相公的。"他又问："庄长是谁？"我又爽快地回答出了庄长的名字。他眨了眨眼，接着又问起了庄里的一些具体情况，我就有些吞吞吐吐了，幸而遇到了一位在伪乡公所里办事的熟人，由他疏通，才得解围脱险。这件事发生后，我深深地感到，化装侦察虽能起到一定作用，但漏洞太多，危险太大。能不能寻求一条更好的方式了解掌握敌情呢？这时，我猛然想到，过去在白区工作的同志，都是利用职业作为进行工作的掩护，那么，我们能不能搞点职业掩护呢？

后来，我把这个想法告诉了情报处，我们几个同志一商议，都认为是个好办法。在谈论到以什么职业作掩护时，有位同志讲了听到的一个故事。他说："今年春天，有位同志到临沂城里去侦察，刚进南门，就看到聚拢着一伙人嚷嚷，近看一看，原来是两个汉奸正在打架，一个汉奸的衣裳已被撕成布条，另一个汉奸的鼻子被打破了，鲜血淋淋。据围观的群众说，这两个人都是烟鬼，为争买一盒烟打得头破血流。"听到这里，我不由心中一动，随即脱口而出："敌占区缺烟，我们根据地里有的是烟，俗话说得好，亲友见面，酒烟为先，我们何不在烟上做做文章呢？"我的话还没有说完，大家就异口同声地说："好主意！"

我们滨海地区的农户，原来就有种黄烟卷纸烟的习惯，每到烟叶成熟的季节，他们就用土机子制成卷烟到市场上出售，也曾流入过敌占区。为了利用卷烟结交日伪，探取敌情，我们在莒县的十字路、相邸、大店等集镇上，把一家一户生产的卷烟买进来，然后通过我们的地下工作人员带进敌占区，一部分卖给小商贩，和他们建立供销关系，一部分也是主要部分供应给我们的地下工作者，让他们以卷烟作诱饵，靠近日伪军，掌握敌情。

为了在敌人统治的中心建立个联络点，我们通过内线关系，派遣敌工人员张玉卓，携带妻室子女在临沂城定居，以开炭场、出烟摊为职业掩护，积极开展对敌斗争。按照当时的分工，我是负责联络工作的。因此，经常骑着自行车来往临沂与十字路之间，把一箱箱的纸烟从根据地运到临沂城外，再把敌工人员搜集到的情报由临沂带回根据地。有时也在城附近落落脚，住几天，分别向敌工人员传达上级的有关指示，总结交流情况，研究进一步开展工作的措施。这种以职业为掩护的做法，迅速取得了显著成绩。

张玉卓首先认识了汉奸队的一些小头目，然后又通过他们逐步靠近了日寇和汉奸的一些头面人物，探取了许多真实可靠的情报。记得有一次，张玉卓到日本宪兵队去，从敌人的交谈中了解到日军驻临沂司令官川本，正在集结日伪军到汤头一线“扫荡”。得到这一重要情报，滨海地区武装部门迅速做好了反“扫荡”的准备，调集了一批地方武装和民兵，沿途设伏，袭扰敌人。

第二天拂晓，敌人果然按照预定的计划出发了，从过了沂河大桥，就不断遭受我小股武装的袭击，几乎是“庄庄枪声响，村村地雷鸣”。敌人行进到白塔时，遭到我地方武装的强烈抗击，走在前面的汉奸队被我全部消灭，队长被我击毙，敌军且战且走，一直到下午 4 点才到达汤头。川本传令休息之后，敌人就成群结伙地到汤头温泉里去洗澡，谁知一进汤池，我们布在水中的地雷就接二连三地爆炸……

随着对敌斗争的发展，卷烟的需要量越来越多，单纯从农户中收购，显然已供不应求。有些已经收购的卷烟，由于质量太差，日伪军中比较高一级的头目根本不用。为了让卷烟打入敌人上层，使其在敌人核心中发挥作用，1943 年，山东军区保卫部研究确定，自力更生，建立烟厂。

兴建烟厂的决定下达之后，我们迅速做了各方面的准备：在十字路北的山脚下选定了厂址，派人到上海购买了卷烟用的罗纹纸和制烟用的香料，聘请了技艺比较高超的卷烟师傅，招收了 100 多名卷烟工人。

要生产香烟，就得有个商号，创个牌子，到底叫什么牌好呢？我们共同商定了一条起名的原则，概括起来就是两句话：名字要通俗，含义要深刻。按照这个原则，大伙进行了热烈的议论，不多会，就想出来十几个商标。在场的同志都发了言，唯独孙鲁泉同志未出声，他静静地坐在一旁，默默地用笔勾画着什么。当我们问起他有什么想法时，他笑了笑，把手中的纸一举，一只英武的大公鸡展现在面前。大家同声高喊："好！"没容我们继续称赞，他又高兴地吟诗一首：

阴云漫天雾重重，东风横扫露寒星。
雄鸡高歌天破晓，红日冉冉正东升。

在一阵热烈的赞扬声中，我们确定了香烟的牌子叫"大鸡"，烟厂的名字也自然随之叫"大鸡烟厂"了。正因为大鸡烟厂是根据对敌斗争的需要建立起来的，所以，从投产的那天起，职工们就把生产香烟和争取抗日战争的胜利紧密地结合在一起了，用他们的话来说就是："多生产一箱香烟，就等于多在敌营中投放了一颗炸弹；多生产一支香烟，就等于向敌人心脏中多插了一把尖刀。"为了这个目标，他们勤勤恳恳地工作，夜以继日地劳动，生产指标一再突破，月月超额完成任务。

这批自己生产的香烟，除留下一小部分供应根据地军民之外，大量的都运进了敌占区，重点是临沂城里。由于大鸡牌香烟原料纯正，质量优良，价格便宜，气味芬芳，很快名声大振，博得了敌占区各界人士的赞扬，不仅日伪军政人员争买大鸡牌香烟，就连川本、高桥也都偷偷地把大鸡香烟作为生活的必需品，有时还买进供奉给自己的上司。

通过大鸡香烟作媒介，我们的敌工人员逐步靠近了日伪的上层人物，活跃在他们的中心，从而获得了许多重要情报，紧密地配合了对敌斗争。给我留下印象最深的有这样两件事：

一是我们的敌情人员白步春，从外地回到根据地后，了解到他的侄儿在临沂当伪军中队长，主动提出去做他侄儿的工作。经我们研究后，答应了他的要求，让他改名王成，以出售大鸡牌香烟为名，打入临沂城内，迅速靠近他的侄儿。开始他在侄儿身旁活动，后来就住在侄儿的家中，经过长时间的说服教育，终于把侄儿争取过来，还在汉奸队内部建立了一个小情报站。王成通过这个情报站，不仅多次探清了川本、高桥对沂蒙山区所要采取的军事行动，而且摸到了不少隐藏在根据地内部的日伪特情，这对我们有计划有步骤地组织沂蒙军民开展反"扫荡"斗争和消除隐藏在革命阵营内部的隐患起了重要作用。

二是，驻临沂汉奸支队长孙永俊部装备优良，既是汉奸中的骨干力量，又是日本帝国主义的忠实鹰犬，日伪军的情况，他知道得比较多，了解得也比较早，要想搜集到一些绝密情报，这人是个重要线索。为了尽快地利用这条线索探视敌情，我们选定了孙永俊的本家孙连举打入敌营。孙连举是个不满 18 岁的青年，为人精明能干，办事稳重老练。他接受任务进临沂后，先和我们摆烟摊的地下工作人员接上头，又以卖香烟为名来到孙永俊家。当时，孙永俊正需要心腹之人，看到本家孙连举自动投上门来，自然非常高兴，就把他留在家中当杂务。由于孙连举聪明能干，进一步取得了孙永俊的信任，慢慢地变成了他的贴身警卫。从此，孙连举就经常跟随孙永俊接触日伪中的重要人物，出入在日伪军、警、宪核心机关，并通过合法身份，促使孙永俊和我们的地下工作人员结拜了把兄弟。这样，敌营的许多重要情报，就是通过人情往来，在吃喝玩乐中落到我们手里。

1944 年 5 月，日寇集结陆、海、空军近万人“扫荡”滨海地区的情报，就是从孙永俊的口中得到的。我滨海军民根据这一情报，立即动员，迎击敌人。何万祥连以 81 个勇士重创 1500 名日本兵，写下了抗战史上壮烈的一页；第 23 团第 2 连，在安东卫战斗中，顽强抗击了 7 倍于我的日伪，创造了以少胜多的光辉战绩，被命名为安东卫连；老 4 团“钢八连”连长鄢思甲带领全连痛击顽敌于柘汪，经过 20 多天的恶战，敌人不得不结束这次“扫荡”，我军则乘胜追击，连克十几个据点。在总结这次反“扫荡”胜利的经验时，军区首长在表彰作战有功部队的同时，还特别表扬了我们的情报工作搞得“准确及时”。

1945 年 8 月，日寇无条件投降。临沂城内 4000 名拒降伪军，虽然被我彻底歼灭，但一批日特和国民党特务却潜伏下来，敌人的鲁中、鲁南和滨海 3 个区都向临沂派出了特工人员。为了统一指挥，加强领导，彻底搞清临沂城内的敌特活动，山东军区保卫部研究确定，在临沂城内南关大街上设立大鸡烟厂临沂分销处，并确定由我担任分销处的经理。从此，我们又继续利用大鸡牌香烟联络各方人士，调查了解情况，查清了隋玉贞等一批暗藏的特务分子，揭露打击了他们妄图组织反革命暴乱的罪行，保障了社会治安，巩固了新生的革命政权。

光阴如水，岁月流逝。运用大鸡香烟与日伪作斗争的时代，已经一去不复返了；在艰苦年代里创建的大鸡烟厂，现在也变成了近代化的国营企业，它的产品——大鸡香烟已畅销全国各地。每当我拿起大鸡香烟的时候，总是要想一想大鸡烟厂那段光荣的斗争历史，想一想自己在建设“四化”的道路上，如何做出新的努力！

四进济南城

王　真*

张洪涛同志（我爱人）和我于1942年5月从延安来到山东。洪涛任中共济南工委书记，我被派到章历县（现在的历城区）西营区任区长。当时抗日斗争形势非常艰苦，到处是据点。西营区是个偏僻的山区，虽然也有据点，但是敌人鞭长莫及，正是我们建设根据地、发动群众开展抗日斗争的好地方。我来到西营以后，遵照上级指示，和地方上的同志们一起，首先领导西营人民铲除了伪政权，继而开展了减租减息，斗争了大地主王世友，贫雇农分得了田地，还开展了反封建迷信活动，审理了天主教堂的神父和大姑。真正把群众发动起来了，建起了民兵、青抗先、妇救会、儿童团，形成了抗日的根据地。我在西营区工作的三年中，接受市委下达的任务，为了开展济南城里的地下工作，我记得曾四次化装巧进济南城。

第一次是1943年10月。目的是找到洪涛同志原来在新城兵工厂时的同事，以及他的亲戚、朋友，动员他们参加抗日救亡活动，再通过他们开展广泛的地下群众工作。为了便于工作，组织上通过地方上的关系，给我借了一个年龄、长相接近的农村妇女的“良民证”（日军统治时期，强发给居民的

* 作者时任山东章历县西营区区长。

身份证，便于其控制中国人的活动）。我就照着“良民证”照片上的模样化装，穿上花衣服，蒙上头巾，扎上红腿带。但我是山西人，口音和山东人不一样，如果遇到卡子盘查，一说话就会露出破绽，这是一个大难题。送我进城的王广义同志出了个主意，让我一路不要说话，“良民证”由他带着。就这样，我骑着小毛驴，提着山货，装出新媳妇走亲戚的样子，每逢到卡子，都是王广义拿着“良民证”指着我，说：“她是个哑巴，不会说话。”并主动拿出山货送给他们吃，岗哨见到苹果、山楂，抢着拿，也就放松了检查，我们也就顺利地混过了盘查。

我进城后的落脚点选在洪涛同志的干妈家。一是因为这个关系最近，不会出问题；二是干妈家住舜井街里的小王府。小王府街地形错综复杂，五股八岔，有四五个出口，好几个死胡同，三四个转圈，万一发生问题，也好逃脱。组织上都为我做了充分的考虑。张、洪两家过去是同院，往来亲近，洪老太太就是洪涛的干妈。洪振英自然就是洪涛的干妹子，她长得风流，家境也很好，嫁给了一个伪警长。我这一身南山打扮，是不能进她家门的。所以，我与王广义同志过了八里洼的卡子分手后，就迅速打扮成普通的城市妇女，雇了一辆人力车，买了一点孝敬干妈的礼物，直奔小王府街干妈家去了。到了洪家，我向干妈和妹妹诉说了与洪涛在西安如何相识、结婚，这次是专程来看望干妈的。但从她们的表情来看，将信将疑，又惊奇又紧张。洪振英的丈夫回到家，更是以异常的目光打量我，露出一副警惕的神情。晚上我和干妈睡在一起。干妈说：“你别糊弄我们了，洪涛本是共产党，你还能不是八路军？”我只得把我们在南山做抗日工作的情况告诉她，也乘机向她介绍了根据地人民的生活情况，做些宣传工作。同时也向她讲明利害关系，对我的来意要保守秘密。第二天，干妈把我送到了北园边庄，找到了洪涛的表哥赵洪生。赵是一个贫民，靠贩卖青菜为生。他帮我从黄河北接来了洪涛的妈妈。我们婆媳俩，住在边庄，就开始做地下群众工作。这次，我在边庄待了一个多月，走访赵庄、洛口等十多个村子，联系上了洪涛的工友赵洪滨、赵尔柱，进步工人魏福成，农民刘连生、吴春生，学生王禹惠、王禹录，搬运工人刘鸿烈等十几人。交了好多朋友，打开了在济南北关、北郊开展工作的路子。

第二次进城是 1944 年 4 月。目的：一是为向济南打入干部选择落脚点；二是了解北关、北郊群众工作开展情况。我因为有了边庄的“良民证”，便扮成一个近郊贫穷妇女，穿一件普通旗袍，一个小篮，带了点核桃、鸡蛋，而且把大的好的放在上面，以吸引伪军的馋嘴，减少盘查的麻烦。走到卡子跟前，伪军看我“良民证”是边庄的，问我到这里来干什么？我说：“到姐姐家侍候月子”，并主动拿出吃的给他们，伪军看到了吃的，顺手就拿，也就放我进了城。我顺利地找到了表哥赵洪生，也顺利地找到了上次进城时交上的朋友。听他们介绍，半年来的工作进展很快，很活跃。刘家桥、新城、苇闸、赵庄等几个村已有较好的群众工作基础，赵洪滨还在水上警务段发展了一个伪警分队长、一个掩护过我方运输枪支弹药和干部过境的伪警察。刘家桥的刘鸿烈，聪明能干，会烧菜、会针灸，周围群众常找他看病和帮着料理红白事，很有群众威信，再加上他既卖菜又搞搬运，接触的人多、流动性又大，掩护几个干部没有困难。苇闸的王禹惠，思想进步，和她的家人一起联络了同学石金星、王禹录，进步青年王玉清、王禹臣等十多人，经常在一起，以种菜、卖菜为掩护，谈论抗日救国的爱国抱负。我向上级如实汇报了北郊的工作活动情况，为工委派郑修范同志打入刘家桥，进一步开展抗日工作，创造了条件。

第三次进城是 1944 年秋。任务是争取干妈的女儿，做她那个伪警长丈夫的工作，为我军驱逐日寇做些内应工作。

我化装混进城后，到了干妈家。干妈和振英一见我，立时精神紧张起来。我也预感到情况的不妙。干妈神情紧张声音颤抖地说：“上次，振英的男人就怀疑你了，他盘问了振英很长时间，这次可能要出麻烦！”正说话间，听到振英的男人和几个伪警进家的声音，干妈赶紧把我藏进里屋，振英装出笑脸迎到门口，并撒娇，要丈夫陪她去看戏。伪警长经不起她的软磨，只好领她去了戏院。我看到这种情景，觉得绝不能给干妈她们带来麻烦，赶紧离开了干妈家。到边庄，三天后才回到西营。

最后一次进城是 1945 年 6 月，任务是传达鲁中区党委城工部的指示，通知济南工委副书记蒋方宇同志立即从济南市内撤出。当时，蒋方宇同志住在五里牌坊汤秦的家里，因为种种原因，他的工作无法开展起来，他的安全影响到整个组织的安全，因此组织上决定由我去完成这项任务，而且要当天返回。可见这项任务的紧张与严肃。当时我生过小孩不久，身体尚未恢复，虽已是初夏，我还不能脱掉棉衣。这次任务紧急，我身为共产党员，再大的困难也要克服。像前几次一样，化好了妆，天不亮，骑上毛驴就上路了，凭着老经验顺利通过了大涧沟、八里洼等卡子，到了五里牌坊汤秦的家，向蒋方宇同志转达了上级指示，连碗水也没有喝，急忙离开了汤秦家。我回到西营时，已是过半夜了。中午，看到蒋方宇同志安全地回到了工委驻地，我心里感到分外的高兴。

（邓连熙整理）

劳工血泪

我被抓到日本做劳工

马　麟*

身陷囹圄

我是通县（今北京市通州区）通州镇人。1943 年夏季，通县警察局的警察闯入我家来抓我父亲，我父亲不在家，就把我抓住了。他们把我押到警察局和当天抓来的其他人关在一起，第二天送到了司空分署街新民会院内关押。这里被押的有 200 多人。在新民会里，看守把我们每个人的胳膊用绳子绑起来，不准互相说话。不久，我们在日本兵和警察的严密监押下，被送到了通县南门外火车站。

我们在通县南门外火车站上了火车。车上军警管得特别严，让我们互相监视，并规定，邻座连保，不得随便乱动，发现他人异常的行迹马上报告，不然则受处罚。途中有的人冒险跳车跑了，邻座的人都遭受了毒打。

火车到了塘沽后，我们在军警的监视下被带到了车站附近的一个集中营，住在一个大房子里，房内已经住有 200 多人，听他们的口音，哪个地方的人都有。在集中营的 3 个月里，每天两顿饭，每顿只给一个棒子面掺糠的

* 作者时为河北省通县通州镇居民，被抓去日本服苦役的中国劳工。

小窝头和一碗很稀的白水煮菜汤，连半饱都不够，饥饿难忍。房内人多，大小便都要在屋内的桶中，夜间必须先报告经看守允许才能大小便，否则就要遭到毒打。有的闹肚子等不及，又怕受处罚，只能把屎尿屙到裤子里或床上。时值三伏天气炎热，屋内臭气熏天，苍蝇成群。有了病，不给治，有些重病人还没断气，就被看守用草席一卷给埋了。有的人不堪虐待冒险逃生，不是被电网电死，就是遭到看守枪杀。这种集中营，实际上是人间地狱。

受尽磨难

在中秋节前两天，日本财阀熊谷组来押解中国劳工。我们在集中营里活下来500来人，被分成两队，指定鲁德森（通县人）为第一队负责人，齐伯诚（山东人，会说日本话）为第二队负责人。我们被押上了一艘日本来的货船。坐在阴暗潮湿的货舱里。海上风大浪高，大多数人晕船，又吐又饿，患病的很多，身体支持不住死了的，就被扔到海里。

船在海上航行了7天到达了日本下关岛码头。我们在日本军警的监视下冒雨下了船，随后，来到市中心一个空场里。这时我们又冷又饿，疲惫不堪，他们给了我们点儿饭吃，就把我们带到了火车站，押上了火车。两天之后火车到了静冈县，又让我们冒雨换乘了汽车。汽车走了一个多小时，在日本富大郡的一个村子里停下来。

我们下车后，被带到一个大木板房内，每个人给了一碗面汤喝。押送我们的警察说不走了，让我们马上睡觉，两人一张床。床上只有一片草席，我们只好相互挤着睡。工夫不大，外面风雨交加，发生了海啸，潮水涌进了我们的房中。我们不明白情况，极为恐慌。看押我们的警察提着围灯叫喊着让我们往山坡上跑。当我们爬到山坡上的大房子里时，才觉得衣服湿了，鞋也丢了。大部分人脚都扎伤了。天亮后，风雨小了，我们又回到原处，见到我们夜间睡过觉的房子四周木板和房内床板被冲得到处都是，只有没倒的房子框架淹没在泥水之中。日本财阀熊谷组派来了土木工人在原房基上又重新建起了木板房。这里离海边不到半里，日本人在我们住地四周架起了铁丝网，持枪警察四处设岗，看管甚严。

到了富大郡的第二天，日本人就发给我们锹、镐和小推车等工具，在日本监工的指挥下干起了修筑飞机场的苦活。为了防止海潮淹没飞机场，他们让我们在海边修筑防潮堤，后来又让我们修飞机跑道和机窝，推沙搬石，人力推轧路机等等，每天都得干十二三个小时以上。累病了不让休息，干慢了，不是遭到监工的拳打脚踢，就是用棒子打，有的工人被打得遍体鳞伤。每天两顿饭，吃的是粗粮黑面红薯干，每顿饭不是两个小黑馒头，就是两个小窝头，一碗酱油汤。年岁大的、身体弱的受不了这种折磨，常有连病带饿死去的。他们把死去的劳工往海滩一扔，一烧了之。

在修完富大郡机场后，他们把我们一块儿来的劳工分成了两部分，鲁德森的一部分听说到歧宁县开山去了；我们这部分到了富士山附近修建飞机场。在这里受的折磨比在富大郡时还重。

生还家园

富士山附近的机场修完后。又把我们押到了日本新野县中山街做土工活。到那里时间不长，听说要停工了，监工对我们也不像从前那样严了。有的劳工夜间偷着出去探听，得知美国用原子弹炸了广岛和长崎，日本人请求投降。我们劳工队随即组织了示威游行，把白被里撕成布条，写上“打倒日本帝国主义”“中国抗日胜利万岁”“清发工资”等标语。游行了三四天，日本人也不管了。此后我们的生活有了改善。1945年12月底我们乘坐美国军舰到达了塘沽，回到了祖国怀抱。

在两年半的时间里，我们一起被押到日本做苦工的500多人，先后死了百余人。其中我县死的人记得名字的有徐八、姚少武、董文志、陆松伶等，生还的还有鲁德森、萧德厚、张明、郭志、王光甫等，其他的就记不清了。以上就是我去日本做劳工的悲惨遭遇，也是日本侵略者奴役我国人民血的罪证。

抓到日本当劳工

徐月明*

我叫徐月明，是枣庄市薛城区陶官乡小刘庄人。

1938 年 3 月 18 日，日本侵略军侵占了临城（薛城）。峄县人民纷纷建立起抗日武装。同年 5 月，我参加了邵剑秋领导的抗日游击队。我们排长叫袁宪忠，班长叫张伯胜。我们的队伍在青纱帐的掩护下，活跃在津浦铁路临城至韩庄沿线，扒铁路、炸火车，与日军周旋。后来，我们的游击队编入了运河支队，在运河南岸的十八黄丘建立了抗日根据地，积极开展抗日斗争，打了许多大胜仗。

1939 年至 1941 年，日军调集兵力对我们的根据地进行扫荡、围剿。我们化整为零，分散活动。我当时跟区武工队长殷延铸当情报员兼宣传员，负责搜集敌人情报，宣传抗日、反围剿、反扫荡，不当汉奸、不当亡国奴。当时，日军在乡村集镇到处建碉堡设据点，日伪合流，乡村伪化日趋扩展，敌人对医药、布匹严格进行控制，对根据地进行封锁。我们的抗日队伍缺少布匹穿不上衣服。

1941 年秋天，运河发大水，在临清决口，鲁西、冀南人民受灾，纷纷

* 作者时为山东省枣庄市陶官乡小刘庄村民，被抓去日本的劳工。

逃难。1942 年春天，武城县赵庄赵锡臣等人，到我们这里买耕牛，说他们那里土布价钱很便宜。我就找了我村的徐月来、徐月星、徐月田、刘继云和高河的李景云、李庄的李昌桥，我们 7 个人在 1943 年农历 7 月 1 日牵着牛驴去武城卖牲口买布。11 日到达武城，在赵庄赵锡臣家落脚后，赶了山涝集、羊花店集、柳树屯集、青罕集。7 天卖完了牲口，用了 3 天时间买布，约定好 21 日在青罕集聚齐回家，中途又碰上了峄县小梁庄的张则玉，我们 8 人结伴步行奔德州搭火车回家。走到郑口，突然碰见从河北省故城县出发的一大队日伪军，不容分说，把我们强拉硬拖劫到县城。

到故城县县城以后，日军对我们逐个搜查，将棉布和钱全部没收，还搜去了我带的党章、日记本、抗日歌曲，记得有《大刀进行曲》《枪口对外》等。这样敌人对我就特别严加审问，审了我一夜，我咬定不改口，装着不识字，说这些东西是在路上捡来的，就算完了。第二天早上吃过饭后，日军用绳子把我们拴成一串，送到德州拘留所，里面已关了很多人。过了两宿，就是 7 月 24 日，又把我们两人一串分别拴好，下午 8 点钟去火车站上了火车。李景云和郑口的一个青年被拴在一起，他俩趁押送的日军不注意的时候挣断了绳子逃跑，李景云没有跑掉，被几个日本大兵用枪托打得浑身是伤，奄奄一息，也和我们一起装在闷罐车里。

车开动了，早晨 7 点钟到了天津塘沽码头。下车后，住在冰冻公司，日本兵把我们的衣服扒光，每人发给一套劳工服，一床毯子，晚上把衣服收去，裹着毯子：睡觉，以防跑掉。每天每人发给两个棒子面饼子，半碗茄子盐水，一天到晚不给水喝。有一次我实在渴极了，就和一个青年伙伴偷跑到伙房喝凉水，结果被看守看见了，日本看守用红白木棍把我们打出伙房，然后罚我俩互相骑在身上爬来爬去。从此以后，日军夜晚把房门锁上，时间长了，拉肚子的人越来越多，屋子里放一口大缸，拉尿都在缸里，满屋臭味熏得人不能喘气。一位 40 多岁的老兄，夜间趁查房尚未锁门的机会偷跑，被日军抓住，光腚赤脚的被活活打死。一天早上点名，有位 30 多岁的老乡，冷不防跳水逃走，被日本兵开枪打死在水里。因为闹肚子得不到治疗死去了很多人。就这样我们在塘沽熬过了一个多月。

农历 8 月 27 日早晨，全体被抓来的中国人集合点名，每人发了一个符号，上写“贝岛 14 采煤夫”，有的写着“三菱公司装卸夫”等等，排号共有 300 多人，这时才明白，我们这些人被抓来是送日本当劳工的，大家心里暗暗叫苦。吃过早饭9点钟，日军押着我们排队到码头上船，下午2点开船，航行 7 天，9 月初 5 日夜晚到达日本国土门司。

天明 5 点钟，日军用汽皮小船把我们分批运到北海道下关码头医务部门，进行体检和消毒，照编号逐个检查身体后，进入消毒间，先在蓝药水池里洗，再到黄药水池里洗，第三次在红药水池里洗，最后用清水冲净。洗完后由两名青年女护士用黑色药膏涂抹大腿根处，再用一种药水喷洒全身。消毒后，把我们带回原处，按号发衣服、鞋、帽，逐个重新登记发证，登记表上有：姓名、年龄、性别、文化程度、家庭籍贯，贴上照片，盖上了钢印，钢印当中有一个“契”字。当时我想这可能是“卖身契”了，可是我们这些中国人谁卖给日本了，我们谁也没得到半文卖身钱呀！

9 点钟日军又用汽皮船把我们送上门司码头，我仔细观察这个码头，约有一公里长，200 米宽，全部用铁铸成。我们按号面对面在排椅上坐下，单号双号各在一边，2 个女侍用大盘子端着大米团和汽水，来回轮转供应早餐，光许吃不准拿走。吃完饭后，日军押送我们步行到车站候车室等车。12 点开车，下午 7 点钟到达中间站，换乘间町铁路线客车，运行 15 里，到达了香月町。这时天色已晚，下车步行了 5 里多山路，晚 8 点到达福冈县远贺郡香月町大石煤矿宿舍住地兴亚寮。时间是 1943 年农历 9 月初 6 日。

中国劳工由于长期受饥饿、摧残、折磨、身体虚弱，丧失了劳动能力，不能下矿采煤。矿长左一没有办法，只得让我们每天吃大米粥，养息了 3 个月，到 1944 年 1 月 1 日，过磅称体重，分派干活，体重 150 斤以上者，用电钻打眼放炮，130 斤以上者去采煤，体重 110 斤以上者当操夫扛料。由于我体弱不能下井干活，矿长见我有点文化，就让我为劳工们领取生活、劳保用品，兼干零活。2 月份劳工们下井挖煤，开始了繁重、艰苦的劳动。每人必须按规定要求，完成产量指标，谁完不成就要受严厉的惩罚，并且不给饭吃。

由于日本帝国主义发动侵华战争，日本国内青壮年都应征入伍了，国内的军工业、钢铁、煤炭、电力等工业缺少劳动力，日军就把我们千千万万的中国人抓来替他们出苦力，当奴隶。因为劳动强度大，开始每个劳工，每天平均供给通粉2斤，大米4两，盐3钱，酱油1盒，蔬菜1斤，烟卷3支，7天吃一次海鱼。从来未吃过油和肉类。到1945年初，战争扩大了，日本自顾不暇，我们劳工每人口粮减少30%。后来供给越来越少，面粉里面掺上豆饼和橡子面。吃不饱还得照样干活、受体罚。劳工们拉肚子生病的一天天多起来，很多人得不到治疗而死亡于异国他乡，俺庄的刘继云，高河的李景云，也病累而亡，我们几个老乡痛哭一场，火化后，我把他们的骨灰盒保存起来，想将来要是能活着回国，一定把他们的骨灰带回祖国，交给他们的亲人。

1945年7月1日，美国空军对日本国土进行空袭轰炸，经常听到炸弹的轰炸声。后来美国向广岛投了原子弹。日本帝国主义终于在1945年8月14日12点宣布无条件投降了。我们大石煤矿全体中国劳工，听到这一喜讯，无不欢欣鼓舞，奔走相告，在家住北平市的劳工孟进提议下，我们中国劳工组织起来，开了个全体会议，孟进说:“日本帝国主义无条件投降了，不能让大石煤矿老鬼子矿长左一再压榨我们了。我们远离祖国，必须组织起来，自己解救自己。”经过大家商量，决定成立“大石煤矿中国劳工造反大队”推选孟进为大队长，山东馆陶县的赵文元为副大队长，德县的翟润保为大队文书，通过了四项决议：

（一）造反大队定名为“中国青年派遣队”，每个队员佩戴红袖章一个，作为标志。

（二）印制队员“同仁录”。誓言为“同甘共苦，同舟共济，相亲相爱，互勉互琢”。人手一册，以作永志。

（三）向大石煤矿矿长左一提出改善生活条件，每人发给皮鞋2双，毛毯2条，绒衣1套，要保证供给青米、食油、肉类、鱼类、蔬菜充足。

（四）向日本政府提出，要保证中国劳工人身安全，定期送回中国原籍。

大队宣布成立后，我们把矿长左一叫来，大队长孟进对他训话说:“你们日本帝国侵略中国，残害我们中国人民，犯下了滔天罪行。今天你们战败投降了，要向中国人民低头认罪，赔偿损失。你要老老实实听我们大队的指挥，现在我们大队做出4项决定，要你和你们的上司办好！”左一老老实实答复了我们的4项要求，立即缝制了袖章，铅印了“同仁录”，如数送来了皮鞋、毛毯等物。每天按时送优质青米200斤，罐头400盒，食油1桶，鱼、肉各200斤，另有橘子、梨、枇杷各种应时水果。

我们的生活得到了改善，每个人戴上印有“中国青年派遣队”字样的袖章，兴高采烈，扬眉吐气，不再下井出苦力了，等待回国。这个期间，我们戴着红袖章可以任意到日本各地游览，不必买车票船票，无人敢阻拦。我游览了大阪等许多大城市，日本国内当时到处显示出战败国的样子，日本军警人员看见我们中国人，都低头弯腰，大气也不敢喘，昔日穷凶极恶的气焰一扫而光。

当时我们都是20余岁左右的青年，日夜思念祖国，想念家乡和亲人，大队多次催促日方，终于在1945年9月底接到了回国通知，我们高兴得又是跳又是唱，一夜不眠。在日本的中国劳工分2批回国。第一批有在日本三菱公司、上岫、下岫铁矿和大之浦煤矿的劳工，第二批是新旧范豚铁矿、大石煤矿和八幡市采伐林木的劳工。

10月11日第一批回国的劳工，乘“老松号”大船启航，还没驶出门司湾港口，碰响了水雷，大船被炸沉，200多个中国劳工全部遇难。其中我们峄县北常的老乡褚××、阎××等11人，也遇难死去，我们十分难过和愤恨。

我们第二批劳工向日方提出抗议，责成他们查出这次事件的原因和责任，并限期拆除水雷。这样又等了半年，我们幸存下来的劳工于1946年2月，乘船离开了日本回到了祖国，在大沽口码头下船，转乘火车到了天津市北洋大学住下。谁想接待我们的是国民党军队，凡是年轻的一律留下当兵，年纪大的发给路费回家。我当时被扣留下当兵，关进了天津女子师范学校，训练了2个月。我后来被编到94军161师363团1营1连3排2班当兵，7月份开到了唐山一带。我由于思家心切，想念亲人和运河支队的领导及战友，不愿意跟国民党当兵。于 7 月 10 日乘人不备，背着刘继云和李景云的骨灰盒开了小差。急忙从唐山爬上火车，到沧州我就下车步行，走了 20 多天，终于在 8 月初 1 日回到了我阔别 3 年多的家乡。

被日军劫去当苦力的经过

刘继林*

1943 年 9 月的一个夜晚，我在朋友家闲谈，时近午夜，别友回家，途经南市区九亩地（现上海市人民路附近），突遭日本宪兵阻拦，说是违反了戒严令，将我扣押。不多时开来一辆大卡车，车上有四个全副武装的日本宪兵押着二三十名中国青年，我即被押上了车。车到四川路桥停下，又有七名中国青年上车，最后停在一座大楼门口。日本宪兵把我们押进大楼底层的一间房子，锁上门就走了。这时大家互相询问，方知都因违反戒严令而被扣押。

次日清晨，门被打开，两个日本宪兵手持枪分立两旁，用不纯熟的中国话吆喝着："出来！出来！"命令大家排队走到空场上，只见还有许多中国青年也一队队从四面走来，我估计了一下，约有 200 多人。不一会儿，一个佩着指挥刀生得满脸横肉的日本军官走到我们跟前，用很熟练的中国话说："中国朋友，你们违反了日本皇军的戒严令，本来要严惩的，现在宽恕你们，在这里住几天就放你们回去，可是一定要遵守我们的纪律，不许吵闹生事。"说罢，沿着这 200 多人的队伍来回走了几遍，注视着每一个人，好像要从中

* 作者时为上海被抓去日本煤矿的劳工。

发现什么，最后又向负责看守的宪兵说了一大通日本话，走了。

经了解，我们中有学生、工人、店员、教师、小贩，还有一个和尚，都是男子，而且都是20岁以上40岁以下的青壮年。我们每个人都忧心忡忡，更为自己突然失踪给家里亲人带来恐慌而深感不安，但无法与外界联系。据推测，我们被关在“救世军”的军营。

第二天，那个日本军官又讲了一通所谓“中日亲善”的话，讲完后要我们鼓掌，我们许多人没有照办，一个个被日本宪兵用枪柄猛击，我痛得几乎昏过去，有的人当场口吐鲜血，可那个军官却说：“这些人对大日本不亲善，应该重重处罚。”日军看守蛮横凶恶，关在我们隔壁的一个青年工人与他们发生口角，被他们拖出房去用皮鞭猛烈抽打，痛得那青年惨声呼救。日本宪兵的暴行激起了我们的愤怒，大家齐声责问：“为什么打人？这是中日亲善吗了？”日本宪兵迫于公愤才停手。次日晨，那军官又来讲话，先责备日本宪兵打人不够亲善，后又说在押者不可高叫起哄，如再发生这种事，就把为首者枪毙。大家都义愤填膺，但无可奈何。

每天下午，我们都在日本宪兵的皮鞭下搬运军用品和粮食，稍有疏忽就会挨皮鞭，有一个姓王的大学生气力不支，木箱倒落在地。被日本宪兵脚踢鞭打，满地乱滚。我们二三十人见状十分气愤，高喊着“不准打人！”一起冲上前去，立刻，十多个日本宪兵围上来，举着皮鞭狠抽我们，还高声叫骂着，就在他们大施淫威的时候，其余中国青年也纷纷赶来，个个怒目而视，双方形成对峙。这时有个日军曹长走来，一面叫日本兵歇手，一面叫我们仍去搬箱子，才算避免了一场冲突。

第四天，我们推了两名代表与那个佩刀的日本军官谈判，要求释放，那军官说要请示上级，可是以后竟然不再露面，一拖就是两星期。一天黄昏，紧急集合，我们200多人被分押上六辆大卡车，直驶黄浦江畔的汇山码头，一下车又被押上大木船，摆渡到一艘悬挂着日本旗的运输舰，上了舰就被赶下底舱。我们每个人都忐忑不安，不知日本人要把我们送到什么地方去，大家推我和另外三人为代表与日方交涉。我们才踏上甲板，就见底舱门口放着一挺机枪，无疑是用来对付我们的。不多时来了一个日本军官，我们说明了自己的代表身份，要求他们实现释放的诺言。那军官听罢，说：“你们不要着急，一没有生命危险，现在送你们到日本去做工，日本大老板会给你们工资的，你们在船上要老老实实，谁要闹事，就按军法处置。”说完，不待我们开口，就集中了二三十个宪兵把我们赶下底舱。当晚运输舰开出吴淞口，经青岛、朝鲜驶向日本，我们在昏暗闷热的船舱里度过了四天四夜。

第五天清晨，此舰驶抵日本门司港，上岸后，就命我们先到海关检查身体，后集中到一所教堂休息。休息时发觉少了一名青年，据说查出病症，另行安置，生死不详。

在教堂住了一天，日本人把我们分为两队，一队先由四个日本宪兵押走，不知他们的去向。我和另外100多人在第二天晚上9时上火车，过东京、青森，最后到达煤矿区几春别。下车后发现另有100多名中国青年和我们同行，不知他们是在什么地方上车的。

我们住在矿区的工房里，由一个相貌凶恶的叫佐佐木的日本人做“指导长”，教授常用日语和采矿知识，课余就到工房附近的山地种荞麦。佐佐木心狠手辣，手里总握着一根两尺多长的皮鞭，身后跟着两个带枪的宪兵，上课时如有人窃窃私语，立刻叫出来用皮鞭猛抽，耕种时，谁手脚慢了，也要挨他们的鞭子。

三个月后，我们被分到日本垄断资本住友洋行主办的煤矿去工作，说是每人每月工资80日元，实际上从未发过。那里地处北海道，气候酷冷，室外气温常在零下20度左右，而我们每天都要在冰天雪地里干12个小时以上。食粮极少，下饭的菜也糟，偶尔开荤，但多腥臭，不能下咽。生活很苦，加上劳动强度大，因此个个都瘦得皮包骨头。两年多里，在我们100多人中，被折磨而死的就有28人，死后烧成骨灰，装在瓦罐里，外面写上姓名，放在工房的地板上，见了都叫人不寒而栗。

我们过着与世隔绝的生活，不准与家里通信，不准与日本工、朝鲜工讲话，不准走出警戒线，处在活地狱。

这个煤矿规模很大，但采矿设备很差，主要依靠劳力，且没有安全措施，经常发生事故。一天，我和小王在一处采煤，突然有一片大煤层倒坍下来，重千余斤，压着我的前胸，幸有一根矿架铁管撑住才未当场毙命，但已被压得口鼻鲜血直流，不省人事。经八九小时抢救才苏醒过来，三个月后才能正常活动，直到现在，每遇天气阴湿，前胸还隐隐作痛。小王也被压伤背部，成了驼背。两年多里，我亲眼看到不少苦力因事故弄得断手断脚，甚至送掉性命。

我们在日本老板的皮鞭下过着奴隶般的非人生活，直到抗日战争胜利，日方才宣布把我们遣送回国。我们在东京见到了两年前在教堂分手的另一队人才知我们同胞被劫当苦力的有几万人，分在日本各个矿区受难。

1945 年 12 月，我们这些劫余幸存的人终于回到了祖国的怀抱。

其　他

1943年反“扫荡”中
新四军对苏北挺进军的支援

包　毅[*]

1943年3月12日，扬州、泰州等地之侵华日军一个旅团、汪伪军五个师、一个旅，联合向鲁苏战区第二游击区根据地大举入侵“扫荡”。当时在这个游击区内，有陈泰运的苏北挺进军（代号“坚军”，即原财政部两淮税警总团）两个纵队，李明扬的鲁苏皖边区游击总指挥部一个纵队，属苏北挺进军指挥的省保安第三旅，属鲁苏皖边区游击总指挥部指挥的省保安第六旅。

在1941年5月的一次日伪军“扫荡”中，税警总团李浩第六团为了避开敌锋，曾转移到新四军高邮、宝应防区，受到当地军民的热烈欢迎，并得到许多物资援助。

1943年1月1日，游击区举行元旦阅兵，因思想松懈麻痹，给日伪军以可乘之机，敌军向我快速突袭，阅兵部队当即向四周转移。苏北挺进军二纵两个团在泰县张游庄附近遭遇敌军，从5日晨与日伪军激战至下午3时，敌我伤亡都很重，敌汽艇被我军打翻多艘，二纵第一团曹志营长阵亡，官兵

＊　作者时任苏北挺进军参谋长。

伤亡百余人，日伪军通讯及时，汽艇运送增援部队不断到达，而我军则缺少增援力量，连弹药都补充不上。战斗至晚上，陈振第一团及第七团陆中杰一个营才在新四军联抗的支援和掩护下，撤出张游庄、俞九舍一带阵地，突围至联抗部队根据地附近的校林乡整理。第七团还有两个营在纵队司令李其实、团长符学才带领下继续战斗，终被敌突破俞九舍阵地，李、符被俘，官兵伤亡甚重。

是役日伪军认为并未满足“扫荡”要求，遂继续在原地区搜索侦察，进占沙岗据点，不断四出“扫荡”，把战役延至2月初春，又一次发动攻势，并选定以苏北挺进军指挥机关及主力第一团、第三团为主要打击目标。当时考虑敌我兵力悬殊，情况危急，经新四军联抗部队黄逸峰司令员建议，并在他们支援下，第一团又一次进入海安、富安以东以西的联抗防区，避开了敌锋，使敌仍未达目的。尽管战役延长两个多月，日伪军心犹不死，于3月初重新组合力量，对国民党这个游击区发起更大规模的“扫荡”。

日伪军使用的兵力近2万人。日军一个旅团为山本旅团，南通方面日军也以一部配合策应。汪伪军出动5个师、1个旅、为第九军颜秀五的3个师（秦庆霖二十五师、陈福才二十六师、何霖春二十七师的各大部分）、刘湘图的二十二师、赵军山的三十五师、徐容的教导旅各一部。用百余艘汽艇分进合击水陆兼程。

在这之前，即1月1日日伪军的奔袭中，苏北挺进军总部转移到蚌蜒河南岸一带活动。当情报证实，3月初日伪军将向我再次“扫荡”时，苏挺军总部又转移到青墩附近，并继续截获情报：敌军这次军事行动的规模比任何一次都大，新四军及联抗部队也送来同一内容的情况通报。

我当时任苏挺军的少将参谋长，陈泰运不在，由林叙彝主持共同研究、分析。这时，联抗黄逸峰司令员主动通过陈振送来重要建议，希望苏挺军解放思想，改变过去的反“扫荡”办法，跳出小圈圈，转移到联抗根据地及新四军苏中军区内，避免因地区狭小，回旋困难而招致损失的危险。

我们根据黄司令员建议，又进一步分析了情况，认为建议完全正确，于是进一步做出决定，请黄司令员向新四军1师及苏中军区联系，转达我们的要求。不久就得到了答复，新四军方面表示大力支持和欢迎。我们遂在 3 月 12 日开始离开根据地。这是一次战略转移，要冲出敌军的重重包围，变被动为主动。

这一天夜间，苏北挺进军总部机关及各处、总部直属部队、所属一个纵队共约 3 千人，由林叙彝和我率一个团，神不知鬼不觉地进入了新四军苏中军区第 2 军分区三仓以南弶港附近的地区；由纵队司令陈振率一个团转至三仓四灶一带（另一个纵队远在河北地区未及参加大转移）。转移中，黄逸峰司令员亲自组织了掩护部队和向导部队，使我们顺利通过了敌封锁线上的贲家集。日伪在海安、富安、安丰、东台、白驹、盐城的串场河沿线设卡设据点，并进行瞭望、巡逻，以达封锁目的。贲家集离海安十里，由海安派出伪军驻守。几千人的大部队转移，通过封锁线上的贲家集大桥（双人木桥），至少要一两个小时；如化装通过，重武器携带又有困难。然而新四军抗联部队把一切都给安排好了。原来，贲家集的伪军监视哨据点，早被联抗控制掌握，联抗派了人打入它的内部，新四军的部队经常通过据点大桥，伪军均暗暗地放行。这次通过的人数太多，联抗为慎重起见，特地做了工作，把不可靠的几个伪军借故支走了。这样，我们才安全通过了这条封锁线。

日伪军进入了我根据地，找不到我苏挺军总部目标，十分恼怒而又迷惑害怕起来，认为我指挥机关及各部队已转入原地隐蔽潜伏，很可能是布下了伏兵阵地。因此，日伪即以小部分兵力分散各地作逐段逐片逐庄配置，摆出撒网兜鱼的架势，然后逐村逐沟搜索前进，还漫无目的地乱放炮、乱扫射；而将大部兵力集结在各个点上，待找到我主力后再机动使用上去。但敌人万万没有估计到，新四军及联抗部队会掩护支援国民党军队转移，而且转移到了新四军的防区。

国民党苏挺军部队在抗日民主根据地受到地方政府和军民的热烈欢迎，得到了粮食、食油、薪柴、水产品等物资的大力支援。根据地军民省吃俭用来支援友军，海滨地区不种水稻，但还千方百计搞些大米来招待客人。这里地处渔区弶港附近，此时正值春汛，军民们每天供应我们春鱼佐餐，使我们饱尝了时鲜。

我们抓住这一宝贵而难得的机会，进行部队休整，加紧军事练兵和政治学习，特别是学习新四军开展水网地带对敌作战经验。通过学习休整，基本上消除了两三个月以来因连续的反“扫荡”战斗出现的紧张和疲劳，个别部队因受敌伪军武力迫降和种种诱惑一度产生的动摇情绪及错误认识，也得到了一定程度的消除和纠正，官兵的情绪趋于稳定。

苏挺军一些比较进步的将校如陈振等，接受新事物较快，他们认为，苏挺军要抗战到底，一定要有正确的领导。于是，他们就打算请共产党允许把这支部队编入新四军，并同苏中军区 2 军分区领导陈同生、梅嘉生交换了意见。经转报新四军领导研究，作了婉言答复：“大家要求进步是对的，编到人民军队行列来也是欢迎的，但应以国共合作大业为重，不能影响抗日民族统一战线政策。”这件事曾一度酝酿，虽未能成为事实，但给这些将校们以极为深刻的感受。以后在全国解放战争中，他们主动投入地下工作活动并毅然决然地在各地举行了起义。

这次反“扫荡”战役，以日伪军未达目的而结束。国民党苏北挺进军等部队得以保持了战斗力，从而能继续坚持敌后作战，使国民党在山东、江苏两省的长江以北、黄河以南地区保存了有数的几块游击根据地，并进一步获得了巩固。我挺进军转移到新四军根据地的各部，于 3 月下旬又回到了原驻地。苏挺军一纵队一部因失去联络、行动迟缓而被日伪军合围，受到损失。张星炳保安三旅不仅行动迟缓，而且错误地分析和判断敌情，对新四军还存有疑心，因此在仓促之间遭敌军急袭，围困在蚌蜒河两岸，结果全旅被击溃，仅胥金城等少数人员突围转移到新四军联抗纵队收容。

抗联国际88旅小分队痛击日军

刘义权*

1943年4月的一个清晨，我东北抗日联军国际88旅小分队在柴河密营召开全队会议，刘雁来传达了王效明从饶河发来的指示，王效明当时是周保中派到东北小分队的总指挥。伴着窗外淅淅沥沥的细雨，刘雁来十分严肃地说："3月20日，日军大将梅津美治郎在长春召开的会议上，制定了对我东北抗日联军杀光的政策，在滨江省警务厅调动500余人对我巴彦、木兰、东兴等县的地下党员和小分队进行大搜捕，已有126名抗日战士被捕和牺牲，其中有50人被送到哈尔滨731部队，26人被送到牡丹江铁岭河日军监狱，50人在当地被枪杀。"我们小分队按照指示火速转移到镜泊湖老松岭，到达的第一天就收到总部电台发来的消息，刘雁来的妻子刘芳喜在红河被捕，抗联小分队队长梁玉峰被捕牺牲。听到这一消息后，大家都十分难过。

5月15日，刘雁来对下一步行动进行部署，命令我和王士平到磨刀石去找马来春接头。我俩化装成乞丐，沿着牡丹江郊外弯弯曲曲的山路小道往磨刀石行进，心里牢记着刘雁来密告的接头地点——煎饼铺，暗号是："掌

* 作者时为抗联国际88旅小分队战士。

柜的有山货吗？”回答是：“有山货。”我们两人从一片森林里钻出来，我脸被蚊虫叮咬得肿起来，痛得直哭，王士平鼓励我要坚强、不怕苦，还和我哼起抗联小分队的一首歌：

吉东都是好儿男，英雄百战走四方。火烤胸前暖，风吹背后寒。

森林山沟是我房，草地石洞是我床。树叶茅草是我被，火堆是我亲爹娘。铺着地，盖着天。霜露当衣被，风雨当便餐。为了打垮日本鬼，再苦也心甘。杀杀杀！

我的脸肿得越来越厉害了，王士平拉着我停在一条小路旁边，用尿水给我擦洗肿起的地方。又走了一会儿，我实在走不动了，就坐在地上休息。这时，从林子里走出来一位约50岁的担柴人，他看我们坐在地上，便对王士平说：“这孩子脸上肿块是草爬子咬的吧，已经中毒了，要用盐和青烟叶水擦洗，等时间长了会烧出大毛病，快跟我走，到我家去，不要怕，我是好人。”我俩打量着这位担柴人，中等个头，圆脸，很黑，看样子挺老实。王士平说：“谢谢。”我俩就跟他下山了。

我们来到磨刀石靠山坡一户有两间草房的人家，一进院，担柴人就喊出张大婶，让她拿来盐和青烟叶水给我洗脸，一会儿肿块消了好多。我出去看到院门上有“煎饼铺”三个大字，高兴的和那担柴人对暗号，他说：“我就是马来春，上级通知我担柴迎接你们两人。”

后来，马来春把黄花岗（现叫红花岭）和绥芬河日军的活动情况，以及黄花岗日军往绥芬河运送弹药的路线、关东军队长田利次郎率部在绥芬河天长山、地久山的607高地驻军情况等都告诉了我们。

马来春同志原是李延禄军长的地下联络员，1931年加入中国共产党，“九一八”事变后被党组织派到东宁、老黑山、宁安等地。

刘雁来在第二天早晨3点，率领小分队来到磨刀石张大婶的煎饼铺，马来春和张大婶把607高地的地图交给了刘雁来队长。

太阳出来时，我们小分队开始直下黄花岗和绥芬河，到黄花岗时已是晚上10点整。经侦察得知，日军曾从黄花岗飞机场向绥芬河运送军火30余次，刘雁来立即做了战斗部署。就在这天晚上，日军一辆大胶皮车从机场出来，我们小分队在一个山坡上进行了截击，歼敌 8 人，缴获弹药 8 箱，手榴弹 3 箱，歪把子机枪 2 挺，战士们兴高采烈地准备迎接明天的战斗。

天亮了，听到从天长山、地久山传来枪声，这是 20 多名青山队队员和田利次郎部队的 70 多个日本兵交上了火。我们小分队埋伏在山脚下，为了两面夹击并最后包围敌人。刘雁来命令马来春、王士平从北山坡去和青山队联系。青山队是一支由群众自发组织的爱国抗日武装，队长叫林青山，他多次带队到磨刀石找马来春想投奔抗日联军，但始终未联络上。马来春很顺利地完成了任务，一场围歼日军的伏击战开始了。我和李永镐隐蔽在一块低洼的地方，李永镐紧紧抓住我的左手鼓励我说：“抗联战士都勇敢，别怕日本兵。”这时，有 8 名荷枪实弹的日本兵押着 4 位被绑着胳膊并联成一串的老百姓走过来。刘雁来命令战士等敌人靠近再打，李永镐说不要伤到群众。田利次郎看到青山队逼近，带着 4 人行动不便，就下令队伍停止前进，用手势指示把 4 个老百姓押到旁边的开阔地杀掉。正当日本兵准备射击时，刘雁来连击两枪，打倒了举枪正要射击的日本兵，小分队勇猛冲上去，日本兵被突如其来的阵势吓破了胆，四处逃窜。我借着枪声的掩护，在树林和蒿草的掩护下向被困的群众爬去，一边爬一边喊：“老乡们快卧倒，不要怕，我是抗联兵，救你们的。”我从日本兵尸体上拔下刺刀割断 4 位群众身上的绳索，带着他们爬到北山坡树林里的安全地带。

青山队从后边冲上来同小分队会合，杀声震响了山谷。这次战斗打死日军 12 人，其他日军吓得狼狈逃窜，田利次郎骑上大红马逃到绥阳。

刘雁来和李永镐给青山队讲了抗日救国的道理，林青山激动地流下眼泪说：“我永远跟着共产党，和周保中、李延禄打鬼子。”获救的 4 名群众也参加了抗联小分队。

我们小分队接到牡丹江方面的指示，转移到东宁老黑山。这时，传来了东宁县的日军正在集合准备攻打我们小分队的消息，小分队立即做好在南天门山区截击向绥芬河推进的日军中队的战斗准备。小分队采用“狼群战术”，一口一口地把日军吃掉。日军指挥官小泉在指挥部队走进南天门一条变道口时，我们的伏击战打响了。激战进行了一下午，打死打伤日军 30 余人，小分队共牺牲 10 人，伤 4 人。在这次战斗中，我的右小腿负伤。小分队在转移深山前，刘雁来命令安置好牺牲战士的遗体和伤员后，把我交给杨海（地下交通员），到他家里养伤。

杨海家住绥阳前街，有 3 间青砖房。在东西大道的西边有一座大庙。杨海把我放在炕上说："孩子，对不起你，我得先把你绑上。"于是就用青腿袋子把我的四肢紧紧绑起来，又用剃头刀子把我右小腿的伤口豁开，用钳子夹住子弹头，拔出后，用盐水擦洗伤口，再用盐水泡好的青烟叶子打成像子弹大的青烟卷扎进伤口里，把花椒面倒在伤口上，最后用一条白布袋把伤口扎好。此时我早已大汗淋漓……

第三天，杨海得知日军田利次郎和汉奸、伪警察们要在绥阳 300 多户人家搜捕抗联地下党员的消息。当晚 9 点，田利次郎果然带着汉奸和伪警察共十几个人闯进杨海家，一进屋就问，红胡子（日军把抗联叫红胡子）大大的有？杨海摇了摇头，杨海老伴说："我家 4 口人，儿子、儿媳妇，哪有什么红胡子！""巴嘎！"田利次郎把杨老太太打倒在地，叫杨海带着他们到西屋。日军看到我和杨桂兰（杨海女儿）盖着一双大花被子正在睡觉，用刺刀挑开大花被，问道："抗联的是？"杨桂兰说："太君，他是我丈夫，有病。"汉奸看她没穿衣服光着肩，和日军说："花姑娘！"杨桂兰紧紧抱住我的身子。日军用马鞭对着杨桂兰的后背狠狠地抽了三鞭子便走了。我用毛巾给她擦掉后背上的血问她疼吗？她说："流点血不疼。"她又用毛巾给我擦脸上的汗水。

杨大妈过来问我："孩子，受惊了吧！"我看到杨大妈脸上青一块紫一块的，便哭着说："大妈，你为了救我，一家人受罪了。"大妈说："一家人不要说两家话嘛！"杨海送来一套蓝色衣服叫我换上，告诉我在他家好好养伤，伤好了队伍来人接我。

杨桂兰化装成我媳妇的样子。那年她 18 岁，还是个大姑娘，瓜子脸，一双大眼睛，先笑后说话。她每天早晚用盐水给我洗伤口，精心护理我整整 14 天。6 月 2 日，刘雁来派王士平到杨海家接我回部队，临走时杨桂兰哭着对我说："我等你回来，我一定等你回来！"我的心里默默地在流泪，说："我忘不了你们一家对我的救命之恩！"她又抱住我说："别忘了俺！"我和王士平走出很远，回头看去，她还站在山坡上频频向我挥动着手，风吹散了她的头发。

太行山战斗掠影

高文宪*

1943年四五月间，日军和我第二十四集团军在豫北太行山区大会战。我被军令部部长徐永昌派到该集团军任作战联络参谋。与此同时，洛阳第一战区司令长官蒋鼎文派我兼任长官部豫北军事特派员。

巍峨的豫北太行山东部，地处冀、晋、豫三省交界，是华北抗日的战略要地。庞炳勋总司令坚守该地区六年有余。以下所述是我亲历的该区最后一次同敌会战情况。

这里南至黄河北岸新乡，北至安阳以北的漳河南岸，是第二十四集团军战地。林县以西约20里是第十八集团军阵地。

第二十四集团军直辖三个军。其中胡宗南的刘进第二十七军驻晋东南晋城、陵川一带；新编第五军孙殿英部驻林县最前线距平汉路汲县塔岗火车站七八十华里的临淇镇，其后方基地在距林县城三十余里的合涧镇；第四十军前进师驻距安阳县城约85华里安林交界地区阵地。豫北安阳、新乡两专区游击纵队和其他游击队等均列入各军战斗序列。总计兵力约10万人。

日军在新乡和焦作各驻一个师团，修武县驻一个旅团，孙殿英部的对面

---

* 作者时任第二十四集团军作战联络参谋。

汲县、淇县驻一个师团，安阳和汤阴县驻一个师团，安阳飞机场驻一个独立旅团，其余各地有敌伪军约 7000 余人。总计敌方兵力约 12 万余人。

4 月下旬，日军全面向太行山区进犯。进犯前三天，由安阳起飞的敌机三十余架对我军附近地带投弹轰炸，民房被毁者不计其数。老百姓扶老携幼躲飞机，日机立即低空扫射，伤亡甚众。数日后，新乡日军向陵川进犯，焦作日军直攻我第二十七军军部驻地晋城，其独立旅团则在修武和焦作作为预备队。头几天，刘进带领一个加强团配合新乡专区游击队边打边撤。后来日军进入我第二十七军主阵地。当天夜晚，刘进军长下令称：日军已转移部队，企图南渡进攻洛阳，我军奉命撤退，保卫洛阳。实际是借此悄悄渡河逃跑。留下的游击队，伤亡惨重，游击队员被生擒的也不少。五天之内第二十七军全部撤退，日军乘机将其阵地变为扫荡战场。

与此同时，汲县和淇县的日军向西进攻临淇镇的孙殿英军。守卫临淇镇的杨克猷师长率领的部队与敌刚一接触就往后撤退了。敌军尽以阔步行军势从容直入孙殿英新编第五军军部，孙军已无踪影。孙军主力不战自溃，日军声称：孙军长真是我的好朋友，为我军节约不少枪支弹药，他已进入“东亚和平共荣圈了！”

当南路和中路中国军队一个军长带队渡河撤退，一个军长投敌之时，安阳西进之敌正围攻安阳、林县交界之第四十军前沿阵地，久攻不下。敌军声称，遇上顽强的抵抗者了。遂将固守安阳机场的独立旅团陆续调来增援。第四十军英勇抗敌，死守阵地，刺刀肉搏。三次激战，损伤过重，遂向林县城转移。此时守林县城的我军部队亦遭到晋东平顺县日军之攻击。马法五军长向李振清师长说：你要死守阵地，掩护我军突围。当夜，我随第四十军军部在敌人枪林弹雨中绕道突出。庞炳勋总司令未能突出，遂被俘投敌。第二天深夜，第一〇六师李振清师长被敌人四面包围，连续冲锋三次，未能突出。敌人在山上喊：“李铁头！赶快投降吧！你们一个也跑不了了。”李师长毅然回答：“我们誓死与阵地共存亡，你们请过来吧！”敌人继续向我军进攻。早晨 4 点，西北方向敌军外围响起连续不断的枪声，且越迫越近。这到底是怎么一回事？马军长又回来接应了吗？不！这不可能，绝不可能！他早已没有子弹了。大家正在寻思，西北山头传来亲切的喊叫：“李铁头！冲呀，我们八路军来打鬼子了！”话音一落，日军掉头往西北方向集中兵力，对付八路军。李振清率部乘势冲出，南渡黄河。

太行山东区被日军占领，不到一月，八路军将日军赶走一光，收复了全部失地。

古堡除奸

邓德如　孔德才等*

1943 年春天，乍暖还寒，乌云笼罩着日军炮火洗劫过的一个长城城堡——密云县石塘路破败不堪，到处是残垣断壁，街道两旁的房屋还带着火燎烟熏的痕迹。

日军“扫荡”之后，留下一个日军小队和四个汉奸特务，在城堡中心设立了据点。特务队长叫李连成，人称李阎王。另一个是高怀，外号高坏。这伙特务认贼作父，依仗日本人的势力，抓人抢粮，无恶不作。有一次，赶河厂村郑保长带着民夫去修炮楼，李阎王硬说是“磨洋工”，说声“打！”话音未落，高坏抄起木棍劈头就打，几棍子就打得郑保长等人昏死过去。

一次，特务高怀到石塘路南门肉铺，白吃白喝不算，还假装和掌柜的套近乎，高假惺惺地说：“干这行真不好，伤天害理。不干吧，日本人不答应；干吧，咱都是三里五村的乡亲。”开始，掌柜的没有理会他。过几天，高怀又是这番话。掌柜的没看透这家伙的用意，便说：“你怎不投八路军呢？眼看鬼子快完蛋了。”高说：“想投八路人家不相信怎么办呢？”掌柜的说：“你们要投八路，是真心，我就能引见。”高怀当时表示谢意。这天太阳刚落山，

* 作者邓德如时为河北省密云县石塘路中共地下党员，孔德才为密云县石塘路居民。

高怀就把肉铺掌柜逮去交给日本兵。日本兵让特务用棍棒打，皮带抽，灌汽油，坐老虎凳，用刺刀割去耳朵，用菜刀剁去手指，逼他说出八路军的住处。肉铺掌柜宁死不说，最后被活活折磨死在日本据点里。

一天，特务队长李连成碰到一个外乡商人，拉着两匹骡子，驮着土布。李硬说是给八路军送的，将这名外乡商人捆绑到据点内的一个木桩上，派人找来一名屠户，逼着这名屠户剜出外乡人的心脏。李阎王抓起血淋淋的鲜人心，狼吞虎咽地吞下肚去，还恶狠狠地说："我吃了人心，有了豹子胆，以后打仗我什么都不怕。"四个特务横行乡里，无恶不作，经常强奸妇女。有的妇女被糟蹋以后，爬上长城，跳下山涧而死，有的投进涛涛的白河身亡，使不少家庭家破人亡。

汉奸的罪行对我根据地人民的抗日斗争造成很大的威胁，老百姓对他们恨之入骨。石塘路当时的三名共产党地下党员牛凤祥、邓德如和任文礼决心为民除害。

有一天，给日军和特务做饭的我自卫队员（民兵）送出情报：四个特务一起赌钱，高怀总是输了不给钱。一特务到董各庄特务中队去告状。高怀又气又恼又害怕，嘀咕着想逃跑。牛凤祥把这个情况告诉了邓德如和任文礼，并安排他俩在鼓楼（石塘路城中敌据点附近）下面，自己在南街监视特务的行动。

第三天上午，高怀果然出来了。走到鼓楼前向烟摊的沈掌柜要烟抽。沈掌柜说："这里没有好烟，到家里去拿吧。"高怀随沈掌柜往南街走去。邓、任二人悄悄跟踪过去。在南街的牛凤祥也发现了这个情况。在拿香烟的工夫，三个人碰面，邓、任去找绳子，牛凤祥在墙角处等待时机。

不一会儿，高怀拿着 10 盒香烟从沈掌柜家往回走。牛凤祥假装溜达，与高怀碰个对面擦肩而过，突然猛转身，将特务抱住，欲按倒在地，但没有按下去，两人扭打在一起。这时，邓德如、任文礼飞步上前，将高怀牢牢地按在地上，用准备好的旧毛巾堵住嘴，用牛皮绳捆住胳膊。让沈掌柜带道，出了城堡南门，来到石城口外的长城根下。我南石城村的自卫队员听到这个消息，找来镐和锹，挖了一个大坑。这时，牛凤祥派邓德如回村，观察日本据点中日寇和特务的动静。他和任文礼把特务捆在一棵大杏树上，数说其罪行。高怀筛糠似地浑身哆嗦着说：“我有罪，我有罪。”战战兢兢地请求宽恕，企图蒙哄过关。这时候，南石城村的部分群众赶到这里，齐声喊：“砸死他！砸死他！”

正在这时候，石塘路城走出几个人，远处看像是日本兵和特务。为了防备万一，牛凤祥他们把高怀扔进坑里，用石头结果了他的性命。这个作恶多端、死心塌地为日本鬼子卖命的汉奸，得到了应有的下场。

高怀失踪后，三个特务认为他逃跑了，暂时没有追查。过了几天，又从内线得知，特务队长李连成要在下午去董各庄上司那里报告军情。李连成一个人去董各庄，这又是个除奸的好机会。牛凤祥、邓德如、任文礼三人一商量，决定埋伏在特务返回的必经之路——塌子沟菜园。第二天中午，李连成骑着毛驴走到菜园的时候，牛凤祥三人从菜园窝棚里同时冲上去，出其不意地把特务队长从驴背上拉下来，缴了武器，拉到塌子沟西的山沟里，用山石砸死。当地百姓大快人心。

几天内除掉两个特务，剩下的两个龟缩在据点里，不敢轻易出门了。牛凤祥三人和住在石炮沟附近活动的八路军老十团（白乙化曾任团长）取得了联系，决心除掉最后两个特务。老十团派一连长周德礼带领一个排来到距石塘路 3 里的赶河厂西峪村，牛凤祥三人带领马营村和石塘路的 11 名精明强干的自卫队队员也来到西峪，共商锄奸大计。大家认为，特务虽少，但住在日本据点内，里边有 30 多个日本鬼子，还有迫击炮、重机枪等精良武器，必须制订一个既不惊动日寇，又能消灭特务的计划。当即决定分三路围住日本据点。

作战方案制订以后，已是三更时分，由牛凤祥带路，潜入城中，一路负责警戒，另外两路分别从前后院摸进特务住所。一个曾给据点站过岗的自卫队员佯装成送情报的人，叫醒特务高某，递给他一张叠成三角形的白纸。当高某发现这是一张空白纸，刚要发脾气的时候，乌黑的枪口早已对准了他的胸口。后院的特务张永州也同时束手就擒。当我军民押着两个特务来到石塘路城外遥峪沟门的时候，战士们打了两排子弹，吹起了胜利的军号。号角声在石塘路上空回荡。

第二天清早，日本小队长发现两个特务都被八路军除掉了，不由得说："八路，胆子大大地！"不久，日寇撤离了石塘路据点。

（王敬魁整理）

稷山县张开西村护粮之战

刘福田*

1943年，晋绥军第三十四军暂编第四十四师第二团，驻防于稷山县黄花峪（沟名）一带，控制着由稷山平原通往乡宁山区的通道。团部第一营和机炮连，驻峪内王家窑以北的一个小村，三营驻王家窑，二营驻峪外的张开西村。我当时是二营六连中尉排长，后兼代理连长。

4月7日，二营营长王兆元接受了由汾南护粮经过黄花峪口，然后转送吉县第二战区司令长官部的任务。这天，王兆元率五、六两连（四连归团部直接指挥）约200余人，于下午六时许，通过下廉城汾河渡口，直到新绛县马庄（第三十四军粮站所在地），启运六七万斤小麦，保护着一百来辆铁轮大车向张开西村返回。

这一情报早由汉奸报告给了日伪军。敌人纠集河津、稷山、新绛三县的日伪军约600余人，企图歼灭我护粮部队并抢走粮食。其一部由西往东经李马吴（村名）抢占了黄花峪以西的242高地，阻拦峪内驻军不能出峪，大部则保持二三里的距离，尾随我护粮部队前进，欲在黄花峪外将我护粮部队包围歼灭。

---

* 作者时任晋绥军第三十四军暂编第四十四师第二团第二营第六连代理连长。

是夜，黄风大作，护粮部队只管低头行进，并未发现敌情。8日晨4时左右，到达张开西。我们派出警戒哨，正准备休息时，忽闻枪声。全营遂急起应战。一出张开西村，六连连长崔步陞肩部即负重伤，于是由我代理连长。这时我们才发现敌人已占242高地。高地如不夺回，峪内的部队不能出来支援，我们就只有被围歼之一途。王兆元营长不顾部分战士已与敌展开肉搏混战在一起的严重情况，命令我指挥第五、第六两连抢占242高地，三分钟内发起冲锋。受伤的第六连连长崔步陞拉着我的手说："小兄弟，现在是养兵千日，用兵一时，我限你不超过20分钟夺回高地！"五连连长刘秋林学习去了，由中尉排长王英才代理。王是我在第二战区随营总校学习时的同班同学。他有点胆怯。我说："冲上去也不过是个死，退下去军法从事也是个死，我们宁可死在前头，不能死在后头。现在正面由我攻击，侧翼给你，你接受不接受？你不接受，你可以打死我，你不打死我，又不接受任务，我可要打死你！"他接受了任务，从左翼发起攻击，我带领六连从正面向高地冲锋。

高地上约有敌100多人，配属三四挺重机枪，三四个掷弹筒，还有几挺轻机枪，火力十分猛烈。我们不顾伤亡，在敌人换装子弹梭子的间隙，由少尉排长李虎山带头冲锋。经过20多分钟的战斗，终于夺回242高地，敌向西撤去。

我攻击242高地时，尾追我部的敌军与我有三四里的距离，而战斗不到半小时便宣告结束，因而未能与高地敌人合围我部。攻占242高地后，我团团长戴国林率第一、第三两营与机炮连出峪增援，敌见势不妙，遂即撤走。

此役第六连伤亡惨重，排长李虎山、司务长张某英勇牺牲，班长牺牲4人，受伤2人，士兵牺牲42人，受伤8人。我失去知觉昏睡两天。五连伤亡较少。战后约十天左右，全团开了追悼会。全连原来约有100人，此役伤亡过半，但完成了护粮任务。后来我被提升为三连连长。

抗战时期恩施的经济、教育、文化

张　泉*

1943 年 3 月，我与重庆《扫荡报》战地特派员张建心（浦江）同行，由重庆来到鄂西重镇恩施，担任《武汉日报》采访部记者。当时，恩施既是湖北省的战时省会，又是第六战区司令长官部的驻地，肩负拱卫陪都重庆门户的重任，是鄂西军事、政治、经济、文化集中的重要地区。由于工作上的关系，我同当地党政军机关、学校、团体都有所接触，或多或少了解一些情况。现就回忆所及，将我亲身的经历和见闻叙述如下。

设在恩施的党政军机构

1938 年秋武汉保卫战失败，战线西移，湖北省政府及所属机关逐次迁往恩施。次年 10 月，国民党统帅部为适应战局发展的需要，进行战区调整，把洞庭湖地区及湘西、鄂西广大山区划分为一个战区，成立第六战区司令部，驻节恩施。由此，这个小小的山城，便成了湖北省战时省会，同时也成了六战区的指挥中心。一时间，党政军机关遍布于恩施山城内外。

---

* 作者时为《武汉日报》采访部记者。

1943年至1944年湖北省政府的主要官员是：主席陈诚，秘书长刘千俊，民政厅长朱怀冰（代行省主席职），财政厅长赵志垚，建设厅长先是朱一成，后为谭岳泉，教育厅长张伯瑾。陈诚在国民党统治集团中是一个炙手可热的人物，担任过一系列军政要职。陈主鄂期间，出台了一个“新湖北建设计划”的施政大纲，其内容包括经济、政治、文化等方面的建设，表明他要在湖北大展宏图干一番事业。后来，陈也确实在刷新吏制、发展经济、兴办教育等方面作了一些努力，对适应战时的需要起了一定的作用。

第六战区司令长官部驻地土桥坝，司令长官陈诚（陈调任云南远征军总司令时，由孙连仲代理），参谋长郭忏，副参谋长张知行，政治部主任鲁宗敬（政治部原驻四川黔江，后迁恩施）。长官部分设参谋处、军务处、副官处、卫生处等。参谋处长谢士炎，军务处长张琪，副官处长蒋虎志，卫生处长陈立楷。还有配属六战区的特种部队和其他主要机构，如特务团、炮兵团、兵站总监部、军官训练团等部门。

代司令长官孙连仲，在台儿庄大战中，任第二集团军总司令，亲临前沿阵地指挥作战，与强敌反复冲杀，血战十余天。1943年鄂西和常德两次会战，孙也都亲赴前线指挥作战。孙体格魁梧，不善言辞，平时只管带兵打仗，对政治不感兴趣，公众场所很少露面。

国民党湖北省党部设在金子坝，主任委员黄建中，书记长吴大宇。黄是湖北随州人，老北京大学出身，长期从事教育工作，抗战前任过湖北省教育厅长，抗战初期当过四川大学校长。他讲话慢条斯理，一副学者的派头，在党务活动方面打不开局面，倒是委员童光煐跳来跳去，显得十分活跃。

三青团湖北支团部设在城内东大街，干事长张伯瑾兼，书记刘先云。支团部内分设三组：训导组长胡兆和，宣社组长张耀文，总务组长董仕杰。视导叶钟裕，监察朱怀冰兼。支团部出版《湖北青年》刊物，编辑金戈。刘先云是陈诚系统中的一名骨干分子，早年在陈诚任十八军军长时当书记官，后提升为郭忏九十四军的政治部主任，陈诚亲主省政后，派任为恩施县长，1943年春湖北支团正式成立，刘即调为书记。此人活动能力很强，开展的社会活动也较多，其声势尤胜于党，乃至形成党团分庭抗礼的局面。三青团恩施分团也设在城中，干事长邓季栋，股长有周荫普、冯石、蔡武等人。三青团在城内设一个青年剧场，并成立了一个青年剧社，经常组织京剧和话剧的演出。

湖北省行政干部训练团设在恩施城内南门，团长陈诚兼，教育长左铎，总队长曹毅。下设三处一室，即教务处、训导处、总务处、办公室。总队以下分大队、中队。省干训团的任务是分期分批轮训各厅处和各专区、各县的中下级干部，以及其他专业人员和省党部以下人员、保安团长以下的干部、中小学教师、财会人员等等。陈诚对省干训团的训练工作十分重视，经常来团对受训学员训话，其主要目的是使干部统一意志，集中力量，以利推行他在湖北实施的"新政"。省干训团的大院内，建有一个大礼堂和集合场，因而这里就变成了一个活动中心，六战区和省政府的一些重要集会、每星期一的"总理纪念周"、鄂西会战后的祝捷和军事会议、全省行政工作会议等，都在这里进行。三青团主办的夏令营及其他文艺晚会，也在这里举行。

湖北临时参议会会址设在离恩施城关 10 余华里的龙洞。议长石瑛（后为沈肇年），副议长李四光（后为胡忠民），秘书长胡忠民（后为贺有年）。石瑛，字蘅青，湖北阳新人，是一位热血沸腾的爱国主义者，秉性刚直。一二八淞沪抗战之后，日本侵华气焰十分嚣张。1932 年，石瑛出任南京市长。一次，日本派遣一个代表团到南京，当时任国民党行政院长的汪精卫，亲日媚外，命市府人员齐集机场迎候。石氏认为此举有辱国格，下令市府放假一天，以示抵制。代表团抵南京后，要求会见市长，由外交部次长唐有壬引见，石氏拒不接见。事后，石瑛严词痛斥唐有壬卑鄙辱国，并为此愤然挂冠而去。1937 年抗战开始，严立三、张难先、石瑛等出任湖北省政府委员，石兼建设厅长。武汉八路军办事处主任董必武计划在湖北应城地区举办训练班，培训敌后游击队军政骨干。董与石会谈后，石持积极合作态度，并以建设厅的名义拨经费，开办合作人员训练班，即著名的"汤池训练班"。训练班除民主进步人士李范一担任班主任外，其他干部均由中共人员担任，陶铸负主要责任。训练班毕业的数百名学员，都以指导员的合法身份，在全省各地宣传和组织群众团结抗日，发动沦陷区抗日游击战争，也为新四军第五师培养了一大批骨干力量。石瑛在恩施任湖北省临时参议会议长期间，以自己的地位和声望，通过多种渠道，采取各种方式，营救或掩护了大批中共地下党员和爱国进步人士。

战时恩施的经济措施

恩施是一个地处偏僻、人口不多的山乡县城，骤然成为战时省会和战区重镇，机关学校林立，人口突增数万，市场物资供应、解决广大公教人员及其家属的日常生活必需，就成为当务之急。陈诚为稳定物价，保证供应，特别成立了一个庞大的机构——湖北省平价物品供应处。总经理由湖北省银行行长周苍柏兼任，供应处之下分设了物资部、粮食部、食盐部、凭证供应部、纺织厂、制药厂、民享社等各个采购、储运、生产、分配和服务性行业及部门。

凡属省级机关学校的公教人员和直系亲属的物资供应都是凭证分配，分配的项目包括粮食、柴炭、食油、食盐、灯油、土布、棉花、肥皂、火柴，以及毛巾、牙膏、洋布等。其中又分为两类：一类属于“扣价配售”，一类属于“限价配售”。这两类凭证供应的物品，都规定有数量，一般都低于市价 50% 左右。供应处在城内南门和城外桥坝等处设有门市部，经管销售业务。这项措施使广大公教人员和家属基本生活资料都有所保障，同时间接地抑制了市场物价的上涨。

除了上述凭证定量定价配售的棉布棉花外，公教人员每年免费发给粗布单制服一套，每两年发给棉制服一套，省政府各厅处的勤杂人员也如此。所以在街头或机关学校见到公务员和学生，夏秋一律着灰麻制服，冬季均是黑色棉衣裤，朴素整洁，落落大方。

民享社是供应处的一个业务部门，不仅恩施设有，鄂西各县均有设置。我 1943 年两次随建设厅长朱一成到咸丰、建始参加咸惠渠、广润渠的建成放水典礼，都住在该县的民享社招待所，食宿十分方便。民享社经营的范围，包括公共食堂和招待所。设在恩施的招待所有两处，一处在城内东门，一处在城郊的舞阳坝；公共食堂也有两处，一处在城东大街，一处在城外土桥坝。城内的招待所专营住宿，招待所内分设单人、双人和集体房间，住宿费用较一般旅社低廉，但只有公职人员方可进住。公共食堂则公开供应，供应标准规定一席为四菜一汤，三荤一素。由于价格便宜，约低于民营餐馆售价的一半，且又实惠，因而颇受欢迎。但供应数量有限，晚去者不免向隅而叹。

纺织厂是平价物品供应处所辖的一个部门，位于恩施城东北 20 华里的红庙小镇上。厂房建于巴施公路（巴东至恩施）两侧。我去采访这个厂的时候是 1943 年春，当时这个厂有好几年了，已具有一定的规模，生产也处于兴旺时期，在市面上享有一定的声誉，尤其是它缓解了公教人员和学生的穿衣问题，因而很为人称道。经理屠子金等人接待了我并介绍了该厂的生产情况。当时全厂职工约有六七百人，分设三个生产车间：纺织、缝纫、印染；设备有纺织机、摇纱机、织布机、毛巾机、织袜机等若干部。在战时的恩施，这个厂从规模和职工人数来看，都可称得上是一个大厂。它生产灰麻色布、毛巾、袜子等产品，既供应公教人员及学生的制服，也大批量的缝制军服。

1943 年冬，恩施地区缉私部门透露出一起案子，是由平价物品供应处与私商勾结大量走私布匹，后被缉私处查获，案情与湖北省财政厅长兼平价物品供应处董事长赵志垚有关。当时这件事闹得满城风雨，人言啧啧。由此可见，这个掌握物资大权的部门里，借机发国难财的大有人在。

制药厂规模不大，厂址位于南门附近，职工数百人，设备很简陋，主要以手工操作。生产的成药品种不多，数量也少。年轻的厂长（姓名忘了）很想有点作为，但限于技术、生产条件，搞不出什么东西，对满足市面医药的需求起不了多大作用。

计划教育与公费制度

实施计划教育与公费制度，是陈诚主政时期推行“新湖北建设计划”中的一个重要组成部分。他在恩施创办了20余所中等以上学校（包括普通中学、师范和职业学校）和3所大专院校——湖北教育学院、湖北农学院和湖北医学院。这些学校的学生全部实行公费制度，毕业后统一分配，不仅解决了一大批流亡学生和贫寒学生的升学就业问题，而且对鄂西地区的教育及普及发展起了促进作用。在战时异常艰苦的条件下，能做到这一点也确实不容易。

中等学校和高等院校在校学生的书籍、膳食、衣被，全部由公家供给，甚至发给少数的零用钱。服装是夏天单制服一套，棉衣两年一套。

一般来说，各学校的校风学风都比较好，很少听说有学生在外作奸犯科的。无论你登上五峰山（教育学院），或爬上核桃坝（二女师），听到的都是琅琅读书声，勤奋学习的空气十分浓厚。1943年二女师举行了一次校庆，学生的作业成绩都陈列出来展览。我访问了该校，翻阅了她们的作业，很多学生的成绩都是优等的。一次，我到宣恩李家河一女师参观，校长段奇璋治校十分严格，学生无故不准外出，校门整日紧闭，学校不留宿外人，我作为一个新闻记者来到该校也不例外，她客气地让我到该地乡政府去解决住宿。当时，为人们称颂的几位北京女师大出身的“女将”，如二女师校长李翠贞、一女师校长段奇璋、教导主任朱侣柏等人，毕生从事教育工作，对湖北的教育事业，特别是女子师范教育做出了贡献。

时值抗日战争艰苦的年代，绝大部分学生家乡沦陷，过着流亡的生活，能得到如此读书的机会，深感不易。因此，尽管环境艰苦，但学生们都能勤奋学习，成绩很好，因而考入各国立大学的学生为数众多。尔后有些人成就卓著，成为专家、学者、教授、诗人、作家。在大敌当前、民族危难之际，青年学生纷纷投笔从戎，有的报考空军，有的自愿应征当远征军。仅编入青年军二〇四师的湖北籍学生就有五六千人（恩施地区从军的学生达数百人之多）。抗战胜利复员的一批恩施地区高中生，被分配到各国立大学继续升学，到武汉大学深造的就不少。

湖北省立教育学院（后改为国立湖北师范学院）坐落在恩施五峰山上，院长陈友松，湖北京山人，早年留学美国，曾获哥伦比亚大学哲学博士学位，是一位著名的教育家。他到教育学院后，罗致了不少知名学者、教授来院执教和讲学。著名的音乐家喻宜萱、夏之秋都是这个学院的教授，他们经常在各种集会上演出。体育专修科的周孟乔、朱守顺教授，也常常出来主持和开展各项体育运动。

湖北农学院校址设在恩施城郊金子坝。院长管泽良是一位农学家，抗战前留学美国，获美国康奈尔大学博士学位，1939 年回国曾任成都金陵大学教授，受湖北省教育厅敦聘，回到湖北主持农学院。农学院开有农艺、园艺、植保、农经等系，有教授、副教授、讲师共 30 余位，全院师生员工 600 余人。管院长为农学院的筹建费尽心力，他经常骑着一匹枣红马奔跑于金子坝与土桥坝（教育厅）之间的小道上。

湖北省立医学院位于恩施城外土桥坝附近的沙湾，设内科、外科、妇产科、耳鼻喉科、眼科等专业，学制 6 年。医学院附设一所高级护士职业学校，除培养护士外，还培养检验师、药剂士、助产士等专门的医护人才。医学院院长朱裕璧，湖北宜都人，曾留学德国，回国后历任中山大学医学院外科教授、贵州安顺军医大学教授。为创办医学院，造就一批湖北高级医务人才，他历经艰辛。

新闻机构和文艺团体

1943 年，恩施共办有两家报纸，一是属于国民党中央宣传部的《武汉日报》，一是湖北省政府的机关报《新湖北日报》，都是每日出对开一大张。还有一家通讯社，就是中央通讯社恩施分社。文艺团体有抗敌演剧六队、第六战区政治部政工大队、湖北省文艺委员会所属的京剧团和话剧组、三青团青年剧社等。

《武汉日报》于 1929 年在武汉创刊，它是国民党在华中地区的重要宣传工具，1938 年秋迁往宜昌，1940 年旋迁至恩施出版。社长宋漱石，云南人，与原社长王亚明是云贵大同乡，曾任该报在武汉时期的总编辑，由贵阳《中央日报》社总编辑调来担任社长。总编辑张考祥，经理李光象，主笔蒋铭，新闻编辑李蔚华、村俊华、吴子赞、王健民、许良萃等，外勤记者先后有储裕生、张明、刁金波、谢未民、段奇斌、贾耀凯、张泉、邓心惕等，副刊编辑晏明、周慰曾。副刊《鹦鹉洲》在进步诗人晏明的主编下，团结了一批知名作家和青年作者，如沙鸥、王亚平、柳青、吕亮耕等，发表了不少诗歌、散文、小说、评论、译文等文学作品，其中一些反映现实、揭露黑暗的作品，颇受读者的欢迎。

《新湖北日报》是陈诚推行“新湖北建设计划”时为宣传其“新政”而创办的，1941 年元旦在恩施创刊。创刊初期，社长是董冰如，不久由谢然之接任。谢是浙江人，是陈诚在江西“剿匪”时被俘的中共党员。据说他原来是苏区《红星报》的编辑，叛变后随陈诚当过多年机要秘书，被陈诚送往日本留学，抗日战争爆发前夕回国；陈诚任军委会总政治部长时，他任陈的秘书，1943 年任国民党湖北省党部委员兼宣传处长，1944 年底调重庆任蒋经国主持的三青团中央团部干部学校主任秘书，兼青年军总政治部第二组组长，抗战胜利后调中央宣传部任新闻局长。谢接任社长后，为了效忠于陈诚，把报纸作为省政府的喉舌，为“新湖北建设计划”大造舆论。他为了同《武汉日报》竞争，千方百计地从《武汉日报》挖编采人才。当时担任总编辑的是夏晨中，主笔为毛树青，经理杨宁生，编辑主任李继先，编辑吴自强，采访主任谢未泯，资料室主任马锐筹，副刊编辑杨培新——杨系中共地下党员，副刊《长江》在他的主持下，很有特色，经常发表一些进步作者的作品。

当时的主要新闻机构为中央通讯社恩施分社，社址设在清江河南朱家坳，分社主任为徐怨宇。徐在抗战前后一直从事新闻工作，1935 年在张学良将军出资创办的汉口《大刚报》社任记者，1937 年担任中央通讯社武汉分社记者，武汉沦陷后任中央社宜昌战地特派员，1940 年奉派到恩施组建中央社恩施分社并担任主任，抗战胜利后担任中央社武汉分社主任。徐长期在湖北地区做新闻工作，因而对湖北方面党政军各界的情况比较熟悉，同新闻界和文化界的关系也比较好。他通过新闻媒体在宣传抗日、推动进步等方面做了一些有益的工作。分社内分设编辑采访等组，编辑戴易山，记者陈采，电台主任吕学礼。

活跃在恩施舞台上的抗敌演剧第六队，是由一群进步文化人组成的文艺队伍。它属于军委会总政治部直接领导，配属于第六战区，以话剧为武器，进行抗日宣传活动。队长刘斐章，抗战前是上海“左翼戏剧家联盟”的成员，副社长杜巴。该队在恩施先后公演了著名剧作家夏衍的《一年间》《心防》《悉城记》，老舍、宋之合编的《国家至上》，陈白尘的《大地回春》，冼群的《烟苇港》等。这些剧目的上演，加上六队演员的精湛表演，不仅改变了恩施舞台的面貌，提高了演出的水平，而且鼓舞了广大群众坚持抗战的决心和信心，带动了其他文艺团体的进步。抗战末期，该队迫于恩施地区政治环境日益险恶而设法脱离六战区，转移到了重庆。

第六战区政治部直属的政工大队也是以文艺宣传为主的演剧队。该队原驻四川黔江，1943 年调回恩施，驻在恩施南门外近郊，大队长何融轩，队附肖子英。肖在抗战前就在上海从事戏剧工作，曾参加唐槐秋领导的中国旅行剧团到南洋一带作巡回演出。太平洋战争后，他从香港辗转来到恩施，在政工大队担任导演工作（后受聘于湖北文艺委员会）。该队回到恩施后，由肖子英导演，先后上演了著名戏剧家曹禺的名剧《雷雨》《原野》。在《原野》一剧中，肖子英扮演仇虎，刘继秀（肖的爱人）扮演焦大妈，胡世淼演金子，周南屏饰焦大星。他们的演出十分成功，受到了观众的好评。

湖北省文艺委员会在当时也小有名气，其总干事石信嘉，湖北黄梅人，北大学生，1927 年大革命时期在汉口《国民日报》任社长。抗战后回到武汉充任湖北省党部委员，到恩施后担任文艺总干事。文艺委员会下辖一个话剧组，组长林颂文，广东人，南京戏剧专科学校毕业。组内有少数工作人员。文艺委员会的公开活动很少，也没有什么演出活动，倒是在他领导下的京剧团，每天都在青年剧场演出京剧，恩施观众可以经常看到他们的演出。团里主要演员有李迎春、李菊春和洪深之子洪镇，其中尤以李迎春的演唱技艺功底深厚，博得观众的赞赏。据说 1943 年以前，京剧团曾上演过一些新编历史剧，如《史可法》《岳飞》和《江汉渔歌》等，以后演出的都是一些老剧目。

三青团领导的青年剧社也值得一提，该剧社负责人是涂翔宇。据说这个剧社过去演出黄色反动的话剧，如《野玫瑰》《黑字廿八》《反间谍》等，给社会的印象很不好。以后，这个剧社一面进行内部整顿，吸收一部分新队员充实阵容；一面组织社会上业余戏剧爱好者，并聘请肖子英导演曹禺的四幕名剧《日出》。他们的演出活跃了当地的文化生活，也获得了社会的好评。

对侵踞荆门之敌的一次秋季攻势

庞国华[*]

1943 年 10 月，第五战区长官部命令三十三集团军第五十九军向荆门之敌展开秋季攻势，并先拔除荆门外围三垱铺、王家集、双河口、朱家埠等敌据点，为进攻荆门扫清阻碍。

五十九军的作战部署：暂五十三师为右攻击队，主攻三垱铺（即石桥驿），围攻王家集。一八〇师为左攻击队，攻击目标为双河口、朱家埠。各师于 10 月 7 日黄昏，到达准备位置，8 日拂晓，开始攻击。

战斗打响后，至 9 日拂晓，一八〇师的两个一线团（五三九团、五四〇团）协同攻下双河口，继续向朱家埠、仙女山推进。右翼友军暂五十三师攻击三垱铺之部队受阻，伤亡甚重。军部乃调整部署，将暂五十三师围攻王家集的一个团，调到三垱铺方面，加强力量，重新组织攻击。围攻王家集之任务，交由一八〇师五四〇团接替，师长派师参谋处长顾相贞到第一线协助五四〇团团长陈芳芝指挥作战，相机攻下王家集敌据点。

敌王家集据点建筑在王家集街东头小高地上，驻有敌百余人，工事坚固，暗堡成群，通讯设备完善，与其左侧三垱铺、后方烟墩铺两据点之敌，

---

* 作者时为第五十九军第一八〇师作战参谋。

成掎角之势，互相策应，是敌荆门外围重要据点之一。

我五四〇团接受任务后，首先占领王家街（东口距敌据点仅百米），作为攻击敌据点之桥头堡。由于我军既没有摧毁坚固工事的装备，又缺乏攻坚作战的经验，连攻数日不下，伤亡很重，乃报请军、师批准，调整部署，采取围点打援、歼敌于据点之外的作战方针。此时，师长将五三九团第二营（营长宋汉铎）调归五四〇团指挥，以加强歼敌力量。

敌援军终于出动了。10 月 17 日早 6 时许，烟墩铺方面之敌 200 余人，附山炮数门，向王家集急进。判断敌必企图迂回我后方，以解王家集之围。陈芳芝团长当即作如下之部署：令原担任包围王家集敌据点之部队，加强围困，防敌出击策应。令任今良营（五四〇团第二营）以最隐蔽之行动，向烟墩铺来援敌人之侧背迂回，袭击其后方。令宋汉铎营正面迎击敌人，务阻敌于王家集街之外，以待任今良营绕袭成功，协同歼敌。

宋汉铎营长接受任务后，紧急集合部队，进行战斗部署，并向全营官兵作简单而有力的战前动员。最后他握紧拳头，斩钉截铁地说："人在阵地在，剩一兵一卒，也不能让敌人进入王家集！"官兵齐声高呼："坚决完成任务！"声震山河，气冲霄汉！部署完毕，队伍迅速在王家集西南端占领阵地，严阵以待。

8 时许，敌我开始接触，敌人持其装备优势，武器精良，又是前来增援的生力军，气焰骄横。战斗一开始，就集中兵力、火力，向我宋营阵地猛扑狂冲。我以装备劣势，并经过旬日来连续作战的疲惫之师，对此顽强凶恶之敌，确实面临严重考验。宋营长指挥镇定，官兵浴血奋战，一次又一次击退敌人的冲锋，阵地巍然未动。在此紧要关头，宋营长突然左臂中弹，血染衣袂，伤势很重。左右急欲扶他退出阵地，他手一挥，厉声说："情况如此紧急，任务还没完成，我一下去，势必影响士气，贻误战局。养兵千日，用兵一时，我誓与弟兄们共生死，与阵地共存亡！"说罢，令医务兵就地进行简单包扎，继续指挥战斗。官兵均为所动。此时，陈芳芝团长也率警卫排亲临第一线督战，士气大振。

宋营长鉴于火力交锋，我处劣势，为扭转被动挨打局面，主动掌握战局，乃指挥部队，以攻为守，与敌人展开拉锯战，往返冲杀数次，敌我互有伤亡。敌锋受挫，锐气大减，被阻于山下，再不能前进一步。

10 时许，遥闻敌后方枪声骤起，敌前线亦有动摇之势。宋营长判知我任今良营迂回成功。歼敌时机已到，乃不顾伤痛，振臂高呼，奋勇当先，督率所部，向敌冲杀。敌不支，开始溃退。就在这阻敌任务完成、歼敌胜利在望之际，不幸宋汉铎营长遭敌机炮扫射，连中数弹，以身殉国。

我任今良营，乘宋营与敌顽强拼搏胶着之际，迂回敌后，向敌炮兵阵地猛烈袭击，敌腹背受创，不支溃逃。我宋、任两营协力追击，斩获甚众。在缴获的战利品中，除轻武器外，还有完整的炮镜和一些山炮零件，充分说明敌人溃退时惊慌狼狈的程度。

此役之胜利，宋汉铎营长重伤不退，拼搏到底，誓死完成任务，实居首功。马革裹尸报祖国，值得悼念。

邙山"洞炮"制日军

冯尧和*

1943 年 10 月 21 日，第三十一集团军第八十五军（军长吴绍周，辖第二十三师、第一一〇师、预备第十一师）奉命接替郑州、广武一带的新、旧黄河河防。军炮兵营临时配属第一一〇师（师长廖运周），参加对邙山头日军阵地的监围。当时我任炮兵营副营长，全营共有法国造 75 毫米野炮 12 门，射程为 11000 米。由于我营起初也是在平原村庄后放列，所以未敢射击。

接防半月，集团军总部以我营在叶县稽查抢劫手枪案和征购马料时有欺压民众的行为，下令将营长胡筌押送总部法办，胡于半途逃走。此时，军部官员中争当炮兵营长者甚多，但廖运周师长坚持保荐我代理，终获批准。我接任后，将营部移驻霸王城东南 11 公里的广武纪公庙村（今属郑州市邙山区），营观测所设在纪信（即为救汉高祖刘邦脱险而被项羽烧死者）的大坟冢上。目睹日军炮兵肆虐猖獗，全营官兵个个义愤填膺，决心用我们的大炮狠狠教训侵略者，为中华民族争气，为死难同胞复仇。

经过几天的侦察，邙山山沟里的窑洞使我深受启发。根据同等距离内射角小落角大这一弹道原理，我考虑在霸王城以西一条深约 5 至 8 米的南北走

* 作者时任第三十一集团军第八十五军炮兵营副营长。

向大沟内构筑阵地。以东侧断崖作掩蔽，在西侧断崖下开挖类似窑洞的大洞，两侧紧贴洞壁排列木桩，顶部密铺横梁，再用土将梁与洞顶之间的空隙填实，以防坍塌。每个洞放置一门炮，炮身两侧排立木柱，防止敌炮弹片飞入洞内。炮与炮之间有小隧道相通，并开挖人员出入的通路。炮兵阵地副连长指挥所破例设在东侧断崖下的掩体中，连长指挥所（观测所）设在侧方崖顶掩体内。除口令指挥外，每门炮都安装一部电话。炮手们在洞内虽不能通视目标，但可采用间接瞄准的方法进行射击。由于野炮具有弹道低伸、射角小的特点，以低射界射击即可射出，而敌炮弹落角较大，不易打入我洞内，往往是在洞顶上方爆炸，这样就可收到既能炮击日军阵地，又能有效保护自己的效果。我给这种临时性的炮阵地取名为“洞炮阵地”。但因其距离日军阵地太近，日军步兵一旦冲下来，就会对我方的火炮和人员构成极大的威胁。

我把自己的设想和顾虑向廖运周师长作了详细的汇报，他听后表示极力赞成，当即命令我营加紧构筑洞炮阵地，并说：“你放心，我增派步兵保护你们。”由于我营有木工、铁工和马车，附近群众大力支援，砍伐树木做梁柱，仅用了 10 天时间就筑成了洞炮阵地。我命第二连连长樊信刚（江苏砀山人，黄埔军校第十六期炮科）率该连的四门野炮进驻阵地，并对日军的炮兵阵地及轻、重机枪火力点进行详细认真的侦察，通过计算求出射击诸元并在瞄准装置上装定。一切准备完毕后，我请廖师长视察阵地。他满意地说：“很好！第一次打击要狠，炮弹要准备多些。”

数日后，日军再次炮击友军阵地及平原村庄，我第二连官兵以迅雷不及掩耳之势猛轰敌阵地。当时我从炮队镜中看到，我军的炮弹准确命中目标，剧烈的爆炸把日军阵地上的土木建材、被毁枪炮和人员肢体抛向空中。在突如其来的打击面前，日军顿时晕头转向，不知所措，全无还击之力，只得听凭我炮兵打个痛快。这是自监围邙山头以来我炮兵第一次严惩日本侵略者，友军和村民们看后都拍手叫好。但日军决不会就此善罢甘休，他们很快从黄河北岸运来了新的大炮，并增派了炮兵。

又过了几天，我们刚吃过午饭，突然从西北方向传来了震耳欲聋的炮声。我急忙登上设在纪信坟冢上的营观察所，只见霸王城上日军的十几门火炮正向我第二连洞炮阵地猛轰，整个阵地已被浓烟烈火所吞没。从理论上讲，洞炮阵地是安全的，但实际情况却不得而知。第二连的电话摇不通，第一连和第三连又因未构筑洞炮阵地而不能开炮，我心中十分焦急。直到16时许，日军才停止炮击，我立即率营部人员乘马赶赴现场察看。来到第二连阵地上，只见周围的地面已被弹片覆盖，电话线被炸断，洞门和上方的断崖均已崩塌，但四门野炮因被向后移动而完好无损，全连官兵也都安然无恙，只是一个个满身泥土，多数人的耳朵被震聋了。悬在心头的石块总算落了地，我命令第二连当夜撤回驻地休整。第二天，我营士兵拾了两千多斤弹片，步兵的人多，拾了六七千斤，皆用马车拉往郑州出售，购回菜肴改善伙食。

实战的检验证实了我营设计的洞炮阵地是成功的，但老阵地已不能用了。我命第一连连长史文治（山东人，黄埔军校第十三期炮科）率队在霸王城东南大胡村附近山沟内，以同样的方法构筑洞炮阵地。由于有了前次的经验，这次不到10天就完成了。在我们施工期间，日军误认为我炮兵已被消灭，又猖狂起来，不时炮击我友军和村庄，造成我方人员伤亡。第一连准备完毕后，我请示了廖师长，对日军进行第二次炮火突袭，摧毁了敌炮兵阵地和机枪火力点。日军伤亡惨重，没有还击。次日上午，从黄河以北飞来了3架日机，在邙山上空盘旋。山上的敌炮向我第一连阵地打了几发炮弹，指示目标。日机随即轮番轰炸，投下了许多五百磅的重磅炸弹。其中一枚正好在一个炮洞的上方爆炸，把洞内人员全部震倒在地，但洞顶未坍塌，人员也无伤亡。

为了让日军知道，他们的猛烈炮击和飞机轰炸均无损我炮兵阵地，我决定对其实行第三次示威炮击。我嘱咐第一连全体官兵带足防毒面具并做好防毒准备，及时采取防毒措施，以防日军使用毒气弹。第二天一早，我军的四门野炮又发出了怒吼。这下子日军像是认输了，不但当时没有还击，而且直到次年4月18日之间的几个月中再也不敢向我军阵地和村庄炮击了，从而使附近的我军官兵得以活动自由，农民也能正常生产和生活。

为使炮营全面发挥作用，我命第三连连长刘凤山（河南人，黄埔军校第十四期炮科）派第六排两门炮，配置于汉王城西侧三公里处的断崖下，以利侧击日军；同时令第二连在纪公庙附近某村庄后的平地上挖了一条四五米深的大沟，在沟内试筑洞炮阵地，经实测也属可行。

有一次，我为了测试黄河的宽度和我炮的射程，决定以第一连的一门野炮向黄河北岸火车站试射三发炮弹。我们精确地测出了这门炮与目标之间的距离，并在汉王城上设立了营和第一连的临时观测所。我炮射击时，我通过炮队镜清楚地看到三发炮弹准确地命中了目标。我认为已达到目的，只将射击诸元记录保存，就没再去多想它。谁知几天后，郑州城竟轰动起来，说我们营是神炮，打死了日军的大官。起初我并不相信，后通过情报人员核实和过往商贾所谈的见闻，证实当时确有日军某大官带着两名警卫站在车站的高处，用望远镜观察黄河铁桥和南岸邙山头地形，被我军发射的炮弹炸死。一时间，我军炮兵的威名大振，周围各县的民众纷纷传颂我营的战绩。国民政府军事委员会军政部亦派人到我营视察，总结洞炮阵地的构造和作战方式，并予表彰。

1943 年是河南连续遭受旱灾和蝗灾的第三年，老百姓只得以野菜、树皮、树叶充饥，许多人被迫背井离乡，逃荒要饭，所到之处哀鸿遍野、饿殍载道。为了减轻民众的苦难，报答他们支持我军作战的恩情，我发动全营官兵节约出粮食和马料五万多斤，在驻地附近各区赈灾。此举虽只是杯水车薪，但民众却非常感激。同年 12 月，郑州各界推举的代表敲锣打鼓步行数十里来到纪公庙村，给我营送来了一批白猪、白羊、饼食、枣果和两块分别写着“威镇邙山”“泽沾黎庶”的红缎黑字大匾额，使官兵们受到很大的鼓舞。

水雷队敌后布雷

高鸿藩*

广东的海军在广州沦陷后，退入西江粤桂边水域，改编为粤桂江防司令部，当时该部所辖的水雷队常常活跃在敌后的珠江三角洲，开展袭击敌伪舰艇的游击战。

水雷八分队中山炸敌船

1943 年 1 月，水雷队第八分队奉命潜入沦陷区，担任游击布雷工作，分队长戴伟率队深入中山县水网地带伺机袭敌。当时经过侦察，认为中山县境内横河一带，是该县水路交通的重要河道，日伪舰船常经此航驶，该队决定在此布雷。这一带水域是交通繁忙地段，除敌伪船艇，更多的是民船，如布触发水雷，恐怕民船会遭受危害；若敷布视发水雷，待敌舰艇驶入爆炸区，才按电钮引发，则其他民船可免殃及。不过布视发水雷后，必须留人守候，以便及时按电钮炸敌。人如何留，是一个大问题。若多留，炸舰后的战斗打响，战斗力强些多歼敌，且撤出战斗转移有利，但容易暴露目标，敌舰

* 作者时为粤桂江防司令部水雷总队队员。

不易上钩；若少留，力量薄弱，爆炸后在敌占区增援之敌赶到，不容易撤出战斗。当时戴伟分队长决定以袭敌为重，虽有危险，亦在所不计，于是他亲率士兵吕强等四人留守横河航道，敷布视发水雷，待机炸敌。

1 月 14 日，日军一队乘荣安丸机轮向横河驶来，他们以为在铁蹄下的沦陷区是太平无事的，昂然直入。当该轮驶入雷位，分队长戴伟及时按电钮引爆，轰隆一声，水雷击中敌船尾部。船尾当即下沉，但船首仍浮于水面，由于爆炸掀起的浪涛冲击船体摆横，船首搁浅在岸边。敌军纷纷登岸，水雷队留守人员还来不及撤退，被敌人发现受到攻击。战斗打响了，初战我们的五名官兵处于有利地形，给敌人有力杀伤，后弹尽与敌展开肉搏，卒因众寡悬殊，戴伟分队长和四位士兵全部英勇牺牲，为抗日写下光辉的篇章。

水雷队活捉汪伪中将司令

1943 年，粤桂江防司令部派遣游击水雷队潜入敌后珠江三角洲活动。于 3 月间获悉汪伪广州要港司令部将派军舰到新会县、顺德县一带巡视，该队即积极准备袭击，一方面侦察伏击水域，另一方面派员与当地游击队联系，组织陆战力量，避免像水雷八分队一月炸敌舰时，因陆战力量不足而受损失。勘查水域人员择定在马宁河道布雷，队里通过后，便秘密在那里敷设水雷，各游击队亦同时在马宁河道附近隐蔽俟机出击。是月 17 日，汪伪军舰协力号出巡，果然朝这河段驶来。当敌舰进到雷位，即触雷爆炸，舰体灌水下沉，敌舰员兵惶恐万分，有跳水逃命的，有夺舢板蹿上岸的。埋伏在岸上阵地的游击队员与水雷队员，对登岸的敌人展开围歼，战斗进展很顺利，伪军在惊乱中失去战斗力，除当场被击毙、在水中淹死的外，全部被俘。清查战俘中，发现伪广州要港中将司令萨福畴也在里面，并有重要伪军头目七人。是役给汪伪广州海军一个沉重打击。

滑岭庙之战，“活炸弹”壮烈歼敌

史泽波*

1943年6月间，我在第十九军暂编第三十七师任师长，驻在襄汾县汾城一带。这时正是新麦登场，日军和我军都要征粮运粮护粮，于是一场战斗开始了。

先是敌军一个小队，占据了黄土坡山口的高庄村，我暂编第三十七师第三团由团长齐国远调来一个营攻打高庄，想拔掉这个据点，敌人负隅顽抗，我们围攻了三日夜，互有伤亡，没有攻下来。

后来敌人增援上来，有飞机、大炮配合反扑，想夺取乡宁县关王庙的滑岭庙，鏖战到黄昏，敌人攻占了我前沿指挥所所在地新窑洞。

6月8日，防守在店儿上阵地的第三营营长梁家盛，第八连连长彭永祥察知此情，认为滑岭庙阵地岌岌可危，遂当机立断，选出排长及士兵共三十人并告诉他们：“我们要去做‘活炸弹’，一个人可以炸死敌军十人，摧毁敌军。”

在前进中，有一组6人被敌人发觉，扫射来一排机枪子弹，六个人都负了重伤，不能前进。其余24人飞步冲入敌阵，白刃相接，胶着一处，这时

* 作者时任第十九军暂编第三十七师师长。

彭连长高呼："'活炸弹'拉火！"随着呼声，壮士们身上带的手榴弹一齐炸开，轰然一声，震撼山谷，敌我同归于尽。

这次战斗由于我军英勇牺牲而赢得了最后胜利。事后第二战区在该处立一石碑并有碑亭，将滑岭庙改名为华灵庙。石碑正面书写"华灵庙二十四壮士殉国纪念碑"，碑上刻记了二十四位壮士的姓名，即：连长彭永祥，排长郭文光、李树屏，士兵牛苗荣、王福祀、杜锡山、邵君山、李发成、赵卯娃、胡孝成、梁德昌（梁得胜）、李贵生、吴庆周、周家宽、徐顺得、葛志义、王振全、景新吉、罗华州（罗华周）、周秀恒、张三娃。另有三人姓名失记。这二十四位壮士就葬在此。当时由我主持，第三十七师全体官兵在壮士墓前开了隆重的追悼会，大大激发了全体军民抗日救国的决心。追悼会场上贴了挽联，上联是："热血洒遍华灵庙"，下联是："正气磅礴吕梁山。"

1945 年 6 月 8 日，时值彭永祥连长官兵二十四位壮士殉国三周年，当时任第二战区司令长官阎锡山撰文纪念，并令当地乡宁县政府勒石，将滑岭庙改称华灵庙，以昭来兹。

抗日战争后期宁夏一次移民纪实

赵宝珍*

1943年抗日战争后期，河北、河南、江苏、安徽、山东等沦陷区的大批难民，很多流亡到陕西、甘肃。又加上1940—1943年连续发生黄灌区的水灾和蝗灾，潮水般的灾民在陇海路西段乞讨，使96万人口的西安市，拥进了几十万饥民，环城河两岸挖满了窑洞，城外墙角草棚相连，所有的庙台廊下、街头巷尾都住满了难民。挖野菜，抢煤渣、缝穷、帮工、卖艺比比皆是，更有卖身为奴、沿街乞讨的，冻饿而死的尸骨不计其数。

当时，日本侵略者急于吞并中国，对沦陷区扩大清剿，对后方则狂轰滥炸。这一年从春到夏几乎天天有警报，全城人心惶惶，商店萧条。

国民党政府为了减轻西安市的压力，于1943年4月，在西安市贴出了向宁夏移民的布告。并在城东郊韩新墩成立移民接待站，名义负责人是张伯英。条件是全家人都走，报名后就搬进接待站住，每天发口粮。报够1000人左右，就推选一名识字的人为联络员，领队出发。这一消息传出后，前来报名的人很多，只8天就够1000人。经过短暂准备之后，5月初，第一批移民从西安出发了。路上，每天给大人发1.5斤粮、孩子1斤粮，每天步行

* 作者时为第六批西安至宁夏的移民。

50 里路左右到站。由联络员按指定地点去交涉，送报表，并负责领取全队的口粮，分给每户。

每 10 天左右就有一批人出发。从 5 月初到 8 月底共有 8 批移民上了路，约 8300 人。第九批的移民被移往新疆，去新疆的移民，每人发给老羊皮衣一件，有卡车送，还有军队协助。来宁夏的移民，沿西安—平凉—银川公路步行。沿途接待站如下：西安咸阳—礼泉—乾县—永寿—建军镇—太禹—亭口—长武—泾川—泉水—平凉—蒿店—瓦亭（开城）—固原—头营—三营—杨郎庄—李旺堡—八营—高崖子—同心—杨家塘—大洪沟—长山头—中宁—仁存—平罗—常石墩—崇岗堡—下庙。

以上不过 30 站，规定每天 1 站，按说 1 个月即可到达，实际各批移民都是 3 个多月才到的。

我当时年仅 12 岁，是第六批随父母向宁夏迁移的。这些饱经灾难的饥民，个个面黄肌瘦，有的水肿，有的正在病中。上路之后，还肩负行李锅灶，扶老携幼。每到一站马上就得去背口粮、拾柴草、提水、煮饭、打扫住地，直忙到星天黑夜，第二天黎明又要上路。沿途渴了喝沟里的脏水、拾地边的野菜，饿了吃昨夜烧的死面饼，吃光了，忍住饥渴再赶路。

一次途经长武，背粮直忙到晚上 10 点，突然泾水暴涨，山洪下泻，泾水桥被洪水冲断，正在桥上背粮回来的贾两（10 岁的小男孩），被洪水卷到桥下。家里人直找到后半夜，未果。母亲只此一个孩子，哭得死去活来。第二天，她执意不肯前进，其他人也因夜里搬迁几次住地，又没煮饭的柴，吃不上饭不能上路。直到第二天下午 5 时左右，贾两回来了，他说被洪水冲走了 20 多里地，他自幼会浮水，游到岸上又走了回来。

沿途住的都是破庙、废窑、畜圈、羊场、草地。经常是刚刚睡下，风雨交加又要乱挤乱移，甚至孩子的哭叫声、病号的呼唤声、腰腿脚痛的哎哟声、旁边牲畜的踢打声，使人无法入睡。住在空旷露天地上，蝎子、虫子、蜈蚣、蚊子等害虫都来围攻，使饥饿疲劳的移民，心情积聚着紧张、恐慌、凄凉、悲愤、疼痛难熬的感觉。

第六批移民途经永寿县时，住在路旁几个破庙里，夜 10 点左右进来一只狼，抓破了几个人的脸，大家从睡梦中惊醒，立即喊叫了一阵子，狼跑了。大家刚要睡觉，又进来三只狼，在大家的身上乱跑了过去，大家又醒来，拿着棍子赶了一遍，狼跑了，人们也实在累得受不了了。第三次睡觉已经后半夜了。一会儿，河南移民索玉瑞的爱人喊叫声震醒了大家，她 6 岁的女儿被一群狼叼走了。大家点起柴火，拿起棍子，四处打狼，直到天亮，连孩子的尸骨都没找到。第二天下着雨，大家准备启程，索玉瑞夫妇悲痛凄凉，决心回河南，宁愿饿死在家里，也比被狼吃了好一些。

沿途有些山道，坡陡路滑，脚上磨了泡，风雨饥劳，积成了病伤员。轻病号咬紧牙关前进，重病号则倒在地上。第六批河北移民霍起秀的媳妇，年 30 岁，只因路途劳累饥渴，一连病了 3 天，没治疗也没休息，第四天发高烧昏迷，眼巴巴倒在婆婆怀里死去。留下两个小女孩（分别是 6 岁，4 岁），抱住妈妈哭得变了声。霍起秀是西安市亨得利表店修表名师，生活本是能过得去的，而且婆媳和睦，夫妻恩爱，全家幸福。只因他给同乡做了借债的保人，同乡是难民，想借点钱做买卖，结果买卖亏损还不起债，他才倾家赔偿。表店也因生意萧条要减员，他只好当移民来宁夏开荒。路上出此大难，真是祸不单行。途中诸如此类的事何止这些！所以，出发时 1000 人左右的一批人，到宁夏的不过二三百人，多数沿途失散、死伤。

途经同心时，移民找不到住宿的地方。大家离开公路，向一个大寨子走去，到达之后，寨里走出一位头戴白帽子 50 多岁的老汉。他了解移民情况之后，立即回寨子叫出来几个戴白帽子的年轻人，抱给大家很多麦草，又站在井台上给大家提水，让大家住在门前场地上，用他的麦草铺地并煮饭。第二天大家启程时，他又找到几辆回中宁的大胶车，把大家的行李和老人孩子装上车。这位老人是当地回民，感动了全部移民。

到中宁以后，马鸿逵政府派了四五个大木船，让移民乘船到仁存渡。

1943 年 11 月中旬，最后一批移民到达了宁夏北部崇岗堡、常石墩、下庙等村，暂时住在这一带的农民家里。宁夏的冬季长又冷，无衣被的灾民一再向宁夏省政府地政局交涉。宁夏才发给移民每人 2.8 丈土布、一条小杂毛毯。接着，男壮劳力分别到汝箕沟煤矿下煤窑背煤，或到大武口碱湖去背碱，留下的妇女、儿童到附近山沟和沙滩拾柴。

1944 年 2 月，移民转移到芦花垦区荒地。每户发给牲畜（牛、驴、马）一头、全年口粮、籽种、小农具、两小间土房的木料。多数移民对宁夏农活是不懂行的，也是不适应的，由于奋不顾身的苦干精神，第一年就开出了近 4000 亩荒地。

回忆我的祖父

——晋察冀边区第一届参议会参议员郭飞天

郭丽梅*

35年前的一个傍晚。家住河北的大伯来天津看望我奶奶，我第一次见到大伯，那次开始，经常见大伯到我家来，从不住下，待上一天就走。他穿着铁路制服，背一个鼓鼓囊囊的帆布包，身材高大，谈吐谦和儒雅，看上去很有学问，真实身份是工厂的普通干部。大伯比我父亲年长6岁，他反而像对待哥哥一样敬重这位副团职军官的弟弟，耐心听取我爸爸的各种吩咐和建议，大伯与脾气暴躁的父亲性格差异很大，从相貌看一点找不出兄弟的影子。晚上，大伯搀扶奶奶，挎着鼓鼓囊囊的帆布书包进了另一个房间，随后，父亲也跟进去，拉上了门插销，一看就是谈些背人的事。至少一个小时后，大伯又搀扶奶奶出来，我看见大伯眼圈红了，奶奶哭得更是伤心，只有爸爸双眉紧促，板着脸，没流泪。奶奶劝大伯早点歇息，大伯执意要去洗澡房，他说经常出差住澡堂子睡得香。奶奶知道大伯的脾气，叫他别再拖延，早点走吧。爸爸去送大伯的短短几分钟里，我和哥哥以浓厚的好奇心溜进方才他们插上门闩的屋子，见到大伯帆布包里装的东西恰恰摆在桌上。我俩凑

---

* 作者时为郭飞天孙女。

过去，打开包住牛皮纸的木盒，里面装着一本破破烂烂，似乎还带点血渍的画报。脏兮兮的旧画报何至于弄得如此诡秘？

旧画报成了留在我和哥哥心中的疑惑，我俩开始伺机侦破这秘密。家里没人，我们用老虎钳撬开了爸爸的抽屉。呵！运气好，破旧画报就摆在抽屉里，这次看清了，原来是一本繁体字的《晋察冀画报》。哥哥像发现新大陆似地指给我说："看，台上讲话的人是咱爷爷！他身后那是国民党党旗。"我第一次见到爷爷照片和国民党党旗，不解地问哥哥，你怎么知道这就是爷爷？哥哥带着无所不知的口气说，爷爷叫郭飞天，是国民党，所以爸爸从来没敢提过爷爷一个字，你想想，对吧？

有一天早晨，我突然问起爷爷和那本《晋察冀画报》，奶奶神色慌张，立刻进屋，带上阳台门，焦虑地瞪着我说，可不敢再提你爷爷和那书，要了咱全家的命啊！然后，她整个上午把自己关在屋里，该做午饭了才不得不打开房门，由于太过悲伤，她哭得几乎睁不开眼睛。从那以后，奶奶反而再不避讳说起爷爷，竟然打开抽屉锁头，拿出爷爷的小照片给我看，那是她悉心珍藏的爷爷的照片，是大伯借来照相机用 120 胶卷特意翻拍的，取材于《晋察冀画报》上的插页，因为不太清楚，只能看个轮廓，也只有一寸大小。爷爷五官端正，戴眼镜，透过镜片依然能在他沉静的目光里捕捉到智慧和倔强的个性。这次，奶奶主动告诉我爷爷的长相和生活习惯，她跟我讲，爷爷本来是教书先生，他的学生有好多人现在肯定当了大官儿。日本人一来，爷爷进入大山就不能经常回家了。从此，我对祖父的生平经历产生了浓厚的兴趣，后来逐渐弄清楚了祖父在抗日战争期间的经历和不幸遭遇。

晋察冀边区第一届参议会参议员

1943 年 1 月 15 日，晋察冀边区第一届参议会在阜平县温塘村召开，选举成仿吾任议长，于力任副议长。那天的《晋察冀日报》上，刊登了一篇副标题为"郭飞天先生访问记"的文章，文中写道：郭先生今年四十五岁，中等身材，瘦长的脸上架着一副宽大眼镜，看上去像是一个久经风霜的人物。

他系河北灵寿县人，国立北平师范大学毕业，曾任中学教员，抗战后曾任灵丘县县长及边区政府视察员等职，现为边区国民党党务联合办事处主任。

抗日战争时期的晋察冀边区参议会，是晋察冀边区按照中共中央的要求，根据“三三制”原则建立的抗日民主政权的重要组成部分。作为抗日战争时期中国共产党在敌后创建的第一个抗日根据地，晋察冀边区有着极为重要的战略位置。就是在这次意义十分重大的会议上，我的祖父——国民党员郭飞天被选为驻会参议员。他在这次参议会上慷慨激昂地宣传抗日的发言，博得了大家热烈的掌声。发言全文刊登在当天的《晋察冀日报》上，那回也是祖父最后一次在边区父老乡亲们面前慷慨激昂地宣传抗日。

祖父原名叫郭庆龙，飞天是他的字，后以字名世。1898 年出生在灵寿县城内一个书香之家，幼读私塾，后进新学堂。清宣统元年（1909）考入灵寿县高等小学堂，民国元年（1912）考入直隶省立第七中学（正定中学）。中学时期，成绩一直优秀。1918 年，考入国立北平师范大学历史系，次年参加五四运动。大学毕业后，祖父先是在保定女子师范学校教书，1929 年下半年回到自己的母校正定省立第七中学任史地教员，并秘密参加了省立七中国民党改组同志会，担任负责人。

1937 年，卢沟桥事变爆发后，正在北京谋职的祖父为了不当亡国奴，只好放弃在北平工作的优厚待遇，跋山涉水回到家乡，他是翻越太行山，徒步走了不到一个月才回到灵寿县城的。那个时候，灵寿县的陈庄已经是共产党的抗日根据地，爷爷曾经鼎力救助过许多共产党的骨干力量。时任中共石家庄特委书记的李耕田和后来任河北大学校长的共产党员周学鳌在路过灵寿县组织暴动的时候就住在我们家里，得到过爷爷奶奶的悉心关照。

周学鳌是我生母的二叔，曾经是祖父在正定省立七中任教时的学生，他对祖父给予的帮助一直心存感激。有一次路过石家庄，我专程到河北省委大院拜访了九十六岁高龄的河北省人大常委会原副主任周学鳌老人，这位桃李满天下的教育家早年曾在北京辅仁大学念书，他清楚地知道我是郭飞天的孙女，却因年事已高，弄不清我还是他的侄孙女。老人激动地回忆起当年他被关进国民党监狱，爷爷去看望他的情景，老人家告诉我，郭飞天当时还托人带给他几块银元，后来周学鳌硬是分两次还给了他的郭老师，他还激动地说："郭飞天是一心抗日的国民党党员，跟国民党联办处有些不抗日的反动派不一样，你爷爷的死很可能跟那些反动势力有关系。"

是啊，身为国民党员的祖父始终没有忘记孙中山先生演讲时说的话：共产党和国民党的鲜血应该流在一起，建立一个完善的合理的充满人性的社会制度。祖父因为广交共产党朋友，也得到了边区共产党人的拥戴。1938 年，祖父作为灵寿县的代表出席了晋察冀边区政府成立大会，当时就被任命为灵邱县县长。灵邱是晋察冀边区政府的西北屏障，战略地位至关重要。

为扩大抗日队伍，祖父多次进入深山，开导那些占山为王的土匪参加抗战，把军阀孙殿英部队的残余和一些杂牌军收编，加入抗日队伍。我在电影里见过共产党员收编土匪时的场面，猜想着憨厚的祖父必须用过人的智慧和人格魅力感化那些土匪头子，那该是怎样的惊心动魄啊！

奶奶经常提起祖父有匹大白马，就是八路军 359 旅首长奖励给祖父的，他还给了祖父一把日本手枪。祖父探家的时候常常骑马挎枪还带着警卫员，像个威风凛凛的指挥官。

抗战前，时任灵寿县委委员兼 3 区区委书记的周学校（我的姥爷）被捕，其实祖父心里明白，周学校是 1931 年的老地下共产党员，但是，祖父仍然亲自写保释书并设法将其营救出狱，避免了一场劫狱的血腥冲突，祖父成了周家的救命大恩人。到日本占领县城的时候，周学校为报答祖父的救命之恩，带着他的儿子（后来成了我大舅）套上驴车把祖父一家人接到了山里避难。我想也许因为有这个渊源，周学校成了我的外祖父，我这个老共产党员的外公跟我的老国民党员祖父定下了儿女亲家，把周家最漂亮的小女儿许配给郭家的小儿子，多年以后，我的生母成了郭家的儿媳，我便成了祖父的后代，成为了国共合作的又一段趣事。

1940 年 2 月，祖父调到晋察冀边区政府，任民政处视察员。1942 年初，晋察冀边区行政委员会副主任、国民党冀西党务办事处主任胡仁奎（中共秘密党员，公开身份是国民党员）邀其到国民党冀西党务办事处（驻灵寿县张家庄乡水峪村）工作。国民党冀西党务办事处和晋东北党务办事处撤销，成立国民党晋察冀边区党务联合办事处后，祖父任秘书主任（联办处主任仍为胡仁奎）。1942 年 9 月，胡仁奎去重庆述职，祖父代理联办处主任。当时联办处内有一股反共的势力，他们想借机瓦解联办处，分裂抗日力量。祖父与他们进行了坚决的斗争，博得了联办处多数人的支持，为团结抗日作出了贡献。

英雄罹难，天地同悲

1943 年 9 月，日军对晋察冀根据地腹地进行“扫荡”，袭占陈庄，修筑多处碉堡和据点。祖父率领联办处转移到龙泉关深山区活动，在 10 月上旬的一天，他到边区政府筹措米票回来，独自走在山路上，不幸坠入山涧身亡。由于这里很少有人来往，所以失踪两个月杳无音信。

祖父的失踪，在很长时间内无人知晓，对他的去向，国民党联办处的一些人表现极其冷漠。他们表面上拥护边区政府，实际上仇恨共产党，仇恨坚持维护团结局面的国民党员。祖父究竟是不小心跌入山谷还是被特务杀害，至今仍然是个悬案。他的尸体被发现的时候已经面目全非，头部和手掌留下了被野兽啃噬的痕迹，仅从他的衣服及遗物和一千多斤的米票中判定此人一定是祖父的尸体。

祖父的遗体经过 3 天的努力，才由一个叫黄毛的乡亲从殉难处摩天岭的大山峡谷里背出来，联办处的人暂时把祖父棺木安放在腰洞石村东北的山坡下，临时用石头堆砌成一个坟塚，上面盖上黄泥和稻草，准备运回故乡入土深埋。

边区政府为祖父召开了隆重的追悼会，《晋察冀日报》刊出了“郭飞天先生逝世”的消息。追悼会之前，华北联合大学的校长也是参议会的参议长成仿吾接见了祖父的大女儿郭淑芳，当时她正在华北联大读书。成仿吾说：“你父亲是个好人，是国民党中的进步分子，主张国共合作，坚持抗战，我们合作得很好。联办处有坏人，他们跟郭飞天的斗争是非常激烈的。”

祖父去世后，家里的钱很快就用光了，奶奶白天给人家洗衣做活，夜里纺线织布，织出布来拿到集市上去卖钱贴补家用。寂冷的寒夜里，奶奶怕自己睡着就不停地唱歌，她用心碎的歌声伴着泪水，泪水伴着微弱的孤灯直到天亮。家里一口粮食都没有的时候，一个要饭的亲戚把她乞讨来的干粮分给奶奶，并且让她一起去要饭吃，奶奶就是不肯去，宁愿跟孩子们挨饿。因为奶奶心里装着祖父，装着不可轻蔑的那份顽强自尊。可是这位可敬的奶奶，默默地承受着丧失亲人的一切痛苦，“文革”期间还受到不公正的待遇。直到 1991 年，她的骨灰才和祖父埋入同一个坟茔，远离了家乡的阜平县腰洞石村的山脚下。

如今，在他们的坟前立着一块不太起眼的墓碑，上面刻有几行小字：“晋察冀边区参议会驻会参议员郭飞天 1943 年日本秋季大扫荡时在摩天岭殉难后安葬此地。”

武德报社与日本的侵略宣传

云　超*

1943年3月，我结束了在日本的旅居生活，回到了阔别多年的北平。由一个老同学介绍，我来到了武德报社资料室工作，为时年余。

时隔近半个世纪，往事如烟，纷然纍集。现将我所了解的日伪的侵略宣传的点点滴滴，记录如下。

七七事变后，北平沦为太阳旗下的领地。伴随日军铁蹄和“下驮”（即日本人的木屐）之声来到北平大街小巷的，不仅是使人毛骨悚然的宪兵队、特务科、侦缉队以及镣铐、老虎凳、辣椒水、大和佩剑……更有那伪善的文化侵略。

多年统治朝鲜和中国台湾，富有殖民主义经验的日本法西斯，深知“欲亡其国，必先亡其魂”的攻心战术，所以占领北平之后，迅即成立了文化侵略的最高机构——兴亚院。

兴亚院受日本的华北驻屯军司令部领导，是日本统治华北地区意识形态的大本营。为了实现以华制华，为了麻痹中国人民的民族意识，他们仿效伪满“协和会”的建制，设置了遍布于沦陷区的新民会，办起了《新民报》

* 作者时为《武德报社》资料员。

《新民晚报》，还为培训高级汉奸成立了新民学院。

在这些文化侵略单位中，应该着重追忆的是武德报社。

武德报社设于王府井大街南口原《华北日报》旧址，由兴亚院“嘱托”龟谷一郎兼任社长。组织机构比较庞大，除营业部、印刷厂之外，在总编辑之下，分设了五个专业编辑部和一个拥有 20 多个编译员的资料室，各设主任编辑一人，分别编辑出版两种日报——《武德报》《民众报》和三种大型期刊——《国民杂志》《妇女杂志》《漫画》。

《武德报》宣扬武士道精神，提倡大和魂意识，歌颂忠君爱国，鼓吹军国主义思想。它经常夸耀日军所谓的“赫赫圣战”，渲染其战斗力，是日本侵略军的喉舌。而《民众报》则着眼于“宣抚”北平的市民，进行奴化教育；也穿插一些黄色新闻、花边文艺和庸俗的章回小说。《国民杂志》是一个综合性的大型月刊，以亲日的政论为主，还以相当的篇幅刊载一些宣传吃喝玩乐的软性文字。比如圣诞节之前，就介绍些西方有关的节日风情。也曾有个无聊文人无耻地鼓吹什么“……樽中有酒且醉，国家事管他娘……”奉劝世人“今朝有酒今朝醉”，要人们躺在法西斯温床上吸鸦片烟，要人们成为“乐不思蜀”的阿斗。

由于日报和期刊较多，为了广开言路，猎奇创新，丰富内容，资料室除编译同盟社稿件外，还向西方订购了一些报刊，搜译一些尖端新闻与内幕消息，以此编印了《法兰西之败》《奇袭珍珠湾》《轴心国内幕》和《墨索里尼传》等单行本。这是与一般报社迥然不同的地方。

此外，报社还不惜人力财力，经常派遣中日记者分赴战地，配合“宣抚班”，颂扬日军武功，编印一些中日亲善的文字和照片；也曾派遣记者，分赴大同云冈石佛窟和五台山、崂山等风景名胜区，搞些考证游记之类。当然，也不乏名门闺秀和交际花的照片与艳闻。不言而喻，这当然是为了抓读者、畅销路、扩大影响。

尽管花样翻新，却万变不离其宗——一切武攻文战全都是为了宣扬“中日满三位一体”，为了“大东亚共存共荣”。一句话，是为了“征服支那”。所以一遇中心运动，兴亚院就不遗余力地授意两报三刊密切配合，大放厥词。比如：屠杀中国人民的“大扫荡”和“治安强化运动”，各报就要颠倒是非，把“屠杀”说成是“提携支那共建乐土”；把解放区的政权建设和抗日反霸，诬蔑为“共产共妻”。他们又动员农民，保卫维持会，建设爱护村。当侵华战争进行至中后期，日本战略物资匮乏，因而开展了敲骨吸髓的“献铜献铁运动”时，武德报社就配合伪保甲长，大造舆论，说什么“日华一体，踊跃捐献”。当时北平市民排队争购混合面，日本人的米饭里也掺混了大豆；北平伪社会局内成立了第三科，实行统制经济。为此，接踵而至的必然又是舆论攻势——在《国民杂志》上连篇累牍地刊登了《战时统制经济概论》《配给制度的优越性》《战时物价政策》等等。

那时的北平市面，同样是日本人的天下：大街小巷全张满了“仁丹”“哈利巴”“菊正宗”等等商业广告；东单一带日侨猬集的地方，又成了东京的银座。每当华灯初放，在酒吧间、咖啡座、吃茶店的冲鼻酒气中，充斥着木屐和军靴的杂沓之声，弥漫着《支那之夜》和《夜来香》的靡靡歌声。

但是，中国人绝非都是商女！

在武德报社出版的《浸西》月刊上，曾刊出了一面迎风招展的太阳旗，旗上笼罩了两片乌云，遮住阳光。在《国民杂志》所刊登的《配给制度的优越性》一文之后，附了这样一幅小插画：在由下关开往东京的餐车上，一个小髭军官，面对掺了大豆的米饭，面露愠色……凡此种种，都触怒了兴亚院的头头们。他们为了杀一儆百，除开除了有关的笔者，并把他们交由伪警局特务科审查外，还撤换了总编伊藤左千夫，代之以日籍华人柳龙光。社长龟谷余怒未息，又从日本宪兵队调来两名便衣伍曹长，监视他们认为的“思想犯”。这样，我和一些编辑便在这次改组中离开了武德报社。

我当维持会长的回忆

张修运*

1943年的古历四月初四，日本侵略者的铁蹄第一次踏进了美丽富饶的洞庭之滨——安乡县。一时间，乌云笼罩，人心惶惶，人民处在水深火热之中，苦不堪言。

那时驻防在县城的中国军队是四十四军的一个营，由于该军与七十三军（又称卫国部队）调防没有衔接好，给日军以可乘之机，他们轻而易举地从津市经澧县望风而来。卫国部队的一个连在县境的礼阳垸防守，不战自溃，弃械逃遁。以至老百姓没有任何思想准备，遭受了日军洗劫和蹂躏。

当时我家住在永丰乡第一保（现为安裕乡安庆村），屋旁有一条营路直通恙口，北至礼阳垸与澧县官垸相连，与县城相距仅10华里。日军犯境时，老百姓都有一种恐惧心理，害怕日军烧杀掳抢，奸淫妇女。大部分群众都到外地躲鬼子去了，以致田地荒芜，屋宇空荡。剩下的群众都是一些不怕死而又舍不得家财的"犟人"。他们希望有一个组织出面维持一下地方上的秩序，免遭日军的骚扰和破坏。加之县里成立了维持会，为日军收粮筹款，拉伕派女人，以求敌人放下屠刀。要求各地也成立维持会。于是，我所在的永丰乡

* 作者时任湖南省安乡县永丰乡第一保维持会长。

第一保保长向东林，见我胆子大会办事，就推举我当了保里的维持会长，还配了一个助手叫马日生，他主要搞些文字工作。

这年的4月，正是插秧季节，我家种了150亩田地，除我们弟兄参加劳动外，还雇请了6个长工，插秧扮谷还要请些临时工。尽管日军在城里为非作歹，气焰十分嚣张，我觉得这是兔子的尾巴长不了的。我还是不违农时的安排好插秧事宜。我是弟兄中的老二，由我当家作主，有时也参加一些劳动。

一天，保长向东林、马日生和我3人约好，到县城去找县维持会长李华斌接头，但去县城的渡口已被日军封锁了，不能过河。我便借了本地农民郭锡之的一条小船（能载1000多斤），由我驾着，还带了群众中收集来的100多斤鸡蛋。船行至县城附近的大鲸港码头时，见老百姓都跑光了，只有团总李连生的家里有两头肥猪在栏里嗷嗷待食。我们3人一齐动手把两头猪拖赶到船上，想一并带去交给县维持会。便驾着小船绕道朱家洲，正当横过河到县城时被日军发现了我们，朝我们这边乱打枪。我们怕被打死，也顾不得小船和装的东西了，便弃船跑了回来。回到家里只几天的时间，日军突然进村了，群众像挨了一闷棍，只得临时躲藏起来。原来，日军是从礼阳垸而来。沿途有电话线杆子作标记，敌人可以不用问路便可以长驱直入。日军的突然袭击，就连保长向东林也不知道，他的全家也未躲得及。慌乱之中他躲在自己的阁楼上，眼睁睁地看着自己的妻子被日本兵强奸，他连大气也不敢出。我这个维持会长的妻子也未保住，我的妻子是躲在一片蚕豆地里的，被敌人发觉后有12个日本兵对她进行了轮奸。她受到凌辱和摧残后，人事不省，后来被群众发觉才从蚕豆地里抬了出来。

日军是一路行进一路骚扰。见了男壮劳力就抓去挑东西，见了青年妇女就强行奸污，为所欲为。好在日军没有在保上驻扎，仅是路过才没有造成更大损失。后来统计：这次被日军拉去的伕子有11人，郭学文的家里一次就拉去了3个，除郭学文、他内弟马少云等先后回来外，他父亲郭兴堂一直未归，不知死在何方。这次被日军强奸轮奸的妇女有7人。我们保里一个叫姚腊英的青年妇女，因被鬼子追赶慌了，就爬在一棵树上躲着，鬼子发觉后要她下来，她坚决不从，日本兵就用刺刀挑穿了她的一个奶子，当即血流不止，以后诊了好久才愈。由此可见，日军是凶狠残暴的，他们根本没有把中国人放在眼里，完全是一群丧尽了人性的畜生！尤其可恨的是，他们杀我同胞，奸我姐妹，抢掠财产，烧毁房屋后还作歌谣以戏之。说什么，“吃的剥皮鸡，睡的美貌妻。烧的背时屋，杀的蠢东西”。真是无耻已极！

以后的两次沦陷我就再也不搞维持会了。日本兵来了，我就和大家一起同他“捉迷藏”，你来我走，你走我回。那时逃难还要“难民证”，我觉得这都是愚民政策。我就把白衬衣脱下来撕成条状，用墨笔写上“难民”二字，戴在手臂上过关出境。但我也被鬼子抓了 3 次，每次我都趁日本兵不注意时逃跑了。

日军投降后，县里的军政要人从逃亡中班师回朝，一片庆幸之余，我也为之高兴。但我借的郭锡之的一条小船和三人拉的李连生的两头肥猪都由我赔了款，共赔了一百多担谷。这是我本着“穷不忘本，富要饶人”的道理办事的，以后也没有人找我的麻烦了。

1943年“粮食贪污案”真相

计锡林　赵天一*

沦陷时期，汪伪江苏省粮食局局长后大椿和苏（州）、常（州）、松（江）、太（仓）区米粮采购办事处处长胡政，利用职权，勾结奸商，套购军粮，囤积居奇，被伪中央特别法庭判处死刑，枪决于南京雨花台。此案曾轰动当时社会。伪中央通讯社大肆宣传，吹捧伪政府严惩贪官，澄清吏治的“英明”措施，装出为民除害的姿态。伪政权贪污成风，不足为奇，而此次竟一反常态，枪决了两名处长。笔者当时经营粮食业务，并与同案犯许瑞棠是同师兄弟，内情知之较详。

大肆贪污　中饱私囊

后大椿在抗战前是上海商务印书馆工会领导人之一。投伪后，因其妻邬云卿和伪特工头目李士群之妻叶吉卿是结义姐妹，其妹邬揖卿（即胡政之妻）和伪粮食部次长周乃文有亲戚关系，故在原商务印书馆编辑、伪教育部部长李圣五的介绍下，一下跃居江苏省伪粮食局局长宝座。胡政原是伪粮食

* 作者时为江苏省粮食经营商。

局水产管理局局长和邮政储金汇业局局长，后大椿任职后，他不久就兼任了苏、常、松、太区米粮采购办事处处长，成为后大椿的得力帮手。后、胡二人得到这一肥缺后，贪得无厌，利用职权大肆贪污。

1943 年 4 月，后大椿向青浦县粮食商施开坛购糙米 1000 石，当时米价每石（150 斤）280 元，后大椿预付了 28 万元支票。购货后，他不提货。五个月后，米价涨至每石 900 元，后大椿嘱施不必交米，依照市价结算交款，施不敢违抗，只得照办。在这笔交易中，后大椿共牟利 43 万元。

同年 3、4 月间，后大椿令松江县伪县长唐克明采办粮食 3 万石，实际收头到 3 万 2 千石。后大椿知情后，委托其同学耿嘉基（松江人，历任上海市政府外事秘书）用私谊告知唐克明少报 9000 余石，由耿兄托粮商沈云卿贩到上海市场出售。这一次又获利 80 余万元。

同时，江苏省伪粮食局接受了日驻军荣部队购买白米 1 万吨的合同，在吴县、吴江、无锡三县征购。结算米价共 3239 万余元，荣部队交出 2738 万余元，其差额和利息共短少 570 余万元。这笔款项，日军给后大椿一批肥皂、火柴、纸烟、食糖等配给物资作为补偿。后大椿即将此批物资的 3/10 配给农民，其余全部投入黑市出售，私人又非法得利 270 万元。

这一年的 4 月上旬，昆山粮食业、面粉业巨商朱志诚（无锡人）在无锡米粮联营社副理事长王永祥的介绍下，结识后大椿，怂恿他把粮食局购粮中的资金抽出一部分购收面粉，由万丰粮行唐炼侯领取粮食搬出证运至南翔，卖给商贩张当生私运至上海市场，共获利 140 万元，朱、唐、张只得到少数酬金，大部被后、胡集团私吞。

同年 4 月中旬，后大椿把沈云卿介绍给胡政，以“米粮采购办事处”名义，在青浦收购粮食 1780 石，在嘉善收购 3000 石，还在松江等县收购，形成了一个投机贩运集团，低价收进，高价卖出。这一次，由耿嘉基出面，后、胡为后台，给他办理护照、搬出证，沈云卿则运用自己的经营经验。这一次又获得成功，获利后大家都得好处。沈云卿为感谢后大椿，特为在上海买了一辆轿车送给后大椿。

同年 6 月，武进县伪政府接受了日军荣部队购米 4 万 3 千石的委托。当时常州存米不足，只得向后大椿在常州收购的粮食中借用3000余石，至8月底偿还。后大椿不费吹灰之力，又获得米价差额金55万元。

夏季，后大椿用行政手段命令常熟伪县府将该县的酒粮业公会改组为虞昆区酿造业同业公会和调味业同业公会，然后又下令该业公会，今后凡用粮食酿酒的商人，必须得到粮食局的许可。商人们都知道这是敲竹杠，但为了得到这一许可，只得向后大椿等人贿赂。因此，后大椿又得到贿赂款七八万元。

无锡封粮

1943年夏，无锡米市涨风频起，其原因是无锡米粮联营社成立后在市场大量收购，米价由每石300元涨至700元左右，引起了社会的动荡与不安。伪县长曹湘和各界人士联名向粮食局请示办法。后大椿得讯后，于6月25日偕胡政、安照白等由苏抵锡，曹向后报告了最近粮食发生恐慌的情形。下午2时，伪县府召集军、警、各机关代表、各团体、公会负责人在大礼堂举行谈话会。由后大椿解释粮食政策，他说，今年5月起，军粮不要直接采办，由粮食部支持此事……以后由粮食部决定各省供应数量，再由省府根据各县产量加以支配。此次部方尚需交付一部分军粮，故由联营社主持采办事务。而政府既订立协定，自当于约定期间交付，否则将失信于外……此次联营社收购粮食，以致引起食粮恐慌及市价飞涨，此乃联营社方面之应付不良，绝不能于此时期，滋生事端，影响治安，否则省府决予彻查。实际上联营社的采办军粮，还是为后、胡的贪污集团效劳。

同时，后大椿又接受了粮食部之命，和胡政协力在无锡、常熟等地，以每石300元的限价收购糙糯米。因收购困难，才利用行政权力，发给无锡、常熟县政府和各特工站进行协助的训令，将各县境内米商所有的糯米全部查封。无锡被查封的糙糯米有2万6千4百40石。白糯米128石，白米3815石。常熟被查封糯米2万余石，白米1500余石。查封之后，打算将这些米的8/10强制收买，2/10还给米商，并与无锡联营社理事长同谋，把无锡的糙糯米 2700 余石运至苏州贩卖给大陆米厂。

此事被无锡粮商赵章吉、张玉麟、张一中、俞绍昌、王近三等人所悉。乃由张景炜拟文，联名向南京伪粮食部提出抗议，称米价上升，主要是联营社在市场抢购所致……查封粮食，不知根据何项法令？并有“只顾州官放火，不许百姓点灯”的词句，影射后、胡贪污中饱。伪粮食部长顾宝衡见米商群情激愤，恐生事端，立即派次长周乃文到锡调停。结果，将被查封粮食中的 1/3 还给米商，2/3 以高于限价、低于黑市的所谓调整价强制收买，才算暂时平息风波。

东窗事发

1943 年 10 月，贪得无厌的后大椿密令郑子文将上项查封粮食中的一部分设法出售。郑会同王永祥向无锡北塘同兴粮行许瑞棠联系，双方谈妥：（一）将 1 万 2 千余石糙糯米，以调整价卖给许瑞棠；（二）由同兴粮行向粮食部申请发给粮食部的“特殊搬出证”运至北京；（三）成交后提货时，先付全部米价的半数，其余一半，可以在货抵北京出售后结清。

此项密约使许瑞棠最感兴趣的首先是能向粮食部领到“特殊搬出证”。因当时伪政府最高国防会议通过并实施的“清乡地区米粮封锁暂行办法”规定，凡“清乡”区内的一切粮食搬至外地时，必须有“特殊搬出证”；其次是可以先将 5000 石在黑市卖出去，所得利润足够付给后、胡集团米价的半数，余下 7000 余石，可以运往北京去牟取暴利。这是一次不需要资本的好生意。同时，许又想出一个投机取巧的方法，在糙米中，混入白米数百包，委托水安运输公司联运北京。

不料货车抵达徐州站遭到日军检查，发现“特殊搬运证”上注明是糙米，而在车厢内查到却有白米，立即将货车扣留，报请上级向南京日军军部调查。

日军部马上向伪粮食部长顾宝衡查问，顾立即把出事情况通过周乃文电告后大椿、胡政，胡又急电无锡郑子文找了许瑞棠同赴苏州，密商应付办法。

这时，南京日军军部也电令无锡日本宪兵队，派出密探孔某，装扮成外地来锡采办粮食的商人，于傍晚到了同兴粮行。由周铭接待在行内吃过晚饭后，即邀孔到客房吸大烟。两人过足烟瘾后，孔某取出证件亮出身份，询问徐州车站被扣粮食的来源。周当时尚不知该货已被扣留。推说一切行务，由其学生许瑞棠经办，自己确实不知其情。随之，孔某将他带至日寇宪兵队，一经刑讯，马上便招供了初步内情。

翌日，许瑞棠由苏回锡，知案已发，不可收拾，遂亲赴宪兵队自首，周才获释。

此案发生后，伪中央下令将伪粮食部部长顾宝衡、次长周乃文免职，后大椿、胡政撤职查办，各县米粮联营社撤销，另外成立了一个“米粮采购总管理处清理委员会”，由陈君慧、姜佐宣任正副主任。案中其他涉及人员，如上海市伪政府外事秘书耿嘉基、松江县长唐克明、无锡米粮联营社郑子文、王永祥以及奸商沈云卿、朱志诚、施开坛、唐炼侯和许瑞棠等，均先后被捕关押在南京监狱候审。

松江人耿嘉基，曾留学法国，曾任上海市伪政府外事秘书，市长调任而他的职务却没变。因耿和法租界捕房总监勃尔上校是莫逆之交，案发时，南京日军部派宪兵队长到上海将耿嘉基拘捕带到车站候车室等待班车押解南京。耿的家属立即向上海日宪兵队求援，队长闻讯亲自驱车前往候车室会见南京来人。经交涉后，因南京方面来人未备正式公文，其军衔也比上海的低，所以耿未被带走。双方谈妥，如南京有正式公文来沪，耿必须到案。

耿回家后，想到自己一生一帆风顺，在沪颇有名望，现因此案牵连将入囹圄，一旦受审，马上声名狼藉甚至难免一死。于是，黄连夜写下遗书万余言，以自备手枪自杀。此事亦轰动上海社会，《大美晚报》《大晚报》均有记载，但均把耿的自杀说成是“不甘心充当汉奸”。实际上，他是“粮贪案”的一名主角。

最后的结局

大批粮食在徐州车站被扣之案，引起了日本最高顾问的重视，日伪中央政府不得不予以严办，所以专门成立了“特别法庭”审理此案，由伪中央特任陈恩普为庭长，乔万选、钱森为审判官。

邬云卿、邬揖卿姐妹因伪省长李士群已死，失去了靠山，曾向陈璧君、陈群、陈恩普、乔万选等送礼为丈夫求援。未得丝毫成效。

经特别法庭审理后，判决书文中称：后大椿连续于战时意图营利，对军需品及生活必需品投机操纵，囤积居奇，足以妨害供求关系，处死刑，被夺公权终身，西装一套、领带四条、棉鞋一双没收，贿款及不正当收入向后大椿追征没收。国币 560 万元向胡政追征没收①。

伪粮食部长顾宝衡、次长周乃文，亦判处死刑，经呈请伪国府主席汪兆铭核示，特经赦减，各判处有期徒刑 10 年，顾宝衡所得赃款 1310 万元，筒乃文所得赃款 80 万元，均迫征没收。其余同案犯唐克明、郑子文、王水祥均判七年，沈云卿、朱志诚五年，唐炼侯三年，张当生一年，许瑞棠六个月。

据目击者说，1944 年 3 月 15 日上午，后大椿、胡政被特殊法庭签提到案时，后身穿紫羔皮袍，胡身穿狐皮袍，头戴灰呢帽。当审判官钱森宣布判决二犯死刑时，胡犯听到后大哭，而后犯则态度自然，并索酒频饮。在司法警长陈培元和南京宪兵第三团长卢森押赴雨花台枪决时，沿途群众有高声谩骂贪官者，有将小砖石、烂果皮掷其头脸者。这一连襟兄弟，落得了这么一个下场！

抗战胜利后，同兴粮行改组为泰亨粮行，许瑞棠在一次闲谈中曾说：“特别法庭首次判决是，后大椿无期，胡政有期 15 年，顾宝衡、周乃文 10 年。当将判决结果送交日本顾问审阅时。日本人非常不满，拿起公文桌上的红色铅笔在后、胡、顾、周的姓名上连画几个圈，又愤怒地咆哮着要判死刑，这主要还是此案违反了敌伪双方有关粮食的秘密条款。”接着又讲：“我自被押受审时，不但将问题全部交代，而且还申述商人唯一本万利是图，同

---

① 当时米价每石为 440 元至 900 元，以每石 900 元计算，后大椿贪污粮食约 8230 余石，胡政 6000 余石。

时把所知道的后、胡在其他地方勾结的人名、行名和舞弊事实，在后、胡交代之前就全盘说出。我还把钱花在刀口上，向审判官乔、钱两人送礼，才得到从轻发落……”

李各庄惨案始末

王有才　李　宽　张凤增*

1943 年 3 月 5 日（正月二十九日），在侵华日军驻密云柿本部队西田各庄镇大辛庄村据点小队长山本的一手策划下，发生了我 7 名无辜村民惨遭屠杀的李各庄惨案。（根据口述整理如下）

王有才（幸存者，李各庄村民，曾被日军抓到据点里关押）：

我今年 63 岁了。日军小队长山本到李各庄抓人那年，我 12 岁。可以说我是死里逃生。

那是民国三十二年（1943）正月前后的事。山本因怀疑卸甲山村暗藏八路军，命令李各庄“棍团”（即民团）全体青壮年到卸甲山砍掉全村树木，拆掉各户院墙。村民们敢怒不敢言。

正月二十九日，人们白天干了一整天重活，都乏了，夜间就由棍团的老少团替岗。这天夜里在村北山口站岗的有 12 岁的田蔓头、13 岁的唐二黑以及张元、张金（张元是老年班长，本不该他的班，因王守山祖父王兆臣当班，夜间冷，王兆臣没有棉衣，张元好心眼儿替了岗，张金是替自己 9 岁的

* 作者王有才、张凤增为河北省密云县李各庄村民，李宽为密云县大辛庄村民，是在日军大辛庄据点做饭的伙夫，后参加八路军。

儿子张凤增站岗）；在村东站岗的是我和张凤祥；王金福和傻柱儿是“青年游动哨”；另外还有司万山、王少仪等，一共16个人。

这天夜间，八路军武工队从北山口进了村，抓走了李各庄棍团团长和伪保长。武工队进村时，先看住在村北放哨的田蔓头、唐二黑、张元、张金、王金福、傻柱儿（后两人查哨刚好查到村北）等，抓人任务完成后又放了他们。

第二天，二月初一，太阳刚冒红，山本带着日军和警备队气势汹汹地进了村。全村老少，从8岁到65岁共400余口，全部集中到村南头王家坟后边的空地中。四周架起机关枪，周围是端着刺刀的日本兵和警备队。事先挖了3个土坑，山本指着土坑恶狠狠地对村民说了几句日本话。李翻译解释说：“谁暗通八路，快交出来。不然，把你们全都活埋！”一直围到太阳快落山，没一个人出来说话。最可怜的是那些不懂事的吃奶的孩子们，他们渴着、饿着、冻着。妈妈们用奶头堵住他们的小嘴，不敢叫孩子们哭一声。山本发疯了，他给了日军和警备队后撤、机枪手准备射击的手势之后，从人群中拉出一个叫孙孝廉的，凶恶地吼道：“一个不说，一个的活埋，统统的不说，统统的死啦！”眼看孙孝廉就要没命，一场血腥的大屠杀就要开始。就在这危急的关头，只听人群中一声高喊：“放了孙孝廉，八路军进村我知道！”人们惊呆了，一看，是韩进学大步挺胸地走出了人群。

韩进学40岁上下年纪，平日热心公益，为人忠厚仗义，主持公道，村里的人们都敬重他。如今，他一声高喊，全村人的心都震颤了，妇女们不由自主地流下了眼泪。山本阴冷地笑着问：“你的私通八路？”韩进学不慌不忙地回答：“不是。”山本又问：“八路的来，为什么不报告？”韩进学也笑了一笑，回答说：“太君，我是想报告，可是还没容我报，八路抓了人就跑了。”山本一时无话可问，便让棍团每人打韩进学一木棒。并且下令，不打的和不用力打的不准归队，不准回家。山本的险恶用心，人们心里都清楚，不让回家的，最后就免不了一死。韩进学当然比大家看得更清楚。他十分冷静、沉着，对乡亲作个揖，说道：“乡亲们，别光心疼我一个人，这些吃奶的孩子多可怜啊！把木棒举起来，使劲打吧，明天就是二月二了，我多吃你们两张煎饼都有了。舍不得打我，咱们谁也甭想吃煎饼。”乡亲们在韩进学面前，热泪横流，不得不举起木棒……

尽管人们加着十二分小心，只往腿和臀部打，300 多木棒打下去，即使是木头人，也会散架的，不到 100 棒，韩进学就倒下了。山本下令埋了韩进学。

山本怀疑当夜站岗的人里有人私通八路，就把我们 16 人全部抓回据点。我妈一直追着我，出村以后，我哭着告诉妈：“给我留点煎饼！”

大辛庄据点只有一间牢房，里边原来还押着人，牢里挤不下，敌人只把在村北站岗的张元他们 6 个人押在牢里，我们散押在二门外院里边。被抓的人中，司万山、王少仪家里富裕，送了礼，陆续被放了。张凤祥当夜疏通，押 5 天也放了。

押在牢里的 6 个人罪受大了。牢里人多，挤不下，都站着。不给水、不给饭，连尿都接着喝了。我们在院里散押的，也不好受，也是不给饭不给水，夜间还冷。唯一自由的是可以在地上躺着、坐着。

张元他们被杀后，我们不在村北站岗的随后就被释放了。从正月二十九晚上，直到二月初六天黑，我只喝过几回米汤，吃过一个萝卜根和几个带皮的花生。刚听说让我回家，“呼”的一下子眼前就是一片漆黑。醒来时，已经骑在驴身上了。我才 13 岁，想妈，叫不出声，连抬眼皮的劲儿都没有了。后来我才知道，提前释放的王少仪身体也很弱，山本召集大会，又不得不来，毛驴是他的。到家后，我躺在炕上，昏昏迷迷。想说话，张不开嘴；想哭，流不出眼泪。我妈借点小米，第一天熬米汤，第二天熬稀粥，一勺勺喂我。四五天以后，我才能站起来。到了农历 3 月，春草发芽，该种地了，可是粮食种子都给我吃了，实在没法混了，我父亲用柳条筐挑起我和我哥，逃荒到热河的围场去了。直到农历 9 月，围场太冷，我们爷仨才又返回李各庄。

日本侵略中国，残杀无辜百姓，连孩子也不放过，这笔血债，李各庄人牢记心头。新中国成立后，翻身的农民演戏庆贺。孙孝廉和他的堂弟孙孝先把李各庄惨案编成一段快板书，开头两句是：“田蔓头、唐二黑，十几岁的孩子认得谁……”才提了个头，台下就哭成了一片。

李宽（见证人，大辛庄村民，当时在日军大辛庄据点当做饭的伙夫）：

牢房原来的窗户都拆掉了，用椽子竖钉着，门上窗口横钉木棍。除了李各庄的6个人，先押在里边的，我知道的有西大桥的魏老，燕落寨村王瑞复，已经60岁，还有十里铺村的罗连义、龚瑞福、罗慎言，河漕村的李本文，靳各寨一个姓刘的，宰相庄一个姓周的；大辛庄的张坤原是给据点伙房挑水的，因给牢里一个亲戚送个玉米面饼子，也押在里边，一共是30多人。

押在牢里的人有什么罪？中国人是亡国奴，任日本侵略者折腾罢了。都是中国人，怎忍心看着自己同胞渴着、饿着、冻着，我们3个做饭的，警备队站岗的，甚至给日本当翻译的李克勤，都背着日本人，设法帮助这些受难的骨肉兄弟。

张坤押起来后，我乘日军出发的机会，跑到他家报信。张坤家里还不知道。我顺手扯下他家门帘，兜上几个刚揭锅的玉米面饼子就跑，送给张坤。

李各庄的司万山体弱怕冷，听他说家里有皮袄。我出不去，取不来，就托人从李各庄把皮袄取来，经李克勤，转给了司万山。

押在牢里的人，喝不着水，吃不上饭，我们3个做饭的，想尽各种办法往牢里送水送吃的。警备队都是中国人，日本人一来，站岗的就咳嗽暗示，我们赶紧低头做活。没日本人时，我们就往牢里扔花生、扔萝卜。切萝卜时故意留大根子，当垃圾扔在牢门口。有一次，日本人不在，我从锅里捞了一脸盆半生不熟的萝卜丝，还有剩锅巴，从门上窗口送进牢房。窗口木栏是横钉的，刚好能送进脸盆去。做饭的米汤，几乎天天能送进去。但里边人多，送进的东西又少，总比没有的强点就是了。我们虽然千方百计瞒着日本人，但还是被发现了。

山本亲自过堂审问李各庄的张元、张金、王金福、傻柱儿、田蔓头和唐二黑。他命令在墙上靠了4把木梯，木梯下放4口能盛5担水的大水缸。张元等4个大人被倒吊在梯子上，就像滑车，可以提起，可以放下。水缸里装半缸水，放下时，人头淹在水中。先用木棒打，打一阵子之后放绳，淹一阵子提上来，空出水后再打、再淹。第一天，张元的肋骨和胳膊就被打断了。

这几个人肺都呛坏了，鼻子、口不断喷血。

田蔓头、唐二黑两个孩子被仰面捆在凳子上，嘴上盖条毛巾，从毛巾上往嘴里灌水。据说是为了好灌，用毛巾遮着，喷水时也溅不着灌水的人。把肚子灌圆了，先是用手推肚子；然后穿着牛皮靴的日本鬼子就站在他们肚子上乱踩，水从口中往外喷，水柱把毛巾顶起 1 尺多高。另外还有 4 个日本兵端着刺刀。有的对着脑袋，有的对着胸口，有的对着肚子，摆出随时刺杀的架势。那天早上我做饭时，把一个大萝卜顺手扔进牢房。田蔓头正好站在牢门口，接到后就吃了。结果他在受刑灌水时，从嘴里喷出了萝卜渣子，日本人追问萝卜来源。我怕连累那俩做饭的，便求警备队中队长陈庭相编了个假话，说是洗萝卜时掉在地上一个，滚到牢门口，田蔓头捡到以后偷着吃了。给警备队做饭的赵永庄、给日本人做饭的王安也都帮助说是他们亲眼见的。晚上，我又回家设法买了 20 斤鸡蛋，给李克勤送了礼。山本原说要打我 40 大棍，有李克勤说情，就没打。

二月初六那天，山本召集河西 32 个村庄百姓开大会，就在郭家大院西墙外，把唐二黑、田蔓头、张元、张金、赵金福和张二元（傻柱儿） 6 人枪毙了。警备队执行，枪子儿都没打正，唐二黑还没有中弹。实际上，这 6 个人是活埋的。埋完后，天就黑了。我父亲扛着锹出去三四次，想救活他们。日本兵一直不撤岗，谁也没救成。

送萝卜的事虽说搪塞过去了，可我一直提心吊胆。山本生性多疑，又十分凶恶。杀个中国人，就像踩死只蚂蚁。我在新民会做饭的一年多时间，眼看着许多骨肉同胞，一个个惨死在山本手中，对日本侵略者我满腔仇恨。慢慢的我悟出一个道理，八路军打日本，日本恨八路军又怕八路军，只有投靠共产党八路军，才能打跑日本侵略者。所以，1944 年春天过后，我离开新民会，参加了八路军，在 13 军分区 3 连当了八路军战士。

补充一句话，李各庄的棍团团长和伪保长被武工队抓走不久，就放回来了。经过共产党教育，这二人觉悟了。其中一个后来还参加了地下抗日工作。

张凤增（见证人，遇难者张金之子，李各庄村民）：

我父亲他们被山本杀死后，就埋在郭家墙西。父亲死时，我 9 岁，母亲张永荣才 27 岁，正怀着孕，妹妹张凤春是父亲死后 6 个月生的。父亲死后，母亲一直守着我们兄妹俩，靠给人缝缝补补，总算活了过来。当时我虽然年岁小，但父亲他们被抓的情景，我永远也忘不了，直到现在，王有才被抓走时，哭着让他妈给“留煎饼”的场面，一合眼就出现在眼前。

（李善文 整理）

1943 年日寇在厂窖的大屠杀*

湖南省政协文史办公室

厂窖，是湖南汉寿县当时的一个乡，有 4000 多户，将近 2 万人口。它位于西南南洞庭湖的北岸，正处在澧水和沱江的下游。这里，沟港纵横，田土肥沃，盛产稻谷、棉花、苎麻、湘莲、鲜鱼，是洞庭湖畔的“鱼米之乡”。

1943 年夏，华中战场日军配合对国民党的政治诱降，纠集兵力，向洞庭湖西北地区进犯。日军这次的进犯是蓄谋已久的。其主力从华容、藕池口出发，又从岳阳调集大批汽艇，自洞庭湖东部出犯，围攻南县、安乡。驻扎在这一带的国民党第四十四军和第七十三军，在日军的大举进攻下，土崩瓦解，临阵溃逃，使日军如入无人之境。南县、安乡相继失守，日军的铁蹄蹂躏到汉寿县境。

其时，南县、安乡和华容三县大批扶老携幼的难民以及公务员、警察、学生等，慌乱奔命在萧公庙、西港、草尾之间一段狭长的地带。由前线退下来的国民党军队，也夹杂一起，乱作一团。他们准备由西港逃往洞庭湖南岸，但是日寇已四面包围了。

日军 3000 多人，汽艇 60 多只，从陆上、水上分几路包围厂窖，空中则

---

* 本文系根据 1965 年 9 月实地调查访问的记录和有关资料整理而成。

有飞机不断低飞侦察，更番扫射，掩护地面部队前进，形成了以厂窖为中心的包围圈。日军开始包围时，国民党军队东冲西窜，想夺路逃命，但是已经来不及了。他们在萧家湾争先恐后地抢渡过河，有的卸下铺家住户的门板，有的寻找树条当做渡河工具，结果因渡河而淹死打死的不知多少。大多数没有来得及逃跑的国民党官兵三五成群，将轻重武器任意丢在德伏、全固、连续等内湖和其他沟港河汊里，拦路抢夺老百姓的衣服，给自己穿上逃命。

5 月 9 日，细雨霏霏，乌云密布，大地笼罩着惨淡阴森的气氛。从鸡窝岭渡河以及由汀浃洲南下的日本兽军，开始把魔爪伸向厂窖一带。

早饭过后，全副武装的日军，像一群恶狗向厂窖东边的瓦连垸扑了过来。农民陈腊九身躯高大，日军一见面就把他捆在屋前的大杨树蔸上。经过一阵野蛮的拷打之后，突然用尖刀剖开他的肚子，血流满地，顿时惨死。

日本兵端枪、举刀，在垸子里横冲直撞，见人就砍。贫农王长生的父亲，被手持大刀的日军“咔嚓”一声砍倒在地下，接着又在肚子上戳一刀，结束了生命。王长生在麻地里熬磨了大半天，也被三个日军发现，一刺刀刺在左手上，倒地以后，日军又在他胸脯上刺进一刀。发狂了的日军，用脚把他踢翻过来，在背上及两腰边各剁了一刀，使他立时昏过去了。王长生至今身上还有五处明显的伤疤。农民王仲林一家人没有跑得赢，被日军堵住了大门，父亲王树清刚从田里用牛上来，走到门前就被日军狠命地当胸一刀，砍死在禾场上；弟弟王达章躲在门弯里，被日军发觉，抓住刺了五六刀而死；岳父和岳母躲在他家，同样死在日军的刺刀之下，连一个不满十个月的小孩，也被日军一刀刺死了。

当时，入了反动会道门同善社的宋梅甫一家，专搞迷信活动，扬言只要躲到他家里，就可保生命安全。因此，招引许多人到他家躲难。大屠杀开始了，日军端着明晃晃的刺刀冲进宋家，见人就杀，无分男女老少，结果一共杀死了 80 多人。

方圆四五里的垸子里，到处是一片恐怖，逃命的老百姓，东一群，西一堆，跌跌撞撞没个归宿。这都是被日军烧屋杀人时撵出来的。从梅家障到风车拐三里多长的堤上，日军紧紧追杀，杀死杀伤了好几百人。有的农民身负重伤，奄奄一息地躺在血泊中，还不停地喊“救命！救命！”

在厂窖北端的裕成垸，日军挨家挨户地进门搜查，把人们赶到禾场上，四面架起机关枪，逼迫人们成排地跪下。然后喊起年轻力壮的男子，到沟港里去摸国民党溃军丢下的枪支；年轻的妇女则被拖进屋里去强奸。贫农廖翠槐跪下后又被掳去当夫子，他亲眼见日军五花大绑地绑着三个年轻人，被刺刀戳死在堤上；另外绑着一个老年人，也在堤上被打得半死不活。恶魔们沿途抓人，抢东西，把抓到的 100 多人反捆在地主杨伯辉屋后的两排杨树上，每株树上捆三四个人。一个腰挂大刀的日军军官下令用机关枪密集扫射，霎时间枪声一响，绝大多数人饮弹殒命；少数没有打死的，日军又用刺刀乱戳，一个个被杀得鲜血淋漓。

5 月 10 日是日军在厂窖屠杀的最高峰，日军像发疯一样见到中国男子便杀，见到青年妇女便强奸，奸了以后又杀。贫农刘子福的哥哥胸部挨了日本兵几刺刀，辗转在地上打滚，求死不得；他父亲也被杀死在屋后面的沟里。日军走后，他不顾危险下沟去掏父亲的尸体，简直插足不进，因为这一条四丈长，八九尺宽的小沟，就丢进了上百具尸体。瓦连垸农民粟显光全家六口，被四、五个端着刺刀的日本兵包围在家，他本人想逃走，刚冲出大门就被一个日本兵一刺刀刺死了。大弟弟看到哥哥被刺死，想找东西反抗，不料被另一群日本兵发现，猛扑过来抓住他，一阵乱刀将他活活砍死。第二个弟弟刚逃出门口，又死于敌人的枪弹之下。其母亲和一个十来岁的侄儿，也同样被日本兵刺死，只剩下弟媳周菊秀被日本兵轮奸后，气息奄奄。还有一户姓曾的人家，其媳妇因怀孕快分娩了跑不动，被赶上来的日本兵捉住，在她肚子上猛刺一东洋刀，快临产的婴儿，从母亲肚子里鲜血淋淋地流出来，一抽一搐地颤动，日本兵们却毫无人性地拍掌哈哈大笑。

日军的汽艇上架着机枪，经三岔河到龚家港后，端着三八大盖枪的日军，马上蜂拥登陆，见人就捉。捉到的人，都被一串串押到龚家港尾西头河滩，用机枪扫射。只有一个姓鲁的人死里逃生，侥幸跑出来了。在日军的疯狂屠杀下，从萧家湾到莲子港、龚家港一带的沙滩上，到处有死尸堆积，不知牺牲了多少同胞。

日本法西斯在厂窖地区，大屠杀的方法无奇不有，惨无人道。他们除了任意枪杀、刀刺和用粗棍在身上乱打以外，还使用了绞舌头、刺肛门、火烧、盐腌等等骇人听闻的杀人手段。汀浃洲的陈况生、陈若林两兄弟，被日军捉到后，先用刺刀绞舌头，再在口里灌泥沙，最后用刀剁成几块，丢在哑河里。罗裁缝刚满周岁的男孩，被日军一刺刀从肛门刺进去，顿时毙命。贫农毕成举的幼儿睡在箩筐里，日军烧屋时被活活烧死；他自己挨了七刺刀，被摔倒在堤塍下，立刻晕死过去了。浃北一个姓周的农民，被日军剁了好几刀，通身抹些盐，再用坛子在身上乱滚，周身磨得皮开肉绽，动弹不得。抬回家后三四天，就因头部溃烂死了。九十多岁的戴老婆婆，来不及逃走，被日军杀死在自己屋里的水缸旁边。德伏湖陈姓妇女的周岁孩子，被两个日军一丢一刺，活活给刺死了。农民高华丰的孙子才一岁多，也被日军当胸刺一刀，扛在肩上走，走了半里多路，顺手往烧屋的火海里一丢。

日军野蛮的屠杀，曾遭到中国人民的反抗。莲子港人杨素凡，在当地小学担任语文教员，日军用刺刀刺他时，他不顾一切地捏住敌人的刺刀，结果两只手的手指全被砍掉了，恼羞成怒的日本兵立刻将他杀死。农民胡百挑抢住一个日本兵的刺刀，一拉一扯，他的手指割断了，当场被日本兵活活刺死；弟弟胡百兔，跟两个日本兵扭作一团，结果还是被杀死了。

厂窖大屠杀的被害者，有本地居民，有放下武器的国民党官兵，更多的是附近各县逃来的人。从南县逃来的难民，有的在船上被杀害，有的刚上坡就被日军抓住杀掉了。莲子港上坡的一个地窖里，竟丢了 70 多具尸体。国民党南县县政府的人员逃到厂窖时与敌人遭遇，都被打死打伤或者被俘。有些人在逃散后又被日军捉到杀害，如会计黄某躲藏在一户民家的床底下，被拖出来杀死。被俘的人，有的虽幸免一死，也受尽了侮辱。有一个职员身受日军七刺刀，半夜从死尸堆中挣扎起来，因地形比较熟悉，得以死里逃生。一个逃出来的乡长又被抓了，日本兵在晚间饮酒时，把蜡烛放在他的头上点着，用人头作灯台，借此取乐。

这次大屠杀连续了四天，究竟死难人数有多少呢？据厂窖公社人民武装部的调查材料，总数达 24000 多人，其中本地居民有 7000 多人，外地难民 12000 多人，国民党军队 5000 多人。现在的全成大队第一生产队，大屠杀时是作新乡五保四甲的半个甲，共有 50 户，200 多人，就被日本兵杀死了 82 人，全家杀绝的有 4 户人家。此外，五保三甲被杀害的有 97 人，全家被杀绝有 11 户。一两个甲的情况如此，整个厂窖地区的杀戮之惨，也就可想而知了。

荷花咀街上妇女熊菊之，在厂窖观音堂前面棚里被强奸后，日本兵又用酒瓶塞进她的阴部，肿痛流血不止，拖了三四天才死去。15 岁的少女云金秀，被日本兵拖到麻地里轮奸后，躺在地上寸步难移，事后经人发现，才背回家里。五保三甲 50 多户，就有 9 个妇女遭到日本兵强奸，有的被三四个日本兵轮奸。在好些地方，日本兵强奸我国妇女之后，又把被奸的妇女杀掉。对毫无人性的日本兵来说，强奸和杀人是分不开的。由外地逃到裕成垸的两父女，女儿只有十六七岁，被日本兵捉住要强奸时，她坚决抗拒，父亲也苦苦哀求。日本兵脱下她的小衣，用刺刀猛刺阴部而死。求情的父亲也同遭杀害。

日本兵分批分段地进行搜杀，杀了第一遍，唯恐躺在血泊里的有呻吟未死的人，于是另一批日本兵又来进行复查，查了一遍又一遍。日本兵们在屋里进行复查时，床底下、草堆中、地窖里，检查得非常仔细；在杀人场上复查时，用粗棍或枪托尽力敲打那些被害者，听到略有呻吟，便立刻补上一刀。有的人被杀得半死不活，神志还有些清楚，急忙忍痛屏声地忍受着日本兵的敲打，幸免最后一刀，才保全性命。

除了灭绝人性的屠杀、奸淫以外，日军还大肆烧毁房屋、船只。据一些目睹者控诉，日军进入厂窖地区后，边杀人，边放火。一栋栋的瓦屋或茅屋，被日军放火烧掉了。瓦连垸三里半的长堤上，有 100 多栋房屋，全部烧光。烟火弥漫，鸡犬不留，到处是一片火海，枪声、马嘶声和日本兵的嚎叫声。人们在火海中踉跄奔命，惶惶然不知逃向何方是好，有些人冲出火场，又被日军乱枪打死。

当时从太白洲、厂窖、汀浃洲到龚家港的河里，摆满了船只，都是华容、南县、安乡等县逃难来的。因为下面的河道被日军的汽艇截住了，无法走出去。日军一来就大肆烧船，他们把船上的篾蓬子扯下来，淋上汽油燃烧，顿时火光四起，沿河十里，烈焰腾空。所有大小民船全被烧光。历时四天四夜的惨痛浩劫，烧掉了2500多只木帆船，3000多间房屋。

日军来到后，所有人民财产未及转移的，均被洗劫一空。小孩颈上带了银钏，马上就有脑袋搬家的危险。瓦连垸农民帅海清的妻子，手上带有两只玉钏，被日军抓住剁掉了一双手，抢走玉钏，最后连痛带吓地失去了知觉。所有民间的车辆、牲畜、粮食、衣服、银钱等，都被日军掠夺一空。

这些日军在烧杀抢劫的同时，对中国人民财产的糟蹋破坏，无所不尽其极。他们住进民家后，有柴火不烧，把大红衣柜、雕花木床打烂做柴烧，抢来的猪、牛不杀，而活活地在猪、牛屁股上挖块肉吃。在玉成垸一带，将没有烧光的谷米撒满大堤，作雨天垫路之用，临走时，还在没有吃完的饭菜上屙些屎，在不爱吃的坛子菜里撒些尿。总之，他们不让留下一样好东西，以逞“皇军”的威风。

日军窜犯到厂窖以后，还掳去一些精壮男子给他们当伕役，逼令抬炮、挑运抢劫到手的东西。单是瓦连大队第四生产队，当年就被抓去16人，至今音讯杳然。

日军的汽艇，从草尾、茅草街过河，到西伏垸，再到龚家港，另一路从藕池经安乡、武圣宫到萧家湾。在汽艇上登岸的日军，配合陆路上的日军，以分进合击的战术，向厂窖地区长驱直入时，国民党一两个军的部队，吓得抱头鼠窜，逃之夭夭。

经过日军一场极端野蛮的大屠杀以后，厂窖到处都是触目惊心的凄惨景象，以致后来有人称之为“惨窖”。

在厂窖，无数同胞遭到了屠杀，堤塝边，沟港里，横七竖八地躺着被刀砍、枪杀的男人、小孩和被奸淫后复遭杀害的妇女们的尸体，四周淌着大滩的污血。太阳一晒，臭气熏蒸，人们过路时，总要扯些艾叶捂住鼻子。梅家障的一条沟里，泡了百把具死尸；后来草草掩埋了，每逢阴天下雨时，还在出血水。好些田边的粪水，成了埋人的土坑，有的一个坑里埋了五六十具尸体。

德伏、全固、连续三个内湖的水都染红了，泡满了尸体，变成了三个血湖。

许多村庄烧成了一片瓦砾。举目望去，到处都有烧塌了的房屋，树木烧成了焦炭，硝烟味浓烈扑鼻，窒息着人们的呼吸。地里，土里，扔着大包小包的包裹。沱江河里漂满了烧焦的破船，在劫后十来天里，天天有尸体顺流而下，群众不敢下河担水吃。劫后景象，真是惨绝人寰。

绝不再参加侵略战争

[日]笠　实*

我从 1943 年 11 月 25 日开始，至 1945 年 8 月 15 日为止，担任伪山西省壶关县政府顾问。我采用了以壶关县人来打壶关县人的方法，操纵伪县保安队进行奴役和残杀中国人民。1945 年 2 月 13 日，我曾命令伪县长周吉彰等人和伪县保安队 300 人，攻击壶关县土河村，用柴火将逃避在窑洞中的该村和平居民赵腾云等 15 人熏杀了，并且在附近射杀了吴怀义、吴乐义二人，又用刺刀刺杀了妇女赵叶则。不仅如此，还同样用火烟熏杀的残酷办法，在刘寨村杀害了王海水等 3 人，还把他们的尸体投入火中。在三王头村里，用火烟熏 20 余名和平居民之后，拿刺刀去刺昏迷后的人们。在宋堡村，还把薰了以后昏迷不醒的人抓来，浇些凉水使他苏醒，然后把他们用刺刀刺杀了。三王头村被杀害的 20 人中，还有 5 名是不懂事儿的儿童。还以军刀砍脑袋、刺刀刺、活埋、挖眼睛、割耳朵、割生殖器等等极端残忍的方法，夺去了禾登村、南阳护村、北阳护村、宋堡村、秦庄村、大山南村、修善村、马驹村、坛上村、坛坡村、集店村、鸟集头村、辛村等地的和平居民百余人的宝贵生命。被我夺去的这些人的父母、兄弟的悲叹和对我的憎恨是不难想

* 作者时任日军驻伪山西省壶关县政府顾问。

象的。我真是惭愧得很，我衷心向诸位谢罪。

残暴的罪行还不止上述这些。我还掠夺了人们生活上不可缺少的粮食，对农民来说，一粒米就是他们的一滴血。我掠夺了他们的米约有 80 万斤，使农民吃树皮、草根。我从内心里谢罪。我也知道牛马对农民来讲是如何重要，但是我掠夺了他们的耕畜有 400 余头，因此壶关县的田地都荒废了。还掠夺了羊、衣服等财物，破坏了房屋。把 100 多名和平居民以火烧、灌凉水等残酷的方法进行拷问。抓捕了 500 余名和平居民，向他们强要粮食。还奴役一万多人从事运输、运送物资和挖掘战壕等各项劳役。我犯了这些严重罪行，即使我有几条生命也是偿还不了的，我只有低下头来请求诸位给我千刀万剐，我再也想不出能表达我内心的谢罪的话来，请饶恕我吧！

尽管如此，在这 5 年多的时间里，中国人民和政府却对这样残暴的我给予了温暖的照顾。现在我穿着新衣服、衬衣、帽子、鞋都是用人民的血和汗制作出来的。管理所当局还常常嘱咐我们不要感冒或闹肚子，给我们配眼镜、镶牙齿，每天还给大米、白面、肉类等好吃的。不论物质上、精神上我们都没感到有任何的不方便，我对中国人民给我们的这种温暖的人道主义待遇，衷心地表示感谢。我已为中国人民的崇高的精神所感动，并且要以这种感谢的心情在今后更好地改造我自己。我从内心里仇恨日本帝国主义和我所犯下的罪行，从我的血的经验中体会到绝不能再参加侵略战争，同样也不能让别人再犯像我一样的罪行。我情愿接受法庭给我的正义的裁判，真诚的服刑，以实际行动来努力改造自己。请允许把我的余生献给和平的事业吧！

最后请让我在这里向中国人民谢罪！